Klaus Doch

Budgetdefizite und Leistungsbilanz

Eine theoretische Analyse

Klaus Doch

Budgetdefizite und Leistungsbilanz

Eine theoretische Analyse

Springer Fachmedien Wiesbaden GmbH

CIP-Titelaufnahme der Deutschen Bibliothek

Doch, Klaus:
Budgetdefizite und Leistungsbilanz : eine theoretische Analyse / Klaus Doch. — Wiesbaden : Dt. Univ.-Verl., 1991
(DUV : Wirtschaftswissenschaft)
Zugl.: Mainz, Univ., Diss., 1990
ISBN 978-3-8244-0070-6

ISBN 978-3-8244-0070-6 ISBN 978-3-663-14662-9
DOI 10.1007/ 978-3-663-14662-9

Der Deutsche Universitäts-Verlag ist ein Unternehmen der Verlagsgruppe Bertelsmann International.

Geleitwort

Angeregt durch die Erfahrungen der Vereinigten Staaten, ist die Frage, inwieweit ein defizitärer Staatshaushalt außenwirtschaftliche Rückwirkungen auf Leistungsbilanz, Zahlungsbilanz und Wechselkurs hat, auf das Interesse eines breiteren Publikums gestoßen. Auch die durch die Wiedervereinigung ausgelöste zunehmende Staatsverschuldung der Bundesrepublik Deutschland hat schon jetzt über Zinswirkungen erkennbare außenwirtschaftliche Effekte auf den Wechselkurs.

Die intensive Diskussion dieser Problemkreise leidet gelegentlich darunter, daß die geäußerten Ansichten zum Teil wenig Bezug zur Außenwirtschaftstheorie zeigen oder, soweit sie theoretisch angelegt sind, kaum allgemeingültige Aussagen aus ihnen abgeleitet werden können. Die vorliegende Arbeit versucht daher, einen systematischen Überblick über die erwähnten Problemkreise zu vermitteln, indem die außenwirtschaftlichen Effekte unterschiedlicher Entstehungsgründe öffentlicher Budgetdefizite, alternativer Finanzierungsformen und unterschiedlicher Erwartungsszenarien herausgearbeitet werden. Besonderer Wert wird darauf gelegt, den verwendeten Modellrahmen für die verschiedenen Fragestellungen möglichst beizubehalten, bzw. durch gezielte Modifikationen an diese anzupassen. Damit wird die Möglichkeit der vergleichenden ökonomischen Interpretation so weit wie möglich genutzt. Gleichzeitig werden aber auch Grenzen der Interpretationsfähigkeit aufgezeigt, indem die zugrundeliegenden Annahmen hinterfragt und so Ansätze für weiterführendes Arbeiten aufgezeigt werden. Der Verfasser hat es verstanden, formale Darstellung und ökonomische Deutung der Ergebnisse in geschickter Weise miteinander zu verbinden.

Klaus Rose

Vorwort

Die vorliegende Arbeit entstand während meiner Zeit als Assistent am Institut für Allgemeine und Außenwirtschaftstheorie an der Johannes Gutenberg-Universität Mainz. Für die Anleitung und die Unterstützung, die mir mein Doktorvater, Herr Professor Dr. Klaus Rose, hat zuteil werden lassen, darf ich mich an dieser Stelle herzlich bedanken. Ebenso danke ich Herrn Professor Hermann Bartmann für die Übernahme des Zweitreferats. Meinen Kollegen und Freunden Herrn Dr. Michael Frenkel, Frau Diplom-Volkswirtin Beatrice Krämer und Herrn Diplom-Volkswirt Gert Leis verdanke ich eine Vielzahl von kritischen Anregungen und manche Aufmunterung während des Entstehens dieser Arbeit. Frau Brigitte Kühn und Frau cand. rer. pol. Gertrud Traud danke ich für die gewissenhafte und geduldige Übernahme von Schreib- und Bibliotheksarbeiten. Ich widme diese Arbeit meinen Eltern, die mir letztlich all dies ermöglicht haben.

Klaus Doch

Inhaltsverzeichnis

Abschnitt D: Ausgabenstruktur und Leistungsbilanz

Abschnitt E: Budgetdefizit, intertemporale Allokation und Leistungsbilanz

Abschnitt A

A.1. Hinführung

Es ist mittlerweile ein fester Bestandteil der ökonomischen Theoriebildung, daß eine umfassende und zutreffende Analyse der meisten ökonomischen Phänomene nur im Rahmen einer offenen Volkswirtschaft möglich ist. Grundsätzlich geht es dabei um die Frage, wie einerseits binnenwirtschaftliche Abläufe wie z.B. Konjunkturzyklen und Inflation von außenwirtschaftlichen Entwicklungen beeinflußt werden und auf welchem Weg umgekehrt interne Vorgänge und Maßnahmen die Beziehung zum Ausland tangieren. Diese Einsicht bestimmt auch die Arbeit einer Vielzahl von Ökonomen, die sich in langer Tradition mit den außenwirtschaftlichen Auswirkungen und Rückkoppelungen interner fiskalpolitischer Maßnahmen beschäftigen. Die Frage, ob und inwieweit das Auftreten von Ungleichgewichten im Staatsbudget eines Landes mit Ungleichgewichten in der Leistungsbilanz eines Landes assoziiert ist bzw. sein muß, erfuhr in der jüngsten Vergangenheit bis in den populärwissenschaftlichen Bereich hinein erneut größte Aufmerksamkeit. Ausgelöst wurde dieses Augenmerk durch die Beobachtung des Fiskalexperimentes der Reagan–Administration, die ab 1980 eine angebotstheoretisch begründete Steuersenkung mit einer Ausdehnung der Realausgaben speziell im Rüstungsbereich kombinierte.[1] Dieser fiskalische Policy–Mix verfehlte seine expansiven Effekte auf die U.S.–Wirtschaft nicht; so wurden in der Zeit von 1980 bis 1987 13,1 Mio. neue Arbeitsplätze geschaffen.[2] Die erhoffte Autokonsolidierung des Bundesbudgets blieb hingegen aus, so daß sich eine Episode historisch umfangreicher Budgetdefizite anschloß. Während 1980 das Budget der amerikanischen Bundesregierung noch mit einem bescheidenen Fehlbetrag von ca. 69 Mrd. Dollar abschloß, verdreifachte sich die Einnahmenlücke innerhalb der 3 anschließenden Jahre. Gleichzeitig verschlechterte sich die U.S.–Leistungsbilanz dramatisch, wobei die zeitliche

---

[1]Einen Überblick über das verabschiedete Maßnahmenbündel vermitteln: HOOPER, P., International Repercussions of the U.S. Budget Deficit. Außenwirtschaft, 40. Jg. (1985), S. 129f. LANDMANN, O., The U.S. Economy under the Influence of the Reagan Experiment. Intereconomics 1984, S. 207ff. WAKEFIELD, J.C./ZIEMER, R.C., Federal Fiscal Programs. U.S. Department of Commerce, Survey of Current Business, Feb. 1984, S. 9ff.

[2]Quelle: Economic Report of the President. February 1987, Washington, D.C. 1987, S. 286.

und volumenmäßige Kongruenz im Niedergang der Fiskal– und Leistungsbilanzposition bemerkenswert erscheint. Beeindruckender noch als die Veränderung dieser Salden ist der Wandel, der sich auf Grund der beschriebenen Ungleichgewichte bei den entsprechenden finanziellen Bestandsgrößen vollzogen hat. So türmte sich der Schuldenstand durch die fortgesetzten Budgetdefizite von Ende '80 bis Ende '86 um zusätzlich knapp 1.1 Bio. Dollar auf. Die traditionell positive Nettoauslandsposition der U.S.–Wirtschaft hat sich im gleichen Zeitraum um ca. 370 Mrd. Dollar abgebaut, weswegen die Vereinigten Staaten seit 1985 der Gruppe der Nettoschuldnerländer angehören. Die Abbildung A/1 macht die beschriebenen Entwicklungen deutlich:

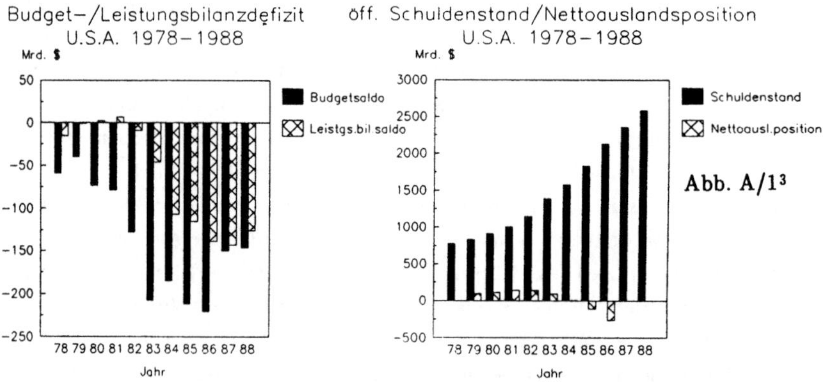

Abb. A/1[3]

Daß die Koinzidenz dieser Ereignisse kein Zufall ist, wird allgemein anerkannt. So bemerkte der amerikanische Sachverständigenrat: "One important economic effect of fiscal policy in this period appears to have been the large increase in the trade deficit, but the magnitude of this effect was not widely anticipated".[4] Akzeptiert man die kausale Beziehung zwischen Budgetdefizit und Leistungsbilanzdefizit, so liegt damit auch die Therapie der US–amerikanischen Probleme auf der Hand. Mc KINNON formuliert dies so: "(D)as Handelsbilanzdefizit von 150 bis 200 Mrd. Dollar spiegelt ausschließlich die Lücke (...) wider, die das nicht nur zufällig gleich große Haushaltsdefizit in der amerikanischen Wirtschaft aufreißt. (...) Es gibt nur einen sicheren Weg zu einer Verringerung der Handelsbilanzdefizite. Die amerikanische

[3]Quelle: International Financial Statistics, Economic Report of the President.

[4]Economic Report of the President, February 1985. Washington, D.C. 1985, S. 67.

Haushaltspolitik muß aus dem jetzigen Chaos herausfinden".[5] Dieser zentrale Zusammenhang, so eine weitverbreitete Meinung, läßt sich auch nicht mit einer noch weitergehenden Abwertung des Dollars außer Kraft setzen.

Der SACHVERSTÄNDIGENRAT präzisiert hierzu: "Mit der niedrigeren Bewertung des Dollars ist nur eine Voraussetzung für den Abbau des hohen Defizites in der amerikanischen Leistungsbilanz erfüllt. Das Hauptproblem besteht fort: die hohe Beanspruchung der Ersparnis durch den Staat...; Spiegelbild dessen ist das Defizit in der Leistungsbilanz. Die Lösung, die von der amerikanischen Regierung angestrebt wird, führt über eine verminderte Beanspruchung der Ersparnis durch den Staat".[6]

Nicht nur in diesem speziellen Fall wird eine kausale Abhängigkeit beider Salden angenommen. Die Anpassungsprogramme, die der Internationale Währungsfonds im Rahmen der Konditionalität ausarbeitet, gehen generell von dieser Hypothese aus. Zur theoretischen Fundierung seiner Programmelemente bemerkt der Fonds: "Although the net effects of fiscal policy on aggregate demand are currently much debated in the academic literature, there are many instances in which is readily apparent, that large fiscal deficits have been the chief cause of both internal and external imbalances".[7]

Diese Anschauung spiegelt sich in der praktischen Arbeit des Fonds wider, denn fast alle ausgearbeiteten Programme sehen die Sanierung der von Zahlungsbilanzproblemen geplagten Länder mit Hilfe des Instrumentariums der Nachfragesteuerung vor, deren wichtigstes Instrument wiederum die Einflußnahme auf das öffentliche Budget darstellt. Von den 16 Abkommen, die der IWF in den ersten 8 Monaten des Jahres 1988 im Rahmen der Beistandskredite und Strukturanpassungsfazilitäten abgeschlossen hat, enthielten allein 10 eine direkte Vorgabe für die Rückführung der Budgetdefizite.[8] Die anderen Programme sahen indirekte Einflußnahmen auf das Haushaltsdefizit vor wie z.B. Begrenzungen der internen Kreditvergabe an die öffentliche Hand, Obergrenzen für die Staatsausgaben und die Reformierung unrentabler öffentlicher Unternehmen. Dieses Charakteristikum läßt sich auch für die Programme vergangener Jahre nachweisen, wobei sich

---

[5]Hilfe vom Dollarsturz?, Diskussionsbeitrag von Ronald I. McKinnon. Wirtschaftswoche, 41. Jg. (1987).

[6]SACHVERSTÄNDIGENRAT ZUR BEGUTACHTUNG DER GESAMT–WIRTSCHAFTLICHEN ENTWICKLUNG, Jahresgutachten 1986/87. Mainz, Stuttgart 1986, TZ. 7.

[7]o.V., Theoretical Aspects of the Design of Fund–Supported Adjustment Programs. International Monetary Fund, Occasional Paper No. 55, S. 25.

[8]Vgl. IMF Survey, Press Releases, fortlaufender Jahrgang 1988.

zeigen läßt, daß die Erfüllung der fiskalischen Ziele den entscheidenden Einfluß auf den Erfolg bzw. das Scheitern des Gesamtprogramms ausgeübt hat. [9]

Obgleich das Argument der außenwirtschaftlichen Relevanz fiskalpolitischer Maßnahmen offensichtlich (wieder) eine gewisse Aktualität hat, ist der Gedanke an sich nicht neu. So sorgte sich BÖHM–BAWERK schon 1914 über das österreichische Handelsbilanzdefizit und glaubte, die Handhabung der Haushaltspolitik der K.u.K.–Monarchie als Ursache hierfür ausmachen zu können; BÖHM–BAWERK schreibt: "(G)ewiß ist, daß seit einiger Zeit sehr viele unserer öffentlichen Körperschaften über ihre Verhältnisse leben. (...) Es ist schwerlich ein blinder Zufall, daß die Dezennien, in denen wir konstant aktive Handelsbilanz hatten, ungefähr mit derjenigen Epoche zusammentreffen, in welcher unsere Staatswirtschaft eine strenge ... Sparsamkeit waltete. (...) Die Wendung in unserer Handelsbilanz trifft aber ... beiläufig mit einer Wendung im Geiste zusammen, in dem unsere Staatswirtschaft geführt wird. Wir sind unstreitig large und locker in unserer Ausgabenwirtschaft geworden. (...) Wir glitten auf Rechnung der Überschüsse in ein leichtherziges williges Ausgeben hinein, und wir glitten darin auch dann noch weiter, als wir keine Überschüsse mehr hatten".[10] Er führt weiter aus: "Mögen bei uns Bevölkerung, Parlament und Regierungen dafür sorgen, daß unsere locker gewordenen öffentlichen Haushalte sich wieder konsolidieren, dann braucht uns nicht darum bange zu werden, daß auch die Passivität unserer Handelsbilanz wieder schwinden wird".[11]

Ganz offensichtlich wurde hier vor über 70 Jahren genau der kausale Zusammenhang zwischen staatlicher und gesamtwirtschaftlicher Verschuldung vermutet, der Gegenstand der vorliegenden Arbeit ist. In dieser Arbeit soll nun eine Antwort auf die Frage gegeben werden, ob und, wenn ja, auf welcher theoretischen Argumentationsgrundlage sich dieser offensichtlich vielfach angenommene Zusammenhang begründen läßt.

---

[9]Vgl. BEVERIDGE, W.A./KELLY, M.R., Fiscal Content of Financial Programs Supported by Stand–By–Arrangements in the Upper Credit Tranches 1969–78. IMF Staff Papers, Bd. 27 (1980), S. 205ff. sowie REICHMANN, Th.M./STILLSON, R.T., Experience with Programs of Balance of Payments Adjustment: Stand–By–Arrangements in the Higher Tranches 1963–1972. IMF Staff Papers, Bd. 25 (1978), S. 292ff.

[10]WEISS, F.X. (Hrsg.), Gesammelte Schriften von Eugen von Böhm–Bawerk. Wien 1924, wiederabgedruckt Frankfurt/M. 1968, S. 510f.

[11]Ebenda, S. 515.

A.2. Saldenmechanik

Den wohl direktesten Zugang zu dem allseits behaupteten Zusammenhang zwischen Defiziten im öffentlichen Haushalt und in der Leistungsbilanz ermöglicht die Betrachtung der ex post–Zusammenhänge, die die volkswirtschaftliche Gesamtrechnung liefert.

Aus der Verwendungsgleichung des realen Volkseinkommens bzw. des verfügbaren realen Volkseinkommens läßt sich durch einfache Umformungen der folgende definitorische Zusammenhang gewinnen:

(1) $$S^P + \left[S^U - I^U\right] + \left[S^{St} - I^{St}\right] = \left[X - M\right]$$

Die Gleichung (1) sagt aus, daß ex post der Saldo der Leistungsbilanz gleich der Summe Finanzierungssalden der Haushalte, der Unternehmen und des Staates sein muß. Bekanntlich weist eine Wirtschaftseinheit ein Finanzierungsdefizit dann auf, wenn sie Investitionen tätigt, die das durch eigene Ersparnis finanzierte Volumen übersteigen und damit ein Gesamtausgabenüberschuß vorliegt.

Im Zusammenhang mit der hier zu untersuchenden Fragestellung führt die ex post–Analyse zu der Aussage, daß a priori jede öffentliche Haushaltslage mit jeder außenwirtschaftlichen Situation vereinbar ist, wenn die beiden anderen Teilsektoren der Gesamtwirtschaft die entsprechenden kompensierenden Finanzierungssalden erzielen. So ist beispielsweise ein öffentliches Budgetdefizit ($S^{St} - I^{St} < 0$) mit einer überschüssigen Leistungsbilanz kompatibel, wenn der private Sektor bereit ist, durch Nichtverausgabung von Einkommensteilen die notwendigen Finanzierungsmittel bereitzustellen und damit gleichzeitig auf die Beanspruchung der Ressourcen zugunsten der Auslandsnachfrage und der öffentlichen Hand verzichtet. Trotz des öffentlichen Finanzierungsdefizites ist dann die gesamtwirtschaftliche Ersparnis größer als die Nettoinvestition bzw. die gesamtwirtschaftliche Absorption geringer als das Volkseinkommen.

Ebenso naheliegend ist die Aussage, daß eine Vergrößerung (Verringerung) des öffentlichen Finanzierungsdefizites (Finanzierungsüberschusses), die durch eine Reduktion der öffentlichen Ersparnis, also eine Erhöhung der konsumtiven Staatsausgaben und/oder eine Senkung der laufenden Einnahmen bzw. durch eine Ausdehnung der investiven Staatsausgaben verursacht sein kann, die Leistungsbilanz ceteris paribus verschlechtern muß. Hinter der ceteris paribus–Annahme steckt die Hypothese, daß das Ausgabenverhalten des Haushalts– und Unternehmenssektors von der fiskalischen Maßnahme unbeeindruckt bleibt und somit die Verschlechterung des öffentlichen Finanzierungssaldos gleichzeitig eine entsprechende Veränderung der gesamtwirtschaftlichen Finanzierungsströme impliziert. Hier jedoch endet die Interpretationsfähigkeit der obigen ex post–Identität, da gerade von dieser Konstanz aller Restgrößen nicht ohne weiteres ausgegangen werden kann. Vielmehr werden Einkommen, Konsum und Ersparnis sowie die Investition simultan bestimmt, so daß aus einer ex ante–Sichtweise die Variation der fiskalischen Einnahme– und Ausgabeparameter durchaus auf die privaten Entscheidungen und diese wiederum auf die öffentlichen Budgetposten einwirken können.

Wollte man die in Gleichung (1) gefaßten saldenmechanischen Zusammenhänge als kausale Verknüpfungen interpretieren, so wäre es notwendig, die relevanten Größen ex ante zu erklären, d.h., ein entsprechendes Modell zu formulieren. Der wohl konsequenteste Versuch, eine Abhängigkeit des Leistungsbilanzsaldos von der Situation des öffentlichen Budgets zu begründen, wurde durch eine Reihe von Arbeiten geleistet, die wenig später unter dem Schlagwort "New Cambridge–Approach" zusammengefaßt wurden. Um die saldenmechanischen Zwangsläufigkeiten noch transparenter zu machen, soll dieser Ansatz in seinen Grundzügen kurz vorgestellt werden.

A.3. Der Ansatz der "New Cambridge"–Schule

Ein erster, einfacher Ansatz, die oben dargestellte, saldenmechanisch abgeleitete Vermutung modelltheoretisch zu begründen, wurde Mitte der 70er Jahre von Ökonomen aus Cambridge vorgestellt.[12]

---

[12] Z.B. Cambridge Economic Policy Group, A Formal Model of Fiscal Policy. Cambridge Economic Policy Review, Bd. 7 (1981), S. 6–7. CRIPPS, F./GODLEY, W., A Formal Analysis of the Cambridge Economic Policy Group Model. Economica, Bd. 43 (1976), S. 335ff. FETHERSTON, M.J./GODLEY , W., "New Cambridge" Macroeconomics and Global Monetarism: Some Issues in the Conduct of U.K. Economic Policy. In: BRUNNER, K./MELTZER, A.H. (Hrsg.), Public Policies in Open Economies. Carnegie–Rochester Conference Series on Public Policy, Bd. 9, Amsterdam 1978, S. 33ff. GODLEY, W./CRIPPS, F., £ 1000m payments deficit this year if economy grows at 5 percent. The Times, 8. Feb. 1973. Dieselben, Need for unconventional methods. The Times, 9. Feb. 1973. Dieselben, Why Britain needs a fresh set of principles to manage economy. The Times, 22. Feb. 1974. Dieselben, Payments deficit: the strategie options. The Times, 23. Feb. 1974. Einen Überblick vermittelt SAUERNHEIMER, K., Die außenwirtschaftlichen Implikationen des "New Cambridge Approach". Konjunkturpolitik, 29. Jg. (1983), S. 348ff. sowie KNAEBEL, W.H.–K., Der New Cambridge Approach – Zur Analyse von Bestandsanpassungsprozessen in keynesianischen Modellen einer offenen Volkswirtschaft. Frankfurt/M. 1987. DIXON, R., On the New Cambridge School. Journal of Post Keynesian Economics, Bd. 5 (1982–83), S. 289.

Ausgehend von der problematischen Leistungsbilanzsituation Großbritanniens wurde ein alternativer Ansatz zur Erklärung der Leistungsbilanz zunächst in einer Reihe von Zeitungsartikeln, später in mehr formalisierter Form entwickelt. Die Annahmen, die der Analyse zugrundelagen, und insbesondere die unorthodoxen Politikempfehlungen fanden weitreichende Beachtung und führten zu einer heftigen Diskussion, die in ihrer ganzen Breite hier jedoch nur am Rande interessieren soll.

Die spezifisch "neuen" Annahmen, die sich in allen Ansätzen zur "Neuen Cambridge"–Schule finden, seien hier in wenigen Thesen zusamengefaßt:

- In der langfristigen Analyse integriert der "New Cambridge Approach" (NCA) die Bedingung für ein dauerhaftes Gleichgewicht der privaten Vermögensbestände in den bis dahin vorherrschenden, kurzfristig orientierten Keynesianismus.[13] Dies hat zur Folge, daß als notwendige Bedingung für ein langfristiges Gleichgewicht die Kompensation positiver Vermögenseffekte einer eventuellen Neuverschuldung der öffentlichen Hand durch negative Vermögenswirkungen von Leistungsbilanzdefiziten zu fordern ist.

- Die Effekte, die von Wechselkursvariationen auf das inländische Preisniveau ausgehen, werden explizit berücksichtigt. Ausgehend von der Annahme, daß das inländische Preisniveau kostendeterminiert ist, schlägt sich eine Abwertung der inländischen Währung sowohl auf Grund einer direkten Verteuerung der Einfuhren als auch durch induzierte Lohnsteigerungen in einer Erhöhung des inländischen Preisniveaus nieder. Eine nominelle Wechselkursänderung führt deswegen zu keiner oder einer nur geringen realen Wechselkursvariation.

- Die privaten Ausgaben für Konsum und Investitionen werden von den Vertretern des NCA zu den Gesamtausgaben des privaten Sektors zusammengefaßt; die zentrale, empirisch gestützte Annahme sagt aus, daß der private Sektor als Ganzes jedes zufließende Realeinkommen innerhalb eines in wirtschaftspolitischen Dimensionen kurzen Zeitraumes

---

[13]Vgl. z.B. FETHERSTON, M.J./GODLEY, W.A., a.a.O., S. 46ff. SAUERNHEIMER, K., a.a.O., S. 349. Mc CALLUM, J./VINES, D., Cambridge and Chicago on the Balance of Payments. Economic Journal, Bd. 91 (1981), S. 442f. Prinzipiell der gleiche Gedanke findet sich schon wesentlich früher bei OATES, W., Budget Balance and Equilibrium Income: A Comment on the Efficacy of Fiscal and Monetary Policy in an Open Economy. Journal of Finance 1966, S. 489.

verausgabt.[14] Als Begründung für dieses Ausgabeverhalten wird angeführt, daß die gewünschte Bestandsnachfrage des privaten Sektors nach Vermögenstiteln (W*) vom verfügbaren Realeinkommen (Y^V) abhänge, etwa in der Form

$$W_t^* = \alpha Y_t^V \quad \text{mit } \alpha > 0$$

bzw.

$$\Delta W^* = \alpha \Delta Y^V .$$

Einkommenszuwächse, die den gewünschten Finanzvermögensbestand erhöhen, werden dann zunächst teilweise dazu genutzt, das Vermögen auf das gewünschte neue Volumen aufzustocken, also zu horten.
Für die Ausgaben (A) des privaten Sektors bedeutet dies

$$A_t = \beta (W_t - W_t^*) + Y_t \quad \text{mit } \beta > 0$$

bzw.

$$\Delta A = \beta (\Delta W - \Delta W^*) + \Delta Y.$$

Nach Abschluß der Bestandsanpassung sinkt die Hortungsneigung jedoch auf Null, so daß der volle Einkommensanstieg ausgabewirksam wird. Formal gesprochen ist die marginale Ausgabenquote a dann gleich Eins:

$$\Delta A = \Delta Y \quad \text{bzw.} \quad a = \frac{\Delta A}{\Delta Y} = 1.$$ [15]

Wenn der private Sektor als Ganzes eine Absorptionsneigung von 1 aufweist, bedingt dies wiederum, daß der Finanzierungsüberschuß der Privaten zumindest mittelfristig annähernd Null beträgt, d.h. eine Entsprechung von privatem Sparen und privater Investition vorliegt; KALDOR formuliert diesen Zusammenhang wie folgt: "For over longer

[14]Empirische Arbeiten von FETHERSTON et al. beziffern den Verausgabungszeitraum mit 2 Jahren; vgl. FETHERSTON, M.J./GODLEY, W.A., a.a.O., S. 34.

[15]Vgl. VINES, D., Economic Policy for an Open Economy, Resolution of the New School's Elegant Paradoxes. Australian Economic Papers 1976, S. 214 sowie SAUERNHEIMER, K., a.a.O., S. 351. Da allgemein angenommen wird, daß die autonome Absorption vergleichsweise gering ist, kann auch die durchschnittliche Absorptionsquote näherungsweise mit dem Wert 1 angenommen werden.

periods Ricardo's presumption that manufacturers and traders only save in order to invest, so that the amount or the proportion of savings or both would adopt to changes in opportunities for or the profitability of investment, seems to me more relevant than the Keynesian assumption... ."[16]

Vor diesem Argumentationshintergrund kommen die Vertreter des NCA zu dem Ergebnis, daß die Zuordnung ("Assignment") der wirtschaftspolitischen Instrumente zu den Zielen "Beschäftigung" und "außenwirtschaftliches Gleichgewicht" gerade entgegengesetzt zu den Empfehlungen der keynesianisch geprägten Theorie vorgenommen werden sollte.[17]

Einerseits wird wechselkurspolitischen und importprotektionistischen Maßnahmen in 1. Linie eine Wirkung auf das binnenwirtschaftliche Beschäftigungsziel zugeschrieben. Andererseits – und dies interessiert im Zusammenhang mit der hier verfolgten Themenstellung besonders – ist gemäß den Annahmen des NCA das Ziel des außenwirtschaftlichen Gleichgewichtes, d.h. des Leistungsbilanzausgleichs, durch eine geeignete Wahl des staatlichen Defizits steuerbar.

Dieser Zusammenhang soll im folgenden kurz formalisiert werden: Angenommen sei eine kleine offene Volkswirtschaft, die ein international gehandeltes, zusammengesetztes Gut auf einem durchweg unterausgelasteten Produktionsapparat herstellt. Die Nachfrage Y nach diesem Gut und – in keynesianischer Tradition – das Angebot daran ergibt sich als

$$(1) \quad Y = A(Y^{verf}) + G + LB(Y,E),$$

wobei A die gesamtwirtschaftliche Absorption als Funktion des verfügbaren Einkommens angibt, wobei angenommen werden soll, daß eine einkommensabhängige Steuer T erhoben wird; G bezeichnet die öffentlichen Realausgaben und LB stellt den (negativ) vom Einkommen und (positiv) vom realen Wechselkurs (E) abhängigen Außenbeitrag dar. Durch totales Differenzieren von (1) erhält man

---

[16]KALDOR, N., What is Wrong with Economic Theory? Quarterly Journal of Economics, Bd. 89 (1975), S. 354.

[17]MUNDELL, R., International Economics. New York, London 1968 sowie FLEMING, J.M., Domestic Financial Policies Under Fixed and Under Floating Exchange Rates. IMF Staff Papers, Bd. 9 (1962), S.369ff.

$$(1a)\qquad dY = \frac{\delta A}{\delta Y_{verf}} \cdot \frac{\delta Y_{verf}}{\delta Y} dY + dG + \frac{\delta LB}{\delta Y} dY + \frac{\delta LB}{\delta E} dE.$$

Setzt man für die marginale Importquote, die marginale Absorptionsquote und die marginale Steuerquote die Symbole m, a und t, so ergibt sich durch einfache Umformungen

$$(2a)\qquad dY = \frac{1}{1-a(1-t)+m}\left[dG + \frac{\delta LB}{\delta E} dE\right]$$

sowie unter Verwendung der total differenzierten Definitionsgleichung für den Leistungsbilanzsaldo

$$(2b)\qquad dLB = -\frac{m}{1-a(1-t)+m} dG + \left[1 - \frac{m}{1-a(1-t)+m}\right] \frac{\delta LB}{\delta E} dE.$$

Aus (2a) und (2b) lassen sich die Kombinationen von realem Wechselkurs und Staatsausgaben ermitteln, die ein Gütermarkt- bzw. ein Leistungsbilanzgleichgewicht gewährleisten; diese Kombinationen seien als YY- bzw. LB-Kurve in ein entsprechendes E/G-Diagramm eingetragen.[18]

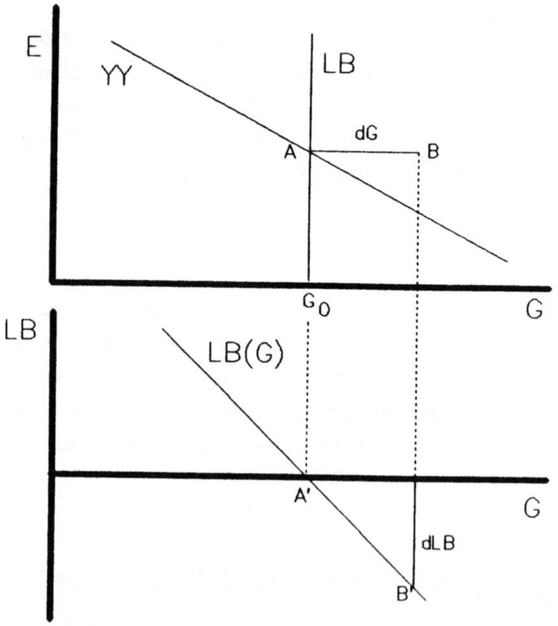

Abb. A/2

[18]Vgl. die Vorgehensweise bei VINES, D., a.a.O., S. 212 sowie KNAEBEL, W.K.-H., a.a.O., S. 62ff.

Nimmt man zunächst mit GODLEY/CRIPPS an, daß das Steueraufkommen einkommensunelastisch ist, d.h. es gelte $t = 0$, ergibt sich die in Abb. A/2 dargestellte Konstellation. Der fallende Verlauf der YY–Kurve ergibt sich unmittelbar, da bei steigender Staatsnachfrage die Beibehaltung eines Gütermarktgleichgewichtes einer gleichzeitigen realen Aufwertung der heimischen Währung bedarf. Analytisch ergibt sich dies aus (2a) durch Setzen von $dY = 0$

$$\left.\frac{dE}{dG}\right|_{YY} = -\frac{1}{\frac{\delta LB}{\delta E}} < 0.$$

Der senkrechte Verlauf der LB–Kurve ergibt sich analytisch auf ähnliche Weise durch Verwendung von $dLB = 0$, $t = 0$, $a = 1$ mit

$$\left.\frac{dE}{dG}\right|_{LB} = \frac{m}{1-a(1-t)} \frac{1}{\frac{\delta LB}{\delta E}} \approx \infty.$$

Der Verlauf der LB–Kurve läßt sich ökonomisch folgendermaßen plausibel machen: So wird beispielsweise ein Anstieg des realen Wechselkurses zunächst zusätzliche Auslandsnachfrage auf das inländische Sozialprodukt umlenken; der resultierende Anstieg der Produktion und damit des inländischen Einkommens wird aber, auf Grund der Annahme, daß weder gehortet wird noch Steuern abgeführt werden, völlig in die private Absorption gelenkt, so daß sich im Ergebnis keine Verbesserung der Leistungsbilanz einstellen kann. Daraus folgt gleichzeitig, daß der Leistungsbilanzsaldo, unabhängig von Wechselkursvariationen, einzig vom Staatsausgabenniveau und damit auch vom öffentlichen Haushaltsdefizit abhängt – oder anders gewendet – nur eine bestimmte Höhe staatlicher Absorption ist mit einem Gleichgewicht der Leistungsbilanz kompatibel. Dieses Resultat begründet keinen "Elastizitätenpessimismus", sondern fußt auf der Annahme, daß der inländische private Sektor nicht oder nur unwesentlich spart und sich dieses Verhalten auch nach der Ausgabenerhöhung mittel– und langfristig nicht ändert; hinter diesem Ergebnis steht also im Grunde die von ALEXANDER formulierte Bedingung, daß eine Verbesserung der Leistungsbilanz letztlich erfordert, daß die Binnenabsorption nur um weniger steigt (bzw. stärker sinkt) als das Volkseinkommen.[19]

Unterstellt man nun, ausgehend von einem Gütermarkt– und Leistungsbilanzgleichgewicht im Punkt A, eine autonome Staatsausgabenerhöhung um dG, so ergibt sich aus (2b) bei Beachtung der relevanten Parameterkonstellation

$$dLB = -dG.$$

Die Reaktionskurve LB(G), die im unteren Quadranten von Abb. A/2 die Veränderung des Leistungsbilanzsaldos als Funktion der Staatsausgaben darstellt, verläuft also mit einem Steigungsmaß von −1. Die Staatsausgabenerhöhung führt in diesem Quadranten vom Punkt A' zum Punkt B', wobei diese Bewegung eine Verschlechterung der Leistungsbilanz um den Betrag der Ausgabenexpansion bzw. der Vergrößerung des Haushaltsdefizites anzeigt. Auf Grund des im Ergebnis unveränderten privaten Ausgabeverhaltens muß die öffentliche Mehrabsorption zu einer gleichgroßen Verschlechterung der Leistungsbilanz führen, das Defizit der Leistungsbilanz entspricht dem ex ante–Budgetdefizit (d.h., dem Defizit direkt nach der Ausgabenerhöhung) ebenso wie dem ex post–Budgetdefizt (d.h., dem Budgetdefizit nach Abschluß der Einkommensanpassungen). An diesem Zustand ändert auch eine reale Aufwertung nichts, die zur Wiederherstellung des inländischen Gütermarktgleichgewichtes notwendig wäre.

Der strikte Zusammenhang zwischen Staatsabsorption und Leistungsbilanz wird durch die Einführung endogener Staatseinnahmen nur geringfügig modifiziert, was mittels der Abb. A/3 illustriert wird.

Nimmt man für den marginalen Steuersatz t positive Werte an, so ergibt sich für die Leistungsbilanzgleichgewichtskurve LB ein endlicher positiver Wert:

$$\left.\frac{dE}{dG}\right|_{LB} = \frac{m}{1-a(1-t)} \frac{1}{\frac{\delta LB}{\delta E}} > 0.$$

Offensichtlich bewirken die induzierten Steuermehreinnahmen, daß der private Sektor die multiplikativ entstehenden Bruttozusatzeinkommen nach

[19]ALEXANDER, S.S., Effects of a Devaluation on a Trade Balance. IMF Staff Papers, Bd. 2 (1952), und Derselbe, Effects of a Devaluation: A Simplified Synthesis of Elasticities and Absorption Approaches. American Economic Review, Bd. 49 (1959), S. 22ff.

einer realen Abwertung nicht völlig verausgaben kann, sondern daß Teile davon in zusätzliche Steuerzahlungen absickern. Auf diese Weise steigt die private Absorption absolut gesehen um jeweils weniger als das Einkommen, so daß sich nun eine – wenn auch nur als gering eingeschätzte – Wirksamkeit realer Wechselkursvariationen in bezug auf die Leistungsbilanz ergibt; graphisch drückt sich dies in dem nun endlichen Steigungsmaß der LB–Kurve aus. Aus dem gleichen Grund heraus verläuft die Reaktionskurve LB(G) nun mit dem betraglich geringeren Steigungsmaß

$$\left.\frac{dLB}{dG}\right|_{LB(G)} = -\frac{m}{m+t} > -1.$$

Eine – verglichen mit dem ersten Fall gleichgroße – Staatsausgabenerhöhung um dG bewirkt jetzt eine vergleichsweise geringere Verschlechterung der Leistungsbilanz, da nun Teile des fiskalisch induzierten Einkommensanstieges in die Steuerzahlung abfließen.

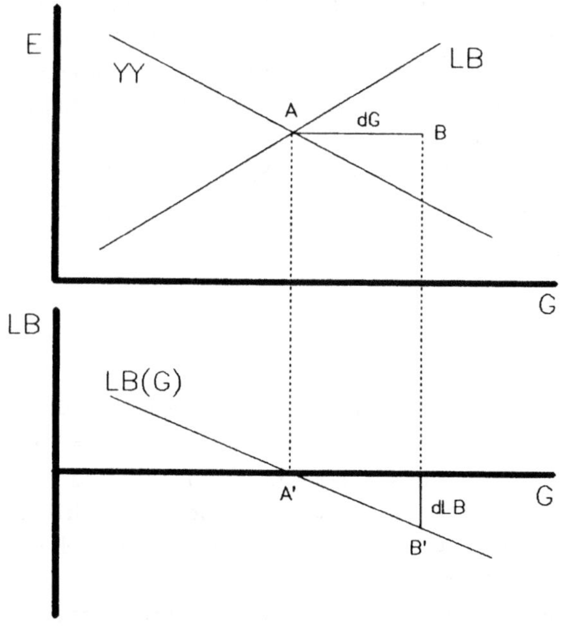

Abb. A/3

Auch hier gilt wiederum, daß bei Außerachtlassung eventuell stattfindender bzw. vorgenommener Wechselkursanpassungen das (ex post–) Defizit des öffentlichen Haushaltes dem Defizit der Leistungbilanz entspricht, denn es gelte für das Haushaltsdefizit $\dot{D}$:

$$\dot{D} = G - T \quad \text{mit } T = tY$$

$$d\dot{D} = dG - tdY \quad \text{mit } dY = \frac{1}{1-a(1-t)+m}\, dG$$

$$d\dot{D} = \frac{m}{t+m}\, dG = -\, dLB$$

Auch wenn in diesem 2. Fall (t > 0) die Leistungsbilanz von dem realen Wechselkurs nicht gänzlich unabhängig ist, läßt sich doch mit anderem als dem hier verwendeten Instrumentarium zeigen, daß unter den getroffenen Annahmen eine (im System fester Wechselkurse) vorgenommene bzw. (im System flexibler Wechselkurse) "automatisch" stattfindende Wechselkursänderung nur in 2. Linie auf einen Leistungsbilanzausgleich hinwirkt, vor allem jedoch auf das Beschäftigungsziel Einfluß nimmt; umgekehrt ergibt sich hieraus die Schußfolgerung, die fiskalpolitischen Aktionsparameter unter die außenwirtschaftliche Zielsetzung unterzuordnen und die Beseitigung von eventuellen Leistungsbilanzungleichgewichten durch eine geeignete Gestaltung der Budgetparameter anzustreben.[20]

Der Versuch, das außenwirtschaftliche Gleichgewicht durch eine Wechselkursänderung zu erreichen, wird von den Vertretern des NCA hingegen abgelehnt. Die auf Grund der beschriebenen Ineffizienzen hierzu notwendigen umfangreichen Wechselkursänderungen würden in jedem Fall die Erreichung des außenwirtschaftlichen Ziels mit hohen binnenwirtschaftlichen Kosten belasten, die im Falle einer Aufwertung der heimischen Währung in inländischen Beschäftigungsverlusten, bei einer Abwertung hingegen in Inflationsimporten bestünden.

A.4. Versuch einer empirischen Absicherung

Der strenge, fast mechanistisch zu nennende Zusammenhang zwischen öffentlichen und gesamtwirtschaftlichen Ausgabeüberschüssen, den die Vertreter des NCA postulieren, ist aus der spezifischen Erfahrung von Großbritannien in den frühen 70'er Jahren heraus entstanden; die empirische Bestätigung der Annahmen und Ergebnisse dieses Ansatzes scheint speziell für diese Zeit und diesen Wirtschaftsraum relativ gut gelungen zu sein.

Um dieses Konzept jedoch als allgemeines Erklärungsmuster nutzbar zu machen, ist es notwendig, ähnliche Beobachtungen auch für andere Länder

---

[20]Vgl. VINES, D., a.a.O., S. 223ff.

anzustellen und damit zu prüfen, ob sich die einmal gefundenen Ergebnisse verallgemeinern lassen. Hierzu soll ein kurzer Überblick über die empirisch orientierte Literatur gegeben werden, wobei sich eine Trennung gemäß der grundsätzlich möglichen Betrachtung von Längs– und Querschnittsdaten anbietet.

A.4.1 Längsschnittsdaten

Die vorliegenden Untersuchungen, die den Zusammenhang von Haushalts– und Leistungsbilanzdefiziten als Zeitreihenanalyse testen, versuchen, die funktionale Abhängigkeit der Leistungsbilanzentwicklung von der Entwicklung der öffentlichen Haushaltsdefizite zu schätzen.

LANEY[21] schätzt für eine Gruppe von 59 Industrie– und Entwicklungsländern die lineare Gleichung:

(a) $$(M-X) = a + \beta\,(G-T)$$

Die hierdurch gefundenen Ergebnisse bestätigen den vermuteten Zusammenhang nur zum Teil und in unterschiedlicher Güte; zusammenfassend kommt LANEY zu dem Ergebnis, daß der statistische Zusammenhang zwischen den untersuchten Größen für kleine Länder besser als für große Länder, für Entwicklungsländer eher als für Industrieländer nachweisbar ist.

MILNE[22] schätzt den gleichen funktionalen Ansatz für eine Gruppe von insgesamt 38 Ländern für den Zeitraum 1960–1975, wobei das Ergebnis nicht durchweg ermutigt: Zwar ergibt sich – mit nur einer Ausnahme – stets ein positiver Regressionskoeffizient β, aber nur in 17 von 37 Fällen ist dieser Wert signifikant von Null verschieden; für die restlichen Länder muß also bezweifelt werden, daß eine Erhöhung des Haushaltsdefizites überhaupt eine Verschlechterung der Leistungsbilanz zur Folge hat, geschweige denn, daß – wie der NCA suggeriert – der Ausdehnung des Haushaltsfehlbetrages eine gleichgroße Erhöhung des Leistungsbilanzdefizites gegenübersteht. Im Falle der Bundesrepublik ist der Regressionkoeffizient β sogar signifikant negativ, was die Behauptungen des NCA ins Gegenteil verkehrt.

An diesem Befund ändert sich nur wenig, wenn eine Lag–Struktur berücksichtigt wird, die MILNE in der folgenden Form annimmt:

---

[21]LANEY, L.O., The Strong Dollar, The Current Account and Federal Deficits: Cause and Effect. Federal Reserve Bank of Dallas, Economic Review, 1984, S. 1ff.

[22]MILNE, E., The Fiscal Approach to the Balance of Payments. Economic Notes by Monte Dei Paschi Di Siena, Bd. 1 (1977), S. 89ff.

(b) $(M-X)_t = \alpha + \beta_1 (G-T)_t + \beta_2 (G-T)_{t-1} + \beta_3 (G-T)_{t-2}$

Auch mit dieser Schätzgleichung kommt MILNE nur bei 16 von 32 Ländern zu signifikant positiven Abhängigkeiten, wobei sich Determinationskoeffizienten (R^2) zwischen 99% und 20% ergeben. Dieses zweite Ergebnis stützt die zentrale These des NCA nicht besser als der zuvor genannte einfache Ansatz, da sich durch die Einführung der Lag–Struktur in einigen Ländern der Determinationskoeffizient der geschätzten Gleichung verringert bzw. der vermutete Zusammenhang gänzlich verloren geht ($\beta = 0$).[23]

KELLY[24] schätzt den Zusammenhang zwischen den Veränderungen von Haushalts– und Leistungsbilanzdefiziten auf der Grundlage des wiederum linearen Zusammenhangs

(c) $\Delta(M-X) = \alpha + \beta\, \Delta(G-T).$

KELLY untersucht dies für diejenigen Entwicklungsländer, für die von 1971 bis 1980 durch den IWF Anpassungsprogramme entwickelt wurden und kommt so zu einem Untersuchungsumfang von 77 sog. "Programmperioden", d.h. Jahreszeiträumen, während derer Anpassungsprogramme des Fonds implementiert wurden; die Leistungbilanz– und Budgetdaten der jeweiligen Programmperioden werden dann in der oben beschriebenen Weise in Beziehung gesetzt.[25]

Auch hier ergibt sich das Resultat, daß der Regressionskoeffizient β signifikant von Null verschieden und positiv, d.h., daß der behauptete Zusammenhang statistisch nachweisbar ist; dennoch ist der Erklärungswert der Haushaltsdefizite für die Veränderung der Leistungsbilanzsalden im Durchschnitt der Stichprobe mit 17% sehr gering.

---

[23]Anderer Meinung ist Tichy, der glaubt, gerade den verzögerten Zusammenhang zwischen Haushalt und Leistungsbilanz bestätigt zu finden. Vgl. TICHY, G., Einige absorptionstheoretische Überlegungen zum österreichischen Leistungsbilanzdefizit. Empirica 1977, S. 215.

[24]KELLY, M.R., Fiscal Adjustment and Fund–Supported Programs. IMF Staff Papers, Bd. 29 (1982), S. 561ff.

[25]Vgl. KELLY, M.R., a.a.O., S. 574f. Offensichtlich werden hier Längs– und Querschnittsdaten miteinander vermischt, was grundsätzlich fragwürdig erscheint.

ZAIDI[26] beschreitet einen ähnlichen Weg, indem er die Längsschnittsdaten von 20 Entwicklungsländern für den Zeitraum von 1972–1980 zugrunde legt und auf dieser Datenbasis den Zusammenhang (a) schätzt. Im Gegensatz zu KELLY bestätigen die Ergebnisse ZAIDIS ($\beta = +0{,}66$, $R^2 = 0{,}52$) den fraglichen Zusammenhang recht gut.[27]

In gleicher Weise wie ZAIDI kommen auch KHAN/KNIGHT[28] für 32 Nichtöl–Entwicklungsländer zu einer signifikanten Abhängigkeit der Leistungsbilanz vom Haushaltsdefizit. Die von ihnen vorgenommene multiple Regression zeigt dabei jedoch deutlich, daß neben der Fiskalposition auch noch andere, zum Teil wichtigere Determinanten der Leistungsbilanz von statistischer Bedeutung sind.[29]

A.4.2 Querschnittsdaten

Die Analyse des hier zur Diskussion stehenden Zusammenhangs anhand von Querschnittsdaten beschränkt sich auf einen Zeitpunkt bzw. die Entwicklung zwischen zwei Zeitpunkten und stellt Vergleiche zwischen den untersuchten Ländern an; nach den bisherigen Vermutungen wäre zu erwarten, daß Länder mit vergleichsweise niedrigen Defiziten im öffentlichen Haushalt (bzw. einer relativen Konsolidierung ihrer fiskalischen Position) einen relativ geringen Fehlbetrag in der Leistungsbilanz (eine vergleichsweise günstigere Entwicklung der Leistungsbilanz) aufweisen.

KELLY stellt diese Überlegung für die bereits erwähnten 77 Programmperioden an, mit dem Ergebnis, daß in immerhin 62% der

---

[26]ZAIDI, I.M., Saving, Investment, Budget Deficits, and the External Indebtedness of Developing Countries. IMF Departmental Memoranda Series DM/84/2, Washington, D.C. 1984.

[27]Eine mögliche Ursache für das bessere Erklärungsvermögen der Untersuchung ZAIDIs könnte die zusätzliche Berücksichtigung sog. Dummy–Variablen darstellen; durch Einführung dieser Zusatzgrößen lassen sich länderspezifische Unterschiede im Zusammenhang zwischen Regressor und Regressand getrennt erfassen. Gleiches Vorgehen bei KHAN, M.S./KNIGHT M.D., Determinants of Current Account Balances of Non Oil Developing Countries in the 1970's. IMF Staff Papers, Bd. 30 (1983), S. 833.

[28]KHAN, M.S./KNIGHT, M.D., a.a.O., S. 830ff.

[29]KHAN/KNIGHT berücksichtigen in ihrer multiplen Schätzgleichung neben dem Haushaltsdefizit noch den Einfluß der Terms of Trade, des Auslandswachstums, des Weltszinsniveaus, des realen effektiven Wechselkurses und einer Trendkomponente.

untersuchten Fälle die Veränderung von Haushalts– und Leistungsbilanzsalden in die gleiche Richtung weisen.[30]

ZAIDI untersucht für 20 Nichtöl–Entwicklungsländer die jeweiligen Veränderungen des Leistungsbilanzsaldos und Haushaltsfehlbetrags – ausgehend vom Durchschnitt der Jahre 1968–72 im Vergleich mit dem Mittel der Jahre '74–'77 bzw. '78–'81 – und findet das Ergebnis von KELLY der Tendenz nach bestätigt.[31]

Einen ähnlichen Weg beschreitet eine Untersuchung des IWF, die für 82 Nichtöl–Enwicklungsländer die Entwicklung zwischen 1979 und 1982 nachzeichnet.[32] Es zeigt sich mit hoher statistischer Signifikanz, daß die Ländergruppe, die eine – gemessen am Durchschnitt – "günstige" Entwicklung der Haushaltsposition aufweist, die "bessere" Leistungsbilanzentwicklung vorweisen kann. So hat die Gruppe der konsolidierungsbewußten Länder, deren Haushaltsdefizit im ungewichteten Mittel um 0,8 Prozent des Bruttosozialproduktes zurückging, eine ebenso ermittelte Verbesserung der Leistungsbilanz um 1,5 Prozent der Exporte erfahren, während die Gruppe der fiskalisch expansiven Länder im gleichen Zeitraum eine Ausdehnung der Fiskaldefizite um 3,5 Prozent des BSP bei einer gleichzeitigen Verschlechterung der Leistungsbilanz um 14,5% der Exporte hinnehmen mußte.

Die gleichen Überlegungen lassen sich auch für Industrieländer anstellen. Hierzu hat der Verfasser für eine Gruppe von 22 Industrieländern[33] und jeweils für die Jahre von 1970 bis 1987 die Salden der Leistungsbilanz und des öffentlichen Haushaltes, beide bezogen auf das jeweilige Bruttoinlandsprodukt, gegenübergestellt und dabei folgenden Zusammenhang unterstellt:

$$\text{(d)} \qquad \frac{(M-X)_i}{BIP_i} = \alpha + \beta \frac{(G-T)_i}{BIP_i}$$

mit Länderindex $i = 1,2,\ldots,22$

Die Ergebnisse der Regressionsrechnung zeigt die Tabelle 1: Es zeigt sich, daß mit Ausnahme der Jahre 1972, '76, '77, '78, '80, '86 und '87 ein signifikanter Zusammenhang derart festgestellt werden kann, daß diejenigen

[30] KELLY, M.R., a.a.O., S. 574.

[31] ZAIDI, I.M., a.a.O., S. 16.

[32] IWF, World Economic Outlook (Occ. Paper No. 21). Washington D.C. 1983, S. 137ff.

[33] Prinzipiell handelt es sich hierbei um die Gruppe der OECD–Länder. Aus dieser Gruppe wurden Luxemburg, Island und die Türkei nicht berücksichtigt und Korea, Israel und die Schweiz wurden zusätzlich aufgenommen.

Länder, die im betreffenden Jahr große Haushaltsdefizite aufwiesen, auch vergleichsweise ungünstige Leistungsbilanzsituationen verzeichnen mußten. Die hieraus resultierende Korrelation ist im Vergleich der einzelnen Jahre großen Schwankungen unterworfen. So liegt der Wert für den

Jahr	β	(t–Wert)	R^2
1970	0,4435	(3,55)	0,3991
1971	0,3437	(2,45)	0,2406
1972	0,0645	(0,59)	0,0192
1973	0,2462	(2,14)	0,2115
1974	0,5108	(4,03)	0,4485
1975	0,4778	(3,01)	0,3119
1976	0,3605	(1,79)	0,1449
1977	0,1610	(0,96)	0,0513
1978	0,2544	(1,75)	0,1391
1979	0,3447	(1,99)	0,1718
1980	0,2464	(1,80)	0,1520
1981	0,4101	(3,12)	0,3504
1982	0,4057	(2,75)	0,2954
1983	0,2857	(3,18)	0,3591
1984	0,4705	(2,50)	0,2582
1985	0,5019	(2,76)	0,3092
1986	0,1735	(0,87)	0,0482
1987	0,2349	(0,95)	0,0702
'70/71→ 82/83	0,3939	(3,14)	0,3532

Tab.1

Determinationskoeffizienten R^2 im Bereich von 0,019 (für 1972) und 0,4485 (für 1974). Im Durchschnitt der beobachteten Jahre ergibt sich ein enttäuschend niedriges R^2 von 0,221. Auch wenn die Budgetsalden damit zur Erklärung der Leistungsbilanz nur wenig beitragen, läßt sich im Rahmen der gefundenen Ergebnisse eine gewisse Assoziation beider Größen nicht bestreiten.

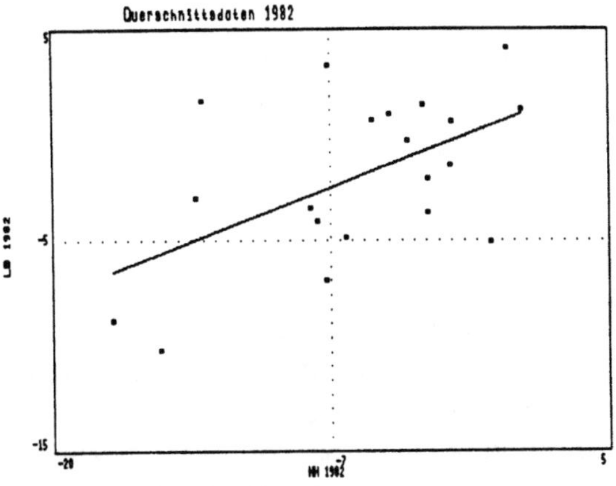

Abb. A/4

Diesen Eindruck vermittelt auch das Streuungsdiagramm (Abb. A/4), das mit dem Jahr 1982 einen mittelgroßen Determinationskoeffizienten und damit eine gewissermaßen repräsentative Datenkonstellation abbildet.

Prinzipiell ähnliche Ergebnisse zeigen sich, wenn man die Veränderung dieser Salden betrachtet. Geht man beispielsweise von den jeweiligen Durchschnittswerten über die zwei Jahre 1970/71 aus und ermittelt die Veränderung in bezug auf die Jahre 1982/83 ergibt sich das folgende Streuungsdiagramm:

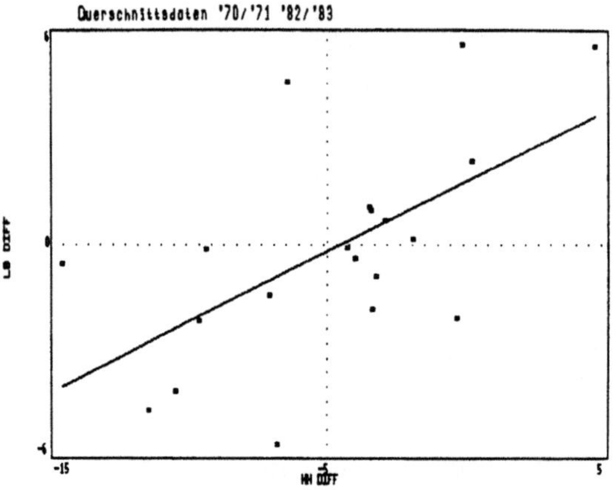

Abb. A/5

Auch hier läßt sich eine deutliche Assoziation in der Art erkennen, daß Länder, deren Fiskalposition sich im betrachteten Zeitraum absolut oder wenigstens relativ zu anderen Ländern verbessert hat, i.d.R. eine günstigere Leistungsbilanzentwicklung verzeichnen konnten. Dieser optische Eindruck bestätigt sich durch eine Regressionsrechnung, die eine signifikante positive Abhängigkeit (t = 3,14) zwischen beiden Größen anzeigt. Auch hier ist der Erklärungswert der Budgetvariationen für die Veränderung der Leistungsbilanzen mit R^2 = 0,3532 ausgesprochen gering.

A.5. Resümee und Beurteilung der Ergebnisse

Der empirische Befund zum Zusammenhang zwischen Budget und Leistungsbilanz, wie er in den vorangegangenen Abschnitten herausgearbeitet worden ist, entzieht sich einer einfachen Beurteilung:

Einerseits ist das Haushaltsdefizit in fast allen dargestellten Untersuchungen eine signifikante Erklärungsvariable der Leistungsbilanz; hier setzen einige Gegenargumente an, die in Frage stellen, ob damit bereits eine Bestätigung der zugrundeliegenden Abhängigkeitsvermutung erbracht ist, und darauf hinweisen, daß die Zahlen in anderer Richtung interpretiert werden können.

Andererseits ist der jeweils ermittelbare Determinationskoeffizient meist gering, so daß die zu erklärende Variable, also die Leistungsbilanz, in hohem Maße von anderen, nicht erfaßten Größen abhängen muß.

Hier läßt sich fragen, ob nicht die gesamtwirtschaftlichen Wirkungszusammenhänge von der Entstehung des Budgetdefizites hin zu den Größen, die den Saldo der Leistungsbilanz letztlich bestimmen, insgesamt komplizierter angelegt sind, als es die Betrachtung der saldenmechanischen Zwangsläufigkeiten suggeriert.

A.5.1 Methodische Einwände

Eine Reihe von Einwänden richtet sich gegen das Vorhaben, aus der beobachtbaren Assoziation von Budget– und Leistungsbilanzfehlbeträgen eine kausale Beziehung derart ableiten zu wollen, daß eine Veränderung des Budgetfehlbetrages eine Veränderung des Leistungsbilanzfehlbetrages verursacht habe.

MILNE und LANEY[34] weisen in diesem Zusammenhang auf das sehr grundsätzliche Problem hin, daß die Annahme einer generellen Gültigkeit des "fiscal approach" (zumindest theoretisch) zu Inkonsistenzen führen muß.

Im einfachsten Fall, also für 2 Länder, müßte nach den Implikationen des "fiscal approach" gelten:

$$\Delta(G-T)_1 \overset{!}{\Rightarrow} \Delta(X-M)_1 \equiv -\Delta(X-M)_2 \overset{?}{\Rightarrow} \Delta(G-T)_2$$

Eine Ausdehnung des Haushaltsdefizites in Land 1 um $\Delta(G-T)_1$ führt den Annahmen des NCA folgend zu einer Verschlechterung der Leistungsbilanz des Landes 1, was einer ebensogroßen Verbesserung aus der Sicht des Landes 2 entspricht. Dieser Leistungsbilanzvariation steht aber keine veränderte Haushaltsposition in diesem Land gegenüber, bzw. eine möglicherweise

[34]Vgl. MILNE, E., a.a.O., S. 97f. sowie LANEY, L.O., a.a.O., S. 8f.

adaptierende Budgetposition ist im Land 2 nur Folge, nicht aber Ursache der veränderten Leistungsbilanz dieses Landes.[35]

Allgemeiner formuliert kann der Kausalzusammenhang: Budgetdefizit ⇒ Leistungsbilanzdefizit in einer n–Länderwelt nur für n–1 Länder gültig sein und stellt damit empirische Untersuchungen in dieser Richtung sehr grundsätzlich in Frage. Da jedoch bekanntermaßen die Welt–Leistungsbilanz auf Grund einer Vielzahl von methodischen und praktischen Erfassungsfehlern nie ausgeglichen ist,[36] und da alle Untersuchungen nur bestimmte Ländergruppen umfassen, dürfte dieser Einwand für die Interpretation der empirischen Ergebnisse nur von untergeordneter Bedeutung sein.

Schwerwiegender ist sicherlich der Hinweis, daß die statistische Assoziation im Auftreten von Haushalts– und Leistungsbilanzdefiziten dann keinerlei kausale Deutung zuläßt, wenn beide Größen gemeinsam von einer dritten, nicht betrachteten Variablen abhängen und damit der gefundene Zusammenhang ganz oder teilweise auf einer Scheinkorrelation beruht.[37]

So könnte beispielsweise eine weltweite Rohstoffpreissteigerung für ein rohstoffexportierendes Land eine gleichzeitige nominelle Erhöhung der Exportwerte und eine Konsolidierung des öffentlichen Haushaltes bewirken, wobei die Staatseinnahmen z.B. ganz direkt betroffen sein können, wenn die öffentlichen Unternehmen die Ausbeutungen der Ressourcen betreiben oder der Staat auf die Ausfuhr Abgaben erhebt. Umgekehrt würde ein Rückgang der weltweiten Nachfrage nach diesem Rohstoff eine simultane Ausdehnung von Haushalts– und Leistungsbilanzdefizit bewirken, ohne daß aus diesem Vorgang irgendeine kausale Beziehung zwischen diesen Größen ableitbar wäre.

Ebenso ließe sich einwenden, daß der kausale Zusammenhang auch umgekehrt wie vermutet, d.h. von der Leistungsbilanz zum öffentlichen Haushalt laufen könnte.[38] Diese Situation würde sich z.B. ergeben, wenn die Fiskalpolitik eines Landes konsequent dem Ziel der Vollbeschäftigung verpflichtet ist und damit Beschäftigungsschwankungen, die durch Salden der Leistungsbilanz ausgelöst werden, durch antizyklische Maßnahmen begegnen

---

[35]Es ist beispielsweise denkbar, daß im Anschluß an den Exportboom auch die Haushaltsposition im Land 2 eine Verbesserung erfährt, weil z.B. einfuhrabhängige Einnahmen des Staates ansteigen; die Kausalität erfährt damit jedoch eine Umkehrung.

[36]Zu Umfang und Ursachen dieser Asymmetrien vgl. IWF, a.a.O., S. 161ff.

[37]Vgl. KELLY, M.R., a.a.O., S. 576. Zum Begriff der Scheinkorrelation vgl. z.B. HARTUNG, J., Statistik. 3. Auflage, München 1985, S. 77.

[38]Vgl. GUGER, A./WÖRGÖTTER, A., Budgetdefizit und Leistungs–bilanzsaldo – Ein Kommentar zu den absorptionstheoretischen Überlegungen von Professor G. TICHY. Empirica 1979, S. 111ff.

muß. Eine durch Einflüsse der Auslandskonjunktur verschlechterte Leistungsbilanz im Inland hätte dann eine beschäftigungspolitisch motivierte Ausdehnung des Staatsdefizites zur Folge, womit die kausale Beziehung gegenüber unserer Ausgangsvermutung gerade umgekehrt wäre. Ohnehin sind die Ausgaben und Einnahmen des Staates durch das Wirken der sog. "eingebauten Stabilisatoren" (built–in–flexibility) antizyklisch angelegt, so daß auch ohne diskretionäre Maßnahmen der Fiskalpolitik in begrenztem Umfang eine Umkehrung der Kausalbeziehung vorliegt. Zumindest dieser Fehlschluß ließe sich vermeiden, wenn statt des tatsächlichen Budgetsaldos ein struktureller, d.h. ein um die Effekte der built–in–flexibility bereinigter Finanzierungssaldo verwendet wird.[39]

Eine andere Möglichkeit der Kausalitätsumkehrung ergibt sich, wenn man davon ausgeht, daß ein vorliegendes Leistungsbilanzdefizit zu einer Abwertung der Landeswährung führt, bzw. daß eine derartige Wechselkursänderung zur Bekämpfung des außenwirtschaftlichen Ungleichgewichtes vorgenommen wird. Unter bestimmten Voraussetzungen kann diese Abwertung das inländische Haushaltsdefizit vergrößern bzw. ein solches herbeiführen. So kann z.B. der in Inlandswährung ausgedrückte Schuldendienst auf die von Ausländern gehaltenen Teile der öffentlichen Schuld stärker ansteigen als die durch expansive multiplikative Effekte und erhöhte Ausfuhrabgaben zusätzlich fließenden Steuereinnahmen.[40] Desgleichen werden die öffentlichen Ausgaben für importierte Güter, für die im allgemeinen die Substitutionsmöglichkeiten relativ gering sind, ansteigen.[41] Gilt also, allgemeiner gesagt, daß die Einnahmenseite von den außenwirtschaftlichen Vorgängen weniger berührt werden als die Ausgaben der öffentlichen Hand, könnte sich der Wirkungszusammenhang zwischen Budget und Leistungsbilanz durch den Einfluß einer möglichen Abwertung umkehren.

Ein empirischer Versuch, die Frage der Kausalitätsrichtung zu klären, wird von ZAIDI unternommen. In einer allerdings kleinen Stichprobe von insgesamt nur 5 Ländern kommt er dabei zu dem wenig ermutigenden

---

[39]Dies würde allerdings implizieren, daß die konjunkturelle Entwicklung allein von der Leistungsbilanzsituation bestimmt wäre, was sicherlich ebenso fragwürdig ist.

[40]Bei Vorliegen eines J–Kurven–Effektes ist auch insofern eine Ausdehnung des Budgetdefizites zu erwarten.

[41]Vgl. zu diesem Argument REISEN, H., The Interaction Between the Exchange Rate and the Public Budget in Major Developing Countries. Unveröffentlichtes Diskussionspapier, vorgestellt auf dem 44. Kongreß des International Institute of Public Finance, abgehalten am 22. – 25. August 1988 in Istanbul, Türkei, S. 8ff.

Ergebnis, daß in der überwiegenden Zahl der Fälle nicht die vermutete Kausalitätsrichtung, sondern eine umgekehrte oder bidirektionale Kausalität vorliegt.[42] Ohne dieses Ergebnis unzulässig zu verallgemeinern, darf doch vermutet werden, daß das unreflektierte Abstellen auf die statistische Assoziation von Haushalts– und Leistungsbilanzfehlbeträgen in vielen Fällen zum klassischen Fehlschluß des "post hoc ergo propter hoc" führen muß.

A.5.2 Theoretische Einwände

Unabhängig von der Frage, wie die empirischen Ergebnisse zu interpretieren sind, und ob sich aus diesen eher eine Bestätigung oder eine Ablehnung des vermuteten Zusammenhanges ablesen läßt, ist zu fragen, ob die empirisch untersuchte Abhängigkeit einer theoretischen Begründung standhält. Es ist also mit anderen Worten zu überdenken, ob die relativ simple Hypothese, die die vorgestellten empirischen Ansätze prinzipiell gemein haben, eine sinnvolle Problemstellung enthält.

Wir erinnern uns, daß die Vertreter des NCA in diesem Zusammenhang die zentrale Annahme treffen, daß der private Sektor als Ganzes einen vergleichsweise kleinen, von fiskalischen Maßnahmen unbeeinflußten Finanzierungsaldo aufweist, was wiederum erfordert, daß ein Anstieg des Periodennettoeinkommens nach Überwindung eines kurzen Ausgabelags zu einer gleichgroßen Erhöhung der privaten Güternachfrage führt. Trifft diese Hypothese zu, so muß der gesamtwirtschaftliche Finanzierungssaldo ganz entscheidend durch den Finanzierungssaldo der öffentlichen Hand geprägt sein: "The contention that, other than in the short term, the private sector shows a small and stable surplus implies that the public sector's budget deficit fully determines the current balance of payments".[43]

---

[42]ZAIDI, I.M., a.a.O., S. 17 sowie S. 23. Das hier zur Anwendung kommende GRANGER–Verfahren bezeichnet eine Variable X als kausal für eine andere Variable Y, wenn die Prognosequalität für Y dadurch zu steigern ist, daß nicht nur zurückliegende und laufende Y–Werte, sondern zusätzlich auch die Variable X in der Prognose zukünftiger Y–Werte berücksichtigt wird.
Vgl. dazu auch: BOWLES, P., Foreign Aid and Domestic Savings in Less Developed Countries, Some Tests for Causality. World Development, Bd. 15 (1987), S. 791 sowie GRANGER, C.W. J., Investigating Causal Relationships by Econometric Models and Cross–Spectral Methods. Econometrica, Bd. 37 (1969), S. 424ff.

[43]GODLEY, W./CRIPPS, F., Why Britain needs..., a.a.O., S. 19.

Der Versuch, die direkte Abhängigkeit der Leistungsbilanz vom Budgetsaldo empirisch zu testen, kommt damit der Sache nach einem Test der Stabilität des privaten Finanzierungssaldos gleich.[44] Bei genauerer Betrachtung erscheint diese Annahme aber kaum haltbar. So impliziert der kurze Ausgabelag, daß mittelfristig ein enger Zusammenhang zwischen der Veränderung von privatem Nettoeinkommen und gewünschtem privatem Finanzvermögen einerseits und Vermögen und privaten Ausgaben andererseits besteht; geht man wie die strengsten Verfechter des NCA von einem Ausgabelag von nur einem Jahr aus, so folgt hieraus zwingend, daß die Vermögenselastizität der Absorption gerade den Wert eins annehmen muß. BLINDER weist in diesem Zusammenhang darauf hin, daß dieser Wert damit um das 15– bis 30fache über den für die USA empirisch belegten Zahlen liegt.[45] Dieser Hinweis wird von RUSSEL/WAKEMAN unterstützt, indem sie für Großbritannien nachweisen, daß Einkommen und Finanzvermögen eben nicht in einem festen Verhältnis zueinander stehen.[46]

Die Annahme eines (zumindest mittelfristig) dauerhaft ausgeglichenen privaten Finanzierungssaldos drückt nichts anderes aus, als daß Einnahmen und Ausgaben des privaten Sektors einander entsprechen bzw. sich innerhalb kurzer Zeiträume aneinander angleichen. Dies erscheint jedoch fragwürdig, wenn man bedenkt, daß der NCA den Block der privaten Ausgaben als Aggregat aus privatem Konsum und privater Investition ermittelt; die im Konjunkturablauf stattfindenden Investitionschwankungen müßten dann von entsprechenden entgegengesetzten Konsumschwankungen begleitet sein.[47] So

[44]Vgl. MILNE, E., a.a.O., S. 93.

[45]Vgl. BLINDER, A.S., What's "New" and What's "Keynesian" in the "New Cambridge" Keynsianism? In: BRUNNER, K./MELTZER, A.H. (Hrsg.), Public Policies in Open Economies. Carnegie–Rochester Conference Series on Public Policy, Bd. 9, Amsterdam 1978, S. 70. BLINDER spricht in diesem Zusammenhang fälschlicherweise von der "marginal propensity to spend out of wealth".

[46]RUSSEL, Th./WAKEMAN, M., New Cambridge – Economics without Markets: A Comment. In: BRUNNER, K./MELTZER, A.H. (Hrsg.), Public Policies in Open Economies. Carnegie–Rochester Conference Series on Public Policy, Bd. 9, Amsterdam et al. 1978, S. 96f.

[47]Dieses eigentümliche Reaktionsmuster impliziert eine spezifische Investitionshypothese: Statt wie üblich das Investieren von rentabilitätsrelevanten Größen abhängig zu machen, scheint der NCA zumindest im Ergebnis auf die Verfügbarkeit privater Ersparnis, d.h. eine Liquiditätstheorie der Investion, abzustellen. Vgl. BLINDER, A.S., a.a.O., S. 70 sowie KHAN, R./POSNER, M., Cambridge Economics and the Balance of Payments. The Times, 17. und 18. April 1974.

kommt SPRAOS zu dem Urteil: "For the time being, the hypothesis that the private sector spends what it earns has no theoretical underpinning...".[48]

Eine Herausforderung für die Verfechter des NCA muß die von FELDSTEIN/HORIOKA formulierte These sein, die zu den Aussagen des NCA in irritierender Widersprüchlichkeit steht. Die zentrale, empirisch gefundene Gesetzmäßigkeit behauptet, daß eine (z.B. fiskalisch bedingte) Reduktion der gesamtwirtschaftlichen Ersparnis keineswegs zu einer gleichgroßen Verschlechterung der Leistungsbilanzposition führen muß; vielmehr sei zu erwarten, daß sich die inländische Investitionsneigung nach unten an die gesunkenen Ersparnisse anpaßt, so daß der Rückgriff auf ausländische Ersparnis, deren gütermäßiges Äquivalent ein vergrößertes Leistungsbilanzdefizit (bzw. ein verringerter Überschuß) darstellt, ausbleibt.[49] Ganz im Gegenteil zu den zentralen Annahmen des NCA wird hier nicht die Konstanz des privaten Ausgabeverhaltens vermutet, so daß die vom "fiscal

---

[48]SPRAOS. J., New Cambridge Macroeconomics, Assignment Rules and Interdependence. In: ALIBER, R.Z. (Hrsg.), The Political Economy of Monetary Reform. London 1977, S. 103, Fußnote 5.

[49]Vgl. FELDSTEIN, M./HORIOKA, C., Domestic Saving and International Capital Flows. Economic Journal, Bd. 90 (1980), S. 314ff. sowie FELDSTEIN, M., Domestic Saving and International Capital Movements in the Long Run and the Short Run. European Economic Review, Bd. 21 (1983), S. 129ff. Einen Überblick über die Diskussion der These von FELDSTEIN/HORIOKA vermittelt KOTLIKOFF, L.J., Taxation and Savings: A Neo-classical Perspective. Journal of Economic Literature, Bd. 22 (1984), S. 1582. Vgl. auch die kritische Auseinandersetzung bei CAPRIO, G./HOWARD, D.H., Domestic Savings, Current Accounts, and International Capital Mobility. International Finance Discussion Papers Nr. 244, Washington D.C. 1984 sowie bei FURSTENBERG, G.M.v., Domestic Determinants of the Current Account Balance of the United States. Quarterly Journal of Economics, Bd. 98 (1983), S. 401ff.

Die Argumentation von FELDSTEIN/HORIOKA unterstützt nur auf den ersten Blick die spezifische Investitionshypothese des NCA. Die Vertreter des NCA unterstellen offensichtlich, daß die Investitionsneigung des Unternehmenssektors strikt von der Verfügbarkeit von Eigenfinanzierungsmitteln, d.h. Ersparnissen der Unternehmen, abhängt und aus diesem Grunde ein Gleichlauf von privaten Investitionen und privaten Ersparnissen vorzufinden ist. FELDSTEIN/HORIOKA begründen einen Gleichschritt der gesamtwirtschaftlichen Ersparnis und der gesamtwirtschaftlichen Investition mit einer langfristig geringen internationalen Kapitalmobilität. Während im ersten Fall die Finanzierungserfordernisse des Staates am inländischen Kapitalmarkt nicht befriedigt werden können und es damit zu Kapitalimporten (und entsprechenden Leistungsbilanzdefiziten) kommen muß, ist es im zweiten Fall auf Grund der Nichtverfügbarkeit ausländischen Kapitals zwangsläufig, daß die öffentlichen Verschuldungserfordernisse die private inländische Kreditnachfrage und damit heimische Investitionen verdrängen; die Budgetdefizite wären gemäß dieser Überlegungen außenwirtschaftlich neutral.

approach" formulierte Abhängigkeit der Leistungsbilanz vom Budgetdefizit schon auf theoretischer Ebene zusammenbricht.[50]

Ohne die Diskussion dieser These hier aufzugreifen, sei damit jedoch illustriert, daß die speziellen Annahmen der Neuen Cambridge Schule nur situativ zu rechtfertigen sind und nicht im Sinne eines allgemeingültigen Erklärungsansatzes Bestand haben können.

A.5.3 Weiteres Vorgehen der Arbeit

Nimmt man die Aussagen der vorangegangenen Abschnitte zusammen, so wird klar, daß eine direkte, mechanistische Kausalbeziehung zwischen Budget– und Leistungsbilanzsalden weder theoretisch begründbar noch empirisch einwandfrei machweisbar ist. Es soll jedoch als Arbeitshypothese für das weitere Vorgehen eine indirekte und damit weniger offensichtliche Abhängigkeit zwischen beiden Größen angenommen werden. Das unklare empirische Bild ließe sich zum einen damit erklären, daß die Wirkungen der fiskalischen Maßnahme in recht komplexer Weise und mit z. T. gegenläufigen Teileffekten auf die leistungsbilanzrelevanten Größen (d.h. auf die Komponenten der gesamtwirtschaftlichen Ersparnis und Investition) einwirken; die Leistungsbilanzwirkung von Budgetdefiziten ist somit nur in einem Totalmodell erklärbar und nur für gegebene Parameterwerte in Richtung und Umfang vorhersehbar. Zum anderen ist der gemeinhin so geläufige Ausdruck "Budgetdefizit" in vielerlei Hinsicht zu deuten, wobei jede "Spielart" von Budgetdefizit ihre spezifischen ökonomischen Wirkungen aufweist. Beide Gedanken sollen anhand des folgenden Klassifizierungsversuchs erläutert werden.

Dazu sei zunächst daran erinnert, daß die Veränderung des Leistungsbilanzsaldos in Form einer ex post–Identität folgendermaßen zu beschreiben ist:

$$\Delta S^P + \Delta S^U - \Delta I^U + \Delta S^{St} - \Delta I^{St} = \Delta (X - M) \tag{4}$$

---

[50] Die hier vorgenommene Kontrastierung mag überraschen, da in der Literatur an keiner Stelle eine vergleichende Diskussion vorgenommen wird. Dies liegt vermutlich daran, daß die Ansätze zu unterschiedlichen Zeitpunkten und mit unterschiedlicher Motivation vorgetragen wurden: Ging es den Vertretern des NCA um die Frage der Ziel–Mittel–Zuordnung im Rahmen einer kurz– bis mittelfristig angelegten Politik, bemühen sich FELDSTEIN/HORIOKA um eine Aussage über den tatsächlichen Grad der Kapitalmobilität. Dennoch erscheint es zulässig, den obigen Vergleich anzustellen.

Grundsätzlich gilt nun, daß jedes Budgetdefizit – in allerdings unterschiedlichem Ausmaß – die Determinanten der Leistungsbilanzvariation, d.h. die linke Seite der obigen Gleichung, durch 3 Teileffekte beeinflußt, die kurz einzeln erläutert werden sollen, die aber in der Realität stets simultan wirken werden. Man kann unterscheiden zwischen

- Ausgabeneffekten,
- Einnahmeneffekten und
- Finanzierungseffekten.

Ausgabeneffekte ergeben sich, wenn das untersuchte Haushaltsdefizit durch eine Erhöhung der Ausgaben entstanden ist. An dieser Stelle sind zunächst die Effekte zu erwähnen, die daraus resultieren, daß ausschließlich der Umfang der öffentlichen Ausgaben zugenommen hat (Ausgabenniveaueffekte). Das zusätzliche Ausgabevolumen hat direkt (Realausgaben) bzw. indirekt (Transferausgaben) eine Ausdehnung der Gesamtnachfrage zur Folge, die sich nach Maßgabe der marginalen Importquote in einer Erhöhung der induzierten Importe niederschlagen muß. In der Schreibweise von Gleichung (4) heißt das, daß das Budgetdefizit, das durch einen Anstieg von I^{St} oder eine Verringerung von S^{St} verursacht sein kann, nur teilweise durch eine einkommensinduzierte Ausdehnung der privaten Ersparnis kompensiert wird. Unabhängig von der Darstellungsart muß jedoch auf eine leistungsbilanzverschlechternde Wirkung des Ausgabenniveaueffektes geschlossen werden.

Neben dieser Wirkung zusätzlicher Ausgaben muß beachtet werden, welcher Einfluß von der Struktur eines gegebenen Ausgabenbündels ausgeht (Ausgabenstruktureffekte). Hier steht nicht die Frage im Mittelpunkt, in welcher Höhe zusätzliche Ausgaben getätigt werden, sondern auf welche Weise bzw. für welche Ausgabearten dies geschehen soll.

In sachlicher Hinsicht ist z.B. zu unterscheiden, ob sich die zusätzliche Staatsnachfrage auf das Angebot an international gehandelten Gütern oder mehr auf nichtgehandelte Güter richtet und somit das interne Preisverhältnis in die eine oder andere Richtung verschoben wird. Die Kategorie sachlicher Ausgabenstruktureffekte umfaßt auch die Unterscheidung nach staatlichem Mehrkonsum und staatlicher Mehrinvestition, sofern die defizitverursachenden Mehrausgaben Realausgaben darstellen. Unter diesem Aspekt dürfte die Leistungsbilanz ganz direkt durch Substitutions– und Komplementärbeziehungen zwischen privaten und öffentlichen Ausgaben tangiert werden. So könnte eine substitutive Beziehung zwischen privatem und öffentlichem Konsum die private Sparneigung erhöhen, eine Substitution zwischen privater und öffentlicher Investition das private Investieren reduzieren, wobei beide Teileffekte für sich genommen leistungsbilanzverbessernd wirken.[51]

Unter einem längerfristigen Aspekt kommt der Ausgabenstruktur in anderer Weise Bedeutung zu. Dazu ist zu beachten, daß zwar staatliches Konsumieren und Investieren zunächst die gleiche Wirkung auf die gesamtwirtschaftliche Nachfrage entfalten und somit die gleichen Implikationen für die Leistungsbilanzentwicklung aufweisen. Mittelfristig bewirken öffentliche Investitionen einen Kapazitätseffekt, der sich als direkte oder indirekte, d.h. über die Effizienz des privaten Kapitalstocks wirkende Angebotserhöhung bemerkbar macht. Es ist damit zumindest intuitiv greifbar, daß langfristig eine Verbesserung der Leistungsbilanz, d.h. ein stärkerer Anstieg des Angebotes im Vergleich zur gesamtwirtschaftlichen Absorption eher bei rentabler, d.h. investiver Verwendung der zusätzlichen Staatsausgaben zu erwarten ist.

Neben diese Aspekte der Ausgabenstruktur tritt die zeitliche Strukturierung der öffentlichen Ausgaben. So ist es für die Reaktion des privaten Sektors nicht unerheblich, ob eine gegenwärtig stattfindende Ausgabenerhöhung als nur temporärer Natur angesehen wird oder ob es sich um eine dauerhafte Ausgabenexpansion handelt, die zukünftige Steuererhöhungen oder Schuldendienstprobleme erwarten läßt.

In gleicher Weise lassen sich die Einnahmeneffekte öffentlicher Budgetdefizite klassifizieren; diese entstehen, wenn das Budgetdefizit durch eine Einnahmensenkung entstanden ist. Auf Grund der weitgehenden Analogie zum vorangegangenen Abschnitt kann die Darstellung in verkürzter Form stattfinden.

Einnahmenniveaueffekte beziehen ihre leistungsbilanzrelevante Wirkung aus der erhöhten Nachfrage, die sich auf Grund der Erhöhung der nominellen Nettoeinkommen bzw. der einbehaltenen Gewinne (bei Reduzierung direkter Steuern) und der Erhöhung der realen Einkommen (bei Senkung indirekter

---

[51]Als Beispiele für derartige Substitutionsbeziehungen ließen sich für den Bereich der konsumtiven Ausgaben die öffentliche Sicherheit und das Bildungswesen, im investiven Bereich Infrastrukturinvestitionen anführen. Ein staatliches Mehrangebot in diesen Ausgabekategorien dürfte an die Stelle der entsprechenden privaten Ausgaben treten. Allerdings lassen sich auch komplementäre Beziehungen konstruieren; so könnte z.B. der Bau einer Straße Vorbedingung für private Betriebsgründungen sein.

Steuern) ergeben.[52] Der Rückgang der staatlichen Ersparnis, der aus der Minderung der laufenden Einnahmen resultiert, wird auch hier nur zum Teil durch induzierte Mehrersparnis der Privaten kompensiert, wenn auch hier wieder einkommensinduzierte, zusätzliche Importe getätigt werden.

Einnahmenstruktureffekte in sachlicher Hinsicht sind zu beachten, wenn es darum geht, welche Arten von Ausgaben durch die vorgenommenen Steuersenkungen tangiert werden. Kürzungen im Bereich der Einkommensteuer der privaten Haushalte und der indirekten Steuern dürften in erster Linie einen Anstieg des privaten Konsums bewirken, Gewinnsteuersenkungen und erhöhte investitionsgebundene Absetzungsmöglichkeiten im Bereich der persönlichen Einkommensteuer hingegen können einen positiven Einfluß auf die Investitionen haben. Hier ist der primäre Nachfrageeffekt und damit diese Komponente der Leistungsbilanzvariation also abhängig von der Frage, welche Steuerart reduziert wird; eine generelle Aussage ist zu diesem Punkt natürlich nicht möglich. In Analogie zu den Überlegungen im vorangegangenen Abschnitt ist für die mittelfristige Entwicklung der Leistungsbilanz der aus der Steuervariation resultierende Angebotseffekt von Bedeutung. Neben dem Kapazitätseffekt evtl. induzierter privater Investitionen ist hier auch ein Mehrangebot des Faktors "Arbeit" denkbar, das sich ergeben kann, wenn durch eine Senkung der marginalen Einkommensteuersätze die Arbeitnehmer Freizeit durch Arbeit zu substituieren versuchen.[53] Sofern sich dieser positive Angebotseffekt einstellt, ist mittelfristig eine – verglichen mit Maßnahmen, die eine ausschließliche Nachfragebelebung zur Folge haben – günstigere Entwicklung der Leistungsbilanz zu erwarten.

Ebenso lassen sich Effekte ausmachen, die von der Änderung der zeitlichen Steuererhebungsstruktur ausgehen. So kann eine Entlastung der aktuellen Einkommen zu Lasten zukünftiger Einkommen einen Anstieg der Gesamtnachfrage zur Folge haben, wenn die Wirtschaftssubjekte die Last zukünftiger Steuern, verglichen mit der aktuellen Steuerbelastung, geringer einschätzen. Dies wird insbesondere dann der Fall sein, wenn das Individuum die Phase der Steuererhöhung jenseits des eigenen ökonomischen Horizontes, d.h. außerhalb der eigenen Lebensspanne vermutet. Eine derartige

---

[52]Diese Zuordnung setzt voraus, daß indirekte Steuern gänzlich überwälzt werden, direkte Steuern hingegen überhaupt nicht fortgewälzt werden.

[53]Für einen theoretischen und empirischen Überblick über diese These vergleiche z.B. HAUSMANN, J.A., Labor Supply. In: AARON, H.J./ PECHMAN, J.A., How Taxes Affect Economic Behavior. Washington, D.C. 1981.

intertemporale Verlagerung der Steuerlast hätte dann den Effekt, daß gegenwärtig lebende Generationen entlastet würden, teilweise zu Lasten ihrer eigenen Zukunft, teilweise aber auch zu Lasten ihrer Kinder und Kindeskinder. Der Nachfrageeffekt, der aus einer derartigen intertemporalen Steuerpolitik[54] resultiert, hängt im einzelnen ab von der Gegenwartspräferenz der Wirtschaftssubjekte, der Ausdehnung der ökonomischen Horizonte und dem Zeitraum, innerhalb dessen die intertemporale Reallokation der Steuerlast vorgenommen wird.

Die dritte Quelle leistungsbilanzrelevanter Wirkungen ließe sich als Finanzierungseffekte umschreiben. Diese ergeben sich aus dem Zwang, den Überschuß der öffentlichen Ausgaben über die Einnahmen durch Verschuldung gegenüber einer anderen ökomomischen Einheit zu finanzieren. Dabei ist zunächst zu unterscheiden, welche Funktion der Gläubiger, der die Staatsschuldtitel übernimmt, im ökonomischen Prozeß einnimmt. So kommen als potentielle Inlandsgläubiger das private Publikum, Geschäftsbanken und die Zentralnotenbank in Betracht.[55] Die Aufbringung eines gegebenen Finanzierungsvolumens bei alternativen Gläubigern dürfte in der Realität sehr unterschiedliche Wirkungen auf die gesamtwirtschaftliche Liquidität und damit auf das Zins– und Preisniveau haben, die wiederum spezifische Einflüsse auf die außenwirtschaftliche Entwicklung haben werden. So wird ein mit der öffentlichen Verschuldung einhergehender Zinsanstieg für sich genommen private Nettonachfrage verdrängen, d.h. ein verstärktes Sparen und reduzierte Investitionen bewirken und damit positiv auf den Saldo der Leistungsbilanz einwirken. Gleichzeitig könnte sich bei Vorliegen von internationaler Kapitalmobilität eine Aufwertungstendenz der Inlandswährung einstellen, die kontraktiv auf das Volkseinkommen wirken wird, was die private Nettoersparnis reduzieren und – im Gegensatz zu den obigen Überlegungen – die Leistungsbilanz verschlechtern wird. Bei diesem Gedankengang ist natürlich zu beachten, daß die internationalen Handelsströme von den realen Wechselkursverhältnissen bestimmt werden, so daß die mit alternativen Finanzierungsformen der Budgetfehlbeträge verbundenen Wirkungen auf das heimische Preisniveau ebenfalls zu berücksichtigen sind.

---

[54]Zum Begriff vgl. KOTLIKOFF, L.J., a.a.O., S. 1596f.

[55]Eine weitere, ebenfalls bedeutsame Unterteilung ist diejenige nach dem Sitz der Gläubiger in In– und Auslandsverschuldung; um die folgenden Ausführungen übersichtlich zu halten, wird die direkte staatliche Auslandsverschuldung in diesem Abschnitt nicht betrachtet. Vgl. dazu aber Abschnitt B.2.6.

Die vorangegangenen Ausführungen vermitteln einen groben Überblick, welche Wirkungen von Variationen des öffentlichen Budgetdefizites auf den Saldo der Leistungsbilanz grundsätzlich denkbar sind. Grundsätzlich muß eine umfassende und differenzierende Analyse diese drei Wirkungskanäle in Betracht ziehen. Für die modelltheoretische Behandlung der angeführten Aspekte stellt sich nun das Problem, daß die Analyse der genannten Effekte nicht isoliert angegangen werden kann. So ist zwar beispw. die isolierte Betrachtung einer öffentlichen Verschuldung gegenüber dem Publikum, d.h., um in der selbstgewählten Terminologie zu bleiben, die Betrachtung des Finanzierungseffektes, in den üblichen Makromodellen grundsätzlich möglich. Es ist jedoch fraglich, ob die Untersuchung einer Bondsemission und die Stillegung der entsprechenden Mittelzuflüsse auf den Zentralbankkonten des Staates einen großen Erkenntniswert haben könnte. Hier wird auch noch ein anderes Problem deutlich, das mit einer derartigen isolierten Analyse verbunden wäre: So läßt sich nicht ohne Willkür beantworten, ob die Verausgabung der durch die Verschuldung zugeflossenen Mittel als Teil des "Finanzierungseffektes" oder des "Ausgabeneffektes" zu werten ist. Entsteht, um ein anderes Beispiel zu gebrauchen, ein Haushaltsdefizit durch eine Steuersenkung, so ist die Tatsache, daß durch die Steuersenkung dem privaten Sektor ein höherer Betrag an verfügbarem Einkommen und Gewinnen verbleibt (Einnahmenniveaueffekt), untrennbar mit dem Umstand verbunden, daß durch die Steuersenkung eine bestimmte Art privater Ausgaben begünstigt wird (Einnahmenstruktureffekt). Die strenge Trennung der Teileffekte erscheint damit alles in allem akademisch und ist nur im Sinne einer Klassifizierungsystematik aufrechtzuerhalten.

Statt diese, in der Terminologie MUSGRAVEs spezifische, d.h. isolierte Wirkungen zu betrachten, soll hier auf die jeweils differentielle Wirkung alternativer "Defizitvarianten" abgestellt werden: So wird im folgenden für typische Situationen des "deficit spending" jeweils geprüft, wie sich die oben beschriebenen Variationsmöglichkeiten in Entstehung und Finanzierung von Budgetdefiziten auf die außenwirtschaftliche Situation des betrachteten Landes auswirken, wobei jeweils für die restliche Annahmesetzung von der ceteris paribus–Hypothese Gebrauch gemacht werden soll. Es lassen sich dann Tendenzaussagen ableiten, auf welchem Weg und in welcher Richtung die Leistungsbilanzsituation eines Landes berührt wird, wenn das gegebene Budgetdefizit in einem seiner Erscheinungscharakteristika eine Variation erfährt.

Das weitere Vorgehen läßt sich wie folgt grob umreißen: Der zunächst folgende Abschnitt B untersucht die Wirkungen eines durch eine Erhöhung der Realausgaben verursachten Budgetdefizites auf die Leistungsbilanz, indem in einem Modell festen Preisniveaus Veränderungen des Inlandseinkommens und des Wechselkurses in den Mittelpunkt der Überlegungen gestellt werden. Dabei lassen sich für die mittel– und langfristige Anpassung einige Unterschiede alternativer Finanzierungsformen herausarbeiten. Der Abschnitt C endogenisiert das heimische Preisniveau und erlaubt es somit, zwischen Änderungen des nominalen und des realen Wechselkurses zu unterscheiden. Unterschiedliche Finanzierungsformen von Budgetfehlbeträgen sind nun auch insofern leistungsbilanzrelevant, als sie unterschiedliche Implikationen für die Geldwertstablität aufweisen. Im Abschnitt D sollen die Differentialeffekte gezeigt werden, die sich für die Leistungsbilanz – unabhängig von der Finanzierung der fiskalischen Maßnahme – durch alternative Ausgaben–strukturen der öffentlichen Hand ergeben. Dabei wird eine Aufteilung der staatlichen Nachfrage in gehandelte und nichtgehandelte Güter von Bedeutung sein. Der Abschnitt E schließlich untersucht die Reaktion der Leistungsbilanz, indem einige intertemporale Wirkungen der Fiskalpolitik betrachtet werden. Hier zeigt sich, daß bei begrenzten Horizonten der privaten Wirtschaftssubjekte die Ursache und die Persistenz der Budgetdefizte von zentraler Bedeutung für die Leistungsbilanzentwicklung ist.

Abschnitt B

Budgetdefizite und nominaler Wechselkurs

B.1. Hinführung

Bei der Analyse der Verknüpfungen zwischen einem finanzpolitischen deficit spending und der Leistungsbilanz sollen im folgenden Änderungen der preislichen Wettbewerbsfähigkeit, die durch Variationen des nominellen Wechselkurses hervorgebracht werden, im Mittelpunkt der Überlegungen stehen.

Die traditionelle Wechselkurstheorie maß der Leistungsbilanz die überragende Bedeutung für das Geschehen auf den Devisenmärkten zu. Hieraus wurde gefolgert, daß die Flexibilität der Wechselkurse – eine normale Reaktion der Export– und Importwerte auf Wechselkursänderungen vorausgesetzt – die Tendenz zum Leistungsbilanzausgleich garantiert. Jeder potentiell leistungsbilanzwirksame Einfluß fiskalischer Programme müßte demnach ohne Auswirkung auf die außenwirtschaftlichen Salden bleiben. Diese gütermarkt–orientierte, partialanalytische Sichtweise der Wechselkursbestimmung hat die frühe Diskussion flexibler Wechselkurse geprägt, die sich u.a. mit dem Namen CASSEL und MEADE verbindet. Sie war in der Zeit ihrer Entstehung durchaus berechtigt, da der Güterhandel den überwiegenden Teil der grenzüberschreitenden Transaktionen ausmachte. Mit der zunehmenden Integration der nationalen Kapitalmärkte gewannen die Kapitaltransaktionen ständig an Bedeutung, so daß sich spätestens seit der Mitte der 70er Jahre die Einsicht durchgesetzt hat, daß in der kurzen Frist die Höhe des Wechselkurses ganz dominierend durch internationale Verlagerungen des Finanzkapitals bestimmt wird. Vor diesem Hintergrund kann die Flexibilität der Wechselkurse die Tendenz zum Leistungsbilanzgleichgewicht nicht sicherstellen bzw. kann sich gerade aufgrund der endogenen Wechselkursänderung eine Destabilisierung der Leistungsbilanzsituation einstellen.

In diesem Abschnitt ist nun zu fragen, welche Kapitalbewegungen von den fiskalischen Maßnahmen ausgelöst werden können und welche Gesamt–wirkung für die Leistungsbilanz sich hieraus und aus der Änderung der anderen endogenen Variablen (wie z.B. Einkommen, Zins usw.) für die Reaktion der Leistungsbilanz ergeben.

Auf die zentrale Bedeutung der Kapitalbewegungen in diesem Zusammenhang haben bereits die Arbeiten von MUNDELL, FLEMING, JOHNSON, SOHMEN und anderen hingewiesen.[56]

B.2. Ein Portfoliomodell einer offenen Volkswirtschaft bei festem Preisniveau

B.2.1 Finanzmärkte

Während bei den genannten Arbeiten von MUNDELL, FLEMING und anderen die Wechselkursbestimmung im Rahmen eines reinen Stromgrößenansatzes erfolgt, soll im weiteren ein Portfoliomodell des Wechselkurses zugrundegelegt werden, das in seinen Grundstrukturen auf die bekannten Ansätze von BRANSON, BLACK, KOURI, ISARD und anderen zurückgeht.[57] Bis auf Details ähnelt das Grundmodell den von SAUERNHEIMER, SCHMIDBERGER und SCHRÖDER gewählten Formulierungen.[58]

---

[56]Vgl. MUNDELL, R.A., Capital Mobility and Stabilization Policy Under Fixed and Flexible Exchange Rates. Canadian Journal of Economics, Bd. 29 (1963), S. 475ff. FLEMING, J.M., Domestic Financial Policies Under Fixed and Under Floating Exchange Rates. IMF Staff Papers, Bd. 9 (1962), S. 369ff. JOHNSON, H.G., Some Aspects of the Theory of Economic Policy in a World of Capital Mobility. In: JOHNSON, H.G (Hrsg.), Further Essays in Monetary Economics. London 1972. SOHMEN, E., Flexible Exchange Rates. 2. Aufl., Chicago 1969, S. 141ff. Einen Überblick vermitteln PENATI, A., Expansionary Fiscal Policy and the Exchange Rate – A Review. IMF Staff Papers, Bd. 30 (1983), S. 542ff. sowie BRANSON, W.H./BUITER, W.H., Monetary and Fiscal Policy with Flexible Exchange Rates. In: BHANDARI, J.S./PUTNAM, B.H. (Hrsg.), Economic Interdependence and Flexible Exchange Rates. Cambridge, Mass. 1983, S. 251ff.

[57]BRANSON, W.H., Asset Markets and Relative Prices in Exchange Rate Determination. Institute for International Economic Studies, Stockholm 1976. BLACK, S.W., International Money Markets and Flexible Exchange Rates. Princeton Studies in International Finance Nr. 23, Princeton 1973. KOURI, P.J.K., The Exchange Rate and the Balance of Payments in the Short Run and the Long Run. Scandinavian Journal of Economics. Bd. 78 (1976), S. 280ff. ISARD, P., Exchange–Rate Determination: A Survey of Popular Views and Recent Models. Princeton Studies in International Finance Nr. 42, Princeton 1978, S. 35ff. GYLFASON, T./HELLIWELL, J.F., A Synthesis of Keynesian, Monetary, and Portfolio Approaches to Flexible Exchange Rates. The Economic Journal, Bd. 93 (1983), S. 820ff. ALLEN, P.R./KENEN, P.B., Asset Markets, Exchange Rates, and Economic Integration. A Synthesis. Cambridge 1980.

[58]SAUERNHEIMER, K., Internationale Kapitalbewegungen, flexible Wechselkurse und gesamtwirtschaftliches Gleichgewicht. Hamburg 1980, S. 169ff. SCHMIDBERGER, W.–D., Fiskalpolitik in kleinen offenen Volkswirtschaften – eine Strom–Bestandsanalyse. Hamburg 1983. SCHRÖDER, J., Haushaltsdefizit und Wechselkurs in einem Güter–Finanzmarkt–Modell. Jahrbuch für Sozialwissenschaft, Bd. 39 (1988), S. 182ff.

Dem Portfolioansatz wird der Vorzug zum einen deswegen eingeräumt, um der vielfach geäußerten Kritik an der Stromformulierung der internationalen Kapitalbewegungen zu begegnen.[59] Zum anderen ist es ein Vorteil der Portfolioansätze, die Veränderungen der Finanzbestände, die im mittelfristigen Anpassungsprozeß stattfinden, anschaulicher und plausibler abbilden zu können.

Eine zentrale Eigenschaft portfoliotheoretischer Modelle ist die Annahme, daß die Wirtschaftssubjekte ihren Finanzvermögensbestand (W) in Form verschiedener Forderungstitel ("Assets") halten, die vom Anleger-publikum als heterogen und damit als nur begrenzt austauschbar empfunden werden. Üblicherweise weist das Portefeuille der Anleger ein inländisches, unverzinsliches Aktivum (Geld M), ein heimisches, verzinstes Aktivum (Staatsschuldtitel B) und ein ebenfalls verzinstes Auslandsasset (F) auf, die beide mit konstanten Kursen und variablen Zinsen ausgestattet sind und wovon letzteres in ausländischen Währungseinheiten denominiert ist. Während Geld und Inlandsbonds nur von Inländern gehalten werden und damit als "nichtgehandelt" einzustufen sind, kommt das Auslandsaktivum in in– und ausländischen Portefeuilles vor.

Die Bestandsgleichgewichte für die drei Finanzmärkte lassen sich schreiben als:

(1) $$M = m(i, i^*, Y, \Pi)\, W \qquad \text{mit } \frac{\delta m}{\delta i}, \frac{\delta m}{\delta i^*}, \frac{\delta m}{\delta \Pi} < 0;\ \frac{\delta m}{\delta Y} > 0$$

(2) $$B = b(i, i^*, Y, \Pi)\, W \qquad \text{mit } \frac{\delta b}{\delta i} > 0;\ \frac{\delta b}{\delta i^*}, \frac{\delta b}{\delta Y}, \frac{\delta b}{\delta \Pi} < 0$$

(3) $$e \cdot F = f(i, i^*, \Pi)\, W \qquad \text{mit } \frac{\delta f}{\delta i} < 0;\ \frac{\delta f}{\delta i^*}, \frac{\delta f}{\delta \Pi} > 0$$

$$\Pi = \frac{e^* - e}{e} \qquad \text{mit } \frac{d\Pi}{de} < 0$$

[59]Einen Überblick über diese Kritik vermitteln u.a. BENDER, D., Finanzmarkttheorie des Wechselkurses. In: Handwörterbuch der Wirtschaftswissenschaften, Bd. 9, Stuttgart et al. 1982, S. 748ff. LERDO, F.–J., Zur Finanzmarkttheorie des Wechselkurses: Monetäre Ansätze versus Portfolio(gleichgewichts)ansätze. Krefeld 1983, S. 21f. KRUEGER, A.O., Balance–of–Payments Theory. Journal of Economic Literature, Bd. 7 (1969), S. 21ff.

Die Bestandsnachfrage nach Geld (rechte Seite von Gleichung (1)) entspricht einem Anteil m am Gesamtvermögen W, wobei m negativ vom Inlandszins i und dem Auslandszins i* abhängt, da beide Größen Opportunitätskosten der Kassenhaltung darstellen; der Auslandszins wird für das betrachtete "kleine" Land als konstant angenommen werden. Die positive Abhängigkeit vom Einkommen Y spiegelt das Transaktionsmotiv der Kassenhaltung wider.[60] Daneben wird die Nachfrage nach Inlandsvermögen durch die Abwertungserwartung bezüglich der Inlandswährung Π beeinflußt.[61] Eine solche entsteht durch eine Reduktion des Wechselkurses (d.h. $d\Pi/de < 0$), wenn der langfristig erwartete Wechselkurs e* exogen vorgegeben ist und wenn im Ausgangspunkt der tatsächliche Wechselkurs dem langfristigen entspricht.[62] Liegt bspw. eine Abwertungserwartung bezüglich der heimischen Währung vor ($\Pi > 0$), d.h. ist der langfristig erwartete Wechselkurs e* höher als der aktuelle, so reduziert dies ceteris paribus die Nachfrage für die Vermögensteile, die von erwarteten Währungsverlusten bedroht sind. Sowohl die gewünschte Haltung von Geld als auch von Inlandsbonds geht damit zurück. Die Bestandsnachfrage nach Inlandsbonds leitet sich in Analogie zu Gleichung (1) ab, wobei die partiellen Ableitungen die üblichen Vorzeichen aufweisen. Zusätzlich soll die Hypothese aufgestellt werden, daß innerhalb eines gegebenen Vermögens der Anteil der liquiden Mittel um so größer sein muß, je größer das Einkommen ist.[63] Zwangsläufig folgt hieraus, daß die Umschichtung teilweise oder gänzlich zu Lasten der Bondshaltung gehen muß. Da zu Zwecken der Vereinfachung

---

[60]Einige Ansätze wie z.B. BRANSON vernachlässigen die Einkommensabhängigkeit der Geldnachfrage und betonen damit das Vermögensmotiv der Geldhaltung; da das Einkommen sich nur unter Berücksichtigung eines simultanen Gütermarktgleichgewichtes ermitteln läßt und die Neigung zur Geldhaltung wechselkursrelevant ist, kann man unter Beibehaltung der obigen Formulierung nicht mehr von einem rein finanzmarktdeterminierten Wechselkurs sprechen.

[61]Wenn im folgenden ohne weitere Erläuterungen von Auf– oder Abwertung gesprochen wird, so ist dies immer bezogen auf die Inlandswährung; eine Abwertung (der heimischen Währung) ist gleichbedeutend mit einem Anstieg des Wechselkurses.

[62]Eine mögliche Variante wäre, daß die Kaufkraftparitätentheorie der Bildung von Wechselkurserwartungen zugrundeliegt; bei einem annahmegemäß konstanten Preisniveau könnte dies ein exogen vorgegebenes e* rechtfertigen.

[63]Diese Verhaltensannahme ist höchstens auf den ersten Blick unplausibel: Es soll angenommen werden, daß bei einem gegebenen Gesamtvermögen die Struktur des Vermögens um so liquider gestaltet wird, je höher das Periodeneinkommen ausfällt. Ein steigendes Einkommen kann demnach die Haltung an Wertpapieren nur insofern vergrößern, als aus zusätzlichem Einkommen vermögenserhöhende Ersparnis fließt, die sowohl in Form zusätzlicher Kassenhaltung als auch in Form zusätzlicher Haltung an Wertpapieren gebildet wird.

angenommen werden soll, daß eine einkommensinduzierte Geldnachfrage ausschließlich zu Lasten der Inlandsbonds realisiert wird, erscheint in der Bestandsnachfrage nach Inlandsbonds ein entsprechendes negatives Einkommensargument, das dem in der Geldnachfragefunktion mit umgekehrtem Vorzeichen betragsmäßig entspricht. Die Nachfrage nach ausländischen Assets, ausgedrückt in inländischen Währungseinheiten, ergibt sich analog aus den bisherigen Argumenten.

Die Planung der Privaten bezüglich ihrer Vermögenshaltung geschieht im Rahmen einer Bestandsrestriktion der Form

(4) $$W = M + B + e \cdot F,$$

die in ihrer ex ante–Version aussagt, daß die Summe der gewünschten Bestände jederzeit dem tatsächlichen Gesamtvermögen entsprechen muß.[64,65]

Die Analyse geht davon aus, daß die drei Gleichgewichtsbedingungen unter Beachtung der Vermögensrestriktion (4) durch sofortige Zins– und Wechselkursänderungen sowie hierdurch ausgelöste Einkommensreaktionen erfüllt werden und somit in jedem Zeitpunkt der Betrachtung gültig sind. Aufgrund der Verknüpfung durch die Restriktion (4) ist nach Walras eine der drei Bedingungen redundant und kann bei einer formalen Analyse außer Betracht bleiben. Im folgenden soll dies für den Markt für Inlandsbonds gelten.

B.2.2 Gütermarkt und Leistungsbilanz

Die reale Sphäre sei dadurch gekennzeichnet, daß die betrachtete Volkswirtschaft auf einem unterausgelasteten Produktionsapparat ein international gehandeltes Gut herstellt, das entlang einer unendlich elastischen Angebotskurve angeboten wird. Nimmt man zusätzlich an, daß

---

[64]Diese Vermögensrestriktion impliziert, daß sich die jeweilig korrespondierenden partiellen Ableitungen der drei Bestandsnachfragefunktionen zu Null ergänzen müssen, es gilt also

$$\frac{\delta f}{\delta j} + \frac{\delta b}{\delta j} + \frac{\delta m}{\delta j} = 0 \quad \text{für } j = i, i^*, Y, \Pi.$$

[65]Da die Wertpapiere variable Zinsen und damit feste Kurse aufweisen, kann von Kapitalgewinnen bzw. –verlusten abgesehen werden. Das Bestandsangebot ist damit in jedem Zeitpunkt exogen. Einen Ansatz, der auch Änderungen der Wertpapierkurse berücksichtigt, entwickeln ALLEN, P.R./KENEN, P.B., a.a.O., S. 549ff.

wechselkursinduzierte Importpreisveränderungen entweder im heimischen Preisniveau nicht berücksichtigt werden oder in den Gewinnmargen der Importeure aufgefangen werden, kann man von einem konstanten heimischen Preisniveau ausgehen. Diese zentrale Annahme soll für den Abschnitt B aufrechterhalten bleiben.

Faßt man die investiven und die konsumtiven Staatsausgaben zu den Realausgaben G zusammen, so läßt sich die Gütermarktidentität ganz allgemein schreiben als:

(5) $$S = I + G - T + (X-M).$$

Da die Realkapitalanteile in der Spezifizierung des Finanzportfolios außer acht gelassen werden, müssen in der Formulierung des Gütermarktes die zugehörigen privaten und öffentlichen Komponenten der Stromgröße "Investition" ebenfalls gleich Null gesetzt werden. Damit fallen die gesamten Realausgaben des Staates G mit dem Staatskonsum C^{St} zusammen. Eine weitere Einschränkung gegenüber der allgemeinen Formulierung (5) besteht bezüglich der Behandlung der Zinszahlungen an das bzw. vom Ausland. Diese sollen, zur Vereinfachung der formalen Analyse, nicht Teil des Volkseinkommens sein, so daß hier also eine Abgrenzung nach dem Inlandsprinzip erfolgt. Diese Annahme impliziert, daß fällige Zinszahlungen auf Auslandsschulden durch weitere Auslandsverschuldung finanziert werden und daß Zinserträge auf Auslandsanlagen außerhalb der Landesgrenzen wiederangelegt werden. Die Bilanz, die Im– und Exporte von Gütern und Dienstleistungen – ausgenommen grenzüberschreitende Zinszahlungen – umfaßt, sei im folgenden als Handelsbilanz, ihr Saldo mit HB bezeichnet. Unter Beachtung dieser Anmerkungen und als Gleichgewichtsbedingung interpretiert läßt sich (5) konkret schreiben als

(5a) $$S(Y^{verf}, W, i) = G - T(Y) + HB(Y, e)$$

$$\text{mit} \quad \frac{\delta S}{\delta Y^{verf}}, \frac{\delta S}{\delta i}, \frac{\delta T}{\delta Y}, \frac{\delta HB}{\delta e} > 0$$

$$\text{und} \quad \frac{\delta S}{\delta W}, \frac{\delta HB}{\delta Y} < 0.$$

Die funktionalen Abhängigkeiten in Gl. (5a) bedürfen nur geringer Erläuterungen: Das Vermögensargument in der Sparfunktion ist zur langfristigen Modellkonsistenz notwendig und für die kurz– bis mittelfristig abgeleiteten Ergebnisse relativ unbedeutend. Das Steueraufkommen T, das nur in Form direkter und einkommenselastischer Steuern anfällt, kann vereinfachend als lineare Funktion vom Einkommen formuliert werden:

$$T = t \cdot Y \qquad \text{und } Y^{verf} = (1-t)\, Y.$$

Die positive Verknüpfung von Wechselkurs e und Handelsbilanzsaldo läßt sich durch die Annahme jederzeit genügend großer Nachfrageelastizitäten auf dem Import– und dem Exportsektor erklären, im Sinne der MARSHALL–LERNER–ROBINSON–Bedingung; eine denkbare, kurzfristig inverse Handelsbilanzreaktion (J–Kurve) wird nicht in Betracht gezogen.[66]

Der Saldo der Leistungsbilanz, der hier in Einheiten ausländischer Währung ausgedrückt wird,[67] ergibt sich aufgrund der gewählten Handelsbilanzabgrenzung als

$$(6) \qquad LB^{\$} = HB\,(Y, e)\,\frac{1}{e} + i^{*} \cdot F,$$

also aus der Summe aus dem Handelsbilanzsaldo in $ und den Zinszahlungen (den empfangenen Zinsen) auf die Auslandsschuld (das Auslandsvermögen); der zweite Summand von (6) könnte als Saldo einer "Dienstleistungsbilanz" interpretiert werden, wenn man beachtet, daß auch diese Begriffsabgrenzung von den üblichen Gepflogenheiten abweicht.[68]

Als letztes Element zur vollständigen Beschreibung des Modells sind die Bewegungs– bzw. Differentialgleichungen zu nennen, die den realen Sektor und die Finanzsphäre miteinander verknüpfen und deren Betrachtung für den

---

[66]Zu beiden Themenkomplexen vgl. z.B. ROSE, K., Theorie der Außenwirtschaft. 10. Aufl., München 1989, S. 74ff.

[67]Die Notwendigkeit, den Leistungsbilanzsaldo in ausländischer Währung auszudrücken, ergibt sich aus der Verknüpfung von Leistungsbilanzsalden, d.h., Stromungleichgewichten und Bestandsveränderung an (in Auslandswährung denominierten) Auslandsassets. Ungeachtet dessen wird später die graphische Ableitung der Leistungsbilanzsituation aus Gründen der Darstellung anhand der in Einheiten Inlandswährung ausgedrückten Leistungsbilanz vorgenommen.

[68]Vgl. ebenda, S. 3ff.

mittelfristigen Anpassungsprozeß aufschlußreich ist. Wählt man eine stetige Formulierung, so gilt

(7) $\dot{W} = S\,(Y^{verf}, i, W)$,

d.h., daß eine positive Ersparnis Vermögenseffekte auf Güter– und Finanzmärkten bewirkt. Die Art der Rückwirkung, die diese Vermögens–erhöhung auslöst, ist davon abhängig, wie sich diese Störung auf die einzelnen Vermögensbestandteile verteilt. Dies ergibt sich aus den entsprechenden Gleichungen

(8) $\dot{F} = LB^{\$}$

(9) $\dot{M} + \dot{B} = G - tY.$

Die Gleichung (8) sagt aus, daß sich die Akkumulation bzw. Dekumulation von Auslandsassets durch Salden der Leistungsbilanz vollzieht, denen, bei Abwesenheit von Finanzierungsmaßnahmen seitens der Zentralnotenbank, private Kapitalbewegungen in gleicher Höhe gegenüberstehen müssen; Gleichung (9) besagt, daß ein öffentliches Budgetdefizit durch (Zentralbank–) Geldschöpfung oder Verschuldung gegenüber dem Publikum oder Kombinationen aus beidem finanziert werden kann.[69] Stromungleichgewichte in der realen Sphäre verursachen somit Bestandsungleichgewichte im Finanzsektor, die wiederum Zins– und Wechselkurswirkungen auslösen, die auf die Gütermarktströme zurückwirken. Die Phase, in der diese Strom–Bestandsinteraktionen andauern, soll im folgenden als "mittelfristig" bezeichnet werden, während ein simultanes Strom–Bestandsgleichgewicht als "langfristiges Gleichgewicht" umschrieben wird.

B.2.3 Ausgangsgleichgewicht

Der Ausgangszustand des Systems und Referenzpunkt der Betrachtung soll ein im obigen Sinne langfristiges Gleichgewicht sein; dies umfaßt neben

---

[69]Prinzipiell ist es dabei gleichgültig, ob die Finanzierung durch Geldschöpfung direkt oder indirekt, d.h. im Zuge entsprechender expansiver Offenmarktkäufe seitens der Zentralnotenbank stattfindet; da die Ausdehnung des Geldvolumens der Schöpfung von Zentralbankgeld entspricht, wird hier offensichtlich ein Geldschöpfungsmultiplikator von 1 unterstellt.

Bestandsgleichgewichten auf den Märkten für Geld und Auslandsassets (und damit auch im Markt für inländische Schuldtitel) auch Stromgleichgewichte im Gütermarkt, der Leistungsbilanz und im öffentlichen Budget. Zusätzlich ist damit festgelegt, daß die zustandekommende Kombination von Einkommen, Zins und Vermögen die Ersparnisbildung auf Null reduziert. Diese Konstellation wird durch Abb. B/1 erläutert, bei deren Ableitung zunächst ein positives privates Auslandsvermögen (F > 0) angenommen wird.[70]

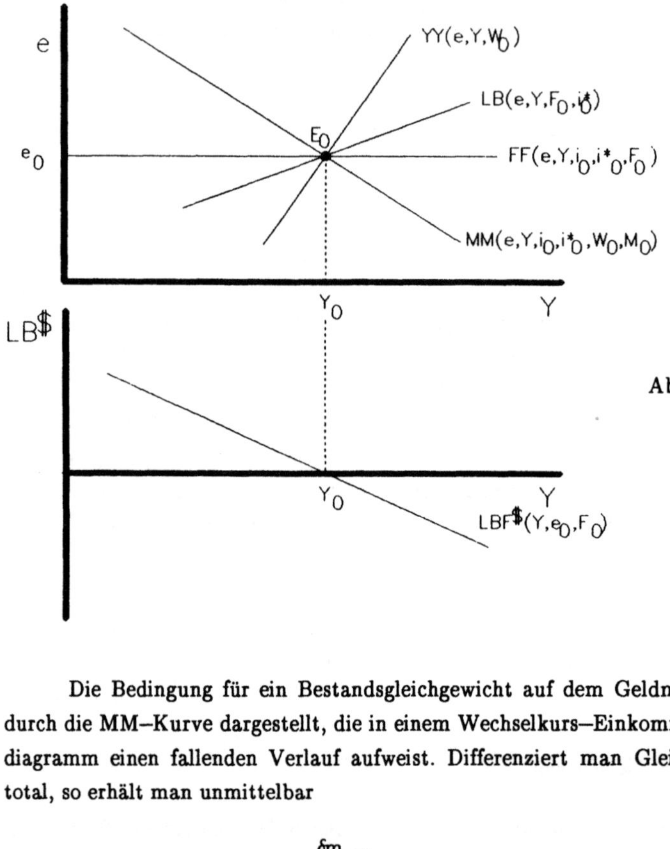

Abb. B/1

Die Bedingung für ein Bestandsgleichgewicht auf dem Geldmarkt wird durch die MM–Kurve dargestellt, die in einem Wechselkurs–Einkommens–diagramm einen fallenden Verlauf aufweist. Differenziert man Gleichung (1) total, so erhält man unmittelbar

$$\left.\frac{de}{dY}\right|_{MM} = -\frac{\frac{\delta m}{\delta Y} W}{\frac{\delta m}{\delta \Pi}\frac{\delta \Pi}{\delta e} W + mF} < 0 \quad \text{für } F > 0.$$

[70]Vgl. ähnliche Darstellungen bei SAUERNHEIMER, K., a.a.O., S. 185. SCHRÖDER, J., Haushaltsdefizit..., a.a.O., S. 186. GYLFASON, T./ HELLIWELL, T., a.a.O., S. 824.

Eine Erhöhung des Einkommens führt zu einem Überschuß der gewünschten über die tatsächliche Kasse. Ein Geldmarktgleichgewicht erfordert demnach eine Aufwertung der eigenen Währung, damit der durch die niedrigere Bewertung des Auslandsvermögens ausgelöste Vermögenseffekt die Geldnachfrage sinken läßt. Die Aufwertung wirkt ebenfalls negativ auf die Geldnachfrage, weil sie das Entstehen einer Abwertungserwartung in Bezug auf die heimische Währung impliziert. Die Wechselkurssenkung bewirkt somit neben dem Vermögenseffekt einen Substitutionseffekt, der ebenfalls in Richtung auf eine Wiederherstellung des Geldmarktgleichgewichtes hinwirkt.[71] Die erforderliche Aufwertung wird umso größer sein (d.h. die MM–Kurve wird um so steiler verlaufen), je kleiner – ceteris paribus – der Bestand positiven Auslandsvermögens ist. Ist die Auslandsposition ausgeglichen (d.h. $F = 0$), verläuft die Kurve immer noch fallend, da dann der Vermögenseffekt zwar Null ist, der Substitutionseffekt aber weiterhin eine Aufwertung der heimischen Währung erfordert, wenn nach einem Einkommensanstieg ein Geldmarkt-gleichgewicht erhalten bleiben soll.

Bei einer Schuldposition gegenüber dem Ausland stehen sich der Substitutionseffekt und der Vermögenseffekt mit entgegengesetzter Wirkung gegenüber, da nunmehr ein Sinken des Wechselkurses den DM–Wert der Auslandsschuld verringert und somit durch eine Erhöhung des Nettovermögens das Ungleichgewicht auf dem Geldmarkt noch vergrößern würde. Gleichen sich beide Teileffekte gerade aus, verläuft die MM–Kurve senkrecht, eine weitergehende Verschuldung im Ausland läßt den Vermögenseffekt überwiegen, so daß per saldo eine Abwertung der heimischen Währung erforderlich ist. Die MM–Kurve verläuft in diesem Fall mit positivem Anstiegsmaß. Dieser Fall liegt vor, wenn gilt

$$F < -\frac{W \frac{\delta m}{\delta \Pi} \frac{\delta \Pi}{\delta e}}{m} .$$

Als ein Lageparameter für die Kurve des Geldmarktgleichgewichts ist der Inlandszins zu berücksichtigen. Ein Anstieg des Zinses läßt die Bestandsnachfrage nach Geld zurückgehen, was durch einen Einkommens-anstieg bzw. – bei positivem Auslandsvermögen – durch einen Anstieg des Wechselkurses vermeidbar ist. Eine Zinserhöhung wird demgemäß die MM–Kurve nach rechts oben verschieben.

---

[71]Vgl. SCHRÖDER, J., Negative Net Foreign Position and Exchange Rate. Jahrbuch für Nationalökonomie und Statistik, Bd. 205 (1988), S. 200f.

Die Gleichgewichtslinie des Marktes für Auslandsassets verläuft bei jeder Parameterkonstellation parallel zur Abzisse, da die Bestandsnachfrage nach diesem Vermögensteil einkommensunelastisch ist. Es gibt deswegen nur einen Wechselkurs, der den Wert des Auslandsvermögens mit ihrer Plangröße in Übereinstimmung bringt.

Die Stromgleichgewichtsbedingung für den Gütermarkt wird mit Hilfe der YY–Kurve dargestellt. Ihr Verlauf ergibt sich analytisch durch totale Differentiation von (5a) und für ein gegebenes Realausgabenniveau mit

$$\left.\frac{de}{dY}\right|_{YY} = -\frac{\frac{\delta S}{\delta Y}(1-t) + t - \frac{\delta HB}{\delta Y}}{\frac{\delta S}{\delta W}\cdot F - \frac{\delta HB}{\delta e}} > 0 \quad \text{für } F > 0.$$

Dies läßt sich wie folgt interpretieren: Ein Einkommensanstieg führt zu einem Angebotsüberhang auf dem Gütermarkt, da annahmegemäß ein Teil des zusätzlichen Einkommens in die Ersparnis fließt. Dieser Angebotsüberhang kann durch eine Abwertung der heimischen Währung beseitigt werden, da hierdurch zum einen zusätzliche Nettonachfrage aus dem Ausland auf den heimischen Gütermarkt gelenkt wird und zum anderen von der Höherbewertung des (positiven) Auslandsvermögens ein expansiver Vermögenseffekt auf die inländische Güternachfrage ausgeht. Für gegebene Preiselastizitäten auf den Import– und Exportmärkten wird die zur Wiederherstellung des Gütermarktgleichgewichtes erforderliche Abwertung um so größer sein (d.h. die YY–Kurve ist umso steiler), je geringer das Auslandsvermögen ist. Eine negative Auslandsposition hat zur Folge, daß eine Abwertung der heimischen Währung einen kontraktiven Vermögenseffekt auf die Inlandsnachfrage ausübt, was eine noch weitergehende Abwertung erfordert. Der ansteigende Verlauf ist bei einer negativen Auslandsposition nur so lange gesichert, wie eine Abwertung per saldo die Gesamtnachfrage erhöht, d.h. also der positive "Elastizitäteneffekt" den dann negativen Vermögenseffekt überkompensiert, oder formal argumentiert, solange der zweite Summand im Nenner des obigen Ausdrucks größer als der erste Summand ist.

Die Einkommens–Wechselkurskombinationen, die sich aus dem Zusammenwirken der Finanz– und Gütermärkte ergeben, resultieren aus dem gemeinsamen Schnittpunkt von MM–, FF– und YY–Kurve. An dieser Stelle erscheint es angebracht, auf eine spezifische Eigenschaft der hier verwendeten Modellformulierung hinzuweisen. Üblicherweise wird in den wechselkurstheoretischen Ansätzen unterstellt, daß die Finanzmärkte sehr schnell auf

Datenänderungen reagieren und somit zu jedem Zeitpunkt im Gleichgewicht sind. Für die Gütermärkte wird hingegen oftmals eine nur verzögerte Reaktion angenommen, so daß sich Preise und Mengen nur auf mittlere Sicht auf gleichgewichtige Werte einstellen können. Im Gegensatz dazu wird hier offensichtlich unterstellt, daß auch die güterwirtschaftliche Sphäre mit der gleichen Geschwindigkeit wie die Finanzmärkte auf Datenänderungen reagiert und somit alle Märkte zu einem simultanen Gleichgewicht finden.

Aus diesen Anmerkungen und auch bei der Betrachtung der graphischen Darstellung wird deutlich, daß bei dieser Modellformulierung die reine Finanzmarkttheorie des Wechselkurses verlassen wird; vielmehr sind auch reale Einflüsse wechselkursrelevant, allerdings nur insofern, als hierdurch die Nachfrage nach Vermögensteilen in Niveau und Struktur berührt wird.

Eine Bedingung, die nicht jederzeit erfüllt sein muß, ist die Bedingung für das Leistungsbilanzgleichgewicht, die durch die LB–Gerade abgebildet wird. Der besseren Handhabbarkeit der Darstellung wegen, soll an dieser Stelle mittels des Leistungsbilanzsaldos in Einheiten heimischer Währung (gewissermaßen ein "DM–Saldo") argumentiert werden.

Multipliziert man Gleichung (6) mit dem Wechselkurs und differenziert danach total, so läßt sich der Verlauf der LB–Kurve ermitteln als

$$\left.\frac{de}{dY}\right|_{LB} = -\frac{\frac{\delta HB}{\delta Y}}{\left[\frac{\delta HB}{\delta e} + i^{*}\cdot F\right]} > 0 \quad \text{für } F > 0.$$

Ausgehend von einem Punkt auf der Kurve verschlechtert ein Einkommensanstieg die (DM–)Leistungsbilanz nach Maßgabe der einkommensinduzierten Zusatzimporte. Dieses Defizit kann durch eine Abwertung der Inlandswährung beseitigt werden, wobei zwei Teileffekte zu beachten sind: Einerseits wirkt die wechselkursinduzierte Verschiebung der relativen Preise direkt auf eine Handelsbilanzverbesserung hin (erster Summand im Nenner); andererseits bewirkt die Abwertung eine Verbesserung der DM–Dienstleistungsbilanz, da die unveränderten Zinseinnahmen aus dem Ausland mit einem jetzt höheren Wechselkurs bewertet werden (zweiter Summand im Nenner). Je geringer das Auslandsvermögen ist, um so geringer fällt der unterstützende zweite Teileffekt aus, so daß ein Leistungsbilanzausgleich dann ceteris paribus einer größeren Abwertung bedarf. Die LB–Kurve verläuft dann besonders steil. Geht man von einem negativen Auslandsvermögen und somit einer defizitären Dienstleistungsbilanz aus, stehen sich die gegenläufigen Effekte einer verbesserten Handelsbilanz und einer aufgrund erhöhter (DM–) Zinszahlungen ins Ausland verschlechterten Dienstleistungsbilanz gegenüber. Die letztere Komponente wird bei gegebenen Import– und Exportelastizitäten um so eher überwiegen, je größer die Auslandsverbindlichkeiten des privaten Sektors sind. In diesem Falle hat die LB–Kurve einen fallenden Verlauf, da die einkommensinduzierte Verschlechterung nur durch eine Aufwertung der eigenen Währung beseitigt werden könnte. Der umgekehrte Verlauf der LB–Kurve signalisiert somit eine inverse Reaktion der DM– (und damit auch der $–) Leistungsbilanz, die sich nicht auf zu geringe Preiselastizitäten der Außenhandelsströme gemäß MARSHALL/LERNER gründet.[72]

Der 2. Quadrant von Abb. B/1 zeigt die Leistungsbilanzfunktion (LBF), die den Saldo der Leistungsbilanz (hier allerdings in ausländischen Währungseinheiten ausgedrückt) für alternative Einkommensniveaus abträgt. Ihr Verlauf ergibt sich durch partielle Differentiation von (6) als

$$\frac{dLB^{\$}}{dY} = \frac{\delta HB}{\delta Y}\frac{1}{e} < 0.$$

Die Leistungsbilanzfunktion zeigt, daß sich die ($–)Leistungbilanz mit einer inländischen Einkommensexpansion verschlechtern wird. Als Lageparameter geht das Auslandsvermögen in diese Funktion ein, die sich mit steigendem Auslandsvermögen und damit verbessernder Dienstleistungsbilanz parallel nach oben verschiebt. Wechselkursänderungen drehen die Funktion in noch zu beschreibender Weise.

B.2.4 Wirkungen einer bondsfinanzierten Realausgabenerhöhung

Im folgenden soll nun untersucht werden, wie eine Erhöhung der Realausgaben, die durch Verschuldung gegenüber dem Publikum finanziert wird, über ihren Einfluß auf Einkommen und Wechselkurs auf die Leistungsbilanz wirkt. Im Ausgangszustand sei eine langfristig stabile Situation gegeben, in der mit dem Einkommen Y_0 und dem Wechselkurs e_0 ein

[72]Der Vollständigkeit halber sei ergänzt, daß Punkte rechts der LB–Kurve Leistungsbilanzdefizit,links davon Leistungsbilanzüberschuß bedeuten; ferner läßt sich ökonomisch zeigen, daß, verlaufen LB und YY mit positiver Steigung, die LB–Gerade stets flacher als die YY–Kurve sein muß. Vgl. sinngemäß DeGRAUWE, P., Macroeconomic Theory for the Open Economy. Aldershot, Hampshire 1983, S. 29.

simultanes Strom–/Bestandsgleichgewicht realisiert wird. Aufgrund der gewählten stetigen Modellformulierung ist als Analysezeitraum einer fiskalischen Maßnahme zwischen einer kürzeren Frist und einer mittleren Frist zu unterscheiden. Dabei ist die kürzere Frist dadurch charakterisiert, daß einerseits der Analysezeitraum lang genug gewählt ist, um die stromtheoretischen Bestandteile des Modells (also z.B. das Gütermarktgleichgewicht) sinnvoll interpretieren zu können, aber andererseits der betrachtete Zeitraum kurz genug ist, daß die Stromungleichgewichte (also Budget– und Leistungsbilanzsalden) näherungsweise noch keine Bestandsänderungen im Finanzbereich ausgelöst haben können.[73] In der mittleren Frist hingegen sind es gerade diese Einflüsse der Stromgrößen auf die Bestandsgrößen, die die weitere Entwicklung des Systems bestimmen. Schließlich ergibt sich in der langen Frist ein neues langfristiges Gleichgewicht, das in seinem Charakter dem simultanen Strom–Bestandsgleichgewicht des Ausgangszustandes entspricht.

B.2.4.1 Kurzfristige Analyse

Die "kürzere Frist" ist dadurch gekennzeichnet, daß sich einerseits zwar die Stromgrößen Ausgaben, Budgetdefizit und Leistungsbilanzsaldo unter dem Einfluß der Politikmaßnahme verändert haben, sich aber andererseits die zugehörigen Bestandsgrößen Vermögen, öffentlicher Schuldenstand und Auslandsvermögen erst in noch zu vernachlässigend geringem Umfang geändert haben. Für diesen Zeitraum gilt also:

$$dG > 0, \quad dB, dM, dF = 0,$$

was unter anderem auch impliziert, daß die Finanzierung des Defizites hier noch keine Rolle spielt.

Analytisch lassen sich die Effekte auf Einkommen, Zins, Wechselkurs und Leistungsbilanzsaldo leicht ermitteln, wenn die Gleichungen (1), (3) und (5a) unter Berücksichtigung von (4) total differenziert werden und man somit wegen dB, dM und dF = 0 das folgende System erhält:

[73]Vgl. dazu z.B. SCHMIDBERGER, W.–D., a.a.O., S. 23f.

$$\begin{bmatrix} \frac{\delta m}{\delta Y} W & \frac{\delta m}{\delta i} W & \left[mF + \frac{\delta m}{\delta \Pi} \frac{\delta \Pi}{\delta e} W \right] \\ 0 & \frac{\delta f}{\delta i} W & -\left[(1-f) F - \frac{\delta f}{\delta \Pi} \frac{\delta \Pi}{\delta e} W \right] \\ \left[\frac{\delta S}{\delta Y}(1-t) + t - \frac{\delta HB}{\delta Y} \right] & \frac{\delta S}{\delta i} & \left[\frac{\delta S}{\delta W} F - \frac{\delta HB}{\delta e} \right] \end{bmatrix} \begin{bmatrix} dY \\ di \\ de \end{bmatrix} = \begin{bmatrix} 0 \\ 0 \\ dG \end{bmatrix}$$

Die Systemdeterminante lautet:

$$\Delta = \frac{\delta m}{\delta Y} W \left[\frac{\delta f}{\delta i} W \left[\frac{\delta S}{\delta W} F - \frac{\delta HB}{\delta e} \right] + \frac{\delta S}{\delta i} \left[(1-f) F - \frac{\delta f}{\delta \Pi} \frac{\delta \Pi}{\delta e} W \right] \right] +$$

$$\left[\frac{\delta S}{\delta Y} (1-t) + t - \frac{\delta HB}{\delta Y} \right] \left[- \frac{\delta m}{\delta i} W \left[(1-f) F - \frac{\delta f}{\delta \Pi} \frac{\delta \Pi}{\delta e} W \right] \right.$$

$$\left. - \frac{\delta f}{\delta i} W \left[mF + \frac{\delta m}{\delta \Pi} \frac{\delta \Pi}{\delta e} W \right] \right]$$

$\Delta > 0$ für $F > 0$.

Durch Anwendung der Cramer'schen Regel lassen sich die folgenden Ergebnisse direkt ableiten:

$$\frac{dY}{dG} = \frac{- \frac{\delta m}{\delta i} W \left[(1-f) F - \frac{\delta f}{\delta \Pi} \frac{\delta \Pi}{\delta e} W \right] - \frac{\delta f}{\delta i} W \left[mF + \frac{\delta m}{\delta \Pi} \frac{\delta \Pi}{\delta e} W \right]}{\Delta} > 0$$

$$\frac{di}{dG} = \frac{\frac{\delta m}{\delta Y} W \left[(1-f) F - \frac{\delta f}{\delta \Pi} \frac{\delta \Pi}{\delta e} W \right]}{\Delta} > 0$$

$$\frac{de}{dG} = \frac{\frac{\delta m}{\delta Y} W \; \frac{\delta f}{\delta i} W}{\Delta} < 0.$$

Die Sofortwirkung der Ausgabenerhöhung besteht also in einem Einkommens– und Zinsanstieg sowie einer Aufwertung der heimischen Währung. Anhand der Abb. B/2a lassen sich diese Ergebnisse veranschaulichen und interpretieren. Der Anstieg der Realausgaben erzeugt auf dem Gütermarkt einen Nachfrageüberhang, der durch einen Einkommensanstieg abgebaut werden kann. Gleichzeitig führt die Einkommensexpansion durch die Verlagerung zwischen Geld– und Bondsnachfrage zu einem Zinsanstieg, der kontraktiv auf die Gesamtnachfrage wirkt.[74] Nimmt man an, daß dieser Crowding–Out–Effekt nur unvollkommen ist, ergibt sich eine Rechtsverschiebung der YY–Kurve, die um so größer ist, je kleiner der Zinsanstieg und je kleiner die Zinsreagibilität der privaten Ausgaben ist (Übergang von YY_0 auf YY_1).

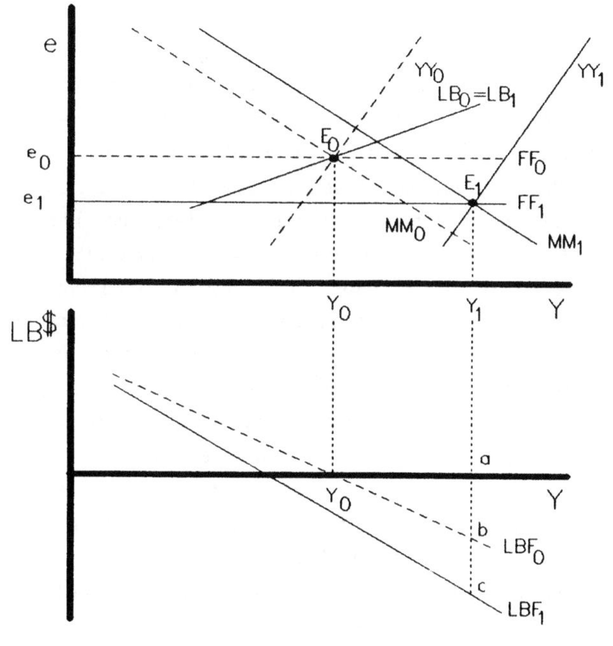

Abb. B/2a

[74]Änderungen des Inlandszinses ergeben sich in diesem Modellrahmen immer durch Änderungen am Bestandsgleichgewicht am Bondsmarkt. Da bei der soeben abgeleiteten Zinserhöhung Finanzierungseffekte keine Rolle gespielt haben, wird deutlich, daß diese Zinsvariation rein nachfrageseitig bedingt sein muß. Die Zinseffekte, die im folgenden aus den Veränderungen der Bondsbestände resultieren, gehen auf angebots– und nachfrageseitige Änderungen zurück.

Die stattfindende Zinserhöhung bewirkt, daß sich die MM–Kurve nach rechts oben in die Position MM_1 verschiebt. Auch der Markt für ausländische Vermögenstitel befindet sich nach dem Anstieg der Verzinsung im Inland im Zustand eines Bestandsangebotsüberhangs. Dies läßt sich durch eine Aufwertung der heimischen Währung beheben, da, wie aus den Gleichungen (3) und (3a) hervorgeht, eine Senkung des Wechselkurses den DM–Wert der Auslandsforderungen schneller sinken läßt als die Nachfrage nach dieser Vermögenskomponente, wobei es in diesem Fall gleichgültig ist, ob der bezogen auf die Nachfrage nach Auslandsassets positive Substitutionseffekt oder der negative Vermögenseffekt der Wechselkursänderung überwiegt. Graphisch bedeutet dies eine Verlagerung der FF–Kurve nach unten ($FF_0 \rightarrow FF_1$).

Als Resultat der Kurvenverschiebungen ergibt sich ein Übergang von Punkt E_0 zu E_1, eine Bewegung, die durch eine Einkommensexpansion auf Y_1 und einen Wechselkursverfall auf e_1 charakterisiert ist.

Für die Leistungsbilanz ist damit eindeutig festgelegt, daß hier ein Defizit vorliegen muß: Da sich am Auslandsvermögen F und damit am Saldo der Dienstleistungsbilanz in dieser Phase noch nichts geändert hat, behält die LB–Kurve ihre Lage bei; da der Punkt E_1 unterhalb davon liegt, ist die Leistungsbilanz im Defizit, was sowohl auf die Einkommensexpansion als auch auf die Aufwertung der heimischen Währung zurückzuführen ist. Für die weitere Analyse ist es jedoch interessanter, die Entwicklung der Leistungsbilanz, ausgedrückt in Einheiten ausländischer Währung, zu verfolgen; dies ist anhand der Leistungsbilanzfunktion im 2. Quadranten möglich. Die Leistungsbilanzfunktion muß sich nach unten verlagern, da nun aufgrund der Aufwertung jedem Einkommensniveau ein geringerer Leistungsbilanzsaldo zugeordnet ist; gleichzeitig dreht sich die Funktion nach unten, da eine gegebene einkommensinduzierte Variation der DM–Leistungsbilanz jetzt mit einem niedrigeren Wechselkurs umgerechnet werden muß und somit zu einer größeren Veränderung des Leistungsbilanzsaldos, gerechnet in Auslandswährung, führen wird.[75]

Der Gesamteffekt auf die Leistungsbilanz ergibt sich analytisch mit

$$\frac{dLB^{\$}}{dG} = \frac{\delta HB}{\delta Y}\frac{1}{e}\frac{\Delta_Y}{\Delta} + \left[\frac{\delta HB}{\delta e}\frac{1}{e} - HB(Y,e)\right]\frac{\Delta_e}{\Delta} < 0 \text{ für } F > 0.$$

---

[75]Formal verändert sich die Steigung von $-\frac{m}{e_0}$ auf $-\frac{m}{e_1}$.

So ist zum einem eine Verschlechterung der \$–Leistungsbilanz zu verzeichnen, weil sich einkommensinduziert die DM–Leistungsbilanz bei gegebenem Wechselkurs verschlechtert; dieser Teileffekt schlägt sich im ersten Summanden des obigen Ausdrucks nieder und entspricht der Teilstrecke $\overline{ab}$ in Abb. B/2a. Zum anderen verschlechtert die Aufwertung die DM–Leistungsbilanz zusätzlich. Ein dritter Einfluß ergibt sich aus der Umrechnung gegebener DM–Salden zu einem nun niedrigeren Wechselkurs; der Einfluß der Wechselkursänderung auf den Saldo der \$–Leistungsbilanz kommt im 2. Summanden zum Ausdruck und wird durch den Abschnitt $\overline{bc}$ in der Abbildung repräsentiert.

Die Verschlechterung der \$–Leistungsbilanz wird absolut gesehen, bei gegebenen Import– und Exportelastizitäten, umso größer ausfallen

- je kleiner $\delta S/\delta i$, d.h. je zinsunelastischer die privaten Ausgaben sind,
- je (betraglich) größer $\delta S/\delta W$ ist, d.h. je größer die Vermögenselastizität der Güternachfrage ist,
- je kleiner die marginale Sparquote ist,
- je geringer die Einkommenselastizität der Geldnachfrage ist.

Unbestimmt ist hingegen der Effekt einer Variation der anderen Parameter: So hat ein betragsmäßig größerer Wert für $\delta m/\delta i$ einerseits eine geringere Zinssteigerung und damit eine größere Einkommensexpansion zur Folge; andererseits bedeutet der geringere Zinsanstieg ceteris paribus ein geringeres Bestandsungleichgewicht auf dem Markt für ausländische Vermögenstitel, so daß die erforderliche Aufwertung geringer ausfallen kann. Der Nettoeffekt, der sich aus diesen gegenläufigen Einwirkungen für den Saldo der Leistungsbilanz ergibt, ist damit und ohne Kenntnis der anderen Parameter unbestimmt. Das gleiche gilt für die Zinsabhängigkeit der Bestandsnachfrage nach ausländischen Forderungstiteln: Ein dem Betrag nach großer Wert für $\delta f/\delta i$ hat zur Folge, daß ein gegebener inländischer Zinsanstieg zu einem vergleichsweise großen Bestandsangebotsüberhang führt, der mit einer besonders umfangreichen Aufwertung abgebaut werden muß. Diese Wechselkursbewegung hat aber einen kontraktiven Einfluß auf die Einkommensexpansion, so daß auch die Bedeutung des Parameters $\delta f/\delta i$ für die Leistungsbilanz nicht eindeutig ist.

In völliger Analogie zu den bisher gemachten Ausführungen läßt sich der Zeitpunkt direkt nach der Realausgabenerhöhung betrachten, wenn man eine negative Auslandsposition, d.h. das Vorliegen einer Auslandsschuld unterstellt. Die zugehörige Ausgangsposition und die ausgelösten Kurvenverschiebungen werden von Abb. B/2b zusammengefaßt. Diese Darstellung geht davon aus, daß die Schuldposition gegenüber dem Ausland gerade so umfangreich ist, daß aufgrund der beschriebenen Zusammenhänge eine Umkehrung der LB– und der YY–Kurve stattfindet. Die MM–Kurve soll hingegen trotz der negativen Auslandsposition in unveränderter Neigungsrichtung verlaufen, was mit der Annahme gleichbedeutend ist, daß die beschriebenen Substitutionseffekte einer Wechselkursänderung auf dem Geldmarkt die entsprechenden Vermögenseffekte überkompensieren. Der negative Vermögenseffekt einer Abwertung auf die Gesamtnachfrage führt dazu, daß die Systemdeterminante Δ ein negatives Vorzeichen annehmen kann; nimmt man nur eine geringe Vermögensabhängigkeit der Nachfrage und nur begrenzte Auslands–schuldpositionen an, so gilt hingegen weiterhin $\Delta > 0$ und somit

$$\frac{\delta Y}{\delta G} > 0$$
$$\frac{\delta i}{\delta G} > 0$$
$$\frac{\delta e}{\delta G} < 0.$$

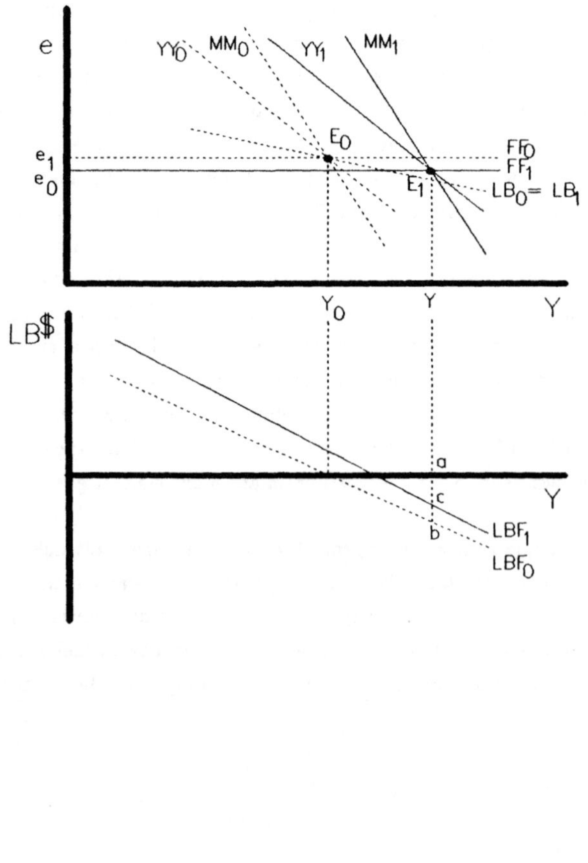

Abb. B/2b

Nimmt man also auch hier wieder an, daß das zins– und wechselkursinduzierte Crowding–Out den expansiven Effekt der Realausgabenerhöhung nur teilweise konterkariert, so erfordert der resultierende Nachfrageüberhang auf dem Gütermarkt einen Einkommensanstieg und/oder eine Abwertung der heimischen Währung. Letzteres steht im Gegensatz zu den vorangegangenen Ausführungen, da aufgrund der angenommenen Auslandsschuld eine Abwertung der heimischen Währung einen kontraktiven Vermögenseffekt auslöst, der annahmegemäß die expansiven Effekte der Abwertung überkompensiert. Die YY–Kurve verschiebt sich damit nach rechts oben. Der nach wie vor stattfindende Anstieg des Inlandszinses und der daraus resultierende Angebotsüberhang auf dem Geldmarkt drückt sich in einer Verlagerung der MM–Kurve nach rechts oben aus, da der erforderliche Geldnachfrageanstieg wie gehabt einen Einkommensanstieg und eine Wechselkurserhöhung erfordert. Zwar löst letzteres einen negativen Vermögenseffekt aus, dieser wird jedoch durch die entstehende Aufwertungserwartung und den daraus resultierenden Substitutionseffekt überkompensiert.

Genau wie im vorangegangenen Fall bewirkt der inländische Zinsanstieg einen Rückgang der gewünschten Haltung ausländischer Vermögenstitel und damit ein Bestandsüberangebot. Es gilt nun

$$|e_0F| < |f(i, i^*, \Pi)\cdot W| \quad \text{mit } e_0F,\ f(i, i^*, \Pi)\cdot W < 0.$$

Ökonomisch bedeutet dies, daß der private Sektor bei dem herrschenden Wechselkurs e_0 eine verglichen mit dem tatsächlichen Zustand noch weitergehende Verschuldung gegenüber dem Ausland wünscht. Auch hier läßt sich das Bestandsgleichgewicht durch eine Aufwertung der heimischen Währung wieder herstellen: Zwar läßt ein reduzierter Wechselkurs den DM–Wert der Auslandsschuld sinken, was für sich genommen das Bestandsungleichgewicht noch vergrößern würde. Gleichzeitig wird aber auch die gewünschte Verschuldung sinken, wenn die negative Substitutionskomponente, die aus der Abwertungserwartung bezüglich der heimischen Währung resultiert, den positiven Vermögenseffekt überkompensiert.[76] Dies ist nur mit relativ geringen Auslandsverbindlichkeiten zu vereinbaren. Wie auch im vorangegangenen Fall wird dieses Gleichgewicht dadurch angesteuert, daß die Wirtschaftssubjekte durch den Versuch, Kapitalimporte zu tätigen, die notwendige Aufwertung der heimischen Währung letztlich bewirken. Die Verlagerung des Gleichgewichtes ist auch hier wieder durch die Verschiebung der FF–Kurve in die Position FF_1 gekennzeichnet.[77]

Wie die Abb. B/2b bereits ohne Überlegungen formaler Art zeigt, ist der Übergang von Punkt E_0 hin zu E_1 nicht unbedingt durch eine Verschlechterung der Leistungsbilanz gekennzeichnet. Dies ergibt sich aus der Tatsache, daß E_1 links (= Überschuß) oder, wie in Abb. B/2b, rechts (= Defizit) der LB–Kurve liegen kann. Im Unterschied zu den Ausführungen des vorangegangenen Abschnittes kommt die Ambivalenz des Ergebnisses durch die inverse Reaktion der Leistungsbilanz auf die Wechselkursveränderung zustande, die sich aus der negativen Auslandsposition des betrachteten Landes ergeben kann. Dies wird deutlich, wenn man sich an den auf S. 49 abgeleiteten Ausdruck für die ($–)Leistungsbilanzvariation erinnert:

$$\frac{dLB^{\$}}{dG} = \frac{dHB}{dY}\frac{1}{e}\frac{\Delta_Y}{\Delta} + \left[\frac{\delta HB}{\delta e}\frac{1}{e} - HB(Y, e)\right]\frac{\Delta_e}{\Delta}$$

Auch in diesem Fall geht von der Erhöhung des Einkommens ein eindeutig verschlechternder Einfluß auf die Leistungsbilanz aus. Dies entspricht der Bewegung nach rechts auf der Leistungsbilanzfunktion des unteren Quadranten. Die Wirkung der Aufwertung hingegen ist nicht eindeutig: Aufgrund der Auslandsverschuldung erfordert eine ausgeglichene Leistungsbilanz eine überschüssige Handelsbilanz, die das Defizit der Dienstleistungsbilanz finanziert. Es ist nun denkbar, daß auch nach dem Ergreifen der fiskalischen Maßnahme (bei zunächst konstantem Wechselkurs)

---

[76]Das Wirken des genannten Substitutionseffektes ergibt sich in direkter Analogie zu dem Fall positiven Auslandsvermögens. Ebenso wie die Erwartung künftiger Aufwertungen der Fremdwährung den Wunsch nach einer verstärkten Haltung ausländischer Vermögenstitel aufkommen läßt, wird eine derartige Wechselkurserwartung die Rückführung eventueller Schuldpositionen in ausländischer Währung nahelegen. In beiden Fällen steigt demnach die gewünschte F–Haltung (absolut gesehen) an.

[77]Für den Fall, daß der Vermögenseffekt überwiegt, ist ein Bestandsgleichgewicht nur mit einem höheren Wechselkurs zu vereinbaren; die Situation ist dann dynamisch instabil, da die tatsächliche Wechselkursentwicklung nicht in Richtung dieses Gleichgewichtes führt. Vgl. SCHRÖDER, J., Negative Net Foreign Position..., a.a.O., S. 201f.

eine aktive Handelsbilanz vorliegt, die auf die Aufwertung der Inlandswährung zwar in DM gerechnet eine normale, in Einheiten ausländischer Währung hingegen eine anomale Reaktion aufweist. In der Graphik kommt dieser Teileffekt in der Aufwärtsdrehung der Leistungsbilanzfunktion zum Ausdruck. Auf diese Weise ist es zumindest theoretisch denkbar, daß der letztgenannte Effekt derart dominiert, daß sich per saldo eine Verbesserung der $–Leistungsbilanz ergibt. Die Wahrscheinlichkeit, daß sich aus der beschriebenen Situation heraus ein Leistungsbilanzüberschuß ergibt, ist um so größer,

- je größer die Schuldposition des betrachteten Landes, d.h. auch je größer im Ausgangsgleichgewicht der Überschuß der Handelsbilanz ist,
- je größer die Abwertung der heimischen Währung und
- je geringer die Einkommensexpansion im Inland ist.

Es ist in diesem Zusammenhang wenig aufschlußreich, den Einfluß alternativer Werte für die Verhaltensparameter genauer zu untersuchen. Wie eine nähere Betrachtung zeigt, ist die Bedeutung dieser Parameter für die Leistungsbilanz in aller Regel mehrdeutig, da sich entgegengesetzte Einflüsse über die Einkommens– und Wechselkurswirkungen ergeben; dieser Punkt soll deswegen nicht weiter verfolgt werden.

Es zeigt sich demnach, daß in der relativ kürzeren Frist, d.h. ohne die Wirkung der Finanzierung öffentlicher Budgetdefizite, die außenwirtschaftlichen Effekte fiskalischer Maßnahmen durch internationale Kapitalbewegungen entscheidend geprägt werden. Dabei ist zum einen zu fragen, wie Wechselkursvariationen ganz generell auf die Leistungsbilanz wirken können, andererseits ist von Interesse, welche Wechselkursbewegungen von der konkreten Maßnahme ausgelöst werden. Für beide Teilfragen ist hier, neben einigen anderen denkbaren Parametern die Nettoauslandsposition des betrachteten Landes etwas stärker in den Mittelpunkt der Überlegungen gerückt worden. Hier ist gezeigt worden, daß das Vorliegen einer Auslandsschuld unter Umständen zu einer inversen Reaktion der Leistungsbilanz führen kann. Zwischen Budget– und Leistungsbilanzsalden würde dann ein negativer Zusammenhang bestehen.

Im Gegensatz dazu wiederholt der Abschnitt, der ein positives Auslandsvermögen voraussetzt, ein altbekanntes Ergebnis. So findet sich schon Anfang der 60er Jahre bei MUNDELL und FLEMING die Erkenntnis, daß budgetpolitische Maßnahmen, die inländische Zinssteigerungen verursachen, bei großer internationaler Mobilität des Kapitals zu einer Aufwertung der heimischen Währung und somit zu einer besonders ausgeprägten

Verschlechterung der Leistungsbilanz führen müssen. Während in diesem stromtheoretisch geprägten Ansatz die Kapitalmobilität für die Wechselkursreaktion bestimmend ist, kommt der hier verwendete bestandstheoretische Wechselkursansatz für die kürzere Frist immer zu dem Ergebnis einer Aufwertung der heimischen Währung, unabhängig von der Zinselastizität der Kapitalbewegungen.

Obgleich MUNDELL und FLEMING ihre Überlegungen in einem Modell–rahmen anstellen, der sich von dem hier verwendeten gänzlich unterscheidet, ist sowohl das Ergebnis als auch der Untersuchungsgegenstand offensichtlich sehr ähnlich. Es ließe sich anführen, daß die von MUNDELL und FLEMING verwendete, früher wie auch heute noch teils übliche Stromformulierung der Kapitalbewegungen im Grunde nur die kürzere Frist beschreibt, die auch Gegenstand dieses Abschnittes sein sollte; wohl aus dem gleichen Grunde bleiben die Finanzierungeffekte des deficit spending in keynesianisch geprägten Modellen offener Volkswirtschaften meist unberücksichtigt.

B.2.4.2 Mittelfristige Strom–Bestandsdynamik

a) Positives Auslandsvermögen

Auf die soeben betrachtete kürzere Frist folgt die Phase der mittelfristigen Strom– Bestandsanpassungen, wobei die weitere Entwicklung der endogenen Variablen von den Zwischenergebnissen der kürzeren Frist ausgehen. Die mittlere Frist, die sich hier anschließt, sei dadurch gekennzeichnet, daß die Stromungleichgewichte auf den Güter– und Finanzmärkten Einfluß auf die Bestandsgrößen ausüben. Obgleich die Realausgaben auf ihrem erhöhten Niveau verbleiben, ergeben sich auch in der mittelfristigen Übergangsphase noch reale Effekte, da die Veränderungen der Finanzvermögensbestände Zins–, Wechselkurs– und Vermögenseffekte hervorrufen, die auf den realen Sektor zurückwirken. Es ist sicherlich nicht allzu willkürlich anzunehmen, daß die Einkommensexpansion, die in der kurzen Frist stattfindet, nicht ausreicht, um den primären Realausgabenanstieg zu finanzieren. Von diesem Fall soll durchweg ausgegangen werden. Nimmt man zunächst an, daß das verbliebene Budgetdefizit mittels einer Verschuldung gegenüber dem Publikum finanziert wird, so erhöht sich der Bestand an Staatsschuldtiteln in Händen der Privaten nach Maßgabe von Gleichung (9) um

(9a) $\dot{B} = G - tY; \; \dot{B} > 0.$[78]

Die Effekte dieser Bestandsänderung ergeben sich wiederum durch totale Differentiation der Gleichgewichtsbedingungen für die Märkte für Geld, Auslandsassets und heimische Güter und unter Beachtung von dG, dM,dF = 0 und dB > 0. Aus dem Gleichungssystem

$$\begin{bmatrix} \frac{\delta m}{\delta Y} W & \frac{\delta m}{\delta i} W & \left[mF + \frac{\delta m}{\delta \Pi} \frac{\delta \Pi}{\delta e} W\right] \\ 0 & \frac{\delta f}{\delta i} W & -\left[(1-f)F - \frac{\delta f}{\delta \Pi} \frac{\delta \Pi}{\delta e} W\right] \\ \left[\frac{\delta S}{\delta Y}(1-t)+t-\frac{\delta HB}{\delta Y}\right] & \frac{\delta S}{\delta i} & \left[\frac{\delta S}{\delta W} F - \frac{\delta HB}{\delta e}\right] \end{bmatrix} \begin{bmatrix} dY \\ di \\ de \end{bmatrix} = \begin{bmatrix} -m \; dB \\ -f \; dB \\ -\frac{\delta S}{\delta W} dB \end{bmatrix}$$

ergeben sich folgende mittelfristige Multiplikatoren:

$$\frac{dY}{dB} = -\frac{1}{\Delta} m \left[\frac{\delta f}{\delta i} W \left[\frac{\delta S}{\delta W} F - \frac{\delta HB}{\delta e}\right] + \frac{\delta S}{\delta i}\left[(1-f)F - \frac{\delta f}{\delta \Pi}\frac{\delta \Pi}{\delta e} W\right]\right]$$

$$+ \frac{1}{\Delta} f \left[\frac{\delta m}{\delta i} W \left[\frac{\delta S}{\delta w} F - \frac{\delta HB}{\delta e}\right] - \frac{\delta S}{\delta i}\left[mF + \frac{\delta m}{\delta \Pi}\frac{\delta \Pi}{\delta e} W\right]\right]$$

$$+ \frac{1}{\Delta}\frac{\delta S}{\delta W}\left[\frac{\delta m}{\delta i} W \left[(1-f)F - \frac{\delta f}{\delta \Pi}\frac{\delta \Pi}{\delta e} W\right] + \frac{\delta f}{\delta i} W \left[mF + \frac{\delta m}{\delta \Pi}\frac{\delta \Pi}{\delta e} W\right]\right]$$

$$\frac{de}{dB} = \frac{1}{\Delta}\left[\frac{\delta m}{\delta Y} W \left[\frac{\delta S}{\delta i} f - \frac{\delta f}{\delta i} W \frac{\delta S}{\delta W}\right]\right.$$

[78]Das als exogen angenommene Realausgabenniveau impliziert, daß der Teil der öffentlichen Ausgaben, der für Güterkäufe verwendet wird, in dem Maße zurückgefahren wird, in dem aufgrund der Verschuldungsvorgänge die Verpflichtung zum Schuldendienst ansteigt. Dies bedeutet insbesondere, daß die Wechselwirkung zwischen Zinslast und Verschuldung unbeachtet bleiben kann. Die gewählte Formulierung ließe sich z.B. damit rechtfertigen, daß die Entscheidung über das Realausgabenniveau nicht unter dem Gesichtspunkt allokativer Überlegungen, sondern aus dem Stabilitätsmotiv heraus getroffen wird. In diesem Fall kommt es der öffentlichen Hand nicht darauf an, eine bestimmte Struktur der Güterverwendung zu bewirken, sondern nur das Niveau der monetären Gesamtnachfrage zu fixieren.

$$+ \left[\frac{\delta S}{\delta Y}(1-t) + t - \frac{\delta HB}{\delta Y}\right] W \left[\frac{\delta f}{\delta i} m - \frac{\delta m}{\delta i} f\right]\Bigg]$$

$$\frac{di}{dB} = \frac{1}{\Delta}\frac{\delta m}{\delta Y} W\left[f\frac{\delta HB}{\delta e} - \frac{\delta S}{\delta W}\left[F - \frac{\delta f}{\delta \Pi}\frac{\delta \Pi}{\delta e} W\right]\right]$$

$$+ \frac{1}{\Delta}\left[\frac{\delta S}{\delta Y}(1-t) + t - \frac{\delta HB}{\delta Y}\right]\left[m\left[F - \frac{\delta f}{\delta \Pi}\frac{\delta \Pi}{\delta e} W\right] + f\frac{\delta m}{\delta \Pi}\frac{\delta \Pi}{\delta e} W\right]$$

Geht man auch hier zunächst wieder vom einem positiven Auslandsvermögen aus, so ergibt sich infolge der Erhöhung des öffentlichen Schuldenstandes auf jeden Fall eine Zinserhöhung. Nimmt man an, daß In- und Auslandsbonds relativ enge Substitute sind und weiterhin, daß die Ersparnis nur relativ gering zinsabhängig ist, so ergeben sich aus den obigen Ausdrücken ebenfalls positive Werte für die Veränderung des Einkommens und des Wertes der heimischen Währung. Dies soll anhand von Abb. B/3 veranschaulicht werden:[79] Einerseits bewirkt die Zunahme der Staatsschuldtitel einen positiven Vermögenseffekt auf die heimische Güternachfrage, der gemäß Annahme nicht vollständig durch den stattfindenden Zinsanstieg kompensiert wird. Der verbleibende Anstieg der Gesamtnachfrage kann nur durch eine Angebotserhöhung ausgeglichen werden, die YY–Kurve verschiebt sich damit nach rechts in die Position YY_2^B.

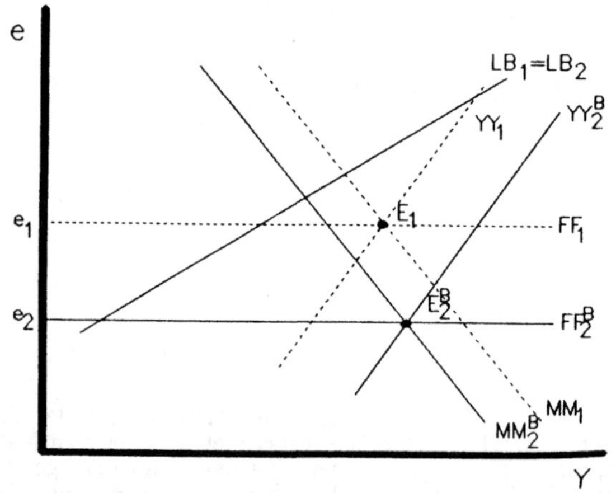

Abb. B/3

[79]Der Vollständigkeit halber sei angemerkt, daß die Graphik insofern nicht ganz zu der Aussage der in stetiger Zeit formulierten Gleichung (9) paßt, als hier eine Bestandsveränderung innerhalb eines diskreten Zeitraumes dargestellt wird.

Auf dem Geldmarkt wirkt ein Vermögenseffekt hin auf einen Bestandsnachfrageüberhang, der durch einen Rückgang des Wechselkurses bzw. des Einkommens abgebaut werden kann, so daß sich die MM–Kurve in "süd–westliche" Richtung verlagern wird. Die sich gleichzeitig einstellende Zinserhöhung trägt ihrerseits ebenfalls zur Wiederherstellung des Geldmarktgleichgewichtes bei und mindert das erforderliche Ausmaß der MM–Kurvenverschiebung. Auf dem Markt für Auslandsassets macht sich der inländische Zinsanstieg in einem Bestandsangebotsüberhang bemerkbar, der durch den Anstieg des Vermögens nur geringfügig geschmälert wird, da wie angenommen, zwischen in– und ausländischen Zinstiteln eine enge Substitutionsbeziehung besteht. Der Angebotsüberhang kann nur bei einem reduzierten Wechselkurs beseitigt werden, so daß sich die FF–Kurve abwärts in die Lage FF_2^B verschiebt. Es zeigt sich, daß bei Gültigkeit der getroffenen Annahmen der Übergang von E_1 auf (z.B.) E_2^B , der durch den isoliert betrachteten Anstieg des öffentlichen Schuldenstandes bewirkt wird, von einer Aufwertung und möglicherweise von einem Anstieg des Volkseinkommens gekennzeichnet ist. Die Leistungsbilanz wird eine Verschlechterung erfahren, wenn sie in erster Linie durch die Entwicklung der relativen Preise determiniert ist.

Zu den soeben beschriebenen Effekten der Bondsakkumulation gesellen sich die Wirkungen, die von den leistungsbilanzinduzierten Veränderungen des Nettoauslandsvermögens ausgehen. Mit den Gleichungen (6) und (8) ergibt sich hierfür

$$(6b) \qquad \dot{F} = HB(Y, e)\,\frac{1}{e} + i^*F.$$

Wie im vorangegangenen Abschnitt gezeigt, ist die kurzfristige Reaktion auf die Realausgabenerhöhung, zumindest bei positivem Auslandsvermögen, durch ein Defizit der Leistungsbilanz geprägt. Die Auswirkungen einer infinitesimalen Reduktion des Auslandsvermögens ergeben sich in Analogie zu den Ausführungen zu Beginn dieses Abschnitts aus dem Gleichungssystem

$$\begin{bmatrix} \frac{\delta m}{\delta Y} W & \frac{\delta m}{\delta i} W & \left[mF + \frac{\delta m}{\delta \Pi} \frac{\delta \Pi}{\delta e} W\right] \\ 0 & \frac{\delta f}{\delta i} W & -\left[(1-f)F - \frac{\delta f}{d\Pi} \frac{\delta \Pi}{\delta e} W\right] \\ \left[\frac{\delta S}{\delta Y}(1-t)+t-\frac{\delta HB}{\delta Y}\right] & \frac{\delta S}{\delta i} & \left[\frac{\delta S}{\delta W} F - \frac{\delta HB}{\delta e}\right] \end{bmatrix} \begin{bmatrix} dY \\ di \\ de \end{bmatrix} = \begin{bmatrix} -\,me\,dF \\ (1-f)e\,dF \\ -\frac{\delta S}{\delta W} e\,dF \end{bmatrix}$$

mit den Lösungen

$$\frac{dY}{dF} = -\frac{1}{\Delta} m\,e\left[\frac{\delta f}{\delta i} W \left[\frac{\delta S}{\delta W} F - \frac{\delta HB}{\delta e}\right] + \frac{\delta S}{\delta i}\left[(1-f)F - \frac{\delta f}{\delta \Pi}\frac{\delta \Pi}{\delta e} W\right]\right]$$

$$-\frac{1}{\Delta}(1-f)\,e\left[\frac{\delta m}{\delta i} W \left[\frac{\delta S}{\delta W} F - \frac{\delta HB}{\delta e}\right] - \frac{\delta S}{\delta W}\left[mF + \frac{\delta m}{\delta \Pi}\frac{\delta \Pi}{\delta e} W\right]\right]$$

$$-\frac{1}{\Delta}\frac{\delta S}{\delta W} e\left[-\frac{\delta m}{\delta i} W \left[(1-f)F - \frac{\delta f}{\delta \Pi}\frac{\delta \Pi}{\delta e} W\right] - \frac{\delta f}{\delta i} W \left[mF + \frac{\delta m}{\delta \Pi}\frac{\delta \Pi}{\delta e} W\right]\right]$$

$$\frac{de}{df} = \frac{1}{\Delta}\left[me\left[\frac{\delta s}{\delta Y}(1-t) + t - \frac{\delta HB}{\delta Y}\right]\frac{\delta f}{\delta i} W - (1-f)e\frac{\delta m}{\delta Y} w \frac{\delta S}{\delta i}\right.$$

$$\left. + (1-f)e\left[\frac{\delta S}{\delta Y}(1-t) + t - \frac{\delta HB}{\delta Y}\right]\frac{\delta m}{\delta i} W - \frac{\delta S}{\delta W} e \frac{\delta m}{\delta Y} W \frac{\delta f}{\delta i} W\right]$$

$$\frac{di}{dF} = \frac{1}{\Delta} me\left[\left[\frac{\delta S}{\delta Y}(1-t) + t - \frac{\delta HB}{\delta Y}\right]\left[-\frac{\delta f}{\delta \Pi}\frac{\delta \Pi}{\delta e} W\right]\right]$$

$$+\frac{1}{\Delta}(1-f)e\left[-\frac{\delta m}{\delta Y} W \frac{\delta HB}{\delta e} - \left[\frac{\delta S}{\delta Y}(1-t) + t - \frac{\delta HB}{\delta Y}\right]\left[\frac{\delta m}{\delta \Pi}\frac{\delta \Pi}{\delta e} W\right]\right]$$

$$+\frac{1}{\Delta}\frac{\delta S}{\delta w} e \frac{\delta m}{\delta Y} W \frac{\delta f}{\delta \Pi}\frac{\delta \Pi}{\delta e} W.$$

Während sich bei positivem Auslandsvermögen zwangsläufig eine Abwertung der heimischen Währung ergibt, ist die Auswirkung des Verlustes ausländischer Assets auf das heimische Zinsniveau unbestimmt und abhängig von der Wirkung der Bestandsänderung auf das Einkommen. Eine Einkommensexpansion ist zu erwarten, wenn die privaten Ausgaben nur schwach vom privaten Finanzvermögen abhängen. Auch diese Ergebnisse lassen sich wie in Abb. B/4 wieder graphisch veranschaulichen: Der leistungsbilanzinduzierte Verlust an Auslandsassets führt auf dem betreffenden

Markt zu einem Bestandsnachfrageüberhang, der nur durch einen Wechselkursanstieg und der damit verbundenen Bestandsangebotserhöhung abgebaut werden kann; die FF–Kurve verschiebt sich also nach oben (→ FF_2^F). Der Rückgang des Finanzvermögens, der mit dem Leistungsbilanzdefizit verbunden ist, bewirkt zunächst Angebotsüberhänge auf Geld– und Bondsmarkt, so daß eine Zinsvariation, die durch eine Substitution zwischen beiden Anlageformen zustandekommen müßte, zunächst ausscheidet. Nimmt man an, daß der expansive Einfluß der Abwertung größer als der entgegengesetzte Einfluß des Rückgangs der Auslandsposition ausfällt, so hat dies einen per saldo expansiven Effekt auf die Güternachfrage und damit das Volkseinkommen. Dies wird zu einer Verringerung (Vergrößerung)des Angebotsüberhanges auf dem Geldmarkt (Bondsmarkt) führen, was letztlich einen Zinsanstieg nach sich ziehen wird (Verlagerung der MM–Kurve von MM_1 nach MM_2^F), der seinerseits den primären Nachfrageüberhang am F–Markt und die notwendige Abwertung verringern wird. Man kann zeigen, daß der prozentuale Wechselkursanstieg geringer als die leistungsbilanzinduzierte Reduktion des Auslandsvermögens sein wird, was einen im Endergebnis negativen Vermögenseffekt zur Folge hat.[80] Auf die Güternachfrage wirken die genannten Effekte in entgegengesetzter Richtung. Ein dominierender Zinseffekt (Vermögenseffekt) führt zu einem Nachfrage– (Angebots–) Überhang, der sich in einer Rechts– (Links–) Verschiebung der YY–Kurve äußert. Es soll auch hier wieder angenommen werden, daß sich beide Teileffekte gegenseitig kompensieren und die Kurve des Gütermarktgleichgewichtes ihre Lage beibehält.

---

[80]Dies widerspricht dem von BRANSON abgeleiteten markanten Ergebnis, daß die Elastizität des Wechselkurses bezüglich F–Bestandsvariationen exakt −1 beträgt. Ursächlich hierfür ist, daß bei BRANSON die Geldnachfrage nur von Einflüssen aus der Finanzsphäre abhängig ist. In der hier gewählten Formulierung wirkt die Abwertung der heimischen Währung auf das Einkommen und damit die Transaktionskassenhaltung expansiv, was zunächst zinssteigernd wirkt und auf diesem Wege das Ungleichgewicht auf dem Markt für Auslandsassets und den notwendigen Umfang der Abwertung reduziert.

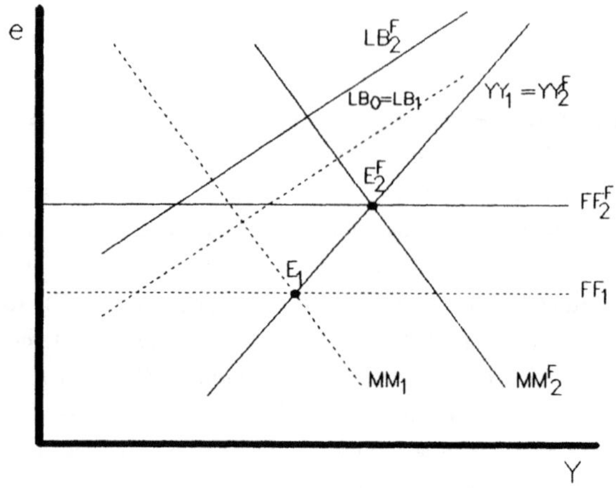

Abb.B/4

Im Ergebnis kommt es somit zu einer Einkommensexpansion, und unabhängig davon ergibt sich in jedem Fall eine Abwertung der heimischen Währung, so daß hier die Leistungsbilanz entgegengesetzten Einkommens– und Wechselkurseffekten ausgesetzt ist. Hinzu kommt eine tendenzielle Leistungsbilanzverschlechterung, die aus der Verringerung des Nettoauslandsvermögens und der damit verbundenen Verschlechterung der Dienstleistungsbilanz resultiert. Dies äußert sich in einer Linksverschiebung der LB–Kurve. Es ist damit nicht möglich, den Leistungsbilanzeffekt der Änderung dieser Bestandsvariablen eindeutig zu bestimmen.

Die mittelfristige Dynamik des Systems ist durch die zusammengefaßte Wirkung beider Bestandsvariationen bestimmt; umgekehrt kann sich ein dauerhaftes Gleichgewicht nur einstellen, wenn diese Bestandsänderungen zum Erliegen kommen, d.h. wenn simultan ein Ausgleich des Budgets und ein

Gleichgewicht der Leistungsbilanz angestrebt wird.[81] Zur Überprüfung dieser Konvergenz– bzw. Stabilitätseigenschaft müßte eine Lösung für das aus den Differentialgleichungen (9a) und (6b) bestehenden System ermittelt werden; praktikabler hingegen erscheint der Versuch, stattdessen die lokale Stabilität in einer graphisch–qualitativen Darstellungsform zu überprüfen.[82] Ausgehend von den Gleichungen

(9a) $\dot{B} = -tY + G$ und

(6b) $\dot{F} = HB(Y, e)\frac{1}{e} + i^{*}F$

ergibt sich durch totales Differenzieren

(9a') $d\dot{B} = \phi_2\, dB + \phi_4\, dF$ und

(6b') $d\dot{F} = \phi_1\, dB + \phi_3\, dF$

mit

$$\phi_1 = \frac{\delta HB}{\delta Y}\frac{\delta Y}{\delta B}\frac{1}{e} + \left[\frac{\delta HB}{\delta e} - HB(Y, e)\frac{1}{e^2}\right]\frac{\delta e}{\delta B}$$

$$\phi_2 = -t\,\frac{\delta Y}{\delta B}$$

[81]Die Bezugnahme auf ausgeglichene Budget– und Leistungsbilanzpositionen macht zwei Anmerkungen erforderlich: Zum einen ist hiermit in keiner Weise ein normativer Anspruch verbunden, etwa der Art, daß ein Ausgleich dieser Salden in der Realität immer ein verteilhafter Zustand sei. So ist u.U. in einer wachsenden Wirtschaft eine laufende Erhöhung des öffentlichen Schuldenstandes sinnvoll und ein Reservewährungsland könnte sich gezwungen sehen, eigene Leistungsbilanzdefizite hinzunehmen, um die Liquidität oder den Beschäftigungsstand der Handelspartner nicht zu gefährden. Zum anderen ist das langfristige Bestandsgleichgewicht für die Realität mehr qualitativ denn quantitativ zu interpretieren: So wird man wohl in der Beurteilung eines realen Falles schon von einer stabilen Entwicklung sprechen, wenn sich eine Tendenz zur Verringerung der Salden einstellt, auch ohne daß der tatsächliche Ausgleich des Budgets und der Leistungsbilanz innerhalb der betrachteten Zeiträume eintritt.

[82]Vgl. z.B. CHIANG, A.C., Fundamental Methods of Mathematical Economics. 3. Aufl., Singapur 1984, S. 638ff.

$$\phi_3 = \frac{\delta HB}{\delta Y}\frac{\delta Y}{\delta F}\frac{1}{e} + \left[\frac{\delta HB}{\delta e} - HB(Y,e)\frac{1}{e^2}\right]\frac{\delta e}{\delta F} + i^*$$

$$\phi_4 = -t\,\frac{\delta Y}{\delta F}.$$

Durch Setzen von $\dot{F}$ bzw. $\dot{B} = 0$ erhält man

$$\left.\frac{dF}{dB}\right|_{\dot{F}=0} = -\frac{\phi_1}{\phi_3} \lesseqgtr 0 \quad \text{für } F > 0 \text{ und}$$

$$\left.\frac{dF}{dB}\right|_{\dot{B}=0} = -\frac{\phi_2}{\phi_4} > 0 \quad \text{für } F > 0.$$

Nimmt man die mittelfristigen Multiplikatoren so an, wie es in den vorangegangenen Abschnitten ausgeführt worden ist $\left[\frac{dY}{dB} > 0; \frac{de}{dB}, \frac{de}{dF}, \frac{dY}{dF} < 0\right]$, so ergibt sich für ein positives Auslandsvermögen das Phasendiagramm aus Abb. B/5. Die Abbildung zeigt zum einen den geometrischen Ort aller Kombinationen aus Schuldenstand B und Auslandsvermögen F, die ein ausgeglichenes Budget gewährleisten. Diese ($\dot{B}$=0)–Kurve hat einen ansteigenden Verlauf, der sich wie folgt begründen läßt: Steigt, ausgehend von einem Punkt auf der Kurve der Bestand an Staatschuldtiteln an, so führen die ausgelösten expansiven Effekte auf das Einkommen zu einem Überschuß des Budgets, der nur vermieden werden kann, wenn kompensierend das Auslandsvermögen F steigt und, wie erläutert, ein kontraktiver Einkommenseffekt ausgelöst wird. Punkte rechts dieser Kurve drücken Budgetüberschüsse und die Tendenz zu einem Abbau an Staatsschuldtiteln in der Hand der Privaten aus und umgekehrt.

Die ($\dot{F}$=0)–Kurve zeigt keinen eindeutigen Verlauf. Geht man beispielsweise von einem Punkt auf dieser Kurve nach rechts, so führt der durch den Anstieg des Bondbestandes ausgelöste Einkommensanstieg zusammen mit der resultierenden Aufwertung der heimischen Währung unweigerlich zu einem Defizit der Leistungsbilanz. Ein Ausgleich dieses Defizits ist durch einen reduzierten Bestand an Auslandsvermögen dann möglich,

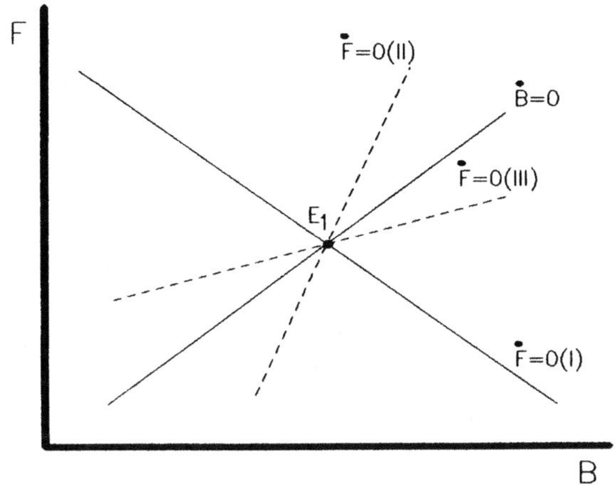

Abb. B/5

wenn man davon ausgeht, daß die ausgelöste Abwertung stärker positiv auf die Leistungsbilanz einwirkt als sich die induzierte Einkommensexpansion sowie die Verschlechterung der Dienstleistungsbilanz negativ auf den Saldo der Leistungsbilanz auswirken.[83] In diesem Fall verläuft die (Ḟ=0)–Kurve mit negativer Steigung, was in der Abb.B/5 mit durchgezogener Linie (I) eingezeichnet ist. Bei dieser Konstellation bezeichnen Punkte oberhalb der (Ḟ=0)–Kurve Zustände von Leistungsbilanzdefizit und bedeuten somit einen Abbau an Auslandsvermögen.

Umgekehrt ist es auch möglich, daß ein vorliegendes Leistungsbilanzdefizit durch eine Erhöhung des Bestandes an Auslandstiteln beseitigt werden kann, wenn die Verbesserung der Leistungsbilanz über die Dienstleistungsbilanz und die Verminderung der einkommensinduzierten Importe die wechselkursbedingte Verschlechterung der Leistungsbilanz überwiegen. Es läßt sich nicht ohne weiteres ableiten, ob die jetzt mit positivem Steigungsmaß verlaufende (Ḟ=0)–Kurve steiler oder flacher ist als die ansteigende (Ḃ=0)–Kurve; die Abb.B/5 zeigt beide Möglichkeiten als punktiert eingezeichnete Varianten (II) bzw. (III). In beiden Fällen markieren Punkte oberhalb der jeweiligen (Ḟ=0)–Kurve jetzt Leistungsbilanzüberschüsse

[83]Formal ausgedrückt, ist eine Reduktion des F–Bestandes nötig, wenn gilt $\phi_3 < 0$. Dies liegt vor, wenn der leistungsbilanzverbessernde Wechselkurseffekt (2. Summand von ϕ_3) die entgegengesetzten Einkommenseffekte (1. Summand) und Zinszahlungseffekte (3. Summand) betragsmäßig überwiegt.

und die resultierende Tendenz zu einer weiteren Erhöhung der Bestände an Auslandsvermögen.

Mit diesem Instrumentarium ist es nun leicht möglich, die mittelfristigen Strom–Bestandswirkungen, die sich aus der fiskalischen Maßnahme ergeben, zu untersuchen. Ein Zwischenergebnis der kurzen Frist war ein Budgetdefizit, das durch das ausgelöste Steuermehraufkommen kurzfristig nur teilweise konsolidiert wurde. Dies bedeutet, daß Punkte auf der alten ($\dot{B}=0$)–Kurve nun nicht mehr die Orte ausgeglichenen Budgets markieren, sondern daß dies für Punkte jeweils rechts daneben gilt, da ein höherer Bestand an Staatschuldtiteln notwendig ist, um mittels der hierdurch ausgelösten Wirkungen auf das Einkommen das Staatsbudget zu konsolidieren. Die ($\dot{B}=0$)–Kurve verschiebt sich damit in der Abb. B/6a nach rechts. Für die Betrachtung der ($\dot{F}=0$)–Kurve sei zunächst der fallende Verlauf der Variante (I) unterstellt. Das Leistungsbilanzdefizit, mit dem die Analyse der kurzen Frist abgeschlossen hat, verschiebt die ($\dot{F}=0$)–Kurve nach unten, da eine Beseitigung des Defizites in erster Linie durch eine mit einer Reduktion der F–Bestände verbundenen Abwertung zu erreichen ist.

Ausgehend vom Punkt E_1 verläuft die mittelfristige Entwicklung in Abhängigkeit der durch die Richtungspfeile angedeuteten B– und F–Dynamik. So ergibt sich auch mittelfristig ein Nebeneinander von Budget– und Leistungsbilanzsalden, das begleitet wird von laufenden Abwertungen der heimischen Währung und einer Expansion des Inlandseinkommens. Während das erstere die Leistungsbilanz dem Ausgleich näherbringt, führt das wachstumsinduzierte Steuermehraufkommen zu einer Verringerung der Haushaltslücke, so daß eine mögliche Entwicklung (1) direkt von E_1 zum langfristigen Gleichgewichtspunkt E_n führt, der durch ausgeglichene Salden sowohl der Leistungsbilanz als auch des Budgets charakterisiert ist. Ebenso ist es auch denkbar, daß eine zyklische Entwicklung stattfindet, wie sie beispielhaft als Phasenbahn (2) eingezeichnet ist. Wiederum ausgehend von E_1 könnte die Entwicklung z.B. auch von einer Kombination von Einkommensexpansion und nur zögernder Abwertung bzw. Aufwertung der Inlandwährung geprägt sein, was möglich ist, wenn der Effekt der Bondsakkumulation auf den Wechselkurs groß bzw. dominierend ist. In diesem Fall trägt die mittelfristige Anpassung zunächst nur zur Beseitigung der Haushaltslücke, jedoch kaum oder überhaupt nicht zur Verbesserung der Leistungsbilanz bei. Dies ändert sich erst, wenn das Budget in eine

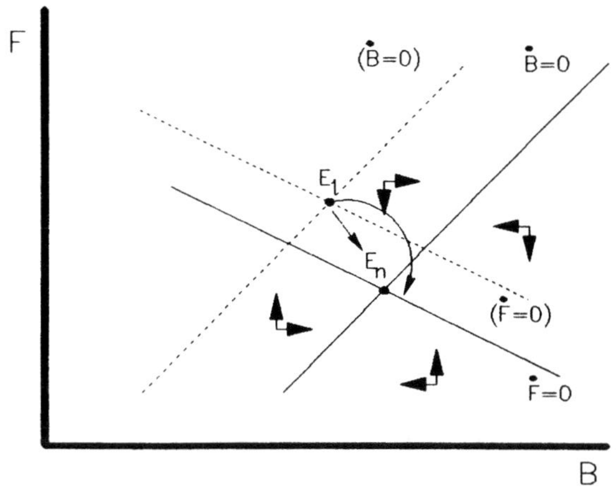

Abb. B/6a

Überschußsituation gerät, und die Dekumulation von Bonds (Tilgung) auf eine Abwertung bzw. verstärkte Abwertung sowie eine reduzierte Einkommensexpansion hinwirkt und somit den Leistungsbilanzausgleich ermöglicht. Im Zuge dieser zyklischen Entwicklung sind auch – wie im eingezeichneten Beispiel – Phasen von Leistungsbilanzüberschüssen möglich, jedoch steht auch hier das langfristige Gleichgewicht in E_n am Ende der Entwicklung.

Gegeben den Fall, daß eine Zunahme des Auslandsvermögens die Leistungsbilanz wie geschildert verbessert, verläuft die $(\dot{F}=0)$–Kurve ansteigend. Zunächst sei angenommen, daß die $(\dot{F}=0)$–Kurve steiler verläuft als die $(\dot{B}=0)$–Kurve, was in der Abb. B/6b dargestellt ist. Die Verlagerung der $(\dot{B}=0)$–Kurve erfolgt wiederum in die gleiche Richtung wie im vorangegangenen Fall. Die Verschiebung der $(\dot{F}=0)$–Kurve findet hingegen in die entgegengesetzte Richtung statt: Da annahmegemäß die Wechselkurseffekte einer F–Variation nur von untergeordneter Bedeutung für den Leistungsbilanzsaldo sind, kann das nach Ablauf der kurzen Frist vorliegende

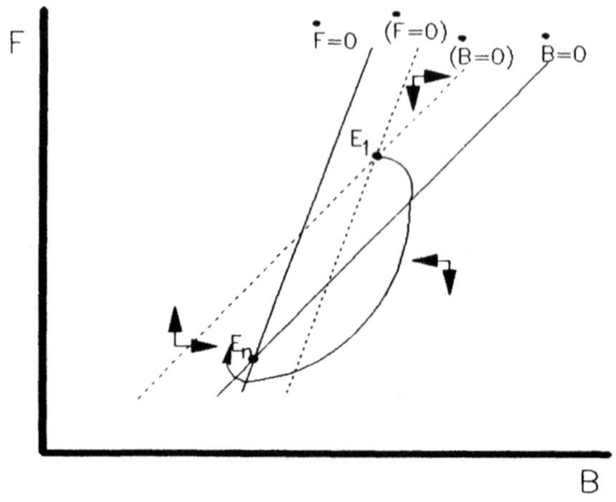

Abb. B/6b

Leistungsbilanzdefizit nur durch einen jeweils höheren Bestand an Auslandsassets beseitigt werden, da sich – obgleich es zu einer Aufwertung der Inlandswährung kommt – die Leistungsbilanz durch die Einkommensreduktion und die Verbesserung der Dienstleistungsbilanz verbessern wird; die $(\dot{F}=0)$–Kurve muß sich also nach oben verschieben.

Auch jetzt wird die Entwicklung, ausgehend von E_1, zunächst durch Defizite in Budget und Leistungsbilanz, Einkommensexpansionen und vermutlich Abwertungen der Inlandswährung geprägt, ohne daß zunächst eine Chance zum Leistungsbilanzausgleich bestünde. Dieser kann erst realisiert werden, wenn sich das Budgetdefizit durch einkommensinduzierte Steuermehraufkommen in einen Überschuß verkehrt und die Verminderung der Bondsbestände Einkommens– und Wechselkursreaktionen bewirken bzw. unterstützen, die auf einen Leistungsbilanzausgleich hinwirken. Genau wie im vorangegangenen Abschnitt liegt damit eine zyklische Entwicklung von Budget– und Leistungsbilanzsaldo, Einkommen und Wechselkurs vor. Im Unterschied zum zuerst geschilderten Fall ist jedoch hier der zyklische Verlauf unausweichlich, und es ist nicht sichergestellt, daß das langfristige Gleichgewicht in E_n auch erreicht wird. Es ist vielmehr, je nach der relativen Neigung der beiden Kurven, auch ein instabiler Zyklus denkbar. Diese

Konstellation ist umso wahrscheinlicher, je flacher die ($\dot{F}=0$)–Kurve verläuft, d.h.

- je größer die (negative) Einkommensreaktion und
- je geringer die ausgelöste Aufwertung nach einem Anstieg des Auslandsvermögens ist und
- je höher der Auslandszins, d.h. je stärker die Verbesserung der Dienstleistungsbilanz nach der F–Erhöhung ist.

Eine mit Sicherheit instabile Situation liegt vor, wenn die ($\dot{F}=0$)–Kurve flacher als die ($\dot{B}=0$)–Kurve verlaufen sollte, was auf der Grundlage der bisherigen Ausführungen leicht nachvollzogen werden kann. Auf eine eingehendere Darstellung kann deswegen verzichtet werden.

b) Negatives Auslandsvermögen

Die gleichen Überlegungen lassen sich unter der alternativen Annahme einer gesamtwirtschaftlichen Auslandsschuld anstellen. Führt man diese Modifikation ein, so wird die Stabilität des Modells unter Umständen an drei Punkten berührt:

- Zum einen ist es, wie gezeigt, denkbar, daß bei Vorliegen einer Auslandsschuld die komparativ–statische Stabilität des Finanzmarktes und damit des Wechselkurses verlorengeht. Durch die Berücksichtigung stabilisierender Wechselkurserwartungen läßt sich dies für begrenzte Auslandsschuldpositionen vermeiden, was auch hier geschehen ist. Die Möglichkeit einer in diesem Sinne instabilen Situation soll hier nicht weiter verfolgt werden.
- Weiterhin ist das Vorliegen einer Auslandsschuld für die Reaktionen auf die mittelfristig induzierten Bestandsvariationen von Bedeutung. Es läßt sich aber an den ermittelten Ausdrücken ablesen, daß unter der Zusatzannahme einer nur lockeren Substitutionsbeziehung zwischen verzinsten In– und Auslandstiteln und einer nur gering zinselastischen privaten Ausgabenneigung die meisten Ergebnisse Bestand haben; es gilt somit weiterhin:

$$\frac{\delta Y}{\delta B}, \frac{\delta i}{\delta B}, \frac{\delta i}{\delta F} > 0 \qquad \text{sowie} \qquad \frac{\delta e}{\delta F} < 0.$$

Hingegen gilt jetzt unabhängig von der Substitutionselastizität zwischen In– und Auslandsanlage $\delta e/\delta B < 0$. Ein erhöhter Bestand inländischer Staatsschuldtitel führt also bei Vorliegen einer negativen Auslandsposition zu einer Aufwertung der heimischen Währung. Während sich im Normalfall die wechselkurssenkende Wirkung erhöhter Inlandszinsen und die entgegengesetzt wirkende Vermögenserhöhung mit ungewissem Gesamteffekt gegenüberstehen, wirken hier beide Effekte auf eine vergrößerte Verschuldung gegenüber dem Ausland, d.h. verstärkte (geplante) Nettokapitalimporte und somit eine Wechselkursreduktion hin.

• Eine andere Modifikation besteht unter Umständen in der Wirkung von Veränderungen des Auslandsvermögens auf das Inlandseinkommen. Während bei positivem F–Bestand die negativen Vermögenseffekte einer F–Reduktion durch den ausgelösten Wechselkursanstieg (teilweise) kompensiert werden, ist bei Vorliegen einer Auslandsschuld ein sekundärer, ebenfalls negativer Vermögenseffekt zu verzeichnen, der durch die Höherbewertung der $–Auslandsschuld zustande kommt. Es ist nun denkbar, daß der kontraktive Einfluß, der von dieser doppelten Vermögensreduktion auf die Güternachfrage ausgeht, die expansiven Effekte der Abwertung derart überkompensiert, daß das Inlandseinkommen sinkt, was im Gegensatz zu dem bisher ermittelten Effekt steht.

Unter der Annahme eines negativen Auslandsvermögens modifiziert sich damit auch das mittelfristige Zusammenwirken der Leistungsbilanz– und der Budgetsalden: Die geometrischen Orte ausgeglichenen Budgets bzw. ausgeglichener Leistungsbilanz ergeben sich auf die gleiche Weise wie im vorangegangenen Abschnitt für einen B/F–Quadranten mit

$$\left.\frac{dF}{dB}\right|_{\dot{F}=0} = -\frac{\phi_1}{\phi_3} = -\frac{(-)}{(-/+)} \gtreqless 0$$

$$\left.\frac{dF}{dB}\right|_{\dot{B}=0} = -\frac{\phi_2}{\phi_4} = -\frac{(-)}{(-)} < 0.$$

Der fallende Verlauf der (Ḟ=0)–Kurve läßt sich wie im vorangegangenen Abschnitt begründen. Hier hat jedoch ein ein Rückgang der tatsächlichen Verschuldung (d.h., ein Anstieg von F) ebenfalls einen negativen Einfluß auf die Leistungsbilanz, wenn man davon ausgeht, daß sich aus den beschriebenen Gründen ein Einkommensanstieg einstellt. Genau deswegen wird ein positiver Verlauf dieser Kurve auch weniger wahrscheinlich, hieße dies doch, daß die

Verbesserung der Dienstleistungsbilanz, die aus einem Rückgang der Auslandsschuldposition resultiert, die einkommens– und wechselkursinduzierten Verschlechterungen der Handelsbilanz überkompensieren müßte. Der ebenfalls fallende Verlauf der ($\dot{B}=0$)–Kurve ist ebenfalls bedingungstheoretisch erklärbar: Ein Anstieg von B verbessert durch die einkommensinduzierten Steuermehreinnahmen die öffentliche Budgetsituation. Ausgehend von der ursprünglichen ($\dot{B}=0$)–Kurve ist ein ausgeglichenes Budget nun nur mittels eines jeweils verringerten Auslandsvermögens und einer entsprechenden Einkommenskontraktion zu erhalten. Somit läßt sich die mittelfristige Dynamik des Systems wie in Abb. B/7 darstellen:

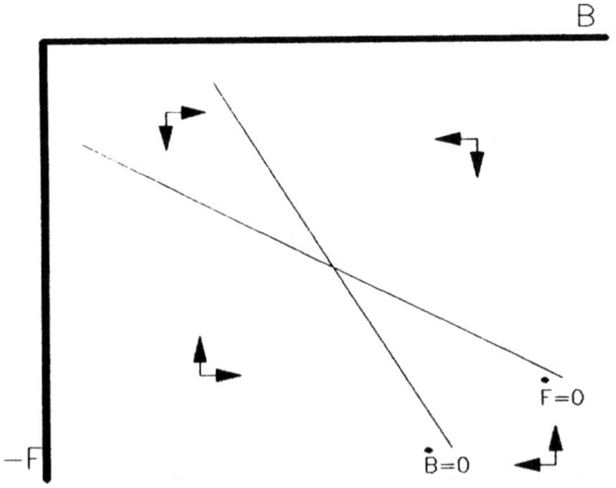

Abb. B/7

Die mittelfristige Anpassung in diesem speziellen Fall zeigt die Abb. B/8a: Die Realausgabenerhöhung verlagert aus den beschriebenen Gründen die ($\dot{B}=0$)–Kurve auch hier nach rechts, ebenso wie die ($\dot{F}=0$)–Kurve nach unten. Ausgehend von dem ursprünglichen Ruhepunkt E_1 ergibt sich eine Phase von Leistungsbilanz– und Budgetdefiziten, die aber in jedem Falle in eine stabile Anpassung an einen neuen langfristig stabilen Punkt wie z.B. E_n einmündet. Wie im vorangegangenen Abschnitt ist es auch hier denkbar, daß sich die Entwicklung des öffentlichen bzw. gesamtwirtschaftlichen Schuldenstandes im Zeitablauf umkehrt und sich somit eine stabile zyklische Entwicklung ergibt.

Anders hingegen läuft die Anpassung ab, wenn die ($\dot{F}$=0)–Kurve oberhalb der ($\dot{B}$=0)–Kurve verläuft. Dies ist umso wahrscheinlicher, je geringer die von der F–Erhöhung ausgelöste Einkommenserhöhung, je geringer die aufwertungsinduzierte Verschlechterung (bzw. je größer die ebenfalls denkbare Verbesserung) der Handelsbilanz und je

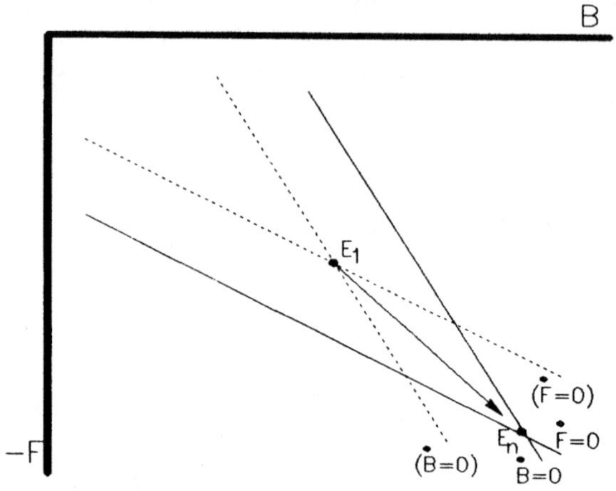

Abb. B/8a

höher der Auslandszinssatz ist. Die Abb. B/8b zeigt dies am Beispiel einer ansteigend verlaufenden ($\dot{F}$=0)–Kurve. Die genannten Modifikationen lassen den Verlauf, die Verschiebung und die Dynamik des Staatsschuldtitelbestandes abseits der ($\dot{B}$=0)–Kurve unverändert; bezüglich der ($\dot{F}$=0)–Kurve kehren sich die Richtungspfeile gegenüber dem bisher betrachteten Fall um. Eine Abweichung von der Kurve nach oben hat gemäß der bisherigen Argumentation eine Wechselkursreduktion zur Folge, die aber zusammen mit der Verbesserung der Dienstleistungsbilanz zu einer Verbesserung der Leistungsbilanz und damit einer Tendenz weg von der ($\dot{F}$=0)–Kurve führt. Ein anfängliches Leistungsbilanzdefizit verlagert die ($\dot{F}$=0)–Kurve damit nach oben, da zum neuerlichen Ausgleich der Leistungsbilanz jetzt eine Reduktion der Auslandsschuld erforderlich ist.

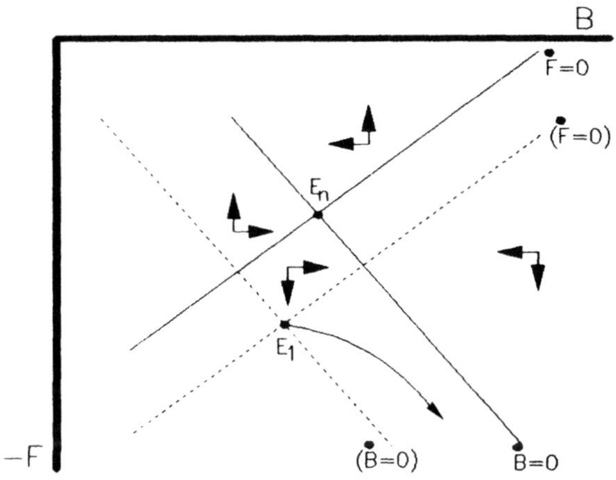

Abb. B/8b

Die tatsächliche Bewegung führt jedoch nicht zu dem neuen langfristigen Gleichgewichtspunkt E_n, sondern mündet in einen instabilen Prozeß, der durch laufende Abwertungen der Inlandswährung und fortgesetzte Leistungsbilanz– und Budgetdefizite charakterisiert ist.

Es ist damit gezeigt worden, daß die mittelfristige Dynamik im Anschluß an eine bondsfinanzierte Realausgabenerhöhung auch bei Vorliegen einer gesamtwirtschaftlichen Auslandsverschuldung grundsätzlich die gleiche wie bei positivem Auslandsvermögen ist. Allerdings ist auch deutlich geworden, daß die Wahrscheinlichkeit einer instabilen Entwicklung ceteris paribus durch die Auslandsverschuldung größer wird. Die weiteren Ausführungen werden sich auf den Fall positiven Auslandsvermögens beschränken.

B.2.5 Wirkungen einer geldmengenfinanzierten Realausgabenerhöhung

Wie bereits in einem der vorangegangenen Abschnitte plausibel gemacht wurde, ist in der gewählten Modellformulierung die Wirkung einer fiskalischen Maßnahme, also beispielsweise der unterstellten Ausgabenerhöhung, in der kürzeren Frist zumindest näherungsweise unabhängig von der Finanzierung dieser Maßnahme. Aus diesem Grund kann das Ergebnis des Abschnittes B.2.4.1 auch hier wieder zugrundegelegt werden. Die Überlegungen zur geldfinanzierten Realausgabenerhöhung können sich damit auf die mittelfristigen Strom–Bestandszusammenhänge beschränken, die sich in Analogie zu den Ausführungen des vorangegangenen Abschnittes entwickeln lassen.

Geht man nun also davon aus, daß das Budgetdefizit, das ja ein Ergebnis der kurzfristigen Analyse war, durch eine reine Geldschöpfung finanziert wird, so folgt die Gleichung

$$\text{(9b)} \qquad \dot{M} = G - tY.$$

Der Einfluß einer isolierten Änderung der tatsächlichen Geldbestände auf Zins, Einkommen und Wechselkurs läßt sich erneut durch totales Differenzieren der drei verwendeten Gleichgewichtsbedingungen und unter Beachtung von dG, dB, dF = 0, dM > 0 ermitteln. Das System

$$\begin{bmatrix} \frac{\delta m}{\delta Y} W & \frac{\delta m}{\delta i} W & \left[mF + \frac{\delta m}{\delta \Pi} \frac{\delta \Pi}{\delta e} W \right] \\ 0 & \frac{\delta f}{\delta i} W & \left[-(1-f) F + \frac{\delta f}{\delta \Pi} \frac{\delta \Pi}{\delta e} W \right] \\ \left[\frac{\delta S}{\delta Y}(1-t) + t - \frac{\delta HB}{\delta Y} \right] & \frac{\delta S}{\delta i} & \left[\frac{\delta S}{\delta W} F - \frac{\delta HB}{\delta e} \right] \end{bmatrix} \begin{bmatrix} dY \\ di \\ de \end{bmatrix} = \begin{bmatrix} (1-m)dM \\ -f\, dM \\ -\frac{\delta S}{\delta W} dM \end{bmatrix}$$

liefert die Lösungen

$$\frac{dY}{dM} = \frac{(1-m)}{\Delta} \left[\frac{\delta f}{\delta i} W \left[\frac{\delta S}{\delta W} F - \frac{\delta HB}{\delta e} \right] + \frac{\delta S}{\delta i} \left[(1-f)F + \frac{\delta f}{\delta \Pi} \frac{\delta \Pi}{\delta e} W \right] \right]$$

$$+ \frac{f}{\Delta} \left[\frac{\delta m}{\delta i} W \left[\frac{\delta S}{\delta W} F - \frac{\delta HB}{\delta e} \right] - \frac{\delta S}{\delta i} \left[mF + \frac{\delta m}{\delta \Pi} \frac{\delta \Pi}{\delta e} W \right] \right]$$

$$+ \frac{1}{\Delta} \frac{\delta S}{\delta W} \left[\frac{\delta m}{\delta i} W \left[(1-f)F - \frac{\delta f}{\delta \Pi} \frac{\delta \Pi}{\delta e} W \right] + \frac{\delta f}{\delta i} W \left[mF + \frac{\delta m}{\delta \Pi} \frac{\delta \Pi}{\delta e} W \right] \right] \quad > 0$$

$$\frac{di}{dM} = \frac{1}{\Delta} \frac{\delta m}{\delta Y} \left[-f \left[\frac{\delta S}{\delta W} F - \frac{\delta HB}{\delta e} \right] - \frac{\delta S}{dW} \left[(1-f)F - \frac{\delta f}{\delta \Pi} \frac{\delta \Pi}{\delta e} W \right] \right]$$

$$+ \frac{1}{\Delta} \left[\frac{\delta S}{\delta Y} (1-t) + t - \frac{\delta HB}{\delta Y} \right] \left[\left[-(1-m)(1-f)F - \frac{\delta f}{\delta \Pi} \frac{\delta \Pi}{\delta e} W \right] \right.$$

$$+ f \left[mF - \frac{\delta m}{\delta \Pi} \frac{\delta \Pi}{\delta e} W \right] \Big] \lesseqgtr 0$$

$$\frac{de}{dM} = \frac{1}{\Delta} \frac{\delta m}{\delta Y} W \left[- \frac{\delta f}{\delta i} W \frac{\delta S}{\delta W} + \frac{\delta S}{\delta i} f \right]$$

$$+ \frac{1}{\Delta} \left[\frac{\delta S}{\delta Y} (1-t) + t - \frac{\delta HB}{\delta Y} \right] \left[- \frac{\delta m}{\delta i} W f - \frac{\delta f}{\delta i} W (1-m) \right] > 0$$

Diese analytischen Ergebnisse sollen zunächst anhand der Abb. B/9 plausibel gemacht werden:

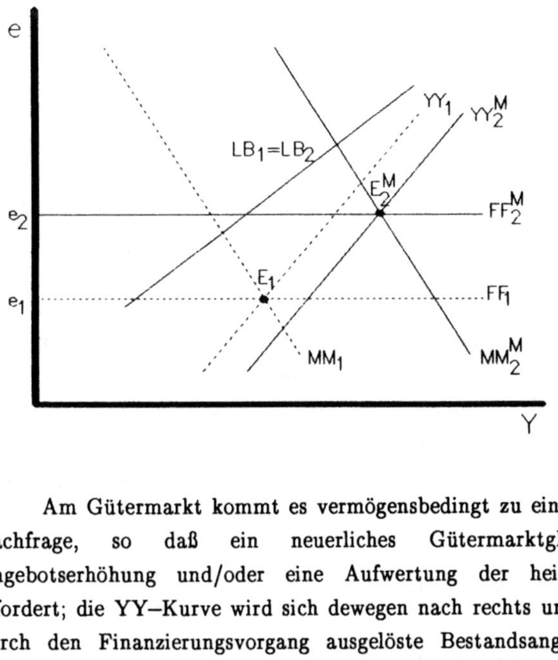

Abb. B/9

Am Gütermarkt kommt es vermögensbedingt zu einer Ausdehnung der Nachfrage, so daß ein neuerliches Gütermarktgleichgewicht eine Angebotserhöhung und/oder eine Aufwertung der heimischen Währung erfordert; die YY–Kurve wird sich dewegen nach rechts unten verlagern. Der durch den Finanzierungsvorgang ausgelöste Bestandsangebotsüberhang am Geldmarkt kann nur durch ein gestiegenes Einkommen bzw. durch einen erhöhten Wechselkurs und damit in beiden Fällen eine vergrößerte Geldnachfrage kompensiert werden, was sich graphisch in einer Verlagerung der MM–Kurve nach rechts oben in die Position MM_2^M ausdrückt. Wie die Ausrechnung di/dM zeigt, kann der Zins im Endeffekt steigen oder fallen. Dies ist plausibel, da sich die Erhöhung der Geldmenge und die einkommens– und vermögensinduzierte Mehrnachfrage nach Geld mit unbestimmtem Gesamteffekt auf den Zins gegenüberstehen. Hier soll angenommen werden, daß sich im Ergebnis eine Zinssenkung einstellt, die die beschriebene Verschiebung der YY–Kurve noch unterstützt und die Verlagerung der MM–Kurve vermindert.

Die Reduktion des Inlandszinses erhöht die relative Attraktivität der Auslandsanlagen, wobei die Vermögenserhöhung, die aus dem Anstieg der Geldbestände resultiert, ebenfalls zur erhöhten Nachfrage nach Auslandstiteln beiträgt. Der so entstehende Bestandsnachfrageüberhang läßt sich wie üblich durch einen Wechselkursanstieg abbauen, zumal die mit der Abwertung der heimischen Währung aufkeimende Aufwertungserwartung die Nachfrage nach Inlandstiteln stützt und somit zur beschleunigten Wiederherstellung des Bestandsgleichgewichtes führt. Die FF–Kurve verlagert sich somit nach oben in die Position FF_2^M.

Wie die Betrachtung der Abb. B/9 zeigt, ist das Ergebnis der Finanzierungsmaßnahme eine Kombination aus Einkommensanstieg und Abwertung mit insgesamt ungewisser Wirkung auf die Leistungsbilanz.

Neben der Wirkung der Geldschöpfung ist die mittelfristige Entwicklung auch hier wieder durch die Effekte mitbestimmt, die von der leistungsbilanzinduzierten Variation des Auslandsvermögens ausgeht. Es gilt also erneut, die Gleichung (6b) und die bereits ermittelten partiellen Ableitungen dY/dF und de/dF zu beachten.

Ausgehend von den Differentialgleichungen (9b) und (6b) ergibt sich in enger Anlehnung an das Vorgehen in Abschnitt B.2.4.2

(9b') $$d\dot{M} = \phi_6 \, dM + \phi_8 \, dF$$

(6b'') $$d\dot{F} = \phi_5 \, dM + \phi_7 \, dF$$

mit

$$\phi_5 = \frac{\delta HB}{\delta Y}\frac{\delta Y}{\delta M} + \left[\frac{\delta HB}{\delta e} - HB(Y, e)\frac{1}{e^2}\right]\frac{\delta e}{\delta M}$$

$$\phi_6 = -\, t \, \frac{\delta Y}{\delta M}$$

$$\phi_7 = \frac{\delta HB}{\delta Y}\frac{\delta Y}{\delta F} + \left[\frac{\delta HB}{\delta e} - HB(Y, e)\frac{1}{e^2}\right]\frac{\delta e}{\delta F} + i^*$$

$$\phi_8 = -t\,\frac{\delta Y}{\delta F}.$$

Mit diesen Informationen gewinnt man wiederum den Verlauf zweier Kurven, die in einem M/F–Diagramm die Orte ausgeglichenen Budgets bzw. ausgeglichener Leistungsbilanz markieren:

$$\left.\frac{dF}{dM}\right|_{\dot{M}=0} = -\frac{\phi_6}{\phi_8} > 0 \text{ und}$$

$$\left.\frac{dF}{dM}\right|_{\dot{F}=0} = -\frac{\phi_5}{\phi_7} \gtreqless 0.$$

Der Verlauf und mögliche Verschiebungen der ($\dot{M}$=0)–Kurve lassen sich hier in genau der gleichen, sinngemäß übertragenen Weise wie im vorangegangenen Abschnitt begründen; es sind deswegen keine weiteren Ausführungen hierzu notwendig.

Für die ($\dot{F}$=0)–Kurve ist hingegen wie folgt zu argumentieren: Ein Anstieg des Auslandsvermögens läßt annahmegemäß das Einkommen sinken und verbessert die Dienstleistungsbilanz, was für sich genommen positiv auf den Saldo der Leistungsbilanz wirkt; die gleichzeitige Aufwertung der Inlandswährung bewirkt das Gegenteil. Sofern der zweite Einfluß überwiegt, ergibt sich ein Defizit der Leistungsbilanz, das mittels einer Erhöhung von M abgebaut werden kann.[84] Die ($\dot{F}$=0)–Kurve verläuft dann ansteigend, wobei zunächst die relative Steigung zur ($\dot{B}$=0)–Kurve offenbleibt. In jedem Fall bedeuten Punkte oberhalb der ($\dot{F}$=0)–Kurve Zustände von defizitärer Leistungsbilanz.

Nimmt man hingegen an, daß ein Anstieg des Auslandsvermögens für sich genommen zu einem Überschuß der Leistungsbilanz führt, so ist eine Reduktion der Geldmenge erforderlich, um das Gleichgewicht der Leistungsbilanz zu restaurieren. Die ($\dot{F}$=0)–Kurve verläuft dann fallend, die F–Dynamik abseits dieser Kurve ist dann gegenüber dem soeben beschriebenen Fall umgekehrt.

---

[84]Zusätzlich muß die sicher nicht zu willkürliche Annahme getroffen werden, daß die Abwertung, die von der Geldmengenausdehnung ausgeht, stärker auf die Leistungsbilanz durchschlägt als die Einkommenserhöhung.

Die mittelfristige Anpassung nach einer Realausgabenerhöhung ergibt sich nun in mittlerweile bekannter Weise, wobei von der zuerst beschriebenen Variante ausgegangen werden soll (Vgl. Abb. B/10).

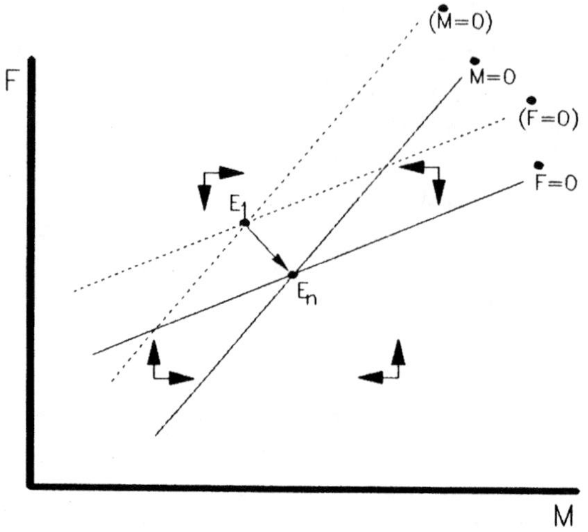

Abb. B/10

Die Finanzierung des Budgetdefizites wird die ($\dot{M}=0$)–Kurve nach rechts verlagern, wobei die Argumentation sinngemäß die gleiche wie im vorangegangenen Abschnitt ist. Die ($\dot{F}=0$)–Kurve muß sich gemäß der obigen Überlegungen nach unten rechts verschieben: Ausgehend von Punkt E_1 kann die Bewegung, begleitet von laufenden Abwertungen und Einkommensexpansionen, in eine Situation neuerlich ausgeglichenen Budgets und Leistungsbilanzgleichgewicht (Punkt E_n) führen. Führt die Bewegung nicht direkt ins langfristige Gleichgewicht, sind auch stabile zyklische Bewegungen hin zu E_n denkbar, wovon eine beispielhaft in Abb. B/10 eingezeichnet ist. Diese uneingeschränkte Stabilität ist jedoch nur gesichert, wenn die ($\dot{F}=0$)–Kurve flacher als die ($\dot{M}=0$)–Kurve verläuft, was umso wahrscheinlicher ist,

- je geringer die von einer F–Erhöhung ausgelöste Einkommensreduktion,
- je geringer der Auslandszinssatz und
- je größer die Elastizität des Wechselkurses auf Veränderungen des Auslandsvermögens ist.

Sind diese Bedingungen nur zum geringen Teil erfüllt, verläuft also die ($\dot{F}=0$)–Kurve relativ steil positiv bzw. sogar mit fallender Neigung, so zeigt das System sattelinstabile Eigenschaften.

B.2.6 Wirkungen einer auslandsfinanzierten Realausgabenerhöhung

B.2.6.1 Grundlegende Beziehungen: Einige Modifikationen

Eine grundsätzliche Alternative zu der in den beiden vorangegangenen Abschnitten beschriebenen Inlandsfinanzierung liegt in der Verschuldung der öffentlichen Hand im Ausland. Im Gegensatz zur Verschuldung im Inland ergibt sich der Kapitalimport hier nicht indirekt, ausgelöst durch fiskalisch bewirkte Zinserhöhungen. Stattdessen plaziert die öffentliche Hand hier ihre Schuldtitel, gewissermaßen "am inländischen Kapitalmarkt vorbei" in den Portefeuilles der international orientierten Anleger.

Will man den Vorgang der öffentlichen Auslandsverschuldung in die bereits dargestellte Modellstruktur integrieren, so sind einige Modifikationen vorzunehmen:[85]

Es sei angenommen, daß der Teil der Staatsschuldtitel, der der Auslandsfinanzierung dient, in ausländischer Währung denominiert ist ($B^{\$}$) und daß diese Titel zu den bereits bekannten Auslandsbonds homogen sind. Im Ergebnis kann man also sagen, daß der Staat Auslandsbonds emittiert, die gemäß den bisherigen Annahmen sowohl im Inland als auch im Ausland gehalten werden.[86] Daneben existiert weiterhin die Möglichkeit der Verschuldung gegenüber Inländern in Form von inländischen Bonds (B^{DM}), so daß man sich diese Konstruktion als ein Nebeneinander zweier vollständig abgetrennter Teilkapitalmärkte vorstellen kann, derer sich der Staat zu unterschiedlichen Zins– und Ausstattungskonditionen bedient. Es ist im übrigen für die weiteren Überlegungen unerheblich, ob sich die öffentliche Hand bisher beider Finanzierungsquellen bedient oder sich auf die Auslandsfinanzierung beschränkt hat. Da der Bestand inländischer Bonds im Inland im folgenden konstant gehalten werden soll, geht von dieser Größe ohnehin kein Einfluß auf die zu untersuchenden Variablen Zins, Einkommen und Wechselkurs aus. Nimmt man also der Übersicht halber an, daß eine reine

---

[85]Vgl. auch die ähnliche Vorgehensweise bei GOLUB, S., Foreign–Currency Government Debt, Asset Markets, and the Balance of Payments. Journal of International Money and Finance, Bd. 8 (1989), S. 285ff.

[86]Die Tatsache, daß die in ausländischer Währung emittierten Staatsschuldtitel auch im Inland gehalten werden können, zeigt, daß die Bezeichnung "Auslandsverschuldung" u.U. mißverständlich sein kann. Es handelt sich hierbei nicht unbedingt um eine Verschuldung gegenüber dem Ausland, sondern vielmehr um Verschuldung in ausländischer Währung.

Auslandsverschuldung des Staates vorliegt (vorgelegen hat), so gilt für den gesamten, in Einheiten inländischer Währung ausgedrückten Schuldenstand B:

$$B = B^{DM} + e \cdot B^{\$}$$

$$\text{mit} \quad B^{DM} = 0$$

$$B^{\$} > 0.$$

In weitgehender Analogie zu dem vorangegangenen Abschnitt folgt die Staatsverschuldung, d.h. die Veränderung des Schuldenstandes über die Zeit mit

$$\text{(9c)} \qquad \dot{B} = G' - tY + i^{*}B^{\$}e.$$

Offensichtlich besteht ein Unterschied zur entsprechenden Formulierung aus Gleichung (9a), in der die Zinsausgaben und die sonstigen Realausgaben zu einem Posten zusammengefaßt wurden. In der hier gewählten Schreibweise teilen sich die gesamten Realausgaben des Staates in die Ausgaben für Güter und Dienstleistungen außer Kapitalüberlassung (G') einerseits und Zinszahlungen auf die Auslandsschuld andererseits ($i^{*}B^{\$}e$) auf, wobei die Realausgaben G' ausschließlich im Inland getätigt werden sollen. Die unterschiedliche Behandlung läßt sich mit der Tatsache begründen, daß Zinszahlungen an die Gläubiger der Auslandsschuld im Inland keine Einkommen entstehen lassen und damit nicht nachfragerelevant werden.[87] Eine Aggregation von Zinszahlungen und Güterkäufen zu einer konstanten Größe würde dann im Laufe des staatlichen Verschuldungsprozesses eine schrittweise Zurücknahme des ursprünglichen expansiven Fiskalimpulses bedeuten. Dies wäre dann aber mit der vorher unterstellten Störung einer einmaligen und dauerhaften Anhebung der öffentlichen Realausgaben nicht mehr vergleichbar.

Für die weiteren Betrachtungen ist das Niveau bzw. die Veränderung der öffentlichen Auslandsschuld, ausgedrückt in Einheiten Auslandswährung ($B^{\$}$ bzw. $\dot{B}^{\$}$), maßgebend; es gilt:

$$\dot{B}^{\$} = \frac{1}{e}\dot{B}^{DM}$$

---

[87]Dies entspricht der bereits beschriebenen Abgrenzung des Volkseinkommens nach dem Inlandsprinzip. Vgl. S. 39 dieser Arbeit.

(9c) $\dot{B}^{\$} = \frac{1}{e}(G' - tY) + i^*B^{\$}$

Um die aus diesem Verschuldungsvorgang resultierende Wechselkursreaktion zu ermitteln, ist jetzt die Unterscheidung zwischen der gesamtwirtschaftlichen und der privaten Auslandsposition zu beachten. Das gesamtwirtschaftliche Auslandsvermögens (F) ist definiert als die Differenz zwischen einer privaten Auslandsposition (F_{priv}) und einer öffentlichen Schuldposition ($B^{\$}$):

$$F = F_{priv} - B^{\$} \quad \text{bzw.} \quad \dot{F} = \dot{F}_{priv} - \dot{B}^{\$}.$$

Unter Verwendung der Gleichungen (9c) und (6b) ergibt sich direkt

$$\dot{F} = LB = LB_{priv} + LB_{oeff}$$

$$\text{mit} \quad LB_{priv} = \frac{1}{e} HB(Y,e) + i^* F_{priv}$$

$$\text{und} \quad LB_{oeff} = - i^* B^{\$},$$

wobei LB, LB_{priv} und LB_{oeff} den gesamtwirtschaftlichen, privaten und öffentlichen Leistungsbilanzsaldo bezeichnet.

Wie die Betrachtung des Ausdruckes für $\dot{F}$ unmittelbar zeigt, ist die gesamtwirtschaftliche Auslandsposition von der Auslandsverschuldung des Staates insoweit unberührt, als den zusätzlichen staatlichen Verbindlichkeiten gegenüber dem Ausland die zusätzlichen privaten Auslandsforderungen gegenüberstehen. Dies ist gerade in dem Maße der Fall, in dem die Auslandsverschuldung zur Finanzierung von Inlandstransaktionen gedient hat. Nur in dem Umfang, in dem die Auslandsverschuldung die Zinszahlungen auf die Auslandsschuld – also Transaktionen gegenüber dem Ausland – finanziert, liegt ein Leistungsbilanzdefizit und damit ein Abbau von gesamtwirtschaftlichem Auslandsvermögen vor.[88]

[88]Das Ergebnis dieser Argumentation mag zunächst paradox erscheinen, impliziert es doch, daß sich die Privaten bereichert fühlen, wenn sich die öffentliche Hand im Ausland verschuldet und damit Inlandstransaktionen

Für die Wechselkursbestimmung ist hingegegen das Bestandsgleichgewicht in der Haltung an privatem Auslandsvermögen (F_{priv}) maßgebend. Neben der Veränderung dieser Bestandsgrößen durch Salden der Handels- und der (privaten) Dienstleistungsbilanz ist nun die Auswirkung der öffentlichen Auslandsverschuldung zu berücksichtigen. Umgekehrt wie bei der Betrachtung der öffentlichen Auslandsposition, ist hier gerade der Teil der öffentlichen Auslandsverschuldung von Bedeutung, der Transaktionen mit dem Inland finanziert.[89] Ein Finanzierungsbedarf für derartige Transaktionen liegt im Umfang $1/e \cdot (G' - tY)$ vor, wobei dieser Teil des gesamten Budgetdefizites, d.h. das Budgetdefizit vor Zinsausgaben, allgemein als Primärdefizit ($\dot{B}^{\$}_{p}$) bezeichnet wird. In Höhe dieses Teils des Budgetdefizites muß die Plazierung der in ausländischer Währung denominierten Schuldtitel bei Inländern erfolgen, da annahmegemäß heimisches Geld auch weiterhin ausschließlich von Inländern gehalten wird. Nach der Verausgabung der zugeflossenen Mittel durch den Staat erweisen sich die inländischen Bestände an Geld und – soweit vorhanden – (DM–) Staatsschuldtiteln unverändert, die privaten inländischen Bestände an Auslandsforderungen hingegen müssen – in Inlandswährung gerechnet – in dem Maße gestiegen sein, wie die staatliche Nettoauslandsverschuldung für Inlandstransaktionen verwendet worden ist.[90]

---

finanziert. Im Grunde genommen ist diese Anschauung der öffentlichen Schuld jedoch die gleiche wie im Fall der Verschuldung im Inland: Hier wie dort empfinden die Privaten den Zugang an Bruttovermögen als eine Erhöhung ihres Nettovermögens, da das gleichzeitige Entstehen staatlicher Verbindlichkeiten gegenüber dem Ausland bzw. den privaten Inländern nicht wahrgenommen werden, obwohl doch ein rational handelndes Wirtschaftssubjekt die zukünftige Steuererhebung zur Bedienung der öffentlichen Schuld bereits im Zeitpunkt der Defizitentstehung antizipieren müßte. Die beschriebene Sichtweise der Auslandsverschuldung stellt somit eine direkte Anwendung der These von der "Staatsschuldenillusion" dar. Galt diese bereits im Fall der Inlandsverschuldung, so ist es nur konsequent, auch im Fall der Auslandsverschuldung eine entsprechende Konstruktion zu wählen. Vgl. zu diesem Aspekt auch Abschnitt E, S. 184ff. dieser Arbeit.

[89]Mit Inlandstransaktionen, d.h. Transaktionen des Staates, die in Inlandswährung ausgeführt werden müssen, sind sämtliche Ausgaben bis auf die Zinszahlungen auf die Auslandsschuld gemeint.

[90]Natürlich bedarf es auch hier wieder einer korrespondierenden Wechselkursänderung, damit die zusätzlichen Bestände an Auslandsvermögen freiwillig in den inländischen Portefeuilles gehalten werden.

Man kann somit schreiben:

$$\dot{F}_{priv} = \frac{1}{e} HB(Y,e) + i^*F_{priv} + \frac{1}{e}\cdot(G'-tY).$$

Man mag einwenden, daß – wie oben gezeigt – die gesamtwirtschaftliche Auslandsposition gerade von diesem Vorgang unberührt ist und somit auch keine Effekte auf Zins, Wechselkurs und Einkommen möglich sind. Tatsächlich ist hier aber auf das private Auslandsvermögen abzustellen, weil es auch das Bestandsgleichgewicht in der privaten Haltung von Auslandsassets ist, das im hier gewählten Modellrahmen die Höhe des Wechselkurses bestimmt. Die Tatsache, daß der Variation des privaten Auslandsvermögens u.U. kompensierende Veränderungen der öffentlichen Auslandsposition gegenüberstehen, muß unberücksichtigt bleiben, wenn aus Gründen der Vergleichbarkeit der Ergebnisse weiterhin im vorhandenen Modell argumentiert werden soll.

B.2.6.2 Kurz– und mittelfristige Anpassung

Für die Betrachtung einer expansiven Maßnahme in Form einer Realausgabenerhöhung kann auch hier wieder in weiten Teilen auf die Ausführungen des Abschnittes 2.4 zurückgegriffen werden. Erneut ist hier zu argumentieren, daß in der kürzeren Frist – zumindest näherungsweise – die Finanzierung der Maßnahme ohne Belang ist. So gesehen unterscheidet sich die Analyse der kürzeren Frist auch im Fall einer Auslandsverschuldung nicht von den Ausführungen des Abschnitts 2.4.1. Die Analyse der mittleren Frist beginnt also auch hier mit dem Leistungsbilanzdefizit, das sich wie beschrieben als Reaktion auf die Ausgabenerhöhung einstellt.

Ausgehend von diesem – bereits erläuterten – Zwischenergebnis ist auch hier zu fragen, wie sich die im finanziellen Sektor ausgelösten Bestandsvariationen über die mittlere Frist hinweg auswirken, wenn eine Verschuldung des Staates im Ausland unterstellt wird. Insbesondere stellt sich auch hier wieder die Frage, ob die Entwicklung stabil ist, d.h. also, ob die Entwicklung zumindest der Tendenz nach hin zu einem dauerhaften Strom–Bestandsgleichgewicht führt.

Diese mittelfristige Entwicklung bestimmt sich mittels dreier Gleichungen, die den Saldo der privaten Leistungsbilanz, des Primärdefizites und des öffentlichen Schuldenstandes (sämtlich gerechnet in Einheiten Auslandswährung) beschreiben:

(6c) $$LB_{priv} = HB(Y,e)\,\frac{1}{e} + i^{*}F_{priv}$$

(10) $$\dot{B}_{p}^{\$} = \frac{1}{e}\,(G' - tY)$$

(9c) $$\dot{B}^{\$} = \frac{1}{e}\,(G' - tY) + i^{*}B^{\$}$$

Unter Beachtung der Tatsache, daß sich die gesamte private Auslandsposition (F_{priv}) durch Salden der privaten Leistungsbilanz und des Primärdefizits verändern kann, lassen sich die Gleichungen (6c) und (10) zusammenfassen zu:

(6d) $$\dot{F}_{priv} = \frac{1}{e}\,HB(Y,e) + i^{*}\,F_{priv} + \frac{1}{e}\,(G' - tY)$$

Die Gleichungen (6d) und (9c) bestimmen zusammen die Veränderung des öffentlichen Schuldenstandes der öffentlichen Hand einerseits und die Entwicklung der gesamten Auslandsposition des privaten Sektors und damit die Höhe des Wechselkurses und des Inlandseinkommens andererseits. Ein langfristiges Gleichgewicht dieser Variablen ist nur möglich, wenn die Veränderung beider Bestandsgrößen zum Stillstand kommt.

Zur Betrachtung der möglichen Anpassungsabläufe ist es auch hier wieder erforderlich, die Gleichungen (6d) und (9c) total zu differenzieren und für die Ausdrücke $\delta e/\delta F$ und $\delta Y/\delta F$ die bereits ermittelten Ergebnisse des Abschnittes B.2.4.2 anzunehmen. Man erhält auf diese Weise:

$$d\dot{F}_{priv} = \phi_9\, dF_{priv}$$

$$d\dot{B}^{\$} = \phi_{10}\, dF_{priv} + \phi_{11}\, dB^{\$}$$

$$\text{mit } \phi_9 = \left(\frac{1}{e}\frac{\delta HB}{\delta Y} - \frac{t}{e}\right)\frac{\delta Y}{\delta F_{priv}} + \left(\frac{1}{e}\frac{\delta HB}{\delta e} - \frac{1}{e^2}HB(Y,e) - \frac{1}{e^2}\,(G' - tY)\right)\frac{\delta e}{\delta F_{priv}} + i^{*}$$

$$\phi_{10} = -\frac{1}{e^2}(G' - tY)\cdot\frac{\delta e}{\delta F} - \frac{t}{e}\cdot\frac{\delta Y}{\delta F_{priv}}$$

$$\phi_{11} = i^*$$

Das Differentialgleichungssystem zeigt die (lineare) Abhängigkeit des Zustroms an Auslandsvermögen bzw. des Budgetsaldos von Veränderungen der Auslandsposition und der öffentlichen Auslandsschuld.

Die Koeffizienten lassen sich nun wie folgt interpretieren: ϕ_9 gibt die Reaktion des Zustroms an Auslandsvermögen auf eine Veränderung des privaten Nettoauslandsvermögens an. Zum einen hat z.B. eine Erhöhung des Auslandsvermögens eine Einkommensreduktion zur Folge, die zu einer Reduktion der induzierten Importe und des Steueraufkommens führen wird. Die Verbesserung der Handelsbilanz und die Vergrößerung des (DM–) Primärdefizits erhöhen den Zustrom von Auslandsvermögen an die Privaten. Dieser Einfluß spiegelt sich im 1. Summanden von ϕ_9 wider. Daneben wird eine Erhöhung des Auslandsvermögens eine Aufwertung bedingen, die die (DM–)Handelsbilanz verschlechtern, den $–Wert eines gegebenen DM–Handelsbilanzsaldos vergrößern und den $–Wert des in Inlandswährung fixierten Primärdefizites erhöhen wird. Diese Effekte zeigt der 2. Summand von ϕ_9. Schließlich werden die Zinszahlungen vom Ausland (die Zinszahlungen an das Ausland) proportional zum Auslandsvermögen steigen (sinken), was im 3. Summanden von ϕ_9 zum Ausdruck kommt.

Der Koeffizient ϕ_{10} bringt die Abhängigkeit des Budgetdefizites (in Einheiten Auslandswährung) von der privaten Auslandsposition zum Ausdruck. Ein Anstieg dieses Vermögensbestandes läßt annahmegemäß das Einkommen im Inland und damit das Steueraufkommen sinken, was zu einer Ausdehnung des Primärdefizites führt (2.Summand). Zum anderen wird die ausgelöste Aufwertung dazu führen, daß ein gegebenes Primärdefizit nur mit einer vergrößerten Verschuldung in Einheiten ausländischer Währung finanzierbar ist (1. Summand).[91]

Der Parameter ϕ_{11} drückt den Sachverhalt aus, daß ein Anstieg des öffentlichen Schuldenstandes das Budgetdefizit um den Betrag der zusätzlich fälligen Zinszahlungen vergrößern wird.

[91]Dieser Wechselkurseffekt auf den Budgetsaldo betrifft nur den Teil des Budgets, der in Einheiten Inlandswährung fixiert wird und aus dem – zum gegebenen Wechselkurs – der Finanzierungsbedarf in Einheiten ausländischer Währung lediglich abgeleitet wird. Die Zinszahlungen auf den Schuldenstand hingegen unterliegen nicht diesem Effekt, da die Verpflichtungen zum Schuldendienst direkt in Einheiten ausländischer Währung festgelegt werden.

Auch hier soll die mittelfristige Anpassung und die Frage nach deren Stabilität im Rahmen einer graphisch–qualitativen Analyse untersucht werden. Dazu ist es notwendig, die obigen Ausdrücke für $\dot{F}_{priv}$ und $\dot{B}^{\$}$ gleich Null zu setzen und wiederum total zu differenzieren. Man erhält damit die ($\dot{B}^{\$}$=0)– bzw. ($\dot{F}_{priv}$)=0–Kurven, die in einem entsprechenden Diagramm die geometrischen Orte aller $F_{priv}/B^{\$}$–Kombinationen angeben, die ein unverändertes privates Auslandsvermögen ($\dot{F}_{priv}$=0) bzw. ein ausgeglichenes Budget ($\dot{B}^{\$}$=0) gewährleisten. Ganz allgemein ergibt sich der Verlauf dieser Kurven mit

$$\left.\frac{dF_{priv}}{dB^{\$}}\right|_{\dot{F}_{priv}=0} = -\frac{0}{\phi_9} = 0$$

$$\left.\frac{dF_{priv}}{dB^{\$}}\right|_{\dot{B}^{\$}=0} = -\frac{\phi_{11}}{\phi_{10}}.$$

Für jeden Punkt auf der ($\dot{B}^{\$}$=0)–Kurve gilt, daß der Schuldendienst auf die jeweilige staatliche Auslandschuld durch einen in Dollar ausgedrückt gleichgroßen Primärüberschuß finanziert werden muß. Ausgehend von einem solchen Punkt auf der Kurve führt ein Anstieg des öffentlichen Schuldenstandes aufgrund der gestiegenen Zinszahlungen zu einem Budgetdefizit ($\phi_{11} > 0$). Dies kann u.U. durch ein vermindertes Auslandsvermögen der Privaten abgebaut werden, dann nämlich, wenn die so ausgelösten expansiven Effekte auf Einkommen und Steueraufkommen den Überschuß des (DM–) Primärbudgets prozentual stärker vergrößern als die resultierende Abwertung den Dollarwert des Primärbudgetüberschusses verringert (es gilt dann $\phi_{10} > 0$). Die ($\dot{B}^{\$}$=0)–Kurve wird dann in dem $F_{priv}/B^{\$}$–Diagramm einen fallenden Verlauf aufweisen, so wie es in Abb. B/11 eingezeichnet ist.

Umgekehrt ist es natürlich auch denkbar, daß die Reduktion von F_{priv} und die damit verbundenen Einkommens– und Wechselkursreaktionen den Dollarwert des Überschusses des Primärbudgets zusammengenommen verringern werden ($\phi_{10} < 0$). Ein neuerlicher Ausgleich des Budgets kann nach der angenommenen Ausgangsstörung des Budgetgleichgewichtes dann nur mittels einer Erhöhung des privaten Auslandsvermögens erreicht werden, so daß die Kurve dann einen ansteigenden Verlauf aufweisen müßte, was aber nicht weiter verfolgt werden soll. Diese Parameterkonstellation ist um so wahrscheinlicher, je geringer der Steuersatz und die Einkommensreaktion und je größer der Schuldenstand der öffentlichen Hand ist. In jedem Fall repräsentieren Punkte rechts der ($\dot{B}^{\$}$=0)–Kurve Zustände von Budgetdefiziten und damit einer weiteren Erhöhung des öffentlichen Schuldenstandes und umgekehrt.

Die ($\dot{F}_{priv}$=0)–Kurve, die die Bedingung für eine unveränderte private Auslandsposition angibt, zeigt hingegen einen eindeutigen Verlauf. Zunächst sei ein Punkt auf dieser Kurve angenommen, der auch gleichzeitig Budgetgleichgewicht ermöglicht. Da in diesem Punkt ein positiver Schuldenstand vorliegt, erfordert ein ausgeglichenes Gesamtbudget auch hier wieder, daß die Zinsen auf die Staatsschuld durch entsprechende Überschüsse im Primärbudget finanziert werden. Die Entschuldung des Staates gegenüber den Inländern verringert das private Auslandsvermögen. Eine dennoch unveränderte private Auslandsposition erfordert dann, daß der zusammengefaßte Saldo von Handelsbilanz und Zinseinkünften auf das (als positiv angenommene) private Auslandsvermögen diesen Abfluß durch entsprechende Überschüsse kompensiert. Eine solche Situation liegt im Punkt E_1 der Abb. B/11 vor. Wie sich bei Betrachtung des Ausdruckes für ϕ_9 zeigt, dürfte nun ein Anstieg von F_{priv}, ausgehend von E_1, folgende Teileffekte haben: Zum einen wird der resultierende Einkommensrückgang die Handelsbilanz verbessern und den Überschuß des Primärbudgets verringern, der Anstieg des Auslandsvermögens muß die Dienstleistungsbilanz verbessern; alle drei Teileffekte werden einen Zustrom an Auslandsvermögen bewirken ($\dot{F}_{priv} > 0$).

Demgegenüber ist zu beachten, daß die ausgelöste Aufwertung die (DM–) Handelsbilanz verschlechtern wird und die Wechselkursänderung gegebene Defizite der Handelsbilanz und des öffentlichen Primärbudgets in Auslandswährung gerechnet zusätzlich vergrößern muß; diese Teileffekte wirken auf einen Verlust an Auslandsvermögen hin ($\dot{F}_{priv} < 0$). Es ist demzufolge nicht eindeutig, welcher Teileffekt dominieren wird. Liegen geringe Werte für den Einkommensanstieg, die marginale Importquote und den Steuersatz und hohe Preiselastizitäten der Außenhandelsströme sowie umfangreiche Positionen in privatem Auslandsvermögen und öffentlicher Auslandsschuld vor, so werden die zuletzt genannten Einflüsse, die auf einen Verlust an Auslandsvermögen hinwirken, überwiegen; der Koeffizient ϕ_9 ist dann kleiner Null. In diesem Fall wird also ein Anstieg des privaten Auslandsvermögens per saldo zu einer Verringerung dieser Bestandsgröße führen, so daß Punkte oberhalb der ($\dot{F}_{priv}$=0)–Kurve eine Tendenz zu einer Reduktion des privaten Auslandsvermögens implizieren, was durch die eingezeichneten Bewegungspfeile dargestellt ist.

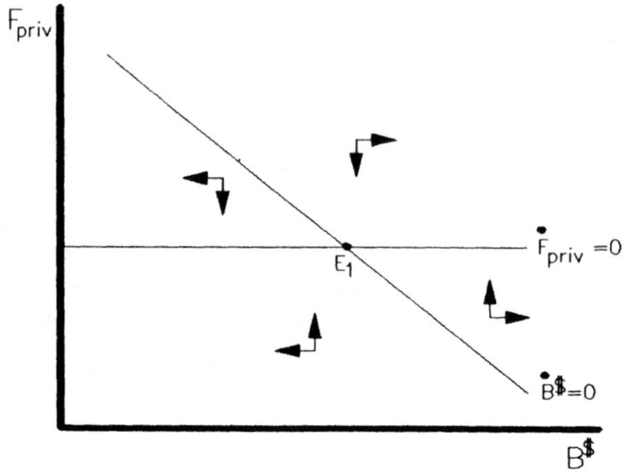

Abb. B/11

Umgekehrt ist auch denkbar, daß ein Anstieg des privaten Auslandsvermögens eine weitere Erhöhung der privaten Auslandsposition zur Folge hat ($\phi_9 > 0$). Auch dieser Fall soll nicht weiter betrachtet werden. Auf jeden Fall verläuft die ($\dot{F}_{priv}=0$)–Kurve im $F_{priv}/B^{\$}$–Diagramm als Horizontale, da die Variation des öffentlichen Schuldenstandes per se keinen Einfluß auf die Akkumulation bzw. Dekumulation des privaten Auslandsvermögens ausübt, sondern nur insofern relevant ist, als die öffentliche Auslandsverschuldung zu einer Veränderung der privaten Auslandsposition führt.[92]

Die fiskalische Maßnahme in Form einer Realausgabenerhöhung hat in der kurzen Frist – das war die getroffene Arbeitshypothese – zu einem Leistungsbilanzdefizit und einem Budgetdefizit geführt. Während das erstere zu einem Abfluß an Auslandsvermögen führt, bewirkt die Vergrößerung des Primärdefizites eine Erhöhung (bzw. eine geringere Reduktion) der privaten Auslandsposition. Es soll nun angenommen werden, daß im Gesamteffekt ein Abfluß von privatem Auslandsvermögen das Ergebnis der kurzfristigen Analyse

[92]Dies wird deutlich, wenn man bedenkt, daß ein Anstieg des öffentlichen Schuldenstandes zwar die staatlichen Verpflichtungen zum Schuldendienst erhöhen, daß dies aber nur die staatliche Leistungsteilbilanz verschlechtert, was wiederum durch zusätzliche Verschuldung des Staates im Ausland finanziert werden kann; die private Auslandsposition ist von diesen Vorgängen unberührt. Im Umkehrschluß folgt daraus, daß eine Variation des Schuldenstandes nicht geeignet ist, einer eventuelle Veränderung des privaten Auslandsvermögens entgegenzuwirken. Die ($\dot{F}=0$)–Kurve muß demnach als Horizontale verlaufen.

ist. Auf dieser Grundlage ergibt sich die mittelfristige Anpassung bei Auslandsverschuldung des Staates wie folgt: Die Punkte auf der alten ($\dot{B}^{\$}$=0)–Kurve repräsentieren nun Budgetdefizite, deren Abbau einen gesunkenen Schuldenstand und damit eine reduzierte Zinslast erfordert; die ($\dot{B}^{\$}$=0)–Kurve verlagert sich demnach nach links. Punkten auf der alten ($\dot{F}_{priv}$=0)–Kurve entspricht nun ebenso annahmegemäß ein Abfluß von Auslandsvermögen, der beseitigt werden kann, wenn sich diese Kurve nach unten verlagert. Die Abbildung B/12 illustriert den Vorgang:

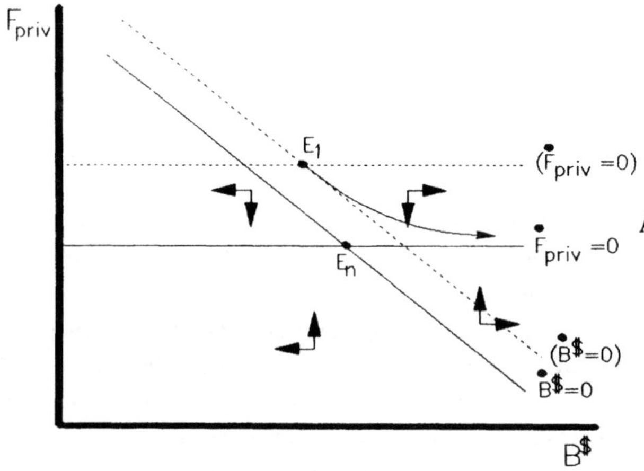

Abb. B/12

Ausgehend vom Punkt E_1 verläuft die mittelfristige Anpassung zunächst in "süd–östlicher" Richtung, wobei zunächst Budgetdefizite, Leistungsbilanzdefizite und laufende Abwertungen zu verzeichnen sind. Die kombinierte Wirkung von Abwertung und privatem Vermögensabbau führt zu einer akzelerierenden staatlichen Verschuldung, während gleichzeitig die private Auslandsposition eine Tendenz zur Stabilisierung zeigt. Dies ist zum einen bedingt durch die leistungsbilanzverbessernde Wirkung einer Abwertung, zum anderen durch die öffentliche Emission von Schuldtiteln, die zu einem Teil in den Portefeuilles der inländischen Privaten plaziert werden muß. Auch dieser Zustrom an F–Vermögenstiteln wird sich zurückbilden, da annahmegemäß die Expansion des Sozialproduktes das Primärdefizit verringern wird, woraus folgt, daß die Vergrößerung des gesamten Budgetdefizites auf die gestiegene Schuldenlast zurückzuführen ist. Insgesamt ist diese Entwicklung somit als instabil zu bezeichnen. Die Leistungsbilanz insgesamt wird sich im Laufe dieses Vorgangs ebenfalls nicht wieder ausgleichen: Zwar wird der private Teil des anfänglichen Leistungsbilanzdefizits zurückgebildet; das zunehmende öffentliche Leistungsbilanzdefizit, das aus dem steigenden Schuldendienst auf den öffentlichen Schuldenstand resultiert, vergrößert sich hingegen laufend und wird durch keinen modellendogenen Mechanismus zurückgeführt.

Es läßt sich leicht zeigen, daß auch die beschriebenen alternativen Verläufe der ($\dot{B}^{\$}=0$)–Kurve bzw. der ($\dot{F}_{priv}=0$)–Kurve ebenfalls instabile Lösungen ergeben, bei denen weder der öffentliche Schuldenstand noch die private Auslandsposition langfristig stabilen Werten zustreben.

Diese Ergebnisse sind sicherlich stark durch die Formulierung des Modells geprägt und vor diesem Hintergrund nur bedingt zu verallgemeinern. Akzeptiert man das Vorgehen jedoch im Grundsatz, so ist der Verschuldung in ausländischen Vermögenstiteln, verglichen mit den anderen Finanzierungsformen, die relativ geringste Tendenz zur Wiederherstellung der Gleichgewichte in Budget und Leistungsbilanz zuzuschreiben. Formal läßt sich diese Eigenschaft mit der Entkoppelung zwischen der Entwicklung des Gesamtbudgets einerseits und den endogenen Variablen Einkommen und Wechselkurs andererseits erklären. So ist in keinem Fall sichergestellt, daß Ungleichgewichte im Budget Veränderungen des Einkommens und damit des Steueraufkommes bewirken und somit das System dem Budgetausgleich näherbringen, so, wie es bei den anderen vorgestellten Finanzierungsvarianten zumindest in den stabilen Unterfällen gegeben ist.

B.2.7 Zusammenfassung und Beurteilung der Zwischenergebnisse

Die gewählte Formulierung des Modells erlaubt eine getrennte Analyse der Ausgabeneffekte (kürzerfristige Betrachtung) und der Finanzierungseffekte (mittelfristige Analyse) der fiskalischen Maßnahme.

Wie gezeigt wurde, führt der Ausgabeneffekt einer Erhöhung der öffentlichen Realausgaben auf jeden Fall zu einer Expansion des Inlandseinkommens und einer Aufwertung der heimischen Währung. Dieser Wechselkurseffekt resultiert allein aus dem Wunsch der Wirtschaftssubjekte, angesichts der Einkommensexpansion das Vermögensportefeuille zu Gunsten einer vergrößerten Kassenhaltung umzustrukturieren.[93] Die Ausdehnung der staatlichen Ansprüche an das inländische Sozialprodukt findet also zum einen ihre Entsprechung in einem inländischen Gütermehrangebot und einer (zinsinduzierten) Rückdrängung inländischer Güternachfrage. Zum zweiten – und das ist hier von Interesse – ergibt sich eine kompensierende Verdrängung ausländischer (Netto–)Nachfrage nach dem heimischen Sozialprodukt, die aus dem Wechselkursanstieg resultiert. Dies gilt auch, wenn bei Vorliegen einer negativen Auslandsposition die Leistungsbilanz, gerechnet in Einheiten ausländischer Währung, eine inverse Reaktion aufweisen sollte. Auch in diesem Fall wirkt der Wechselkurseffekt auf die Verschlechterung der DM–Handelsbilanz hin. Die in diesem Fall mögliche gegenteilige Entwicklung der $–Leistungsbilanz beruht auf reinen Umbewertungseffekten und ändert nichts an der Tatsache, daß im gewählten Modellrahmen die mengenmäßige Mehrabsorption des Staates für sich genommen bereits zu einer Verdrängung ausländischer Nettonachfrage und damit einer (real gesehenen) Verschlechterung der Handelsbilanz führen muß.[94]

Anschließend an diesen "Ausgabeneffekt" der fiskalischen Maßnahme sind die "Finanzierungseffekte" des Budgetdefizites zu nennen, die den soeben beschriebenen Primäreffekt unterstützen oder kompensieren können. Ursächlich für die mittelfristig ausgelösten Zins–, Einkommens– und Wechselkurswirkungen sind die Portfolioveränderungen, die sich im Inland mit den Leistungsbilanz– und Budgetsalden ergeben.[95] Es ist beachtenswert, daß das

---

[93]Es sei hier noch einmal hervorgehoben, daß die Zinserhöhung, die sich in dem kürzerfristigen Analysezeitraum ergibt, nur durch die defizitverursachende Ausgabenerhöhung, nicht aber durch die Finanzierung dieses Defizites bedingt ist. Dies wird besonders deutlich, wenn man sich die Interpretation des keynesschen Systems in Form des einfachen ISLM–Schemas vor Augen führt: Eine Erhöhung der Staatsausgaben (Rechtsverschiebung der IS–Kurve) führt bekanntermaßen zu einer Zinserhöhung, wobei auch hier Finanzierungsfragen nicht betrachtet werden und ohne Berücksichtigung von Vermögensargumenten in Geld– und Güternachfragefunktionen auch gar nicht konsistent dargestellt werden könnten. Umgekehrt führt eine expansiv wirkende Ausdehnung eines ausgeglichenen Budgets ("HAAVELMO–Theorem") auf dem hier beschriebenen Weg zu einer Zinserhöhung, ohne daß überhaupt ein (zusätzlicher) Finanzierungsbedarf entsteht.

[94]Es läßt sich intuitiv leicht greifen, daß eine (hier nicht betrachtete) Steuersenkung aufgrund des rein nachfragedeterminierten Gütermarktgleichgewichtes die gleiche Wirkung wie eine staatliche Ausgabenerhöhung haben wird. An die Stelle der öffentlichen tritt dann eine private Mehrabsorption.

[95]Dies gilt für ein "kleines" Land. Betrachtet man hingegen den 2–Länder–Fall, so müssen ebenfalls die korrespondierenden Portfolioeffekte im Ausland betrachtet werden.

Zusammenwirken der Leistungsbilanzsalden mit den Finanzierungssalden des öffentlichen Haushaltes nur unter vergleichsweise restriktiver Annahmensetzung in einen Anpassungsprozeß hin zu einem langfristigen Gleichgewicht einmündet. Daran ändert auch das Vorliegen einer Schuldposition gegenüber dem Ausland nichts: Auch in diesem Fall ist eine, in der mittleren Frist stabile Entwicklung möglich, aber nicht zwingend. Ganz generell scheint eine stabile Entwicklung, d.h. ein Ausgleich der Budget– und Leistungsbilanzsalden auf mittlere Sicht bei einer Finanzierung der Budgetdefizite durch Geldschöpfung wahrscheinlicher als bei einer Finanzierung dieser Defizite durch Verschuldung gegenüber dem Publikum. Dies rührt aus der Tatsache, daß eine Geldmengenexpansion für sich genommen eine Abwertung, eine Erhöhung der privaten Bondsbestände hingegen (unter der Annahme einer hinreichend großen Substitutionselastizität zwischen in– und ausländischen Wertpapieren) eine Aufwertung der heimischen Währung bewirken wird. Geht man davon aus, daß eine Wiederherstellung des Leistungsbilanzgleichgewichtes einer Abwertung bedarf – und dies ist bei Vorliegen einer positiven oder nur gering negativen Auslandsposition wahrscheinlich –, so geht damit von der Geldschöpfungsfinanzierung ceteris paribus ein stabilisierender, von einer Bondsfinanzierung der gegenteilige Einfluß auf die Leistungsbilanz aus. Dies deckt sich mit den Ergebnissen der traditionellen, stromgrößenorientierten Wechselkurstheorie. Obgleich sich dieses Resultat damit als robust gegenüber alternativen Theorieansätzen erweist, ist die an sich simple Kausalkette nicht unumstritten; so sind grundsätzlich drei Fragenkreise zu erörtern:

- Unter welchen Umständen sind öffentliche Budgetdefizite Ursache eines hohen Zinsniveaus?

- Reagieren die internationalen Kapitalströme tatsächlich auf Veränderungen der internationalen Zinsdifferenzen, wie es die Überlegungen des vorangegangenen Abschnittes suggerieren?

- Sind die unterstellten Wirkungszusammenhänge im Zeitablauf stabil, oder ist die mittelfristige Strom–Bestandsanpassung zusätzlich von Variationen der Reaktionsfunktionen bestimmt?

Der Vermutung, daß eine vergrößerte Beanspruchung der Kapitalmärkte durch die Finanzierungserfordernisse der öffentlichen Hand eine zinssteigernde

Wirkung hat, kommt spätestens seit der Crowding–Out–Debatte der 70er Jahre eine große Beachtung und eine weitgehende Zustimmung zu.[96] Dennoch lassen sich gegen diese Behauptung theoretische und empirische Einwände vorbringen.

Interpretiert man den Zins als Preis für die Überlassung nationaler Ersparnisse, so ergibt sich eine Tendenz zur Zinserhöhung immer dann, wenn infolge fiskalischer Maßnahmen die gesamtwirtschaftliche Ersparnis bei gegebenen Investitionen sinkt. Eine Ausdehnung der öffentlichen Realausgaben wird diese Reduktion der staatlichen und gesamtwirtschaftlichen Ersparnis und damit die Zinssteigerung unweigerlich hervorbringen, so daß auch diese alternative Sichtweise das Ergebnis der hier angestellten "kürzerfristigen Analyse" bestätigt. Anders als der Ausgabeneffekt eines Defizits muß die Finanzierung eines bestimmten Volumens zusätzlicher Ausgaben nicht unbedingt zu einer zinssteigernden relativen Verknappung nationaler Ersparnis führen, wie es die "mittelfristige Analyse" der Bondsfinanzierung suggeriert. Stattdessen könnte man argumentieren, daß die Verschuldung des Staates beim Publikum die Erwartung zukünftiger Steuererhöhungen weckt. In Antizipation dieser Steuerlast wird sich eine private Mehrersparnis (bzw. Minderinvestition) ergeben, die im Extremfall gerade ausreicht, die öffentliche Mindersparnis (d.h. das Budgetdefizit) zu kompensieren.[97] Im Ergebnis stünde damit der zusätzlichen Stromnachfrage nach Ersparnis ein zusätzliches Stromangebot daran gegenüber, was die Höhe des Zinses unverändert lassen würde. In die Argumentation des Portfoliomodells übersetzt hieße das, daß die Verschuldung gegenüber den Privaten nicht zu einem Nettoanstieg der Forderungen an den Staat führt, da die zu erwartenden (zukünftigen) Steuerverbindlichkeiten mit dem Zugang an Bruttoforderungen gegenüber dem Staat zu saldieren sind. Damit bliebe die Struktur der privaten Portefeuilles unverändert, weswegen sich jetzt auch keine Zins– und Wechselkurseffekte ergeben können. Die Finanzierung des Defizites für sich genommen hätte damit keinerlei außenwirtschaftlichen Niederschlag. Diese These wird beispielsweise von

---

[96]Vgl. z.B. BLINDER, A.S./SOLOW, R.M., Does Fiscal Policy Matter? Journal of Public Economics, Bd. 2 (1973), S. 319ff. BUITER, W.H., "Crowding–Out" and the Effectiveness of Fiscal Policy. Journal of Public Economics, Bd. 7 (1977). FRIEDMAN, B.M., Crowding–Out or Crowding–In? Economic Consequences of Financing Government Deficits. Brookings Papers on Economic Activity, Bd. 3 (1978), S. 593ff.

[97]Zu dieser "Ricardianischen Äquivalenz" zwischen Steuerfinanzierung und Verschuldung vgl. Abschnitt E, S. 186f. dieser Arbeit.

EVANS und PLOSSER für die U.S.A. über verschiedene Zeiträume empirisch untersucht.[98] Es zeigt sich dabei, daß die Entwicklung repräsentativer Zinsssätze nicht in signifikanter Weise vom Budgetdefizit abhängt, was von den Autoren mit den oben angedeuteten Gedankengängen begründet wird.

Wie kaum anders zu erwarten, findet die beschriebene Extremposition keine generelle Zustimmung. So glauben HOELSCHER und HENDERSHOTT[99] für die USA zeigen zu können, daß Budgetdefizite zwar nicht die Zinssätze für Anleihen kurzer Laufzeiten, wohl aber die Zinsen längerer Laufzeiten in der vermuteten Richtung beeinflussen. Dieses Ergebnis ist umso erstaunlicher, wenn man bedenkt, daß im Durchschnitt der Jahre 1979 bis 1983 fast 40% der auf dem US–Kapitalmarkt stattgefundenen Verschuldung kurzfristiger Art war.[100] HOELSCHER argumentiert, daß die asymmetrische Zinsreaktion auf einer vergleichsweise größeren Zinselastizität des kurzfristigen Kreditangebots beruht, die sich zum einen aus dem größeren Volumen dieses Kreditmarktsegmentes erklärt, zum anderen aus der Neigung der Kreditgeber, angesichts der mit umfangreichen Budgetdefiziten verbundenen Unsicherheiten[101] verstärkt Darlehen kürzerer Laufzeiten zu gewähren.[102]

Nimmt man an, daß diese jüngeren Erfahrungen in den USA eine gewisse Allgemeingültigkeit aufweisen und beachtet man, daß die

---

[98]EVANS, P., Do Large Deficits Produce High Interest Rates? American Economic Review, Bd. 75 (1985), S. 68ff. Derselbe, Interest Rates and Expected Future Budget Deficits in the United States. Journal of Political Economy, Bd. 95 (1987), S. 34ff. PLOSSER, Ch.J., Government Financing Decisions and Asset Returns. Journal of Monetary Economics, Bd. 9 (1982), S. 325ff. Vgl. dazu auch den kurzen Literaturüberblick bei HOELSCHER, G., New Evidence on Deficits and Interest Rates. Journal of Money, Credit and Banking, Bd. 18 (1986), S. 2, bei FLAIG, G., Staatsverschuldung und langfristiger Zinssatz in einem Modell effizienter Märkte und rationaler Erwartungen: Eine empirische Untersuchung für die Bundesrepublik Deutschland. Kredit und Kapital, 19. Jg. (1986) S. 366ff und bei GUPTA, K.L., Budget Deficits and Interest Rates in the United States. Public Choice, Bd. 60 (1989), S.87ff. GUPTA bestätigt die Ergebnisse von EVANS und PLOSSER, FLAIG tut dies für die BRD. Vgl. auch DE HAAN, J./ ZELHORST, D., Financial Market Effects of Federal Government Budget Deficits: Comment. Weltwirtschaftliches Archiv, Bd. 126 (1990), S.388ff. und die anschließende Diskussion.

[99]HOELSCHER, G., a.a.O., S. 9f. HENDERSHOTT, P.H., Expectations, Surprises and Treasury Bill Rates: 1960–82. The Journal of Finance, Bd. 39 (1984), S. 695.

[100]Quelle: Government Finance Statistics.

[101]Zu denken wäre an die Unsicherheiten bezüglich der zu erwartenden Inflationsrate und – bei ausländischen Kapitalgebern – der langfristig erwarteten Wechselkurse.

[102]Vgl. HOELSCHER, G., a.a.O., S. 16.

Güternachfrage in erster Linie vom langfristigen Zinssatz, der Kapitalverkehr zum großen Teil von den kurzfristigen Zinsen abhängt, so ergibt sich ein etwas differenzierteres Bild:

Die Finanzierung der Budgetdefizite durch die Emission von Staatsschuldtiteln wird jetzt besonders stark zu Lasten der inländischen Ausgaben gehen und nur zu einer geringeren Aufwertung führen. Die Finanzierungserfordernisse der öffentlichen Hand erlauben somit eine positivere Leistungsbilanzentwicklung als es die Ausführungen des Abschnittes B.2.4. vermuten lassen. Die reine Ankündigung eines bondsfinanzierten Defizits kann sogar temporär eine Umkehrung der Leistungsbilanzreaktion bewirken: In dem Zeitpunkt, in dem die Privaten von den zukünftigen Defiziten des Staates erfahren, werden sie – eine rationale Erwartungsbildung vorausgesetzt – einen Anstieg der langfristigen Zinssätze erwarten. Die Antizipation dieser Kursverluste langfristiger Staatschuldtitel wirkt sich in einer entsprechenden Kaufzurückhaltung seitens der Privaten aus, was letztlich den erwarteten Zinsanstieg dann auch herbeiführt. Dieser Anstieg der langfristigen Zinsen dürfte einen Rückgang der inländischen Ausgaben für Güter und Dienste bewirken, die resultierende (Zwischen–) Rezession kann nur zu einem Rückgang der geldmarktdeterminierten kurzfristigen Zinsen führen.[103] Geht man auch hier wieder davon aus, daß internationale Kapitalbewegungen zu einem großen Teil von den Zinsen kürzerer Laufzeiten bestimmt werden, so würden die resultierenden Kapitalexporte zusammen mit der Einkommenskontraktion im Inland auf eine (temporäre) Verbesserung der Leistungsbilanz hinwirken. Die Antizipation eines angekündigten, zukünftigen Budgetdefizites kann damit einen zur Wirkung des Budgetdefizites selbst entgegengesetzten Primäreffekt auf die Leistungsbilanz bewirken.[104]

Ebensowenig wie die Theorie ein eindeutiges Bild liefert, herrscht in der Praxis Einigkeit über die Bestimmungsgründe des Zinsniveaus. Auch dies wird

---

[103]Die Anhänger einer permanenten Einkommenshypothese, die den Anstieg der langfristigen Zinsen aus den beschriebenen Gründen für weniger zwingend halten, können sich hier der Argumentation anschließen, da der Rückgang der Güterkäufe in der Gegenwart auch durch die Antizipation zukünftiger Steuerlasten bewirkt werden kann.

[104]Diesen Schluß erlaubt die sinngemäße Fortführung der Gedanken von JOHNSON, R.A, Anticipated Fiscal Contraction: The Economic Consequences of the Announcement of Gramm–Rudman–Hollings. International Finance Discussion Papers Nr. 291, Washington, D.C., 1986 sowie von BLANCHARD, O.J., Current and anticipated deficits, Interest Rates and Economic Activity. Harvard Institute of Economic Research Discussion Paper Nr. 998, Cambridge, Mass., 1983, S. 23ff. und BLANCHARD, O.J./DORNBUSCH, R., U.S. Deficits, the Dollar and Europe. Banca Nationale Del Lavoro Quarterly Review, Bd. 37 (1984), S. 96ff.

an den US–amerikanischen Erfahrungen deutlich: So besteht keineswegs Konsens darüber, daß der steile Anstieg der realen ebenso wie der nominellen Zinsen, der Ende 1979 stattfand und eine Phase historisch hoher Geld– und Kapitalkosten einleitete, wie vielfach behauptet, allein auf die extremen Haushaltsdefizite der Reagan–Administration zurückzuführen sind.[105] Stattdessen werden eine Reihe alternativer Erklärungsversuche vorgetragen, die teilweise die Einflüsse der zu Beginn der 80er Jahre stark kontraktiven Geldpolitik, teilweise aber auch die angebotsorientierten Maßnahmen der Reagan–Administration und die damit verbundene Erhöhung der Realkapitalerträge in den Mittelpunkt der Überlegungen stellen.[106] Auch diese Diskussion zeigt, daß die Zinseffekte fiskalischer Maßnahmen in der wirtschaftspolitischen Praxis weit weniger eindeutig auszumachen sind als es die vorschnelle Übertragung der theoretischen Ableitungen aus Abschnitt B.2.4.1.ff. glauben lassen.

Aber auch dann, wenn die Effekte auf das Zinsniveau so wie vermutet ausfallen, ist die Kausalkette zwischen Budgetdefizit und Leistungsbilanz nicht eindeutig, wenn Zweifel über die Richtung der ausgelösten Kapitalverlagerungen bestehen. Neben die in theoretischen Abhandlungen üblicherweise berücksichtigte Determinante der Nettozinsdifferenzen zwischen In– und Ausland treten andere Bestimmungsgründe der internationalen Kapitalbewegungen, die in theoretischen Ansätzen wohl deswegen nicht enthalten sind, weil sie sich entweder kaum formalisieren lassen oder in hohem Maße subjektiv empfunden werden und deswegen für die Gewinnung nachprüfbarer theoretisch–wissenschaftlicher Argumente nicht geeignet erscheinen.

So hat die Diskussion um die Ursachen des Dollarkursanstieges zwischen 1980 und Anfang 1985 zum Beispiel auf die Bedeutung der Direktinvestitionen

[105]Diese These formuliert – stellvertretend für viele – z.B. BRANSON, W.H., Causes of Appreciation and Volatility of the Dollar. NBER Working Paper, Series, Working Paper No. 1777, Cambridge, Mass. 1985.

[106]Zum Einfluß der US–Geldpolitik vgl. CLARIDA, R.H./FRIEDMAN, B.M., The Behavior of U.S. Short–Term Interest Rates Since October 1979. The Journal of Finance, Bd. 39 (1984), S. 671ff. Zur vergleichenden Diskussion alternativer Bestimmungsgründe des Zinsniveaus vgl. BLANCHARD, O.J./DORNBUSCH, R. a.a.O., S. 93. BLANCHARD, O.J./SUMMERS, L.H., Perspectives on High World Real Interest Rates. Brookings Papers on Economic Activity, Bd. 15 (1984), S. 373ff. FRENKEL, J.A., Comment on BRANSON, W.H., Causes of Appreciation..., a.a.O., S. 4ff.

hingewiesen,[107] die sich nach der aktuellen und insbesondere der zukünftig erwarteten (Netto–) Verzinsung des Realkapitals, nicht hingegen nach den Zinsen auf Finanzkapital richten. Die Gewinnerwartungen der Investoren wurden nach dem Regierungswechsel durch eine Kombination aus nachfragestimulierenden Maßnahmen, Erleichterungen der Unternehmens–besteuerung und ordnungspolitischen Deregulierungsmaßnahmen[108] positiv beeinflußt, was sich in einem deutlichen Anstieg der ausländischen Direktinvestitionen in den USA ausdrückt, die von einem jährlichen Defizit von 8 Mrd. $ im Durchschnitt der Jahre 1977 – '80 auf einen Überschuß von durchschnittlich 10 Mrd. $ in den Jahren 1981 bis 1987 zunahmen.

Im Umkehrschluß und in Verallgemeinerung dieser Beobachtung hieße das, daß ein zinstreibendes Budgetdefizit die Kapitalbilanz eines Landes dann nicht verbessern kann bzw. eine derartige Verbesserung besonders unwahrscheinlich ist, wenn das Budgetdefizit durch eine einkommens–induzierte Reduktion des Steueraufkommens entstanden ist und somit Ausdruck einer gesamtwirtschaftlichen Stagnation ist. Sofern der private Sektor die aus den Motiven einer antizyklischen Fiskalpolitik heraus ergriffenen Maßnahmen angesichts bestehender angebotsseitiger Störungen für ungeeignet hält, dürfte dies das Investitionsklima auch für ausländische Direktinvestoren weiter verschlechtern. Als Ursache dieser Einschätzung könnte z.B. die Erwartung auch zukünftig anhaltender Neuverschuldung des Staates mit dem Zwang zu künftigen Steuererhöhungen und möglichen inflationären Wirkungen gelten.

Ein anderer, vermutlich noch wichtigerer Bestimmungsgrund internationaler Kapitalbewegungen dürfte in politischen Einschätzungen der Investoren zu suchen sein. So wird häufig argumentiert, daß ein großer Teil der Dollarstärkte der 1. Hälfte der 80er Jahre in dem Umstand begründet war, daß der amerikanische Währungsraum der "sichere Hafen" für Fluchtkapital speziell aus Lateinamerika war. In Umkehrung dieses Gedankens liegt der etwas triviale Schluß nahe, daß der Einfluß von internationalen Zinsdifferenzen bei entsprechenden politischen Verhältnissen durch nicht–ökonomisch

---

[107]Immerhin haben die Direktinvestitionen des Auslandes in der USA in der Zeit zwischen 1980 und 1983 knapp ein Viertel der gesamten Bruttolkapitalimporte der USA ausgemacht. Dieses Bild hat sich allerdings in den folgenden Jahren durch die starke Zunahme der Portfolioinvestitionen zu Lasten der Direktinvestitionen verschoben.

[108]Einen Überblick über das Maßnahmenbündel vermittelt z.B. LANDMANN, O., The U.S. Economy under the Influence of the Reagan Experiment. Intereconomics 1984, S. 207ff. und BÜSCHGEN, H.E., Der US–Dollar – Szenario einer Weltwährung. Wirtschaftsdienst, 67. Jg. (1987), S. 17ff.

motivierte Kapitalströme überkompensiert werden kann, mit der Folge, daß im Einzelfall der zentrale Zusammenhang zwischen nationalem Zinsniveau und Kapitalbewegungen dann empirisch nicht nachweisbar ist. Dieser polit-ökonomische Gedanke soll hier nicht weiter verfolgt werden.

Schon diese wenigen Bemerkungen zeigen, daß die monokausale Erklärung der Zusammenhänge zwischen Budgetdefizit und Wechselkurs eine vereinfachte Sichtweise darstellt, die sich in der theoretischen Argumentation ebenso wie bei der empirischen Überprüfung als irreführend herausstellen kann.[109]

Aber auch dann, wenn man von der Dominanz der Zinsdifferentiale auf den Kapitalverkehr und damit auf den Wechselkurs ausgehen kann, ist noch – und dies leitet zur dritten erwähnten Frage über – zu klären, ob der zugrundegelegte Kausalzusammenhang zwischen Zinsdifferenz und Nettokapitalimporten im Zeitablauf stabil ist. So könnte die abgeleitete mittelfristige Strom–Bestandsdynamik unter Umständen eine andere Entwicklung nehmen, wenn sich die Zinsabhängigkeit der Kapitalbewegungen über den Zeitraum der öffentlichen Verschuldungsprozesse hinweg, aufgrund einer geänderten Einschätzung seitens der Anleger verändert. So könnte man argumentieren, daß die Beobachtung eines steigenden Schuldenstandes der öffentlichen Hand bei dem Publikum die Erwartung zukünftiger Inflationstendenzen[110] aufkeimen und Schuldendienstprobleme wahrscheinlicher werden läßt. Der private Sektor dürfte die laufende Umstrukturierung der Portefeuilles dann nur noch tolerieren, wenn die Verzinsung der Staatsschuldtitel in wachsendem Maße eine Risikoprämie enthält. Gleichbedeutend mit dieser Aussage ist, daß damit der Grad der Substituierbarkeit zwischen In– und Auslandstiteln geringer wird. Vor diesem Hintergrund dürfte ein fortgesetzter Verschuldungsprozeß des Staates gegenüber dem Inland nicht zu dauernden Aufwertungen führen. Vielmehr wird nach einiger Zeit der Schuldenstand einen derartigen Umfang angenommen haben, daß eine weitere Neuverschuldung nicht (via Zinseffekt) den Wunsch

---

[109]Eine Diskussion alternativer Bestimmungsgründe der US–amerikanischen Kapitalbilanzüberschüsse findet sich bei SOMENSATTO, E., Budget Deficits, Exchange Rates, International Capital Flows, and Trade. In: CAGAN, P. (Hrsg.), The Economy in Deficit (Essays in Contemporary Economic Problems). Washington, D.C., 1985, S. 223ff. sowie GORDON, R.J., U.S. Fiscal Deficits and the World Imbalance of Payments. Hitotsubashi Journal of Economics, Bd. 27, Special Issue (1986), S. 7ff.

[110]Zur Begründung vgl. Abschnitt C dieser Arbeit.

nach einem Kapitalimport, sondern vielmehr (via Vermögenseffekt) das Streben nach einem, die Portfoliostruktur korrigierenden Kapitalexport entstehen läßt und auf diesem Weg eine Abwertung der Währung des betreffenden Landes bewirkt. Die Wechselkursreaktion und damit der Leistungsbilanzeffekt einer Bondfinanzierung eines bestehenden Budgetdefizites ist damit nicht nur von der Stromgröße "Neuverschuldung", sondern auch von der Bestandsgröße "Schuldenstand" abhängig, was eine wesentliche Modifikation des entsprechenden Zwischenergebnisses aus Abschnitt B.2.4.2. darstellt.[111]

Es ergibt sich somit ein unübersichtliches Gesamtbild. Offensichtlich ist der Einfluß von Budgetdefiziten auf den nominalen Wechselkurs zu vielfältiger Natur, als daß der in diesem Abschnitt vorgestellte Ansatz alle im Einzelfall relevante Effekte aufzeigen kann. Es ist klar geworden, daß in erster Linie die Formulierung der Kapitalbewegungen und ihrer Determinanten für die Realitätsnähe der Modellergebnisse von Bedeutung sind. Daneben ließe sich kritisieren, daß das rein nachfragedeterminierte Güterangebot die Betrachtung angebotseitig wirkender Maßnahmen nicht zuläßt. Ebenso würde eine stärker disaggregierte Angebotsseite die Wirkungen alternativer Ausgabenstrukturen im öffentlichen Budget erkennen lassen. Die Annahme eines konstanten Preisniveaus steht mit der Formulierung der Güterangebotsseite in direktem Zusammenhang; würde man ein flexibles Binnenpreisniveau berücksichtigen, so würde sich die Komplexität der Zusammenhänge vergrößern, da nun gefragt werden muß, welchen Einfluß die Preisentwicklung auf die Höhe des nominalen Wechselkurses, und, damit zusammen, auf die preisliche Wettbewerbsfähigkeit des betrachteten Landes nimmt. Schließlich könnte man kritisch einwenden, daß die fiskalische Maßnahme die Erwartungsbildung der Privaten nicht beeinflußt und insbesondere die längerfristigen Konsequenzen aktuell beobachteter Budgetdefizite nicht berücksichtigt werden.

Auf der Grundlage dieser Unzulänglichkeiten soll im weiteren der vorgestellte Grundansatz erweitert werden (Abschnitte C und D) bzw. ein alternativer Ansatz (Abschnitt E) entwickelt werden, um die bisher gefundenen Ergebnisse zu relativieren.

---

[111]Vgl. SCHRÖDER, J., Haushaltsdefizit und Wechselkurs..., a.a.O., S. 183 sowie die alternative Einbeziehung der Risikoprämie bei BRANSON, W.H., Causes of Appreciation..., a.a.O., S. 112ff., DORNBUSCH, R., Dollars, Debts and Deficits. Cambridge, Mass. 1986, S. 37f und DOOLEY, M.P./ISARD, P., The Portfolio–Balance Model of Exchange Rates and Some Structural Estimates of the Risk Premium. IMF Staff Papers, Bd. 30 (1983), S. 683ff.

Abschnitt C

Budgetdefizit, Wechselkurs und Geldwertstabilität

Die Überlegungen des Abschnittes B sind von der Annahme eines fixierten Preisniveaus ausgegangen und haben für die Betrachtung der außenwirtschaftlichen Implikationen fiskalischer Maßnahmen auf die Veränderung der Wechselkurse abgestellt, wobei aufgrund der festen Preise keine Unterscheidung zwischen Variationen des nominellen und des realen Wechselkurses notwendig war.[112] Es bleibt zu fragen, wie die preisliche Wettbewerbsfähigkeit der am Außenhandel beteiligten Unternehmen durch Variationen des heimischen Preisniveaus berührt wird, die sich direkt oder indirekt aus der fiskalischen Maßnahme ergeben. Geht man von flexiblen Wechselkursen aus, so könnte man z.B. mit den Argumenten der Kaufkraftparitätentheorie des Wechselkurses einen Gleichschritt von Inflationsvorsprung im Inland und nomineller Abwertung der Inlandswährung vermuten. Aufgrund des somit unveränderten realen Wechselkurses wäre dann das heimische Inflationstempo als außenwirtschaftlich neutral zu bezeichnen.

In der kurzen bis mittleren Frist dagegen ist es wohl plausibler, die Bewegungen des nominellen Wechselkurses durch die Einflüsse der Finanzsphäre zu erklären, was auch in der vorliegenden Arbeit geschieht. Variationen des heimischen Preisniveaus haben in diesem Modellrahmen nun sehr wohl einen Einfluß auf den realen Wechselkurs, der bestenfalls langfristig und in jedem Fall auf einem anderen als dem von der Theorie der Kaufkraftparität postulierten Weg durch entsprechende Änderungen des nominellen Wechselkurses kompensiert werden kann.[113] Es sind damit also auch

---

[112]Den realen Wechselkurs (E) erhält man, indem man den nominalen Wechselkurs (e) um das Verhältnis aus ausländischem Güterpreis ($P_a^{\$}$) und inländischem Preis (P_i) bereinigt; man kann demnach schreiben: $E = (P_a^{\$}/P_i) \cdot e$, wobei die Abgrenzung der verwendeten Preisindices nach Maßgabe relevanten Substitutionsbeziehungen unterschiedlich erfolgen kann. Vgl. dazu den theoretischen Teil dieses Abschnitts, S. 114ff.

[113]Eine ähnliche Argumentation ließe sich für (Entwicklungs–)Länder führen, die ihre außenwirtschaftlichen Beziehungen im Rahmen fester Wechselkurse abwickeln. Die zumeist politischen Widerstände, die sich hier einer an sich notwendigen Paritätsänderung entgegenstellen, haben zur Folge, daß auch in diesen Fällen ein fiskalisch induzierter Einfluß auf die Geldentwertung im Inland Auswirkungen auf die Leistungsbilanz haben muß. Der theoretische Teil des folgenden Abschnittes wird sich aber auf den Fall flexibler Wechselkurse beschränken.

Preisniveaueffekte budgetpolitischer Maßnahmen für die Leistungsbilanz–entwicklung von Bedeutung, da eine fiskalisch induzierte Inlandsinflation einer Verschlechterung der Leistungsbilanz Vorschub leistet bzw. einer ansonsten möglichen Verbesserung entgegenwirkt. In diesem Sinne äußert sich der IWF, wenn er anmerkt: "Excessive credit expansion in (...) many countries has been manifested in high rates of inflation as well as in external deficits. These adverse consequences of such a high rate of credit expansion have been important factors to the poor economic performance of a number of countries in recent years and have hindered their attempts to bring about the structural adjustment required by changing external circumstances."[114]

Zur weiteren Untersuchung dieser Zusammenhänge soll im folgenden die Variation des heimischen Preisniveaus explizit in die bisherigen Überlegungen einbezogen werden, um hierdurch die Aussagen des Abschnittes B zu rela–tivieren relativieren bzw. zu ergänzen.

C.1. Budgetdefizite und Preisniveau: denkbare Kausalzusammenhänge

Eine fiskalische Maßnahme, die zu einem Budgetdefizit führt, kann je nach ihrer Ausgestaltung auf verschiedenen Wegen das Binnenpreisniveau tangieren. In Anlehnung an die üblichen Klassifikationen der Inflationstheorie[115] seien hier drei mögliche Wirkungskanäle herausgegriffen:

C.1.1 Nachfrageeffekte

Soweit die defizitverursachende Maßnahme auf direktem oder indirektem Wege expansiv auf die gesamtwirtschaftliche Nachfrage wirkt und sofern der Nachfrageanstieg auf ein nur endlich preiselastisches Angebot trifft, werden sich die Preise der Inlandsgüter und damit das Preisniveau insgesamt erhöhen. Dieses "demand–pull"–Argument der Inflationstheorie soll hier berücksichtigt werden, indem ein – im Gegensatz zu den Ausführungen des vorangegangenen Abschnittes – endlich preiselastisches Güterangebot berücksichtigt wird.

---

[114] IWF, World Economic Outlook 1984. Occ. Paper No. 24, S.52.

[115] Vgl. z.B. WILLMS, M., Inflationsursachen. In: WOLL, A.(Hrsg.), Inflation: Definitionen, Ursachen, Wirkungen und Bekämpfungsmöglichkeiten, München 1978, S.19ff.

C.1.2 Wechselkurs, Preiszusammenhang und Kostenniveau

Im System flexibler Wechselkurse beeinflußt das Budgetdefizit – wie bereits gezeigt – die Höhe des nominellen Wechselkurses. Ergibt sich beispielsweise eine Abwertung der eigenen Währung, so folgt daraus zunächst unmittelbar eine Verteuerung von Importgütern und deren Substitute. Zusätzlich macht sich ein Sekundäreffekt in dem Maße bemerkbar, in dem die Importgüter Vorleistungen für die Inlandsproduktion darstellen. Infolge der Abwertung müßte sich die entsprechende Angebotskurve nach oben verlagern, was die Preise der Importsubstitute und der Exportgüter ansteigen läßt und sich somit erneut preisniveausteigernd auswirkt. Der Sektor der nichtgehandelten Güter – dieser wird im formalen Teil dieses Abschnittes nicht berücksichtigt – erfährt in dieser Phase ebenfalls einen Kostenvorschub, da auch hier importierte, aber auch mittlerweile verteuerte heimische Vorleistungen in die Produktion eingehen. Soweit die Konsumentenreallöhne nach unten starr sind, muß der abwertungsinduzierte Preisniveauanstieg einen Anstieg der Nominallöhne zur Folge haben, der sich erneut preistreibend in allen Branchen bemerkbar machen wird.

Es läßt sich somit vermuten, daß die fiskalisch ausgelöste (nominelle) Wechselkursänderung nur zu einer, relativ gesehen, geringeren Änderung des realen Wechselkurses führen wird, da ein gleichgerichteter Effekt auf das Binnenpreisniveau ausgeübt wird. Diese induzierte Preisniveauveränderung ist zum einen für den Einfluß der budgetpolitischen Maßnahme auf die Leistungsbilanz von Bedeutung, zum anderen werden hierdurch die realen Finanzvermögensbestände beeinflußt, was erneute Zins– und Wechselkurs–anpassungen zur Folge haben wird.

C.1.3 Geldmengeneffekte

Der wohl wichtigste Wirkungskanal, auf dem ein Budgetdefizit einen Einfluß auf das Preisniveau ausübt, besteht in den möglichen Geldmengeneffekten der verschiedenen Verschuldungsformen: "(F)or the majority of developing countries, it is rare when a sizeable fiscal deficit does not bring about an expansion in the money supply. It is for this reason that the fiscal deficit plays such a large role in the Fund's adjustment programs"[116] und:

---

[116]TANZI, V./BLEJER, M.J., Fiscal Deficits and Balance of Payments Disequilibrium in IMF Adjustment Programs. International Monetary Fund, Fiscal Affairs Department, DM 83/44, Washington, D.C., 1983, S.10.

"Although inflationary developments in the non–oil developing countries stem partly from trends in the world economy, they are also connected with unduly accommodative financial policies in many of these countries themselves."[117]

Ähnlich argumentiert die OECD für die Gruppe der Industrieländer, wenn sie feststellt: "The impact of budget deficits on the inflationary process is complex. Whilst most observers stress the link between public sector borrowing and inflation via the monetary financing of such borrowing, bond–financed deficits may also affect prices. (...) Indeed, government borrowing from the banks links directly to the money supply and constitutes one of its counterparts."[118]

Ganz allgemein ist für den Geldmengeneffekt der öffentlichen Verschuldung die ökonomische Funktion des Gläubigers ausschlaggebend. Im Rahmen eines Giralgeldschöpfungsmodells ist es möglich, den Einfluß der Verschuldung auf Geldbasis und Geldschöpfungsvolumen zumindest der Tendenz nach zu bestimmen.[119] Dabei soll – wie üblich – von einem zweistufigen Bankensystem mit Mindestreservepflicht ausgegangen werden. Da für die hier zu untersuchende Fragestellung die Technik der Geldmengen– steuerung keine Rolle spielt, soll nicht auf geldpolitische Zwischenziele, sondern direkt auf das Geldvolumen abgestellt werden, wobei zur Vereinfachung der verbalen Darstellung ein weit gefaßter Geldmengenbegriff, etwa im Sinne von M_3, unterstellt wird.

Im einfachsten Fall erfolgt die Verschuldung gegenüber der Zentralnotenbank, die dem öffentlichen Sektor in Höhe der aktivierten Staatsforderungen Zentralbankgeld zur Verfügung stellt, über das er sofort verfügen wird. Durch die Verausgabung der aufgenommenen Mittel erhöht sich zwangsläufig die gesamtwirtschaftliche monetäre Basis, so daß sich das Geldvolumen aufgrund der nun folgenden multiplen Kreditgewährung um ein Vielfaches des ursprünglichen Finanzierungsbedarfes des Staates ausdehnen wird.

---

[117]International Monetary Fund, World Economic Outlook, Occ. Paper No. 24, Washington, D.C., 1984, S.6.

[118]OECD Monetary Studies Series, Budget Financing and Monetary Control, Paris 1982, S.9f.

[119]Vgl. die Beispielrechnungen bei CAESAR, R., Staatsverschuldung und Geldmengenziele. In: HANSMEYER, K.–H. (Hrsg.), Staatsfinanzierung im Wandel, Schriften des Vereins für Socialpolitik, Neue Folge Bd. 134, Berlin 1982, S.333ff. sowie KERN, H., Monetäre Wirkungen der Staatsverschuldung – Konsequenzen für das Debt Management, Berlin 1981, S.71ff.

Erfolgt die Plazierung der Staatstitel in den Portefeuilles der privaten Nichtbanken, so ist zu unterscheiden, aus welchen Quellen die Mittelüberlassung zugunsten des Staates gespeist wird. Eine Kreditgewährung zu Lasten der privaten Bargeldhaltung drückt sich in einer reduzierten "Bargeldquote", d.h. in einem reduzierten Verhältnis der Haltung von Bar- und Buchgeld aus, wobei angenommen werden kann, daß die verausgabten und damit an die Privaten zurückfließenden Mittel in dieser, nun veränderten Portefeuillestruktur gehalten werden. Da auf diese Weise dem Kreditsektor weniger Zentralbankgeld in Form von Kassenhaltung entzogen wird, wird sich der beschriebene Verschuldungsvorgang – bei konstanter Geldbasis – in einem vergrößerten Geldschöpfungsmultiplikator und damit einer Ausdehnung des Geldvolumens äußern.

Weniger eindeutig ist die Sachlage, wenn die von privater Seite gewährten Kredite an die öffentliche Hand durch die Einschränkung von Einlagen im Bankensektor finanziert werden. Nimmt man an, daß die nach der Verausgabung an den privaten Sektor zurückfließenden Mittel gemäß den ursprünglichen Präferenzen auf die Haltung von Bankeinlagen aufgeteilt werden, so ist zwar nach dieser "1. Runde" der Kreditvergabe das betrachtete Geldmengenaggregat unverändert. Dennoch kann sich eine sekundäre Geldmengenvariation ergeben, wenn die Banken ihre sonstige Kreditvergabe an die eventuell verändertern Liquiditätsspielräume anpassen. In diesem Zusammenhang ist nämlich zu bedenken, daß sich zum einen aufgrund der Umschichtung zwischen verschiedenen Einlageformen die Verpflichtung zur Haltung von Mindestreserve verändert, wenn die Reservesätze nach der Fristigkeit der Einlageart gestaffelt sind. Zum anderen geht ein Teil der zurückfließenden Zentralbankgelder in die zusätzliche Haltung von Bargeld, was für sich genommen die freien Liquiditätsspielräume der Banken vermindert. Die Nettowirkung der beiden Teileffekte auf die freie Liquidität der Banken und damit – ceteris paribus – auf das Kreditvolumen ist ungewiß.

Ähnliche Gedankengänge sind anzustellen, wenn sich der Staat gegenüber den Geschäftsbanken des Inlandes verschuldet. Auch hier ist danach zu unterscheiden, auf welche Weise die Mittel aufgebracht werden. So könnte man sich zum einen vorstellen, daß die Geschäftsbanken die Kreditgewährung an den Staat mit einer gleichgroßen Einschränkung ihrer Neukredite an die Privaten begleiten. Diese Krediteinschränkung muß, für sich genommen, dazu führen, daß der private Sektor seine Haltung von Bargeld und Einlagen im

Umfang des verdrängten Kreditvolumens reduziert. Umgekehrt werden die Privaten die aus den öffentlichen Kassen an sie zurückfließenden (Zentralbank–) Gelder auf die Haltung eben dieser Geldvermögenskomponenten aufteilen, wobei angenommen werden soll, daß die relativen Vermögensanteile durch den Verschuldungsvorgang des Staates nicht beeinflußt werden.

Im Ergebnis hat damit die öffentliche Kreditnachfrage eine entsprechende private Verschuldung verdrängt. Dennoch hat sich an der Struktur der privaten Geldvermögenshaltung und an der Liquiditätssituation des Bankensektors nichts geändert, so daß unter den gemachten Annahmen die öffentliche Verschuldung als geldmengenneutral einzustufen ist.

Sicherlich ist es realistischer anzunehmen, daß das Kreditangebot des Bankensystems eine gewisse Elastizität aufweist. Insofern wird eine zusätzliche Kreditgewährung an die öffentliche Hand auch zu Lasten der unausgenutzten Liquiditäts– und Refinanzierungsspielräume der Banken vorgenommen werden. Es liegt auf der Hand, daß dies direkt das Geldvolumen erhöhen muß und, sofern auf dem Wege der Refinanzierung neues Zentralbankgeld geschaffen wird, auch indirekt, d.h. aufgrund zusätzlicher Kreditpotentiale expansive Geldmengeneffekte zu verzeichnen sein werden.

Die Argumentation stützte sich bislang auf eine reine Betrachtung des potentiellen Kreditschöpfungsrahmens bei gegebenen Verhaltensparametern für Banken und Publikum. Wie die Kreditmarkttheorie des Geldangebots lehrt, dürfte das Verhalten der am Geldschöpfungsprozeß Beteiligten auch von den Zinsen abhängen. Geht man davon aus, daß die zusätzliche Kreditnachfrage der öffentlichen Hand eine Zinserhöhungstendenz begründet, so wird es für die Privaten sinnvoll sein, den Anteil von unverzinslichen Einlagen und insbesondere Bargeld in ihren Portefeuilles zu vermindern. Die Geschäftsbanken werden angesichts gestiegener Kreditzinsen verstärkte Refinanzierungen vornehmen und auf der Basis ihrer derart gestärkten Liquiditätssituation zusätzliche Kredite vergeben. Beide Verhaltensänderungen werden sich expansiv auf die Geldmenge auswirken, so daß die Wahrscheinlichkeit eines positiven Einflusses von Budgetdefiziten auf die heimische Geldmenge zusätzlich steigt.

Neben diese potentiellen Wirkungen der öffentlichen Verschuldung auf das Geldangebot treten möglicherweise Effekte auf die Geldnachfrage: So ist es vorstellbar, daß ein Anstieg der realen Inlandszinsen und eine entstehende Inflationserwartung die Opportunitätskosten der Kassenhaltung erhöht und die Umlaufgeschwindigkeit des Geldes ansteigen läßt, so daß sich auch aus diesem

Grunde eine Erhöhung des monetären Transaktionsvolumens und damit des Preisniveaus ergeben kann.[120]

C.2. Möglichkeiten der fiskalischen Einflußnahme auf die Geldmengenentwicklung

Die bisherigen Betrachtungen gingen implizit von einer passiven Haltung der Zentralnotenbank aus, da offensichtlich der fiskalische Einfluß auf die geld(mengen)politische Zielerreichung zu keinerlei Kompensationsbemühungen seitens der geldpolitischen Instanzen führte. Im Endeffekt hätte dies zur Folge, daß das Ziel der Befriedigung der öffentlichen Finanzierungserfordernisse über das – wie auch immer definierte – geldpolitische Ziel dominiert, was die Frage nach der Unabhängigkeit der Zentralnotenbank aufwirft.[121] Die Vorstellung, daß eine Zentralnotenbank den von der Fiskalpolitik vorgegebenen Kurs monetär akkommodiert, läßt sich nun mit verschiedenen Szenarien verbinden.

So ist zum einen denkbar, daß die Zentralnotenbank gezwungen ist, in beliebigem Umfang Staatsschuldtitel zu übernehmen und damit das Budgetdefizit zu monetisieren. Es liegt auf der Hand, daß hier im Ergebnis die Zentralnotenbank auf die Formulierung eines eigenständigen Geldmengenziels verzichten muß und somit keinerlei materielle Eigenständigkeit aufweist.

Zum anderen wäre auch die Situation denkbar, daß die Zentralbank zwar eine eigene geldpolitische Zielsetzung formulieren kann, sich aber hierbei nicht an der quantitativen Entwicklung bestimmter Geldaggregate, sondern an

---

[120]Zur quantitativen Bedeutung dieses Argumentes vgl. die kritische Einschätzung von HEIN, S.E., Deficits and Inflation. Federal Reserve Bank of St. Louis Monthly Review, Jg. 63, März 1981, S.5f.

[121]Zur Konkretisierung des Begriffes der "Zentralbankunabhängigkeit" vgl. KING, B./LANEY, L.O./WILLETT, Th.D., Central Bank Independence: An International Comparison. Federal Reserve Bank of Dallas, Economic Review, März 1983, S.3 sowie FAIR, D., The independence of central banks. The Banker, Oktober 1979, S.33ff. Argumente für eine unabhängige Zentralnotenbank liefert CAESAR, R., Die Unabhängigkeit der Notenbank im demokratischen Staat: Argumente und Gegenargumente. Die Zeitschrift für Politik, N.F. Bd. 27 (1980), S.347ff. Einen historischen Überblick über die Stellung von ausgewählten westlichen Zentralbanken vermittelt TONIOLO, B. (Hrsg.), Central Banks's Independence in Historical Perspective. Berlin et al 1988. Vgl. auch die allgemeineren Überlegungen von CAESAR, R., Der Handlungsspielraum von Notenbanken – Theoretische Analyse und internationaler Vergleich. Baden–Baden 1981, S. 56ff.

anderen Indikatoren wie z.B. Zinssätzen, orientiert. Sofern mit der zusätzlichen öffentlichen Kreditnachfrage ein Zinsanstieg verbunden ist und sofern die Mißweisung des hier offensichtlich unangebrachten Indikators "Zins" nicht erkannt wird, dürften in diesem Fall die geldpolitischen Instanzen die Verknappung an Geld- und Kapitalmärkten mit dem expansiven Einsatz der geldpolitischen Instrumente beantworten.[122] Auch in diesem Fall würde die Zentralnotenbank die reale Expansion des öffentlichen Sektors alimentieren und einer Destabilisierung des Binnenpreisniveaus Vorschub leisten.

Der für Industrieländer wohl typische Fall dürfte mit einer zumindest formal mehr oder weniger eigenständigen Zentralbank[123] und einer auch quantitativ formulierten Zielvorgabe gegeben sein. Auch bei dieser Rahmensetzung ist es denkbar, daß die Regierung aus noch zu beschreibenden Motiven heraus Druck auf die geldpolitischen Instanzen ausüben wird, etwa im Zuge expansiver Offenmarktgeschäfte die Finanzierungserfordernisse der öffentlichen Ausgabenüberschüsse mit einer entsprechenden monetären Expansion zu begleiten. Soweit die Zentralnotenbank eine Ankündigung der Geldmengenziele betreibt, ist es wahrscheinlich, daß die Formulierung der Zielvorgabe die (Teil-) Monetisierung der öffentlichen Schuld antizipieren wird, um mittels dieser nicht stabilitätsgerechten Vorgabe die Aufweichung der geldpolitischen Linie zu überdecken.[124]

Eine Regierung, die durch die Finanzierung ihrer Budgetdefizite auf einem der beschriebenen Wege Einfluß auf die monetäre Einwicklung nimmt, muß also eine Gefährdung der Stabilität des Binnenpreisniveaus in Betracht ziehen. Um die Argumentation schlüssig zu machen, ist demnach abschließend zu fragen, aufgrund welcher Motive die fiskalpolitischen Entscheidungsträger diese mögliche Entwicklung in Kauf nehmen bzw. sogar bewußt anstreben werden.

---

[122]Vgl. OECD, Budget Financing..., a.a.O., S.19.

[123]Vgl. Übersichten bei FAIR, D. a.a.O., S.35ff. sowie PARKIN, M., In Search of a Monetary Constitution for the European Communities. In: FRATIANNI,M./ PEETERS, T., (Hrsg.), One Money for Europe, New York 1978, S.187ff. und HODGMAN, D.R., National Monetary Policies and International Monetary Cooperation. Boston 1974, S.4ff.

[124]Vgl. CAESAR, R., Staatsverschuldung..., a.a.O., S. 369.

C.3. Motive einer inflationären Budgetfinanzierung

C.3.1 Nichtfiskalische Motive

Die Frage nach den Motiven einer derartigen Finanzierung ist einfach zu beantworten, wenn der inländische Kapitalmarkt so gering entwickelt ist, daß er die Finanzierungserfordernisse des Staates nicht bzw. nur in unzureichendem Ausmaß befriedigen kann. So entspricht die in vielen Entwicklungs- und Schwellenländern gebräuchliche Einschaltung der Zentralnotenbank in den Vorgang der Staatsverschuldung einfach dieser schlichten Notwendigkeit.[125] Aber auch wenn in entwickelteren Volkswirtschaften der inländische Kapitalmarkt ein ausreichendes Volumen aufweist, wird sich üblicherweise eine zusätzliche Kreditnachfrage des Staates in einem Anstieg der entsprechenden Zinssätze bemerkbar machen. Wie die Theorie des Crowding-Out lehrt, kann diese Zinssteigerung negativ auf die inländische Beschäftigung wirken bzw. die Effizienz eines beschäftigungspolitisch motivierten Fiskalprogramms mindern. So gesehen ist es naheliegend, daß von einer Regierung Druck auf die geldpolitischen Instanzen ausgehen kann, die störenden Zinseffekte durch eine entsprechende Anpassung des monetären Kurses zu begleiten.[126] Da das Motiv für die Geldmengenausdehnung nicht in der Finanzierung öffentlicher Ausgaben, sondern in der Vermeidung unerwünschter "Nebeneffekte" von Budgetdefiziten zu suchen ist, könnte man also von einer "nichtfiskalischen" Motivation der öffentlichen Einflußnahme sprechen. Hier ließe sich einwenden, daß die private und öffentliche Kreditnachfrage in erster Linie den Zins am

---

[125]Für den geldpolitischen Aspekt spielt es dabei im übrigen keine Rolle, ob die öffentliche Verschuldung direkt gegenüber der Zentralnotenbank oder gegenüber dem Ausland stattfindet und im letzteren Fall der Notenbank in dem Umfang zum Umtausch präsentiert wird, in dem Inlandstransaktionen zu finanzieren sind.

[126]Vgl. z.B. KANE, E.J., Politics and the Fed Policymaking – The More Things Change the More they Remain the Same. Journal of Monetary Economics, Bd. 6 (1980), S.199ff., GORDON, R.J., The demand for and the supply of inflation. Journal of Law and Economics, Bd. 18 (1975), S.807ff.; zum Einfluß von politischen Zyklen auf die Zentralbankpolitik vgl. LANEY, L.O./WILLETT, Th. D., Presidential Politics, budget deficits, and monetary policy in the United States 1960–1976. Public Choice, Bd. 40 (1983), S.53ff. Eine komplexe Darstellung der politischen Einflüse auf das Federal Reserve System liefert KANE, E.J., External Pressure and the Operations of the Fed. In: LOMBRA, R.E./WITTE, W.E. (Hrsg.), Political Economy of International and Domestic Relations, Ames, Iowa 1982, S.211ff.

Kapitalmarkt, d.h. den Satz für mittel– bis längerfristige Ausleihungen berühren wird, die Zentralnotenbank mit ihrem Instrumentarium hingegen den Geldmarkt, d.h. das "kurze Ende" des Laufzeitenspektrums beeinflussen kann. Eine Verbindung zwischen beiden Teilmärkten läßt sich jedoch mit der These von der "Geldmarktabhängigkeit der Kapitalmärkte" begründen.[127] So ist es unmittelbar einsichtig, daß das Bankensystem um so bereitwilliger die Kapitalmarktforderungen gegenüber dem Staat übernehmen wird, je leichter auf dem Geldmarkt der Zugang zu Quellen der Refinanzierung zu finden ist. Eine angespannte Liquiditätssituation auf dem Geldmarkt wird umgekehrt die Banken veranlassen, die Refinanzierung ihres Aktivgeschäftes mit privaten Nichtbanken verstärkt auf den längerfristigen Märkten vorzunehmen.[128] Eine zusätzliche staatliche Kreditnachfrage ist dann mit größeren Anspannungen auf den Kapitalmärkten verbunden als – ceteris paribus – bei einer gelockerten Geldpolitik.

C.3.2 Fiskalische Motive

Nicht unmittelbar einsichtig ist hingegen die Argumentation, daß eine Regierung auf einen expansiven geldpolitischen Kurs hinzuwirken versucht, nicht etwa nur unter Inkaufnahme einer inflationären Entwicklung, sondern um ganz direkt von der Geldentwertung zu profitieren. Letztlich geht es darum, durch die bewußte Herbeiführung des Kaufkraftschwundes eine Umverteilung der realen Vermögensbestände und der realen Einkommensströme zu Lasten der Privaten und zu Gunsten der öffentlichen Hand zu bewirken. Eine derartige Verteilungsänderung hätte zur Folge, daß die Ansprüche des Staates an die verfügbaren Ressourcen ansteigen können und somit die Erfüllung der öffentlichen Aufgaben "finanziert" wird. Im Gegensatz zu einer Finanzierung durch Besteuerung oder Kapitalmarktverschuldung vollzieht sich der Ressourcentransfer – so die Argumentation – von der Öffentlichkeit weitgehend unbemerkt und wird somit weniger von politischen

---

[127]Zum Begriff vgl. HÄUSER, K., Die Geldmarktabhängigkeit des deutschen Kapitalmarktes. In: EHRLICHER, W./SIMMERT, D.B. (Hrsg.), Geld– und Währungspolitik in der Bundesrepublik Deutschland. Beihefte zu Kredit und Kapital, Heft 7, Berlin 1982 sowie FUCHS, H., Die Geldmarktabhängigkeit des Kapitalmarktes. Hamburg 1989, insb. S.24ff.

[128]Vgl. FUCHS, H. a.a.O., S. 27.

Widerständen begleitet. BUCHANAN/WAGNER formulieren dies so: "To say that there will be an inflationary bias when governments are allowed to create deficits and to finance these with currency is very elementary common sense. (...) To the extent that money–financed deficits generate price increases, the fiscal policy–shift can be analyzed as the mere substitution of one form of tax for another (...). Among all forms of extracting resources, however, inflation is perhaps the most indirect, and it is the one that probably requires the highest degree of sophisticated unterstanding on the part of the individual."[129]

Die in der Literatur vorzufindenden Argumente für diese Behauptung seien hier kurz angeführt:

C.3.2.1 Erosion der realen Kassenbestände

Ein permanent steigendes Preisniveau, das den realen Wert der Kassenhaltung aushöhlt, wird die Privaten veranlassen, zur Aufrechterhaltung ihrer Transaktionsfähigkeit und ihres Portfoliogleichgewichtes die reale Geldhaltung durch die Aufstockung der nominalen Kassenbestände zu stabilisieren. Ein gegebenes, richtig antizipiertes Inflationsniveau führt also dazu, daß die geldpolitischen Instanzen in jeder Periode einen bestimmten Umfang an zusätzlichem Zentralbankgeld im privaten Sektor unterbringen können, wobei mit der Übernahme der neugeschaffenen Geldbestände gleichzeitig eine Abtretung realer Ressourcen seitens der Privaten an den Staat stattfindet, für die im Gegensatz zur Mittelüberlassung durch Kapitalmarktverschuldung kein Schuldendienst fällig wird. Aufgrund beider Teileffekte wirkt die Inflation wie eine Steuer ("inflation–tax") auf die Kassenbestände der Privaten und ist somit ein Substitut zur Erhebung einer regulären Steuer.[130]

---

[129]BUCHANAN, J.M./WAGNER, R.E., Democracy in Deficit. The Political Legacy of Lord Keynes, New York 1977, S. 110f.

[130]Vgl. CAGAN, Ph., The Monetary Dynamics of Hyper–Inflation. In: FRIEDMAN, M. (Hrsg.), Studies in the Quantity Theory of Money, Chicago 1956, S.77ff; BAILEY, M.J., The Welfare Cost of Inflationary Finance. Journal of Political Economy, Bd. 64 (1956), S.93ff; FRIEDMAN, M., Discussion of the Inflationary Gap. In: Derselbe, Essays in Positive Economics, Chicago 1953; KEYNES, J.M., A Tract on Monetary Reform. London 1924, S.41ff. Vgl. auch die Diskussion bei FRIEDMAN, M., Government Revenue from Inflation. Journal of Political Economy, Bd. 79 (1971), S.846ff; AUERNHEIMER, L., The Honest Government's Guide to Inflationary Finance. Journal of Political Economy, Bd. 82 (1974), S.598ff.

Zum einen läßt sich dieses Argument in einer statischen Weise interpretieren, in dem Sinne, daß die "Inflationssteuer" als Substitut zu einer offenen Steuer bzw. Kapitalmarktverschuldung in der gleichen Periode herangezogen wird. Darüberhinaus ließe sich in einer intertemporalen Sichtweise argumentieren, daß die aktuelle Kapitalmarktverschuldung einen derartigen Umfang annehmen kann, daß der in Zukunft erforderlich werdende Schuldendienst die Möglichkeiten zur zukünftigen Steuererhebung übersteigt. Die öffentliche Hand kann dann ihren Verpflichtungen nur noch nachkommen, wenn sie sich in späteren Perioden der "Inflationssteuer" bedient, wenn also die fiskalischen Erfordernisse über die monetäre Zielsetzung dominiert.[131]

C.3.2.2 Erosion des realen Schuldenstandes

Das soeben beschriebene Argument einer "Inflationssteuer" auf die Kassenhaltung läßt sich analog auf den Stand der öffentlichen Schuld anwenden. Auch hier ergibt sich ein Ressourcentransfer zugunsten des Staates, wenn im Zuge des Inflationsprozesses der reale Wert des Schuldenstandes sinkt (bzw. um weniger als die nominelle Vergleichsgröße steigt) und sich somit die reale Last des nominal fixierten Schuldendienstes reduziert. Dieser, wohl in erster Linie von KEYNES und CLARK[132] formulierte Gedanke setzt natürlich voraus, daß die privaten Zeichner der Staatstitel diese reale Entwertung ihres Vermögens nicht bzw. nicht in vollem Umfang antizipieren und deswegen nicht in ihre Zinsforderungen einbeziehen können, was sich durch die früher üblichen langen Laufzeiten der Staatsforderungen erklären läßt. Bei begrenzten Laufzeiten bietet sich bei jeder Umschuldung der öffentlichen

[131]Zu diesem "fiscal dominance"-Argument vgl. SARGENT, Th. J./WALLACE, N., Some Unpleasant Monetarist Arithmetics. Federal Reserve Bank of Minneapolis Quarterly Review, 1981, S.1ff. und McCALLUM, B.T., Are Bond-financed Deficits Inflationary? A Ricardian Analysis. Journal of Political Economy, Bd. 92 (1984), S.123ff.

[132]KEYNES, J.M., a.a.O., S.63ff.; CLARK, C., Public Finance and Changes in the Value of Money. Economic Journal, Bd. 55 (1945). Man mag auf den ersten Blick einwenden, daß der hier angesprochene Sachverhalt nur eine Wiederholung des unter 3.2.1 beschriebenen Gedankenganges darstellt, da auch hier die Kapitalmarktverschuldung des Staates in der Gegenwart zu einer Beschleunigung der Inflation in der Zukunft führen kann. Der fundamentale Unterschied besteht darin, daß gemäß der Argumentation von KEYNES/CLARK der Staat durch die Inflation de facto die ordnungsgemäße Bedienung seines Schuldenstandes verweigert, während oben argumentiert wurde, daß die öffentliche Hand sich der Geldmengenfinanzierung bedienen muß, um seinen Schuldendienstverpflichtungen gerade nachkommen zu können.

Verbindlichkeiten für die Gläubiger die Gelegenheit, die aktualisierten Erwartungen bezüglich des zukünftigen Realwertschwundes in der Zinsforderung zu berücksichtigen. Eine einmalige Beschleunigung des Inflationstempos reduziert den Anstieg der realen Staatsschuld nur für eine begrenzte Zeit, so daß der fiskalische Entlastungseffekt umso geringer ist, je kürzer die durchschnittliche Restlaufzeit der öffentlichen Verbindlichkeiten ist. Daraus folgt ebenso, daß eine dauerhafte Verbesserung der fiskalischen Position bei begrenzten Laufzeiten der Staatschuldtitel nur durch eine permanente Akzeleration des Inflationstempos zu erreichen ist.[133]

C.3.2.3 Reduktion des Realzinsniveaus

In direkter Fortführung der Argumentation aus Ziffer 3.2.2 ließe sich weiter anführen, daß eine nicht korrekt antizipierte Erhöhung des Preisniveaus (bzw. Beschleunigung des Inflationstempos) nicht nur, wie oben angeführt, die Tilgungskomponente des öffentlichen Schuldendienstes in ihrem realen Wert aushöhlt, sondern, daß auch der Realzins unter das Niveau sinkt, das die Privaten für die Haltung des jeweiligen Bestandes an Staatsschuldtiteln fordern.[134]

Mit FISHER[135] kann argumentiert werden, daß die nominale Verzinsung bei Aufkommen von Inflationserwartungen exakt um den Betrag der zukünftig erwarteten Geldentwertung ansteigen wird. Im Ergebnis ist der Realzins dann auch bei unterschiedlichen Graden an Geldwertstabilität unverändert. Wird

---

[133]Hier stellt sich natürlich sofort die Frage, ob sich die Wirtschaftssubjekte permanent täuschen lassen ober ob sie nicht vielmehr beginnen werden, nicht nur die Inflation sondern auch die Beschleunigung dieser Entwicklung zu antizipieren; vgl. BLANCHARD, O./ DORNBUSCH, R./BUITER, W., Public Debt and Fiscal Responsibility. In: BLANCHARD, O./ DORNBUSCH, R./ LAYARD, R. (Hrsg.), Restoring Europe's Prosperity: Marcoeconomic Papers from the Centre for European Policy Studies. Cambridge, Mass. 1986, S.133.

[134]Zu diesem Effekt der zeitlichen Inkonsistenz der Geldpolitik vgl. CALVO, G., On the Time–Consistency of Optimal Policy in a Monetary Economy. Econometrica, Bd. 46 (1978), S.141ff. CALVO zeigt den genannten Effekt am Beispiel der Kassenhaltung, für die sich eine sinngemäße Überlegung anstellen läßt. Der Unterschied zwischen den in 3.2.2 und 3.2.3 beschriebenen Effekten wird noch deutlicher, wenn man sich vor Augen führt, daß die Antizipation künftiger Realwertverluste am Vermögen einen kompensierenden Anstieg des Realzinses erfordert, ein drohender Realwertverlust an den Zinszahlungen hingegen eines Anstiegs der Nominalzinsen bei einem gegebenen Realzins bedarf.

[135]Vgl. FISHER, I., The Theory of Interest. New York 1930, S. 36ff.

hingegen die tatsächliche Inflationsrate unterschätzt, so sinkt der (ex–post)–Realzins. Diese negative Korrelation von Inflationsrate und Realzins läßt sich zum Teil auch empirisch nachweisen,[136] was ein Beleg dafür sein könnte, daß die Wirtschaftssubjekte systematischen Irrtümern in der Antizipation der Inflationsrate unterliegen und somit, soweit sie Gläubiger der öffentlichen Schuld sind, dem Staat Teile seiner realen Zinslast unfreiwillig erlassen.

Die bis zu diesem Punkt angerissenen Argumente haben gezeigt, daß von der Staatsverschuldung Effekte auf das Binnenpreisniveau ausgehen können, und daß die öffentliche Hand unter Umständen Motive haben kann, die ausgelösten inflationären Entwicklungen zu tolerieren bzw. bewußt in ihr Kalkül zu ziehen. Es ist damit genügend gerechtfertigt, ad hoc einen Zusammenhang zwischen Budgetdefiziten und Preisniveau zu konstruieren und in den in Abschnitt B vorgestellten Modellrahmen zu integrieren.

C.4. Portfoliomodell einer offenen Volkswirtschaft bei flexiblem Preisniveau

C.4.1 Gütermarkt und Leistungsbilanz

Es bietet sich an, auch hier wieder von der Gütermarktidentität auszugehen, die dem monetären Angebot die Summe der monetären Nachfrage nach den Inlandsgütern gegenüberstellt:

$$(1)\ Y = C + G + HB$$

Die Angebotsseite wird durch eine neoklassische, mit den üblichen Eigenschaften versehene Produktionsfunktion repräsentiert. Bei einem gegebenen Kapitalstock hängt die geplante Produktion negativ vom Produzentenreallohn ab. Bezeichnet man mit P das gesamtwirtschaftliche

[136] SUMMERS, L.H., The Non–Adjustment of Nominal Interest Rates. In: Essays in Honar of A. Okun, Washington, D.C., 1983. Zu einem anderen Ergebnis kommen hingegen bspw. FAMA, E.F., Short–Term Interest Rates as Predictors of Inflation. American Economic Review, Bd. 65 (1975), S.269ff. und DWYER, G.P.Jr., Are Expectations of Inflation Rational? Or, is Variation of the Expected Real Rate Unpredictable? Journal of Monetary Economics, Bd. 8 (1981), S.59ff.

Preisniveau, mit P_h den Preis der im Inland hergestellten Güter und mit w den als konstant angenommenen Nominallohn, so ergibt sich das geplante monetäre Angebot als

$$(2)\ Y = \phi\left[\frac{w}{P_h}\right]\cdot P \quad \text{mit } \phi' < 0,\ w = \overline{w}$$

bzw. $$(2a)\ Y_{verf} = (1-t)\phi\left[\frac{w}{P_h}\right].$$

Die Nachfrageseite besteht zum einen aus dem real geplanten Konsum C^r (analog bezeichnet S^r die reale Ersparnis), der nach Maßgabe einer marginalen Konsumqoute c vom realen, verfügbaren Einkommen Y_{verf} abhängig ist und dessen autonomer Bestandteil Ca positiv vom realen Finanzvermögen W/P und negativ vom Zins i abhängt. Es läßt sich also schreiben

$$(3)\ C = C^r\cdot P \qquad \text{mit} \qquad C^r = c\cdot Y_{verf} + Ca\left[\frac{w}{P_h}\right].$$

Die in Einheiten inländischer Währung ausgedrückte Nettoauslandsnachfrage (= Außenbeitrag) HB ergibt sich wie üblich aus der Differenz von Ex– und Importen. Während bei unveränderlichen Preisen im Inland das Preisverhältnis zwischen Importen und Inlandsgütern bzw. Exporten und ausländischen Gütern nur durch den nominalen Wechselkurs e bestimmt wurde, ist es hier notwendig, auf den realen Wechselkurs E abzustellen. Für den hier verwendeten Modellrahmen ergibt sich dieser, wenn der nominale Wechselkurs mit dem Preis der Inlandsgüter deflationiert wird und somit gilt $E = (e/P_h)$.[137] Während die Exportmengen positiv vom realen Wechselkurs abhängen sollen, wird angenommen, daß die Importe bei einer realen

---

[137]Es mag auffallen, daß der reale Wechselkurs dem Kehrwert der Terms of Trade ($P_h/P_a^{\$}\cdot e$) entspricht, wenn man den (in Einheiten fremder Währung ausgedrückten) Preis der ausländischen Güter gleich eins setzt. Im Gegensatz zu der häufig gebrauchten Deflationierung des nominalen Wechselkurses mit den allgemeinen nationalen Preisniveaus stellt die hier verwendete Schreibweise direkt auf das relevante Preisverhältnis zwischen inländischem Angebot und ausländischen Konkurrenzprodukten ab. Dies impliziert, daß Im– und Exportgüter heterogene aber substituierbare Produkte sind und daß von nichtgehandelten Gütern abgesehen wird oder daß diese nicht in Substitutionskonkurrenz zu gehandelten Gütern stehen. (In diesem Abschnitt wird der erste Fall unterstellt.) Diese Annahmen bedeuten eine Einschränkung gegenüber den allgemein gehaltenen Ausführungen des Abschnitts C.1.2.

Abwertung, d.h. bei einem Anstieg von E, zurückgehen. Zusätzlich soll das Importvolumen positiv vom inländischen realen Sozialprodukt abhängen. Normiert man den \$–Preis des Importgutes mit eins, so lautet der Handelsbilanzsaldo in Einheiten inländischer Währung

$$(4)\ HB = Ex\left[\frac{e}{P_h}\right]\cdot P_h - Im\left[\frac{e}{P_h}, \phi(w/P_h)\right]\cdot e$$

$$\text{mit}\quad \frac{\delta Ex}{\delta(e/P_h)}, \frac{\delta Im}{\delta\phi} > 0, \quad \frac{\delta Im}{\delta(e/P_h)} < 0.$$

Nimmt man zusätzlich nominal fixierte öffentliche Realausgaben an und subtrahiert man auf beiden Seiten von Gleichung (1) das nominale Aufkommen direkter Steuern $T = t\phi(w/P_h)\cdot P$, so ergibt sich die Gleichgewichtsbedingung für den Gütermarkt als

$$(5)\quad \left[(1-c)(1-t)\phi\left[\frac{w}{P_h}\right] - Ca\left[\frac{W}{P}, i\right]\right]\cdot P =$$
$$G - t\phi\left[\frac{w}{P_h}\right]\cdot P + Ex\left[\frac{e}{P_h}\right]\cdot P_h - Im\left[\frac{e}{P_h}, \phi\left[\frac{w}{P_h}\right]\right]\cdot e.$$

Gleichung (5) besagt, daß im Gütermarktgleichgewicht die monetäre Ersparnis, d.h. der private, inländische Nettoangebotsüberschuß (linke Seite von (5)) der Summe der monetären Nachfrageüberschüsse des Staates und des Auslandes entsprechen muß. Formal gesehen bestimmt Gleichung (5) den Preis des inländischen (Export–)Gutes. Zusammen mit dem DM–Preis des Importgutes läßt sich somit das gesamtwirtschaftliche Preisniveau als ein Index ermitteln, in den das inländische (ausländische) Gut mit dem Gewicht α $(1-\alpha)$ eingeht; es ergibt sich

$$(6)\ P = \alpha\cdot P_h + (1-\alpha)\cdot e.$$

C.4.2 Finanzmärkte

Der Finanzsektor gleicht bis auf Details den Annahmen des vorangegangenen Abschnittes B. Auch hier wird das simultane Bestandsgleichgewicht der drei Vermögenskomponenten wieder durch die Betrachtung des Marktes für Geld und ausländische Vermögenstitel ermittelt.

Für die Formulierung des Geldmarktgleichgewichtes ist nun zu beachten, daß ein Anstieg des Preisniveaus ohne weitere Anpassungen den realen Wert des Finanzvermögens insgesamt und proportional dazu auch den Realwert der einzelnen Vermögenskomponenten vermindert. Nimmt man an, daß die Privaten die Kassenhaltung nominal planen, so werden sie die reale Aushöhlung ihrer Kassenhaltung ohne Verhaltensänderung hinnehmen. Diese Verhaltensannahme betont die Wertaufbewahrungsfunktion des Geldes, da die gewünschte Kassenhaltung aus dem Portfoliogleichgewicht mit anderen, ebenfalls nominal geplanten Finanzvermögensbeständen heraus bestimmt wird. Dabei kommt es nur auf die Struktur der Vermögenshaltung an, während die absoluten realen Transaktionsmöglichkeiten einer gegebenen nominalen Kassenhaltung keine Rolle spielen. Die allgemein gebräuchlichere Betonung der Transaktionsfunktion des Geldes kommt zu dem genau entgegengesetzten Ergebnis. So wird üblicherweise in diesem Zusammenhang angenommen, daß die Wirtschaftssubjekte ihre Kassenhaltung in realen Größen planen und ihre nominelle Kassenhaltung genau proportional zur Erhöhung des Preisniveaus ausdehnen, mit dem Ziel, die realen Transaktionsmöglichkeiten aufrechtzuerhalten.[138] Um zwischen diesen offensichtlich konkurrierenden Motiven der Kassenhaltung zu vermitteln, soll hier angenommen werden, daß die gewünschte Kasse zwar grundsätzlich als Bruchteil der nominalen Gesamtvermögenshaltung geplant wird, der Anteil der Geldhaltung am Gesamtvermögen aber positiv vom aktuellen Preisniveau abhängt. Ein Anstieg des Preisniveaus vergrößert damit den Anteil der Kassenhaltung am (nominalen und realen) Gesamtvermögen. Es liegt auf der Hand, daß die inflationsinduzierte Umschichtung der Vermögensstruktur zu Lasten der verbleibenden Vermögenskomponenten gehen muß, wobei im folgenden vereinfachend angenommen werden soll, daß ausschließlich die nominale Haltung an Staatsschuldtiteln zurückgeführt wird, wenn die Geldhaltung inflationsbedingt ausgedehnt wird. Die Bestandsnachfrage nach Auslandsforderungen soll vom Einfluß der Preisniveauentwicklung nicht berührt werden.

[138]In beiden beschriebenen Fällen gilt, daß die Portfolioanpassungen, die unter dem Eindruck der Preisniveausteigerung ablaufen, im Rahmen einer Bestandsrestriktion des Vermögens stattfinden. Da somit die Verlagerung zwischen den einzelnen Portfeuilleposten zu einem Nullsummenspiel der nominalen Größen werden muß, wird der Preisniveauanstieg immer – gleich welche der obigen Verhaltensannahmen getroffen wird – zu einem realen Rückgang einiger oder aller Vermögenskomponenten führen; die Frage, wie diese Realvermögenseinbuße auf die einzelnen Vermögensbestandteile verteilt wird, bleibt zunächst unbeantwortet und wird per Annahmensetzung entschieden.

Die relevanten Gleichungen für die Beschreibung der Bestandsgleichgewichte des Finanzsektors lauten somit:

(7) $eF = f(i,i^*,\Pi)\cdot W.$

(8) $M = m(\phi(w/P_h),i,i^*,\Pi,P)\cdot W \quad \text{mit } \frac{\delta m}{\delta P} > 0$

(9) $B = b(\phi(w/P_h),i,i^*,\Pi,P)\cdot W \quad \text{mit } \frac{\delta b}{\delta P} < 0$

(10) $W = M + B + eF$

Das System wird, wie im vorangegangenen Abschnitt, geschlossen durch die Differentialgleichungen, die die Veränderung der Bestandsgrößen über die Zeit beschreiben. Die Erläuterungen des Abschnittes B gelten hier unverändert, so daß gilt:

(11) $\dot{W} = S^r\cdot P = [(1-c)(1-t)\phi(w/P_h) - Ca(W/P,i)]\cdot P = e\dot{F} + \dot{M} + \dot{B}$

(12) $\dot{F} = LB^{\$} = [Ex(e/P_h)\frac{P_h}{e} - Im(\phi(w/P_h),e/P_h)] + i^*F$

(13) $\dot{M} + \dot{B} = G - t\phi(w/P_h)\cdot P$

C.4.3 Ausgangsgleichgewicht

Um die Vergleichbarkeit mit den Ausführungen des vorangegangenen Abschnitts möglichst groß zu halten, soll auch hier wieder das Ausgangsgleichgewicht auf Güter– und Finanzmärkten mittels des bereits zuvor verwendeten graphischen Instrumentariums erläutert werden. Das Gleichgewicht auf dem Geldmarkt läßt sich abbilden, indem man Gleichung (8) total differenziert und für dM, dB, dF, di und di^* gleich Null erhält:

$$\left.\frac{de}{dP_h}\right|_{MM} = -\frac{\frac{\delta m}{\delta P}\,W\alpha - \frac{\delta m}{\delta\phi}\,\phi'\,\frac{w}{P_h^2}\,W}{\frac{\delta m}{\delta P}\,W(1-\alpha) + mF + \frac{\delta m}{\delta\Pi}\,\frac{\delta\Pi}{\delta e}\,W} < 0.$$

Wie in Abb. C/1 gezeigt, muß die Linie des Geldmarktgleichgewichtes (MM) in einem e/P_h–Diagramm einen fallenden Verlauf aufweisen: So erhöht

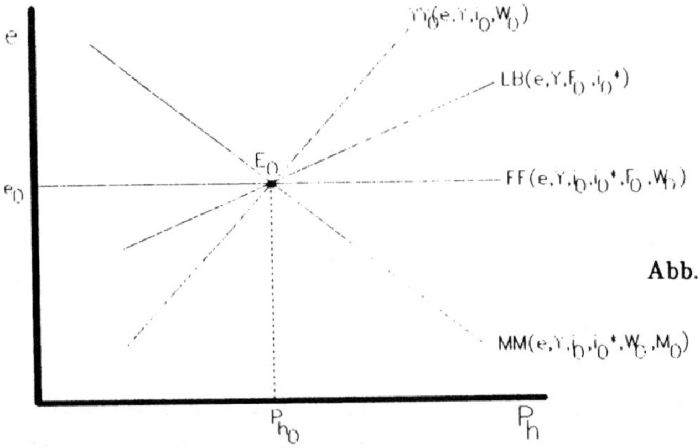

Abb. C/1

ein Anstieg von P_h die Geldnachfrage, weil zum einen der Anstieg des Preises des Inlandsgutes nach Maßgabe des Anteils α auf das heimische Preisniveau einwirkt und dadurch zu einer Umschichtung der inländischen Vermögensteile zugunsten einer erhöhten (nominellen) Kassenhaltung führt. Zum anderen bewirkt der Anstieg von P_h eine Reduktion des Produzentenreallohnes, was wiederum ceteris paribus einen Anstieg des Sozialproduktes und damit einen Anstieg der gewünschten Kassenhaltung induziert. Der entstehende Bestandsnachfrageüberhang am Geldmarkt läßt sich u.U. mittels einer Reduktion des nominellen Wechselkurses e ausgleichen, da auf diese Weise ein dämpfender Einfluß auf das heimische Preisniveau ausgeübt wird und die Aufwertung eine Abwertungserwartung entstehen läßt;[139] beides vermindert die gewünschte Kassenhaltung. Zusätzlich stellt sich bei Vorliegen eines positiven Auslandsvermögens ein negativer Vermögenseffekt ein, der ebenfalls auf die Wiederherstellung des Geldmarktgleichgewichtes hinwirkt.

Das Gleichgewicht am Markt für ausländische Vermögenstitel stellt sich in unveränderter Form dar. Auch im e/P_h–Diagramm verläuft die FF–Linie als Horizontale, weil Variationen von P_h nicht auf den Markt einwirken und somit nur jeweils ein Wert für e mit dem Bestandsgleichgewicht vereinbar ist.

Das Stromgleichgewicht des Gütermarktes erfordert Kombinationen von Wechselkurs und Inlandspreis, die durch die YY–Linie abgebildet werden. In gewohnter Weise erhält man aus Gleichung (5)

---

[139]Der Zusammenhang zwischen Aufwertung und Abwertungserwartung ergibt sich, wie an anderer Stelle beschrieben, wenn vor der Wechselkursänderung der aktuelle Wechselkurs dem langfristig erwarteten Wechselkurs entsprochen hat. Ist der langfristig erwartete Wechselkurs konstant, so ist eine Aufwertung der heimischen Währung zwangsläufig mit der Erwartung einer künftigen Abwertung verbunden.

$$\left.\frac{de}{dP_h}\right|_{YY} = \frac{-(1-c)(1-t)P\phi' \frac{w}{P_h{}^2} + \frac{\delta Ca}{\delta(W/P)} \frac{W}{P}\alpha + [\cdot]\alpha - tP\phi' \frac{w}{P_h{}^2}}{\frac{\delta Ca}{\delta(W/P)} F - \frac{\delta Ca}{\delta(W/P)} \frac{W}{P}(1-\alpha) - [\cdot](1-\alpha) - t\phi \frac{w}{P_h}(1-\alpha)}$$

$$\frac{+ t\phi\alpha - \frac{\delta Ex}{\delta(e/P_h)} \frac{e}{P_h} - Ex\left[\frac{e}{P_h}\right] - \frac{\delta Im}{\delta\phi} e\phi' \cdot \frac{w}{P_h{}^2} - \frac{\delta Im}{\delta(e/P_h)}}{- \frac{\delta Ex}{\delta(e/P_h)} - \frac{\delta Im}{\delta(e/P_h)} \frac{e}{P_h} - Im\left[\frac{e}{P_h}\right]}$$

mit $[\cdot] = (1-c)(1-t)\phi\left[\frac{w}{P_h}\right] - Ca\left[\frac{W}{P}, i\right]$.

Das Vorzeichen des Ausdruckes ist per se nicht eindeutig. So hat ein Anstieg von P_h einen Anstieg des inländischen Sozialproduktes zur Folge, was zu einer Erhöhung der realen Ersparnis (1. Summand im Zähler) und zu einem erhöhten realen Steueraufkommen führt (4. Summand). Die Erhöhung des Preises der Inlandsgüter schlägt auf das Preisniveau durch, so daß zusätzlich (bei gegebenen realen Werten) auch die monetäre Ersparnis (3. Summand) und das nominelle Steueraufkommen (5. Summand) ansteigen werden. Die relative Verteuerung der Inlandsgüter, die aus dem Anstieg von P_h resultiert, macht sich in einem Rückgang der Exporte bzw. in einem Anstieg der Importe bemerkbar (6., 7. und 9. Summand). Diese Absickerverluste mindern die monetäre Gesamtnachfrage im Inland und führen der Tendenz nach zu einer Vergrößerung des Nettoangebotsüberhanges am Gütermarkt. Gleichzeitig führt der durch den Anstieg von P_h ausgelöste Anstieg des Preisniveaus zu einer Reduktion des realen Vermögens, was sich ebenfalls kontraktiv auf die (Konsumgüter–) Nachfrage auswirkt (2. Summand). Zwar steigt gleichzeitig der nominale Wert eines gegebenen Exportvolumens, aber es soll angenommen werden, daß ein Anstieg des Preises der Inlandsgüter per saldo zu einem Nettoangebotsüberhang auf dem Gütermarkt führt.

Dieser Angebotsüberhang erfordert u.U. einen Ausgleich durch einen Anstieg des Wechselkurses. So hat diese Wechselkursänderung einen positiven Vermögenseffekt auf die Güternachfrage (1. Summand im Nenner) und einen expansiven Einfluß auf die reale Nettonachfrage des Auslandes nach heimischen Gütern (5. und 6. Summand). Gleichzeitig bewirkt die Abwertung aber auch einen inflationären Impuls, der die Inlandsnachfrage durch die Reduktion des realen Finanzvermögens (2. Summand), die Erhöhung der monetären Ersparnis (3. Summand) und den Anstieg des nominellen Steueraufkommens (4. Summand) sinken läßt. Darüber hinaus steigt mit der Abwertung der nominale Wert eines gegebenen Importvolumens, was einen entsprechenden Teil inländischer Nachfrage zusätzlich in das Ausland abfließen läßt (7. Summand).

Es sei angenommen, daß eine Abwertung per saldo expansiv auf die Inlandsnachfrage wirkt und somit den Nettoangebotsüberhang abbauen kann; der Nenner des obigen Ausdruckes wird somit positiv und die YY–Kurve verläuft von links unten nach rechts oben.

Auch hier läßt sich das Diagramm durch die Kurve, die eine ausgeglichene Leistungsbilanz anzeigt, vervollständigen. Ausgehend von (12) und nach Multiplikation mit e erhält man für dLB und dF gleich Null den Ausdruck

$$\left.\frac{de}{dP_h}\right|_{LB} = \frac{-\frac{\delta Ex}{\delta(e/P_h)}\frac{e}{P_h} + Ex(e/P_h) + \frac{\delta Im}{\delta\phi}e\phi'(w/P_h^2) + \frac{\delta Im}{\delta(e/P_h)}(e^2/P_h^2)}{\frac{\delta Ex}{\delta(e/P_h)} - \frac{\delta Im}{\delta(e/P_h)}\frac{e}{P_h} - Im(\phi(w/P_h), e/P_h) + 1*F}.$$

Ein Anstieg von P_h verschlechtert die (DM–) Leistungsbilanz durch die ausgelöste Einkommensexpansion (3. Summand im Zähler) und die Verschiebung der relativen Preise (1. und 4. Summand). Die Höherbewertung der Exporte soll annahmegemäß diese Verschlechterung der Leistungsbilanz nicht ausgleichen können. Ein neuerlicher Ausgleich erfordert eine Abwertung der Inlandswährung, da dies zum einen den vorherigen Anstieg des realen Wechselkurses umkehrt (1. und 2. Summand im Nenner) und gleichzeitig die Dienstleistungsbilanz verbessert (4. Summand). Der wechselkursbedingte Anstieg der Ausgaben für ein gegebenes Importvolumen soll auch hier die zuerst genannten Effekte nicht überkompensieren können, so daß die LB–Linie ebenfalls ein positives Steigungsmaß aufweisen muß.[140]

Ausgangspunkt der weiteren Überlegungen ist jeweils das simultane Strom– und Bestandsgleichgewicht E_0.

---

[140]Mit den gleichen Überlegungen wie im Abschnitt B ließe sich auch hier wieder begründen, daß die LB–Kurve einen flacheren Verlauf als die YY–Linie aufweisen muß.

C.4.4 Wirkungen einer bondsfinanzierten Realausgabenerhöhung

C.4.4.1 Kurzfristige Analyse

Die Betrachtung der Wirkungen der fiskalischen Maßnahme erfolgt in der bereits bekannten Aufteilung der Analysezeiträume in eine "kürzere Frist", in der sich – zumindest näherungsweise – keine Bestandsänderungen auf den Finanzmärkten ergeben und in eine "mittlere Frist", die durch die Wechselwirkung zwischen Stromungleichgewichten und Bestandsänderungen im Finanzsektor geprägt ist.

Die analytischen Effekte einer Realausgabenerhöhung ergeben sich aus einem Gleichungssystem, in das die entsprechend umgeformten Gleichgewichtsbedingungen des Gütermarktes (5), des Geldmarktes (8) und des Marktes für ausländische Forderungstitel (7) eingehen; zusätzlich berücksichtigt wurden die Bestimmungsgleichungen für das Preisniveau (6) und das Finanzvermögen (10).[141] Das System lautet:

$$\begin{bmatrix} \Omega_3 & -\frac{\delta f}{\delta i}W & 0 \\ \Omega_4 & \frac{\delta m}{\delta i}W & \Omega_5 \\ \Omega_1 & -\frac{\delta Ca}{\delta i}P & \Omega_2 \end{bmatrix} \begin{bmatrix} de \\ di \\ dP_h \end{bmatrix} = \begin{bmatrix} 0 \\ 0 \\ dG \end{bmatrix}$$

mit

$$\Omega_1 = -\frac{\delta Ca}{\delta(W/P)}F + \frac{\delta Ca}{\delta(W/P)}\frac{W}{P}(1-\alpha) + \left[(1-c)(1-t)\phi\left[\frac{w}{P_h}\right] - Ca\left[\frac{W}{P}, i\right]\right](1-\alpha)$$

$$+ t\phi\left[\frac{w}{P_h}\right](1-\alpha) - \left[\frac{\delta Ex}{\delta(e/P_h)} - \frac{\delta Im}{\delta(e/P_h)}\cdot P_h^{-1}\right] + Im(\phi(w/P_h), e/P_h) \lesseqgtr 0$$

---

[141]Man mag einwenden, daß das System unterdeterminiert sei, weil auf den ersten Blick versucht wird, mittels dreier Gleichungen insgesamt vier endogene Variablen, nämlich e, i, P_h und ϕ zu bestimmen. Der erste Eindruck trügt, da auch die Produktionsfunktion berücksichtigt wurde und in Gleichung (5) mittels der Forderung "Güterangebot = Güternachfrage" eingebunden wurde. Somit stimmt die Zahl der endogenen Variablen und die Anzahl der effektiv verwendeten Gleichungen überein.

$$\Omega_2 = -(1-c)(1-t)P\phi' \frac{w}{P_h^2} + \frac{\delta Ca}{\delta(W/P)} \frac{W}{P} \alpha + \left[(1-c)(1-t)\phi(w/P_h) - Ca\left[\frac{W}{P}, i\right]\right] \cdot \alpha$$

$$- tP\phi' \frac{w}{P_h^2} + t\phi(w/P_h)\alpha + \frac{\delta Ex}{\delta(e/P_h)} \frac{e}{P_h} - Ex(e/P_h)$$

$$- \frac{\delta Im}{\delta\phi} e\phi' \frac{w}{P_h^2} - \frac{\delta Im}{\delta(e/P_h)} \frac{e^2}{P_h^2} \gtreqless 0$$

$$\Omega_3 = (1-f)\, F - \frac{\delta f}{\delta\Pi} \frac{\delta\Pi}{\delta e} W > 0$$

$$\Omega_4 = mF + \frac{\delta m}{\delta\Pi} \frac{\delta\Pi}{\delta e} W + \frac{\delta m}{\delta P} W\,(1-\alpha) > 0$$

$$\Omega_5 = \frac{\delta m}{\delta P} W\alpha - \frac{\delta m}{\delta\phi} \phi' \frac{w}{P_h^2} W > 0.$$

Als Lösungen ergeben sich:

$$\frac{de}{dG} = -\frac{1}{\Delta} \frac{\delta f}{\delta i} W\, \Omega_5 \quad < 0$$

$$\frac{di}{dG} = -\frac{1}{\Delta} \Omega_3\, \Omega_5 \quad > 0$$

$$\frac{dP_h}{dG} = \frac{1}{\Delta} \left[\Omega_3 \frac{\delta m}{\delta i} W + \Omega_4 \frac{\delta f}{\delta i} W\right] \quad > 0$$

$$\text{mit } \Delta = \Omega_3 \left[\frac{\delta m}{\delta i} W\, \Omega_2 + \frac{\delta Ca}{\delta i} P\, \Omega_5\right] + \Omega_4 \frac{\delta f}{\delta i} W\, \Omega_2 - \Omega_1 \frac{\delta f}{\delta i} W\, \Omega_5 \quad < 0$$

$$\frac{d\phi}{dG} = -\phi' \frac{w}{P_h^2} \frac{dP_h}{dG} \quad > 0.$$

Die Ergebnisse lassen sich mit Hilfe der Abb. C/2 interpretieren: Der Anstieg der öffentlichen Realausgaben wird einen Nachfrageüberhang am Gütermarkt bewirken, von dem angenommen werden soll, daß er nur teilweise durch das zinsinduzierte Crowding–Out privater Nachfragekomponenten beseitigt wird. Das verbleibende Gütermarktungleichgewicht ließe sich durch einen Anstieg des Preises der Inlandsgüter und/oder eine Abwertung der heimischen Währung beseitigen, wenn man die Argumentation reproduziert, die der Konstruktion der Abbildung zugrundeliegt. Die YY–Kurve wird sich demnach nach rechts/unten verlagern. An dieser Stelle bietet es sich an, Vergleiche mit den entsprechenden Anmerkungen zum Grundmodell aus

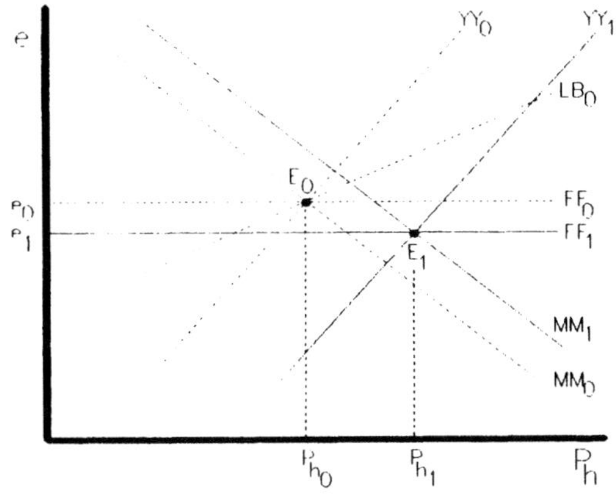

Abb.C/2

Abschnitt B, das mit konstanten Preisen argumentierte, zu ziehen. Während dort die Aufwertung den Nachfrageüberschuß nur über die Verschlechterung der Handelsbilanz und den, bei positivem Auslandsvermögen, kontraktiven Vermögenseffekt abgebaut hat, wirkt hier nun zusätzlich der deflationäre Impuls, der mit der Aufwertung einhergeht. Da der Rückgang des Wechselkurses nach Maßgabe des Anteils $(1-\alpha)$ das Preisniveau sinken läßt, bzw. seiner Steigerung entgegenwirkt, macht sich zum einen ein expansiver Vermögenseffekt bemerkbar. Zum anderen sinken (absolut oder relativ) die nominelle Ersparnis und das nominelle Steueraufkommen. Alle drei Effekte wirken einer Beseitigung des monetären Nachfrageüberhanges entgegen, so daß die zur Wiederherstellung des Gütermarktgleichgewichts nötige nominelle Aufwertung größer als im Referenzmodell ausfallen muß. Graphisch gesehen bedeutet dies, daß sich die YY–Kurve relativ stärker nach unten verlagern muß.

Für den Geldmarkt hat der Anstieg der Zinsen einen Bestandsangebotsüberhang zur Folge, der sich durch einen Wechselkursanstieg und/oder die Erhöhung des Preises der Inlandsgüter ausgleichen ließe. Die MM–Kurve verschiebt sich auch hier wieder nach rechts oben. Verglichen mit dem Grundmodell wird die Abwertung das Geldmarktungleichgewicht aber nicht nur über den positiven Effekt auf das Finanzvermögen und die entstehende Aufwertungserwartung beseitigen, denn zusätzlich schlägt sich der Anstieg der Einfuhrpreise in einem steigenden (bzw. weniger stark sinkenden) Preisniveau nieder, was zu einer zusätzlichen Ausdehnung der gewünschten nominellen Kassenhaltung führen wird. Der notwendige Wechselkursanstieg und entsprechend die Verschiebung der MM–Kurve nach oben fällt also geringer aus als im Grundmodell. Aus den bisherigen Ausführungen ergibt sich, daß der Anstieg der Inlandszinsen zu einem Angebotsüberhang auf dem Markt für ausländische Vermögenstitel führen wird, der durch eine Reduktion des Wechselkurses beseitigt werden kann; die FF–Linie wird sich also nach unten in die Position FF_1 verlagern. Das Ergebnis der kürzeren Frist ist demnach der Übergang vom Punkt E_0 auf das neue temporäre Gleichgewicht E_1.

Es bleibt zu fragen, wie die Gleichgewichtswerte der endogenen Variablen, die sich aus der kurzfristigen Analyse ergeben, durch die Endogenisierung des Preisniveaus berührt werden und welche Modifikationen bezüglich der Leistungsbilanzreaktion hieraus erwachsen. Dazu muß das Augenmerk auf die Entwicklung des Preisniveaus gelenkt werden: Es ist a priori nicht eindeutig, in welche Richtung sich das Preisniveau bewegt, da in der kurzen Frist eine Realausgabenerhöhung zu einem Anstieg des Inlandsgüterpreises und einer gleichzeitigen Aufwertung, d.h. Verbilligung importierter Güter führt. Analytisch ergibt sich die Preisniveauwirkung mit

$$\frac{dP}{dG} = \alpha \cdot \frac{dP_h}{dG} + (1-\alpha) \cdot \frac{de}{dG}$$

$$= \frac{1}{\Delta}\left(\alpha \Omega_3 \frac{\delta m}{\delta i} W + (\alpha \Omega_4 - (1-\alpha)\Omega_5) W \frac{\delta f}{\delta i}\right) \gtreqless 0.$$

Der Ausdruck für dP/dG ist in der Tat in seinem Vorzeichen unbestimmt; man kann aber zumindest ableiten, daß er auf jeden Fall positiv ist (d.h., der Klammerterm einen negativen Wert annehmen wird), wenn gilt

$$(14) \qquad \frac{\alpha}{1-\alpha} > \frac{-\frac{\delta m}{\delta \phi} \phi' \frac{w}{P_h^2} W}{mF + \frac{\delta m}{\delta \Pi} \frac{\delta \Pi}{\delta e} W}.$$

Diese hinreichende Bedingung für einen Anstieg des Preisniveaus ist folgendermaßen zu deuten: Ein Anstieg von P_h und ein Sinken von e im Verhältnis $\alpha/(1-\alpha)$ müßte das Preisniveau gemäß seiner Definitionsgleichung (6) unverändert lassen, wenn die kombinierte Veränderung beider Größen das Bestandsgleichgewicht des Geldmarktes nicht tangiert. Denkbar ist aber die Situation, und dies drückt die Ungleichung aus, daß die P_h–Erhöhung mittels der ausgelösten Realeinkommensteigerung die Geldnachfrage nur um weniger erhöht (Zähler des obigen Ausdruckes, rechte Seite von (14)), als die Senkung des Wechselkurses die Geldnachfrage reduziert (Nenner des Ausdruckes). Der entstehende Angebotsüberhang auf dem Geldmarkt kann nur mittels eines höheren Preisniveaus kompensiert werden. Wollte man "ablauftheoretisch" argumentieren, müßte man von infinitesimalen Änderungen von P_h und e ausgehen. Aufgrund der beschriebenen Einflüsse auf den Geldmarkt, wird sich ein Zinsdruck einstellen, der die stattfindende Aufwertung der heimischen Währung so verzögert, daß die Kombination beider Bewegungen per saldo ein Ansteigen des Preisniveaus und damit die laufende Wiederherstellung des Geldmarktgleichgewichtes bewirkt. Der Umkehrschluß dieser im Grunde quantitätstheoretischen Argumentation ist nicht möglich, da auch bei Nichterfüllung der obigen Bedingung der endgültige Anstieg von P_h den deflationären Einfluß der Aufwertung überkompensieren kann. Bei Erfüllung der Bedingung (14) ist aber sichergestellt, daß in jeder Phase der Entwicklung der Anstieg von P_h das $(1-\alpha)/\alpha$-fache der Aufwertung übersteigt und damit das Preisniveau zwingend steigen muß. Für den Fall, daß es im Endergebnis zu einem Anstieg des Preisniveaus kommt, macht sich die Endogenität des Preisniveaus in einer zusätzlichen Verengung des Geldmarktes bemerkbar, da annahmegemäß der Anstieg des Preisniveaus zu einem zusätzlichen Wunsch nach Kassenhaltung führt. Der Zinsanstieg wird sich demnach ceteris paribus verschärfen, das Zins–crowding–out am Gütermarkt wird sich vergrößern und die nominelle Aufwertung wird stärker ausfallen. Es liegt auf der Hand, daß sich bei einem Sinken des Preisniveaus ein entgegengesetzter Sekundäreffekt einstellen wird.

Die Entwicklung der Leistungsbilanz ist, verglichen mit dem Referenzmodell, qualitativ die gleiche. Auch hier ist die kurze Frist durch einen Anstieg des inländischen Realeinkommens und damit eine Ausdehnung der induzierten Importe charakterisiert. Ebenso ergibt sich wieder eine reale Aufwertung, da der reale Wechselkurs e/P_h eindeutig sinkt. Dennoch ist die mit Sicherheit stattfindende Verschlechterung der Leistungsbilanz quantitativ anders zu beurteilen als im Grundmodell:

- Einerseits verschärft der Anstieg des Preises der Inlandsgüter die aufgrund des Finanzmarktungleichgewichtes ohnehin stattfindende reale Aufwertung der Inlandswährung.
- Der Zinsanstieg und damit die nominelle (und reale) Aufwertung der heimischen Währung wird besonders groß ausfallen, wenn sich im Ergebnis ein Anstieg des gesamtwirtschaftlichen Preisniveaus einstellt.
- Hingegen läßt sich zeigen, daß der Anstieg des Realeinkommens aufgrund des endlich elastischen Güterangebots geringer sein wird als

bei Vorliegen einer horizontalen gesamtwirtschaftlichen Angebotskurve. Ebenso läßt sich zeigen, daß die ausgelöste nominelle Aufwertung in dem hier untersuchten Modellrahmen geringer ausfallen muß. Dies scheint plausibel, da auch die Expansion der einkommensabhängigen Geldnachfrage, die mittels der so ausgelösten Zinssteigerung die Aufwertung bewirkt, nur vergleichsweise geringer sein wird. Aus beiden Gründen heraus müßte die Verschlechterung der Leistungsbilanz nur mäßigen Umfang haben.

So gesehen ist die Modifikation, die das Ergebnis der kurzfristigen Analyse durch die Berücksichtigung des variablen Preisniveaus erfährt, nicht eindeutig zu bestimmen. Im Rahmen einer allgemein gehaltenen Betrachtung und ohne die Simulation eines konkreten Modells müssen sich die Bemerkungen auf Tendenzaussagen beschränken. Nimmt man aber eine relativ geringe marginale Importquote an und geht man von einem insgesamt steigenden Preisniveau aus, so wird das sich kurzfristig einstellende Leistungsbilanzdefizit in dem hier untersuchten Modellrahmen möglicherweise größer ausfallen als im Grundmodell des Abschnittes B.

C.4.4.2 Mittelfristige Strom–Bestandsanalyse

Die mittlere Frist wurde charakterisiert durch die Wechselwirkung zwischen den Ungleichgewichten in den Stromgrößen der Finanzsphäre und den Veränderungen der zugehörigen Bestandsgrößen einerseits und den Bestandsvariationen und den Rückwirkungen auf die endogenen Variablen andererseits. Dabei ist wieder auf die Gesamtwirkung abzustellen, die sich zum einen aus den leistungsbilanzinduzierten Bestandsänderungen, zum anderen aus der Finanzierung der Budgetdefizite ergeben. Auch hier soll zunächst wieder die isolierte Erhöhung der Bondsbestände betrachtet werden, die zwangsläufig ist, wenn die Erhöhung der Realausgaben nicht durch den induzierten Anstieg des nominellen Steueraufkommens finanziert wird, der sich aus der Erhöhung des Realeinkommens und der (möglichen) Preisniveauerhöhung ergibt.

Die Lösungen für die Veränderung der endogenen Variablen liefert das System

$$\begin{bmatrix} \Omega_3 & -\frac{\delta f}{\delta i} W & 0 \\ \Omega_4 & \frac{\delta m}{\delta i} W & \Omega_5 \\ \Omega_1 & -\frac{\delta Ca}{\delta i} P & \Omega_2 \end{bmatrix} \begin{bmatrix} de \\ di \\ dP_h \end{bmatrix} = \begin{bmatrix} f\ dB \\ -m\ dB \\ \frac{\delta Ca}{\delta(W/P)} dB \end{bmatrix}$$

mit den Lösungen

$$\frac{de}{dB} = \frac{f}{\Delta}\left[\frac{\delta m}{\delta i} W \Omega_2 + \frac{\delta Ca}{\delta i} P \Omega_5\right] - \frac{m}{\Delta}\frac{\delta f}{\delta i} W \Omega_2 - \frac{\delta Ca}{\delta(W/P)} \frac{1}{\Delta} \frac{\delta f}{\delta i} W \Omega_5 \gtreqless 0$$

$$\frac{di}{dB} = -\frac{f}{\Delta}\left[\Omega_4 \Omega_2 - \Omega_1 \Omega_5\right] - \frac{m}{\Delta} \Omega_3 \Omega_2 - \frac{\delta Ca}{\delta(W/P)} \frac{1}{\Delta} \Omega_3 \Omega_5 > 0$$

$$\frac{dP_h}{dB} = -\frac{f}{\Delta}\left[\Omega_4 \frac{\delta Ca}{\delta i} P + \Omega_1 \frac{\delta m}{\delta i} W\right] - \frac{m}{\Delta}\left[\Omega_3 \frac{\delta Ca}{\delta i} P - \Omega_1 \frac{\delta f}{\delta i} W\right]$$

$$+ \frac{\delta Ca}{\delta(W/P)} \frac{1}{\Delta}\left[\Omega_3 \frac{\delta m}{\delta i} W + \Omega_4 \frac{\delta f}{\delta i} W\right] \gtreqless 0.$$

Der Anstieg der Bondsbestände in der Hand der Privaten erhöht das Finanzvermögen und führt zu einem Nachfrageüberhang auf dem Geldmarkt, der durch eine Reduktion von P_h bzw. von e beseitigt werden kann. Allerdings wird die notwendige Variation von e und P_h gemindert durch die ebenfalls stattfindende Zinssteigerung, die sich aus der Verengung des Geldmarktes ergibt. Da die Wechselkurssenkung gegenüber dem Grundmodell nun auch einen dämpfenden Einfluß auf die Entwicklung des Preisniveaus hat und auf diesem Weg nun zusätzlich die Geldnachfrage reduziert, wird die vertikale Verlagerung der MM–Kurve ceteris paribus geringer sein, die nötige Senkung des Wechselkurses ist geringer.

Dem expansiven Effekt auf die Güternachfrage, der von der Erhöhung des Vermögens ausgeht, steht der soeben beschriebene Zinsanstieg entgegen. Auch hier soll wieder angenommen werden, daß die expansive Komponente überwiegt, so daß sich die YY–Kurve nach rechts unten verlagern muß. Eine Reduktion des Wechselkurses wird aber nicht nur über die Verschiebung der relativen Preise kontraktiv auf die inländische Gesamtnachfrage wirken. Die ausgelöste Preisniveaureduktion (bzw. die verringerte Inflation) macht sich in der Güternachfrage mit einem expansiven Realvermögenseffekt und mit einem reduzierten Steueraufkommen bemerkbar, so daß eine entsprechend größere nominelle Aufwertung nötig ist, um das Gleichgewicht des Gütermarktes zu restaurieren.

In völliger Analogie zu den Ausführungen des Abschnittes B entsteht auf dem Markt der Auslandsforderungen ein Bestandsangebotsüberhang, wenn wiederum angenommen wird, daß die Auslandsforderungen in den Augen der Inländer relativ engere Substitute zu Inlandsbonds als zu inländischem Geld sind; das Bestandsungleichgewicht kann mittels einer Wechselkursreduktion beseitigt werden.

Es kommt somit durch die isoliert betrachtete Bondserhöhung in jedem Fall zu einer nominellen Aufwertung. Nicht sicher hingegen ist die Reaktion des Preises der Inlandsgüter und entsprechend des inländischen Realeinkommens. Wie die Betrachtung von dP_h/dB zeigt, ist eine Reduktion von P_h um so wahrscheinlicher,

- je größer die Zinsabhängigkeit der Güternachfrage ist,
- je geringer die Vermögensabhängigkeit der Güternachfrage ist,
- je kleiner der Ausdruck Ω_4 ist, d.h., je weniger eine Aufwertung die Geldnachfrage zurückgehen läßt und damit dämpfend auf den Zinsanstieg und expansiv auf die Güternachfrage wirkt.

Für die Leistungsbilanzreaktion ergibt sich hier ein differenzierteres Bild als im Grundmodell: Zum einen läßt sich zeigen, daß die unter den getroffenen Annahmen stattfindende Aufwertung der heimischen Währung geringer als im Vergleichsmodell sein wird. Dies ließe sich mit der Rückkoppelung: Aufwertung → Preisniveaudämpfung → Mindernachfrage nach Geld → Minderanstieg der Zinsen plausibel machen. Hingegen läßt sich nicht allgemein zeigen, in welche Richtung die Einkommenswirkung der Bondserhöhung von der Endogenisierung des Preisniveaus beeinflußt wird: Zum einen wird die Expansion des Realeinkommens durch die nur endliche Angebotselastizität sicherlich für sich genommen gemindert. Zum anderen hat der gegenüber dem Grundmodell reduzierte Umfang der nominalen Aufwertung einen – relativ gesehen – expansiven Impuls, der zu einer vergleichsweise größeren Expansion der realen Produktion beitragen müßte. Während also die Verschlechterung der Leistungsbilanz, die über die nominelle Aufwertung bewirkt wird, geringer ausfallen wird, bleibt die einkommensinduzierte Leistungsbilanzreaktion in ihrer relativen Größe unbestimmt. Die Abbildung C/3 zeigt die geschilderten Vorgänge, wobei unterstellt wird, daß sich im Ergebnis eine Reduktion des realen Sozialproduktes und des Inlandspreises P_h einstellt.

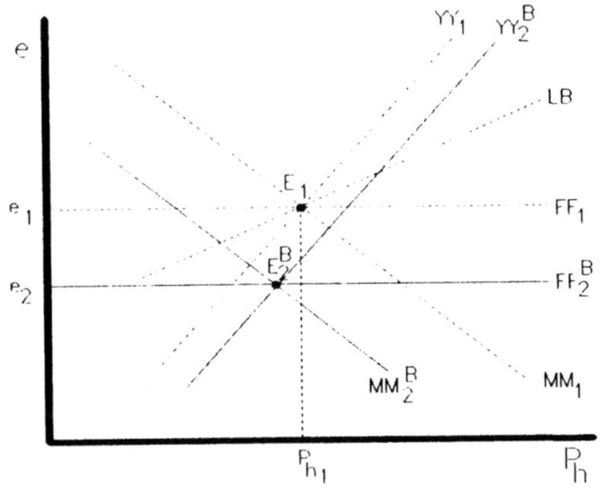

Abb. C/3

Parallel zu diesem Vorgang der staatlichen Verschuldung gegenüber dem Inland verläuft die gesamtwirtschaftliche Verschuldung gegenüber dem Ausland, die in dem Defizit der Leistungsbilanz ihren Niederschlag findet. Die isolierte Reduktion des Bestandes an ausländischem Vermögen F führt über das System

$$\begin{bmatrix} \Omega_3 & -\frac{\delta f}{\delta i} W & 0 \\ \Omega_4 & \frac{\delta m}{\delta i} W & \Omega_5 \\ \Omega_1 & -\frac{\delta Ca}{\delta i} P & \Omega_2 \end{bmatrix} \begin{bmatrix} de \\ di \\ dP_h \end{bmatrix} = \begin{bmatrix} -(1-f)e\, dF \\ -me\, dF \\ \frac{\delta Ca}{\delta(W/P)} e\, dF \end{bmatrix}$$

zu den Lösungen

$$\frac{\delta e}{\delta F} = -\frac{(1-f)e}{\Delta}\left[\frac{\delta m}{\delta i} W \Omega_2 + \frac{\delta Ca}{\delta i} P \Omega_5\right] + \frac{me}{\Delta}\left[-\frac{\delta f}{\delta i} W \Omega_2\right]$$

$$+ \frac{\delta Ca}{\delta(W/P)} \frac{e}{\Delta}\left[-\frac{\delta f}{\delta i} W \Omega_5\right] > 0$$

$$\frac{di}{dF} = \frac{(1-f)e}{\Delta}\left[\Omega_4 \Omega_2 - \Omega_1 \Omega_5\right] - \frac{me}{\Delta} \Omega_3 \Omega_2 + \frac{\delta Ca}{\delta i} \frac{P}{\Delta} \Omega_3 \Omega_5 \gtreqless 0$$

$$\frac{dP_h}{dF} = \frac{(1-f)e}{\Delta}\left[\Omega_4 \frac{\delta Ca}{\delta i} P + \Omega_1 \frac{\delta m}{\delta i} W\right] - \frac{me}{\Delta}\left[\Omega_3 \frac{\delta Ca}{\delta i} P - \Omega_1 \frac{\delta f}{\delta i} W\right]$$

$$+ \frac{\delta Ca}{\delta(W/P)} \frac{e}{\Delta}\left[\Omega_3 \frac{\delta m}{\delta i} W + \Omega_4 \frac{\delta f}{\delta i} W\right] \gtreqless 0.$$

Die Reduktion des Bestandsangebotes an ausländischen Forderungen führt zu einem Nachfrageüberhang auf diesem Markt, der durch einen Anstieg des Wechselkurses beseitigt werden kann. Gleichzeitig muß die Reduktion des Finanzvermögens die Nachfrage nach (verzinslichen und unverzinslichen) inländischen Vermögenstiteln zurückgehen lassen, so daß sich auf beiden Märkten Bestandsangebotsüberhänge einstellen werden. Da die Ungleichgewichte relativ gesehen gleichgroß sind, ist auch hier wieder eine Zinsänderung nur zu erwarten, wenn sich die Relation zwischen den Angebotsüberhängen verändert. Zum einen geschieht dies wieder über den Gütermarkt, wenn die Abwertung der heimischen Währung die kontraktiven Einflüsse des primären Finanzvermögensverlustes ($dF < 0$!) überkompensiert und der resultierende Einkommensanstieg die gewünschte Kassenhaltung relativ zur Bondsnachfrage ansteigen lassen wird. Gegenüber dem Grundmodell ist nun zusätzlich zu beachten, daß die Abwertung das Preisniveau treibt und somit auch auf diesem Weg der primäre Geldangebotsüberhang verringert und ein zinssteigernder Einfluß ausgeübt wird. Somit wird die Zinssteigerung größer und folglich die nominelle Abwertung, die das Bestandsgleichgewicht auf dem Markt der Auslandsforderungen wiederherstellt, geringer als im Referenzmodell sein; in Abb. C/4 verschiebt sich die FF–Linie ebenfalls, aber nur um eine relativ geringere Strecke nach oben.

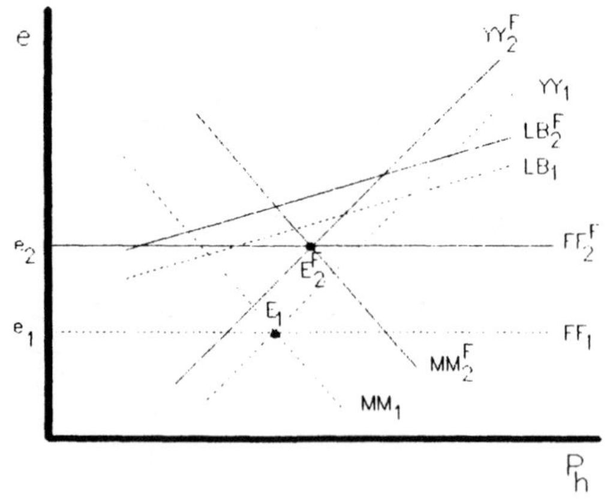

Abb. C/4

Aufgrund der Zinssteigerung im Inland wird also auch hier – mehr noch als im Grundmodell – die Reduktion von F mit einem nur unterproportionalen Anstieg von e beantwortet. Per saldo reduziert sich damit der DM–Wert des Auslandsvermögens, was einen negativen Vermögenseffekt auf die Güternachfrage ausübt. Die vom Geldmarkt hergeleitete Zinssteigerung wirkt ebenfalls kontraktiv, so daß sich die YY–Linie nach rechts oben verlagern muß. Diese Verschiebung muß größer ausfallen als im Vergleichsmodell für ein konstantes Preisniveau, da eine Abwertung neben den bereits bekannten expansiven Effekten auf die Güternachfrage auch einen Anstieg des Preisniveaus und damit eine Reduktion des Realvermögens bewirkt, die kontraktiv auf die Güternachfrage wirkt.

Aus dem bisher Gesagten ergibt sich zwangsläufig, daß aufgrund des Zinsanstieges und der (nominellen) Vermögensreduktion die e/P_h–Kombinationen auf der MM–Kurve nicht mehr mit dem Gleichgewicht des Geldmarktes vereinbar sind. Stattdessen werden jeweils höhere Werte von P_h und/oder e hierfür benötigt, so daß sich die MM–Kurve nach rechts oben verlagern muß. Ein gegebener Anstieg des nominellen Wechselkurses hat nun aber einen vergleichsweise größeren Einfluß auf die Wiederherstellung des Geldmarktgleichgewichtes, da die induzierte Preisniveausteigerung zusätzliche Kassenhaltungswünsche auslöst; die nötige Abwertung fällt somit relativ gering aus.

Im Ergebnis führt die isolierte Bestandsreduktion an Auslandsforderungen zu einer Abwertung der heimischen Währung, die bei Endogenität des Preisniveaus geringer sein wird als bei konstantem gesamtwirtschaftlichem Preisniveau. Ohne die Vorgabe konkreter Parameterwerte läßt sich zwar nicht quantitativ bestimmen, welche zusätzlichen Einflüsse von der Preisänderung auf die endgültige Einkommensveränderung ausgehen. Es ist aber plausibel, daß bei zusätzlicher Berücksichtigung eines variablen Preisniveaus der Einkommensanstieg geringer bzw. die Einkommensreduktion größer ausfallen wird als ohne eine derartige Erweiterung: Zum einen wird der expansive Effekt einer nominellen Abwertung durch die mit einer Einkommmensexpansion verbundenen Preissteigerung am inländischen Gütermarkt zum Teil kompensiert werden. Gleichzeitig reduziert der inflationäre Druck, der von der Abwertung ausgeht und der ceteris paribus zu höheren Zinsen führt, den Umfang der nominellen Abwertung, so daß auch von dieser Seite der expansive Anstoß geringer wird. Schließlich bedeutet eine geringere Abwertung einen größeren Rückgang des (in DM bewerteten) Auslandsvermögens, so daß sich zusätzlich ein, verglichen mit dem

Grundmodell, starker kontraktiver Vermögenseffekt auf die Güternachfrage ergibt.

Für die Leistungsbilanzreaktion infolge eines reduzierten Auslandsvermögens ergibt sich ein folgendermaßen modifiziertes Bild: Unverändert muß sich die Dienstleistungsbilanz aufgrund verringerter Zinseinnahmen aus dem Ausland verschlechtern, was sich in der Verlagerung der LB–Linie nach oben niederschlägt. Geht man insgesamt von einer Erhöhung des Einkommens aus ($d\phi/dF$, $dP_h/dF < 0$), so wird die reale Abwertung nicht nur durch die geringere nominale Wechselkursänderung, sondern auch durch den kompensierenden Anstieg des Preises der Inlandsgüter geschmälert. Gleichzeitig ist die einkommensinduzierte Verschlechterung der Leistungsbilanz vergleichsweise gering. Unter der Annahme, daß die Entwicklung der Außenhandelssalden in 1. Linie von den Preisrelationen bestimmt wird, muß insgesamt eine, verglichen mit dem entsprechenden Ergebnis aus Abschnitt B, ungünstigere Leistungsbilanzentwicklung konstatiert werden.

C.4.5 Wirkungen einer geldmengenfinanzierten Realausgabenerhöhung

Die direkte Alternative zur Finanzierung der vorliegenden Budgetdefizite besteht in der Geldmengenfinanzierung dieser Fehlbeträge.[142] Aufgrund der weitgehenden Analogien zu den entsprechenden Ausführungen des Teils B dieser Arbeit können die Bemerkungen auch hier wieder relativ knapp gehalten werden und sich auf eine vergleichende Diskussion beschränken.

[142]In den hinführenden Bemerkungen zu diesem Abschnitt ist gezeigt worden, auf welchen Wegen die Finanzierungserfordernisse der öffentlichen Hand auf direktem und indirektem Wege die Geldmengenaggregate berühren können. Gegenüber dieser differenzierten Sichtweise muß hier die pauschalierende Definition getroffen werden, daß eine "Geldmengenfinanzierung" immer dann vorliegt, wenn die Finanzierung der öffentlichen Budgetfehlbeträge im Ergebnis die gesamtwirtschaftliche Kassenhaltung erhöhen, d.h., die privaten Portefeuilles liquider gestalten. Somit wäre beispielsweise auch eine Verschuldung gegenüber dem Publikum, die von der Zentralnotenbank nachträglich durch entsprechende Käufe am offenen Markt monetisiert wird, im Sinne dieser Definition eine "Geldmengenfinanzierung".

Analytisch läßt sich eine isolierte Geldmengenerhöhung anhand des folgenden Systems darstellen:

$$\begin{bmatrix} \Omega_3 & -\frac{\delta f}{\delta i} W & 0 \\ \Omega_4 & \frac{\delta m}{\delta i} W & \Omega_5 \\ \Omega_1 & -\frac{\delta Ca}{\delta i} P & \Omega_2 \end{bmatrix} \begin{bmatrix} de \\ di \\ dP_h \end{bmatrix} = \begin{bmatrix} f\, dM \\ (1-m)\, dM \\ \frac{\delta Ca}{\delta (W/P)} dM \end{bmatrix}.$$

Die Lösungen ergeben sich daraus unmittelbar mit

$$\frac{de}{dM} = \frac{f}{\Delta}\left[\frac{\delta m}{\delta i} W\, \Omega_2 + \frac{\delta Ca}{\delta i} P\, \Omega_5\right] + \frac{(1-m)}{\Delta}\frac{\delta f}{\delta i} W\, \Omega_2 - \frac{\delta Ca}{\delta (W/P)}\frac{1}{\Delta}\frac{\delta f}{\delta i} W\, \Omega_5 \gtreqless 0$$

$$\frac{di}{dM} = -\frac{f}{\Delta}\left[\Omega_4\, \Omega_2 - \Omega_1\, \Omega_5\right] + \frac{(1-m)}{\Delta}\Omega_3\, \Omega_2 - \frac{\delta Ca}{\delta (W/P)}\frac{1}{\Delta}\Omega_3\, \Omega_5 \gtreqless 0$$

$$\frac{dP_h}{dM} = -\frac{f}{\Delta}\left[\Omega_4 \frac{\delta Ca}{\delta i} P + \Omega_1 \frac{\delta m}{\delta i} W\right] + \frac{(1-m)}{\Delta}\left[\Omega_3 \frac{\delta Ca}{\delta i} P - \Omega_1 \frac{\delta f}{\delta i} W\right]$$

$$+ \frac{\delta Ca}{\delta (W/P)}\frac{1}{\Delta}\left[\Omega_3 \frac{\delta m}{\delta i} W + \Omega_4 \frac{\delta f}{\delta i} W\right] \gtreqless 0.$$

Die Interpretation der Ergebnisse soll anhand der Abb. C/5 erfolgen:

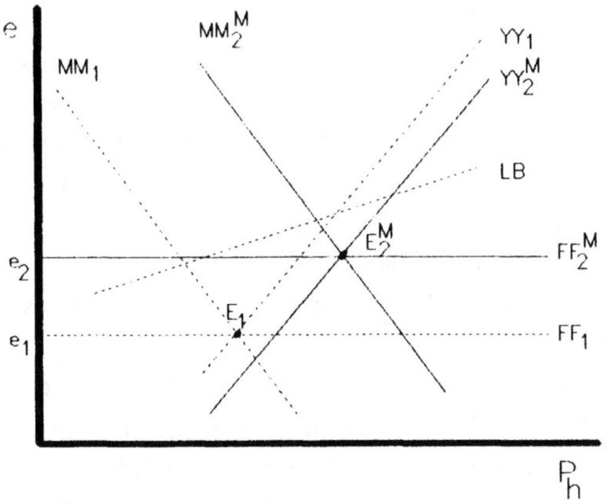

Abb. C/5

Der Angebotsüberhang auf dem Geldmarkt, der durch die staatliche Finanzierungsmaßnahme entsteht, führt zu einer Verlagerung der MM–Kurve nach rechts oben in die Position MM_1^M, wobei das vertikale Ausmaß der Verschiebung durch die Rückwirkung der Abwertung auf das Preisniveau und die Geldnachfrage gemindert wird. Der expansive Vermögenseffekt auf die Güternachfrage kann durch eine Aufwertung der heimischen Währung und/oder eine Erhöhung von P_h kompensiert werden, weshalb sich die YY–Linie nach rechts unten verlagern muß. Da eine Aufwertung sich nun inflationsdämpfend auswirkt und damit zusätzlich zu der Veränderung des Nominalvermögens einen expansiven und damit der Wiederherstellung des Gleichgewichtes entgegenlaufenden Realvermögenseffekt auslöst, bedarf es in diesem Zusammenhang einer besonders umfangreichen Aufwertung. Die Verlagerung der YY–Kurve nach oben muß deshalb ceteris paribus besonders groß ausfallen. Ebenso wie im Grundmodell bewirkt der vermögensinduziert entstehende Nachfrageüberhang nach Auslandstiteln eine Verschiebung der FF–Kurve nach oben. Gleichzeitig wird das zusätzliche Bestandsangebot an Geld zu einer Zinssenkung führen, sofern dem nicht ein kompensierender Anstieg der Geldnachfrage aufgrund des möglicherweise steigenden Einkommens sowie eines potentiellen Preisniveauanstiegs entgegenstehen. Kommt es also letztlich zu einer Zinssenkung, so wirkt diese der beschriebenen Verlagerung der MM–Kurve entgegen und begünstigt die Verschiebung der beiden anderen Gleichgewichtslinien.

Das endgültige Ergebnis der isolierten Bestandsänderung besteht zum einen in einer möglichen Ausdehnung der heimischen Produktion (und des Anstieges von P_h), was um so wahrscheinlicher eintreten wird,

- je größer die Zinsabhängigkeit der Geldnachfrage ist, d.h., je geringer die zur Wiederherstellung des Geldmarktgleichgewichtes nötige Zinssenkung ist, da dies ceteris paribus eine geringere Abwertung bewirkt. Die zur Restauration des Geldmarktgleichgewichtes nötige (relative oder absolute) Preisniveauerhöhung kann dann nur durch eine entsprechend umfangreiche P_h–Erhöhung erfolgen;
- je größer (betragsmäßig) die Zinsabhängigkeit der Güternachfrage ist, da dann durch gegebene Zinssenkungen relativ große Einkommensexpansionen ausgelöst werden und das vermehrte Geldangebot durch verminderte Zinssenkungen und damit Abwertungen bzw. umfangreichere Steigerungen von P_h absorbiert werden kann;
- je kleiner Ω_4 ist, da dann Abwertungen in nur geringerem Umfang in der Lage sind, das Geldmarktungleichgewicht abzubauen. Die ausgelöste

Zinssenkung und damit Abwertung und die P_h–Steigerung muß dann besonders groß sein;

- je größer der betragsmäßige Wert für Ω_1 ist. In diesem Fall reduziert eine gegebene Abwertung den Nettoangebotsüberschuß auf dem Gütermarkt in besonders großem Umfang, so daß eine besonders hohe P_h–Steigerung zur Wiederherstellung des Gütermarktgleichgewichts nötig ist.

Weiterhin wird die Geldmengenerhöhung um so eher eine nominelle Abwertung der Inlandswährung zur Folge haben,

- je geringer die Vermögenselastizität der Güternachfrage ist, d.h., je geringer die expansiven (und damit zinstreibenden) Sekundäreffekte einer Abwertung auf die Güternachfrage sind;
- je größer Ω_2 ist, d.h., je stärker eine Erhöhung von P_h den Angebotsüberschuß auf dem Gütermarkt erhöht und somit der Tendenz nach einer Zinssenkung Vorschub leistet.

Es ist sicherlich plausibel, auch hier wieder eine Abwertung in Reaktion auf die Geldmengenausdehnung anzunehmen, wobei sich zeigen läßt, daß die nominale Wechselkursänderung ein geringeres Ausmaß als im vergleichbaren Modell für ein festes Preisniveau hat.

Faßt man nun diese Ergebnisse zusammen, so ergibt sich für die Reaktion der Leistungsbilanz das folgende Bild: Der an sich schon verringerten nominalen Abwertung der heimischen Währung steht ein potentieller, aber doch wahrscheinlicher Anstieg von P_h gegenüber. Wie ein Blick auf die Abb. C/5 zeigt, kann der reale Wechselkurs E (= e/P_h) steigen, fallen oder konstant bleiben. Der Anstieg des Realeinkommens ist, wiederum verglichen mit dem Referenzmodell, weniger ausgeprägt, da die abwertungsbedingten Expansionsimpulse geringer ausfallen und von dem zwangsläufigen P_h–Anstieg kontraktive Effekte auf das Realvermögen, die gewünschte Kassenhaltung und den realen Wechselkurs ausgehen. Nimmt man an, daß die Höhe des realen Wechselkurses gegenüber der Einkommenshöhe den dominanten Einfluß auf die Leistungsbilanz ausübt, so dürfte die isolierte Geldmengenerhöhung in dem hier vorgestellten Modellzusammenhang eine vergleichsweise ungünstigere Leistungsbilanzentwicklung zur Folge haben.

C.4.6 Zusammenfassung des Zwischenergebnisses

Auch hier wäre es wieder möglich, die Dynamik der Strom–Bestandsveränderungen mit dem bereits bekannten Instrumentarium darzustellen, was aber in weiten Teilen eine Reproduktion der entsprechenden Ausführungen vorangegangener Abschnitte bedeuten würde. Ohnehin lassen sich ohne die exakte Kenntnis bzw. Vorgabe der Parameterwerte nur Tendenzaussagen bezüglich der dynamischen Stabilitätseigenschaften machen. Stattdessen soll an dieser Stelle kurz zusammengefaßt werden, in welcher Weise die mittelfristige Dynamik durch die Einbeziehung variabler Preise berührt wird, wobei als Vergleichsmaßstab die jeweiligen Ergebnisse des Grundmodells aus Abschnitt B herangezogen werden.

C.4.6.1 Implikationen für den Budgetausgleich

Für die Entwicklung des Budgetdefizites (Gleichung (13)) gilt die lineare Approximation

$$\text{(13a)}\qquad \dot{M} + \dot{B} = -t\phi \frac{dP}{dM}(M^*-M) - t\phi \frac{dP}{dB}(B^*-B) - t\phi \frac{dP}{dF}(F^*-F)$$

$$- tP \frac{dY}{dM}(M^*-M) - tP \frac{dY}{dB}(B^*-B) - tP \frac{dY}{dB}(F^*-F).$$

Die Gleichung (13a) sagt aus, daß der öffentliche Finanzierungsbedarf ($\dot{M} + \dot{B}$) in der mittleren Frist gegen Null geht, wenn die Variation der finanzwirtschaftlichen Bestandsgrößen M und F bzw. B und F ein nominales Steuermehraufkommen induzieren, das ausreicht, den primären Anstieg der öffentlichen Ausgaben zu finanzieren. Dabei ist zum einen der zusammengefaßte Effekt der Bestandsänderungen auf das Realeinkommen von Bedeutung (Summanden 4–6). Zum anderen ist nun auch die Preisniveauwirkung der Leistungsbilanz– und Budgetsalden zu beachten, die ebenfalls das nominale Steueraufkommen beeinflußt (Summanden 1–3). Solange nicht sämtliche Realausgabenkomponenten in realen Größen fixiert sind, wird ein Anstieg des Preisniveaus das nominale Budgetdefizit verringern.

Vor diesem Hintergrund hat gerade die Geldmengenfinanzierung die vergleichsweise größten Aussichten, einen mittelfristigen Ausgleich des Budgets herbeizuführen: So ist zum einen die ausgelöste Realeinkommensexpansion bei einer Geldmengenfinanzierung der Budgetdefizite am umfangreichsten bzw. im

Nebeneinander der budgetinduzierten und der leistungsbilanzinduzierten Bestandsvariation am wahrscheinlichsten. Dies war auch im Vergleichsmodell für ein festes Preisniveau zu konstatieren. Zusätzlich wird diese Finanzierungsform mit großer Wahrscheinlichkeit einen Anstieg des Binnenpreisniveaus herbeiführen, der wie beschrieben zur Konsolidierung der Haushaltslücke beiträgt. Man wird gegen diese Hoffnung sofort einwenden müssen, daß in der Realität ein großer Teil der öffentlichen Ausgaben in realen Größen geplant ist. Überdies werden die Anbieter der Produktionsfaktoren, die sich der Staat bei seiner Leistungserstellung zunutze macht, nicht frei von Geldillusion sein und beispielsweise indexierte Lohnforderungen stellen oder erwartete Preisniveausteigerungen in die Nominalzinsforderungen einrechnen.[143] So gesehen kann ein Anstieg des gesamtwirtschaftlichen Preisniveaus natürlich nicht die realen Ausgaben und damit das reale Budgetdefizit verringern. Gleichzeitig ist gelegentlich zu beobachten, daß auf der Einnahmeseite nur eine zum Anstieg des Preisniveaus unterproportionale Erhöhung des nominalen Steueraufkommens zu verzeichnen ist. Dies gilt nur selten für Industrieländer, deren Steuersystem i.d.R. in großem Umfang auf direkte und progressive Steuerarten und Umsatzsteuern zurückgreift, welche dem Gesamtsteuersystem eine relativ hohe Aufkommenselastizität in bezug auf das Preisniveau verleihen. Anders ist die Situation zu beurteilen, wenn spezifische, d.h. auf die Mengeneinheit bezogene indirekte Steuern erhoben werden und insgesamt lange Erhebungslags vorliegen.[144] Eine Geldentwertung zwischen den Neufest–setzungen der spezifischen Steuersätze bzw. zwischen Festsetzung und Einziehung der Steuerschuld muß den realen Wert des Steueraufkommens mindern. Berücksichtigt man auch diesen Effekt, so ist es – im Gegensatz zu der einfachen Formulierung des hier entwickelten Modells – denkbar, daß eine durch die Finanzierung der Haushalts– und Leistungsbilanzfehlbeträge ausge–

---

[143]Zu den Möglichkeiten, einzelne Ausgabenarten an die Preissteigerungen anzupassen vgl. HELLER, P.S., Impact of Inflation on Fiscal Policy in Developing Countries. IMF Staff Papers, Bd. 27 (1980), S.718ff.

[144]Vgl. TANZI, V., Inflation, Lags in Colletion, and the Real Value of Tax Revenue. IMF Staff Papers, Bd. 24 (1977), S.154ff und AGHEVLI, B.B./KHAN, M.S., Inflationary Finance and the Dynamics of Inflation: Indonesia, 1951–1972. American Economic Review, Bd. 67 (1977), S.390ff.; AGHEVLI, B.B./KHAN, M.S./TANZI, V., Inflation, Real Tax Revenue and the Case for Inflationary Finance: Theory with an Application for Argentina. IMF Staff Papers, Bd. 25 (1978), S.423ff. TANZI argumentiert, daß der Verlust an realem Steueraufkommen, der bei positiven Inflationsraten auftreten kann, die fiskalischen Vorteile aus der beschriebenen "Inflationssteuer" überkompensieren kann, so daß eine höhere Rate der Geldentwertung die Gesamteinnahmenlage der öffentlichen Hand u.U. verschlechtern wird.

löste Preisniveausteigerung nicht zu einem beschleunigten Budgetausgleich beiträgt, sondern im Gegenteil diesem entgegenwirkt.

Ein anderes Gegenargument ergibt sich, wenn man für die Entwicklung der Staatseinnahmen und der Staatsausgaben unterschiedliche Preisindices zugrundelegt. So impliziert die Formulierung

$$\text{(13b)} \qquad \dot{M} + \dot{B} = P \cdot G^r + P \cdot t\phi(w/P_h),$$

daß die öffentlichen, real geplanten Transformationsausgaben (G^r) die gleiche Struktur wie die private Gesamtnachfrage aufweisen, Private und öffentliche Hand gewissermaßen den gleichen "Warenkorb" nachfragen. Dies dürfte in der Realität kaum der Fall sein. Dieser Gedanke soll im folgenden kurz illustriert werden: Dazu sei angenommen, daß der Staat ein Ausgabevolumen (G^r) tätigt, das sich real, gemessen in Einheiten des inländischen Gutes, auf

$$\text{(14)} \qquad G^r = G^r{}_h + \frac{e}{P_h} G^r{}_f$$

beläuft, wobei sich das gesamte Transformationsausgabevolumen aufteilt auf heimische Güterkäufe ($G^r{}_h$) und Ausgaben für importierte Güter ($G^r{}_f$). Aus (14) ergibt sich sofort

$$1 = \frac{G^r{}_h}{G^r} + \frac{e}{P_h}\frac{G^r{}_f}{G^r} = \gamma + (1-\gamma).$$

γ $(1-\gamma)$ bezeichnet den Anteil der heimischen (ausländischen) Güter an den Ausgaben des Staates. Schreibt man (14) in nominalen Größen und benutzt P^{st} als Preisindex der staatlichen Ausgaben, so ergibt sich

$$\text{(14b)} \qquad G^r \cdot P^{st} = G^r{}_h \cdot P_h + \frac{e}{P_h} G^r{}_f \cdot e$$

$$\text{bzw.} \qquad P^{st} = \gamma P_h + (1-\gamma)e.$$

Auf dieser Grundlage muß die Gleichgewichtsbedingung für den Gütermarkt nun geschrieben werden als:

(5b)

$$\left[(1-c)(1-t)\phi\left[\frac{w}{P_h}\right] - Ca\left[\frac{W}{P}, i\right]\right] \cdot P = \gamma G^r \cdot P_h - t\phi\left[\frac{w}{P_h}\right] + Ex \cdot P_h - Im\left[\frac{e}{P_h}, \phi\left[\frac{w}{P_h}\right]\right] \cdot e,$$

was aussagt, daß jetzt die öffentlichen Realausgaben nur nach Maßgabe des Anteils γ und bewertet mit dem Preis der Inlandsgüter zur Inlandsnachfrage beitragen. Ebenso modifiziert sich die Bestimmungsgleichung für den Handelsbilanzsaldo, die nun lauten muß:

$$(4b) \qquad HB = Ex\left[\frac{e}{P_h}\right] \cdot P_h - Im^{priv}\left[\frac{e}{P_h}, \phi\left[\frac{w}{P_h}\right]\right]e - (1-\gamma)G^{r}e.$$

In Gleichung (4b) wird nunmehr zwischen den privaten Importen Im^{priv} und den öffentlichen Auslandskäufen $G^{r}{}_{f}$ unterschieden.

Schließlich muß die Definitionsgleichung für das öffentliche Budgetdefizit umgeschrieben werden zu

$$(13c) \qquad \dot{B} + \dot{M} = G^{r} \cdot (\gamma P_h + (1-\gamma)e) - t\phi\left[\frac{w}{P_h}\right] \cdot P.$$

Nimmt man nun in dem so modifizierten Modell an, daß der Staat ausschließlich Importgüter nachfragt (d.h. $\gamma = 0$), so ergibt sich insbesondere für die mittlere Frist eine interessante Modifikation der relativen Eigenschaften der Finanzierungsalternativen: Direkt nach der Ausgabenerhöhung (d.h. in der "kürzeren Frist") bleibt der inländische Gütermarkt ungestört, da sich die gesamte zusätzliche Staatsnachfrage auf das ausländische Güterangebot richtet. Gleichung (5b) zeigt dies unmittelbar. Die Handelsbilanz verschlechtert sich ohne weitere Rückwirkungen in vollem Umfang der fiskalischen Maßnahme, so daß auch hier wieder das Ergebnis der kurzen Frist in einem Defizit sowohl des Staatsbudgets als auch der Leistungsbilanz liegt. Für den weiteren Ablauf ist es nun nicht mehr zwingend, daß eine Finanzierung der Budgetdefizite durch eine Ausweitung der Geldmenge zu einer gegenüber der Bondsfinanzierung beschleunigten Budgetkonsolidierung führen wird. Vielmehr wird die bei dieser Finanzierungsart verstärkt auftretende nominelle Abwertung der Inlandswährung und der damit verbundene Anstieg des Preisniveaus der Staatsausgaben einer Reduktion der Haushaltslücke entgegegenstehen. Es läßt sich nicht ausschließen, daß in dieser Situation der relativ zur Bondsfinanzierung verstärkte Anstieg der nominalen Staatsausgaben das ebenfalls vergrößerte nominale Steueraufkommen überkompensiert und die Geldfinanzierungsalternative den mittelfristigen Budgetausgleich – im Gegensatz zu den oben formulierten Vermutungen – unwahrscheinlicher werden läßt.

Die genannte These ist also um so fragwürdiger, je stärker die Ausgaben der öffentlichen Hand vom Verlust des Außenwertes der heimischen Währung betroffen sind, je geringer die Angebotselastizität am heimischen Gütermarkt und je größer die Substitutionselastizität zwischen in – und ausländischen Vermögenstiteln ist, d.h. je größer die im Endeffekt ausgelöste nominelle Abwertung der heimischen Währung ausfällt.

C.4.6.2 Implikationen für den Leistungsbilanzausgleich

Für die Entwicklung der Leistungsbilanz, ausgedrückt in Einheiten ausländischer Währung, läßt sich die Approximation schreiben

$$(12b) \qquad LB^{\$} = \left[\Omega_6 \frac{de}{dB} + \Omega_7 \frac{dP_h}{dB}\right]\left[B^* - B\right] + \left[\Omega_6 \frac{de}{dM} + \Omega_7 \frac{dP_h}{dM}\right]\left[M^* - M\right]$$

$$+ \left[\Omega_6 \frac{de}{dF} + \Omega_7 \frac{dP_h}{dM} + i^*\right]\left[F^* - F\right]$$

$$\text{mit} \quad \Omega_6 = \frac{\delta Ex}{\delta(e/P_h)} \frac{1}{e} - Ex\left[\frac{e}{P_h}\right] \frac{P_h}{e^2} - \frac{\delta Im}{\delta(e/P_h)} \frac{1}{P_h} > 0$$

$$\Omega_7 = -\frac{\delta Ex}{\delta(e/P_h)} \frac{1}{P_h} + Ex\left[\frac{e}{P_h}\right] \frac{1}{e} + \frac{\delta Im}{\delta \phi} \phi' \frac{w}{P_h^2} + \frac{\delta Im}{\delta(1/P_h)} \frac{e}{P_h^2} < 0.$$

Die Gleichung (12b) beschreibt die Entwicklung des Leistungsbilanzsaldos in Abhängigkeit von den finanziellen Bestandsgrößen. Von einer Reduktion des Bestandes an Auslandsvermögen ist ein Beitrag zur Rückführung des Leistungsbilanzdefizites zu erwarten, wenn der Ausdruck $\left[\Omega_6 \frac{de}{dF} + \Omega_7 \frac{dP_h}{dF} + i^*\right]$ negativ ist. Ökonomisch bedeutet dies, daß die nominelle Abwertung, die mit dem Verlust an Auslandsvermögen unweigerlich verbunden ist, umfangreich genug ist, um die Verschlechterung der Dienstleistungsbilanz und die leistungsbilanzverschlechternden Effekte einer P_h–Erhöhung zu überkompensieren: Wie bereits erläutert, sind die Chancen für eine günstige Leistungsbilanzentwicklung hier unter bestimmten Annahmen geringer als im Vergleichsmodell mit festem inländischen Preisniveau.

Interessanter ist die Betrachtung der Einflüsse auf die Leistungsbilanzentwicklung, die von den alternativen Budgetfinanzierungen ausgeht. Dabei zeigt sich, daß der relative Vorteil einer Geldmengenfinanzierung in bezug auf die Wiedererlangung des Leistungsbilanzausgleichs, den die Ergebnisse des Abschnittes B suggerieren, hier in nur stark relativierter Form bestehen bleiben kann.

So konnte gezeigt werden, daß die Geldmengenausdehnung zu einer nur verringerten nominalen Abwertung führt, deren Wirkung auf den realen

Wechselkurs u.U. durch einen Anstieg des Preises der Inlandsgüter teilweise oder ganz kompensiert wird. Umgekehrt ließ sich zeigen, daß die Erhöhung des Bondbestandes nun zu einer verringerten nominalen Aufwertung führen muß, die möglicherweise durch eine Reduktion des Inlandspreises P_h in ihrer Wirkung auf den realen Wechselkurs eine teilweise Kompensation erfährt. Hier wird zumindest der Tendenz nach erkennbar, daß bei einer Berücksichtigung von Preisänderungen die relativen Unterschiede alternativer Finanzierungsformen auf den realen Wechselkurs und damit auf die Leistungsbilanz weniger drastisch ausfallen.

Zumindest theoretisch wäre es denkbar, daß bei beiden Finanzierungsformen die nominelle Wechselkursänderung durch entsprechende proportionale Änderungen des Preises der Inlandsgüter derart kompensiert wird, daß der reale Wechselkurs e/P_h in beiden Fällen unverändert bleibt. In diesem Gedankenexperiment wird die jeweilige Leistungsbilanzentwicklung ausschließlich durch die Veränderung der einkommensinduzierten Importe bestimmt. Aufgrund der weiter oben ausgeführten Gedankengänge dürfte sich bei einer Finanzierung der Budgetdefizite durch Bondemission eine im Vergleich mit der Geldmengenfinanzierung weniger expansive Entwicklung des heimischen Sozialproduktes und damit eine vergleichsweise günstigere Leistungsbilanzentwicklung ergeben; dies würde das Ergebnis des Abschnittes B in sein Gegenteil verkehren.

C.4.6.3 Empirische Überprüfung

Die Aufmerksamkeit, die in diesem Abschnitt einer möglichen Verknüpfung von Budgetdefiziten und Geldwertstabilität gewidmet wurde, ist nur dann gerechtfertigt, wenn auch die praktische Bedeutung dieses bislang nur theoretisch betrachteten Argumentes nachweisbar ist. Um einen Eindruck von der praktischen Relevanz dieser Kausalkette zu vermitteln, wird im folgenden ein kurzer Überblick über die empirische Literatur gegeben. Dabei läßt sich die gesichtete Literatur grob unterteilen in solche Arbeiten, die die Entwicklung der Geldmengenaggregate von fiskalischen Parametern und, im Länderquerschnitt, von der Stellung der Zentralnotenbank abhängig machen und solchen, die direkt das Inflationsniveau in Beziehung zu fiskalischen Größen setzen.

a) Geldmenge und Budgetdefizit

Der unverzögerte Zusammenhang zwischen einem wie auch immer abgegrenzten Geldaggregat und dem Budgetdefizit wird vergleichsweise häufig betrachtet. So kommen BARRO, KING/PLOSSER und JOINES speziell für die USA zu einer Ablehung dieser Vermutung, LEVY und INFANTE/STEIN hingegen zum gegenteiligen Ergebnis.[145] Die gleichen Untersuchungen wurden auch für andere Industrieländer angestellt und auch hier ist das Ergebnis nicht eindeutig. Für unterschiedlich zusammengesetzte Ländergruppen kommen PROTOPAPADAKIS/SIEGEL, KING/PLOSSER, BARNHART/DARRAT, GORDON und PARKIN unabhängig zu dem Ergebnis, daß das jeweilige nationale Budgetdefizit nicht signifikant mit der Geldmengenentwicklung korreliert ist.[146] Zu einem weniger klaren, aber der Tendenz nach ähnlichen Ergebnis kommen WILLETT/ LANEY für Großbritannien und Italien.[147]

Neben dieser "statischen" Sichtweise läßt sich der Zusammenhang zwischen Budgetdefiziten und Geldmenge aus den beschriebenen Gründen auch

---

[145]Vgl. BARRO, R.J., Comment from an unreconstructed Ricardian. Journal of Monetary Economics, Bd. 4 (1978), S.577ff., KING, R.G./PLOSSER, C.J., Money, Deficits and Inflation. Carnegie–Rochester Conference Series on Public Policy, Bd. 22 (1985), S.174ff., JOINES, D. H., Deficits and Money Growth in the Unites States 1872–1983. Journal of Monetary Economics, Bd. 16 (1985), S.343f., LEVY, M.D., Factors Affecting Monetary Policy in an Era of Inflation. Journal of Monetary Economics, Bd. 8 (1981), S.363, INFANTE, E.F./STEIN, J.C., Money–financed Fiscal Policy in a Growing Economy. Journal of Political Economy, Bd. 88 (1980), S.265, Fußnote 9.

[146]Vgl. PROTOPAPADAKIS, A.A./SIEGEL, J.J., Are Money Growth and Inflation Related to Government Deficits? Evidence from Ten Industrialized Economies. Journal of International Money and Finance, Bd. 6 (1987), S.41f., KING, R.G./PLOSSER, C.J., a.a.O., S.184ff. KING/PLOSSER sehen nur für Italien eine positive Korrelation, nicht aber für andere Staaten, die ein den italienischen Verhältnissen gleichwertiges Verhältnis zwischen Finanzministerium und Zentralnotenbank aufweisen. BARNHART, S.W./ DARRAT, A.F., Budget Deficits, Money Growth and Causality: Further OECD Evidence. Journal of International Money and Finance, Bd. 7 (1988), S.234ff. BARNHART/DARRAT weichen insofern von den anderen erwähnten Ansätzen ab, als über die reine Korrelation hinaus nach einer kausalen Beziehung zwischen Budgetdefiziten und Geldmengenwachstum gefragt wird. GORDON R.J., World Inflation and the Sources of Monetary Accommodation: A Study of Eight Countries. Brookings Papers on Economic Activity, 1977, S.431ff.; PARKIN, M., a.a.O., S.189. PARKIN sieht hier nur in Japan, Kanada und den USA einen derartigen Zusammenhang; einen inversen Zusammenhang will er für die Bundesrepublik erkennen. PARKIN, M., Domestic Monetary Institutions and Deficits. In: BUCHANAN, J.M./ROWLEY, Ch.K./TOLLISON, R.D. (Hrsg.), Deficits. Oxford, New York 1986, S.324 ff.

[147]WILLETT, Th. D./LANEY, L.O., Monetarism, Budget Deficits, and Wage Push: The Cases of Italy and the U.K., Banca Nazionale del Lavoro Quarterly Review, Bd. 31 (1978), S.324f.

als intertemporales Problem interpretieren. Hier muß also gefragt werden, inwieweit sich eine Abhängigkeit zwischen aktuellen Budgetdefiziten und zukünftiger Geldmengenexpansion empirisch belegen läßt. KING/PLOSSER und DWYER lehnen dieses Argument für die USA und andere Industrieländer ab, PROTOPAPADAKIS/SIEGEL sehen speziell für den Zeitraum nach 1974 einige Belege für diese Theorie.[148]

Aufbauend auf der angeführten Arbeit von BARRO schätzen HAMBURGER/ZWICK[149] den fraglichen Zusammenhang für die USA und für einzelne Teilperioden neu und kommen für die Zeit von 1961–1974 sowie für die Jahre '77/'78 zu einem BARRO entgegengesetzten Ergebnis. Dies wird erklärt mit einer verstärkt zinsorientierten Politik des Federal Reserve Board in diesen Teilperioden, so daß die hieraus resultierenden Strukturbrüche über den Gesamtzeitraum hinweg diesen Zusammenhang verschleiern. Diese Aussage wird bestätigt durch ALLEN/SMITH und in stark relativierter Form durch McMILLIN/BEARD und McMILLIN.[150] Zu einer Ablehnung eines derartigen zinsorientierten Zentralbankverhaltens kommen hingegen DWYER u. LEVY.[151]

In einer Querschnittsbetrachtung untersucht PARKIN für eine Reihe von Industrieländern den Einfluß der formalen und politischen Unabhängigkeit der Zentralnotenbank auf die monetäre Entwicklung. Auf diesem Weg kommt PARKIN zu dem Ergebnis, daß in der Tat die Akkommodierung von Budgetdefiziten umfangreicher erfolgt, wenn eine Einflußnahme seitens der nationalen Regierung auf die geldpolitischen Instanzen erfolgen kann. LANEY/WILLETT weisen in diesem Zusammenhang darauf hin, daß eine gemeinsame Abhängigkeit von Fiskal– und Geldpolitik von Wahlzyklen

---

[148]Vgl. KING, R.G./PLOSSER, C.J., a.a.O., S. 187ff. und PROTOPAPADAKIS, A.A./SIEGEL, J.J. a.a.O., S. 39f.

[149]Vgl. HAMBURGER, M./ZWICK, B., Deficits, Money and Inflation. Journal of Monetary Economics, Bd. 7 (1981), S.145ff. und Dieselben, Deficits, Money and Inflation: Reply. Journal of Monetary Economics, Bd. 10 (1982), S.297ff.

[150]Vgl. ALLEN, S.D./SMITH, M.D., Government Borrowing and Monetary Accommodation. Journal of Monetary Economics, Bd. 12 (1983), S.608ff. und McMILLIN, W.D./BEARD, Th.R., Deficits, Money and Inflation. Comment. Journal of Monetary Economics, Bd. 10 (1982), S.275f. McMILLIN, W.D., A Dynamic Analysis of the Impact of Fiscal Policy on the Money Supply. Journal of Money, Credit and Banking, Bd. 13 (1981), S.221ff.

[151]Vgl. DWYER, G.P.Jr., Inflation and Government Deficits. Economic Inquiry, Bd. 20 (1982), S.324ff. und LEVY, M.D., a.a.O., S.363ff.

nachweisbar ist, so daß die politische Einflußnahme auf die Zentralbankpolitik im Zeitablauf Variationen unterliegen kann.[152]

b) Preisniveau und Budgetdefizit

Eine Reihe von Aufsätzen beschäftigt sich mit dem Einfluß der öffentlichen Finanzierungserfordernisse direkt auf das Preisniveau. MILLER und NISKANEN[153] sehen hier für die U.S.A. einen positiven Zusammenhang. Im internationalen Überblick zeigt sich dies weniger deutlich: So ermitteln KING/LANEY/WILLETT[154] für 17 Industrieländer nur einen geringen, selten signifikanten Einfluß der Budgetdefizite auf die Inflationsrate, wobei sich aber immerhin eine gewisse Assoziation von Zentralbankunabhängigkeit und Geldwertstabilität vermuten läßt. Zu einem ähnlich gemischten Ergebnis kommen PROTOPAPADAKIS/SIEGEL, die den fraglichen Zusammenhang nur für einige Länder und für einige Teilperioden, nicht aber generell bestätigt sehen.[155]

Die Betrachtung dieser empirischen Ergebnisse hinterläßt einen zwiespältigen Eindruck: Einerseits sind offenbar gewisse Korrelationen zwischen Haushaltsdefiziten und der monetären Entwicklung unverkennbar, andererseits scheinen diese Zusammenhänge nicht regelmäßig und vor allem nicht zwangsläufig zu entstehen, so daß auf einer allgemeineren und auch zeitlich breiter angelegten Grundlage keinerlei "Gesetzmäßigkeit" postuliert werden kann. Darüber hinaus wäre auch mit einer eindeutigen Korrelation dieser Entwicklungen noch keineswegs die Frage nach der Kausalität beantwortet. Wie bereits oben diskutiert, könnte auch eine Beschleunigung des Preisniveauanstiegs, ausgelöst z.B. durch geldpolitische Veränderungen, zu

---

[152]Vgl. PARKIN, M., In Search of a ..., a.a.O., S.183f. (kritischer dazu: Derselbe, Domestic Monetary Institutions ..., a.a.O., S.325ff.); Vgl. LANEY, L.O./WILLETT, Th.D., Presidential politics, budget deficits, and monetary policy in the United States; 1960–1976. Public Choice, Bd. 40 (1983), S.59ff.

[153]Vgl. MILLER, P.J., Examining the Proposition that Federal Deficits Matter. In: MEYER, L.H. (Hrsg.), The Economic Consequences of Government Deficits, Boston 1983, S.20f. NISKANEN, W.A., Deficits, Government Spending and Inflation: What is the Evidence? Journal of Monetary Economics, Bd. 4 (1978), S.598ff.

[154]Vgl. KING, B./LANEY, L./WILLETT, Th.D., Central Bank Independence: An International Comparison. Federal Reserve Bank of Dallas. Economic Review, März 1983, S. 12

[155]Vgl. PROTOPAPADAKIS, A.A. /SIEGEL, J.J., a.a.O., S. 43f.

einer Vergrößerung der Budgetdefizite führen, was die Umkehrung der Kausalbeziehung bedeuten würde.[156] Das heißt sicher nicht, daß nicht im konkreten Einzelfall und in bestimmten Teilperioden, eine fiskalisch induzierte oder doch zumindest sie akkommodierende monetäre Expansion von Bedeutung sein kann.

Tabelle C/1 führt alle Länder auf, die mit Stand vom 31.8.89 ein Beistandsabkommen mit dem IWF getroffen haben. Spalte (3) dieser Auflistung zeigt den Anteil am jeweiligen Budgetdefizit, der durch einen Anstieg der staatlichen Zentralbankverschuldung finanziert wurde. Offensichtlich wurde in einer Reihe von Ländern (zu nennen sind Brasilien, Jamaica, Jordanien, Nigeria, Nepal, Sierra Leone, Tansania, Kenya und Malawie) ein beträchtlicher Teil des öffentlichen Finanzbedarfes auf diese Weise aufgebracht. Setzt man diesen Anstieg des Zentralbankgeldes in Beziehung zur gesamten Zentralbankgeldmenge, so erhält man einen Eindruck von der Größenordnung, in der diese Finanzierung für sich genommen Einfluß auf die jeweilige Zentralbankgeldmenge genommen hat. Spalte (4) zeigt, daß im Kreis der eben angeführten Länder die stattgefundene Zentralbankverschuldung ceteris paribus zu einer 14,7%–igen (Jamaica) bis 83,7%–igen (Tansania) Ausdehnung der Geldbasis geführt hätte, die in keinem sinnvollen Bezug zu den realen Wachstumsmöglichkeiten steht.

Dieser Wert entspricht natürlich nicht der tatsächlichen Ausdehnung der Zentralbankgeldmenge, da hier noch das Refinanzierungsverhalten der Geschäftsbanken, die Bargeldhaltung des Publikums und evtl. Auslandseinflüsse zu beachten sind. In Spalte (5) wird die öffentliche Zentralbankverschuldung zum tatsächlichen Anstieg des Zentralbankgeldes in Beziehung gesetzt, was die Aussage des Koeffizienten (4) stark relativiert. Vergleicht man bspw. die Werte für Jordanien und Malawie, so zeigt sich, daß die Zentralbankverschuldung, obgleich bezogen auf das Volumen der Geldbasis ungefähr gleichgroß (Spalte 4), für die Entwicklung dieses Geldmengenaggregats (Spalte 5) von sehr unterschiedlicher Bedeutung ist. So betrug für Jamaica die fiskalisch induzierte (potentielle) Expansion der Geldbasis ca. das Vierfache des tatsächlichen Wachstums und erfuhr offensichtlich eine entsprechende Kompensation durch andere Komponenten der Zentralbankgeldentstehung. Obgleich in Malawie die Verschuldung des Staates, bezogen auf die Geldbasis, noch umfangreicher ist, "erklärt" dieser Vorgang dennoch nur etwas mehr als die Hälfte der Expansion der Zentralbankgeldmenge. Eine inflationäre Entwicklung wäre in diesem Fall – im Gegensatz zu den zuvor

[156]Vgl. BARNHART, S.W./DARRAT, A.F., a.a.O., S.232ff.

Tab. C/1

	(1) Budgetsaldo('87) Mrd. Landeswährg.	(2) Anstieg der Verschuldg. gegenübr. ZNB	(3) ..in % v.Budget-defizit	(4) ..in % d. ZB-geldes	(5) ..in % d.ZB-geldwachstums
Algerien (SB)	keine Angaben				
Brasilien** (SB)	-0,15426	0,03	17,05	27,57	5,90
Kamerun (SB)	-136,71	-15,70	-11,48	-4,87	-11,95
Costa Rica (SB)	keine Angaben				
Guatemala (SB)	keine Angaben				
Jamaica* (SB)	-1,3	0,70	53,54	14,71	402,31
Jordanien (SB)	-0,22	0,13	57,14	20,02	108,91
Mali** (SB,SAF)	-46,5	6,31	13,57	5,46	62,17
Marokko* (SB)	-11,87	-3,18	-26,81	-11,36	-125,37
Nigeria (SB)	-9,7	3,69	38,01	16,04	132,15
Pakistan (SB)	-48,783	9,49	19,46	6,89	50,58
Trini./Tob.(SB)	keine Angaben				
Zaire (SB,SAF)	-3,693	82,56	2235,69	75,78	70,59
Mexiko (E)	-18160	1454,00	8,01	8,52	5,69
Philippinen (E)	-16,693	-11,64	-69,73	-8,83	64,24
Tunesien*** (E)	-0,307	0,00	-0,98	-0,30	-3,16
Venezuela* (E)	-9,965	-2,45	-24,62	-2,83	-43,73
Bangladesh**(SAF)	-5,924	1,42	23,97	2,77	20,71
Benin (SAF)	keine Angaben				
Burundi (SAF)	-1,577	0,75	47,37	2,80	-46,20
Zentralafr. Rep.	keine Angaben				
Tschad* (SAF)	-3,757	1,23	32,74	2,04	-180,88
Dominica (SAF)	keine Angaben				
Äqu. Guinea (SAF)	keine Angaben				
Guinea (SAF)	keine Angaben				
Guin.-Bissau(SAF)	keine Angaben				
Haiti (SAF)	-0,316	0,07	22,09	1,95	107,55
Lesotho** (SAF)	-0,027899	0,01	37,35	9,14	39,65
Mosambik (SAF)	keine Angaben				
Nepal** (SAF)	-3,3796	1,35	40,02	15,34	159,82
Sao Tome&Principe	keine Angaben				
Sierra Leone(SAF)	-0,6468	1,58	244,90	71,74	117,16
Somalia (SAF)	keine Angaben				
Sri Lanka (SAF)	-17,073	1,79	10,50	3,94	128,46
Tansania** (SAF)	-6,802	11,91	175,12	83,66	106,29
Bolivien (ESAF)	-0,032	0,57	1768,75	14,16	73,89
Gambia (ESAF)	-0,08675	0,00	-2,51	-0,56	2,18
Ghana (ESAF)	keine Angaben				
Kenya (ESAF)	-9,841	3,23	32,83	17,58	371,81
Madagaskar (ESAF)	keine Angaben				
Malawi (ESAF)	-0,2418	0,11	47,41	23,01	62,04
Mauretanien (ESAF	keine Angaben				
Niger (ESAF)	keine Angaben				
Senegal (ESAF)***	-82,44	13,03	15,81	4,19	-209,82
Togo (ESAF)*	-16,644	5,11	30,70	3,26	1502,94
Uganda (ESAF)	keine Angaben				
Italien**	-121353	27434,00	22,61	15,65	169,24
Israel***	-1,4397	2,61	181,36	264,81	59,45

(SB) = Stand-By Arrangements
(E) = Extended Arrangements
(SAF) = Structural Adjustment Facility
(ESAF) = Enhanced Structural Adjustment Facility

* = Daten von 1986
** = Daten von 1985
*** = Daten von 1984
"keine Angaben" = nicht alle benötigten Daten verfügbar

Quelle: International Financial Statistics

genannten – wohl nicht allein durch die fiskalischen Finanzierungsvorgänge zu erklären. Die Zentralbankfinanzierung von Budgetdefiziten ist somit für die Stabilität des Geldwertes nur dann von Interesse, wenn neben der quantitativen Bedeutung eine Inkompatibilität zu den Finanzierungsvorgängen der anderen Sektoren vorliegt. Diese Zusammenhänge sind nicht unbedingt ein spezifisches Problem von Entwicklungs- und Schwellenländern. Wie aus Tab. C/1 hervorgeht, lassen sich vergleichbare Größenordnungen auch für die beispielhaft angeführten Fälle Italien und Israel finden.

Diese willkürlich herausgegriffenen Einzelfälle zeigen, daß trotz der geringen empirischen Allgemeingültigkeit dem Zusammenhang zwischen Budgetdefiziten und Geldwertstabilität im konkreten Einzelfall entscheidende Bedeutung beizumessen ist.

Abschnitt D

D.1. Hinführung

Die bis zu diesem Zeitpunkt angestellten Überlegungen gingen durchweg von der Annahme aus, daß sich die staatlichen Ausgaben einzig auf solche Güter richten, die grenzüberschreitend gehandelt werden. Vor diesem Hintergrund ist es naheliegend, eine Ausdehnung der öffentlichen Ansprüche an die Summe der im Inland verfügbaren Handelsgüter mit einer Vergrößerung der Nettoeinfuhr in Verbindung zu bringen, wobei allerdings die Richtung und der Umfang der sich im Endeffekt ergebenden Reaktion der Leistungsbilanz von einer Anzahl von bereits geschilderten Faktoren mitbestimmt werden. In der Realität ist hingegen zu beachten, daß ein Gutteil der öffentlichen Realausgaben für solche Güter getätigt werden, die aufgrund ihrer Natur bzw. aufgrund prohibitiv wirkender Transportkosten nicht grenzüberschreitend gehandelt werden.[157] In dieser Hinsicht ist es nun nicht unmittelbar einsehbar, auf welchen Wegen die defizitäre Ausdehnung der staatlichen Güterkäufe von nichtgehandelten Gütern von außenwirtschaftlicher Bedeutung sein kann. Im folgenden Abschnitt soll deswegen das Augenmerk auf die Bedeutung der Staatsausgabenstruktur in dem Sinne gerichtet werden, daß die jeweiligen Leistungsbilanzreaktionen für unterschiedliche Anteile gehandelter bzw. nichtgehandelter Güter an den öffentlichen Realausgaben abgeleitet werden sollen.[158]

---

[157]Zur Bedeutung von Transportkosten für die Handelbarkeit von Gütern vgl. DORNBUSCH, R., Open Economy Macroeconomics. New York 1980, S. 94ff.

[158]Die wesentlichsten Beiträge stammen von SALTER, W.E.G., Internal and External Balance: The Role of Price and Expenditure Effects. The Economic Record, Bd.35 (1959), S.226ff. SWAN, T.W., Economic Control in a Dependent Economy. The Economic Record, Bd.36 (1960), S.51ff. CORDEN, M.W., The Geometric Representation of Policies to Attain Internal and External Balance. Review of Economic Studies, Bd.28 (1960), S.1ff. Vgl. auch DORNBUSCH, R., Real and Monetary Aspects of Exchange Rate Changes. In: ALIBER, R.Z. (Hrsg.), National Monetary Policies and the International Financial System. Chicago 1974. Zu einer Behandlung nichtgehandelter Güter im Rahmen der intertemporalen Leistungsbilanztheorie vgl. RAZIN,A., Capital Movements, Intersectoral Ressource Shifts and the Trade Balance. European Economic Review, Bd.26 (1984), S.135ff., FRENKEL, J.A./RAZIN, A., Fiscal Policies and the World Economy. An Intertemporal Approach. Cambridge, Mass. 1987, S.251ff. und RÜBEL, G., Staatsausgabenstrukturänderung, internationale Faktormobilität und Leistungsbilanzsaldo. Institut für Volkswirtschaftslehre und Statistik der Universität Mannheim, Discussion Paper 381/88, Mannheim 1988. Die folgenden Ausführungen aus dem Bereich der monetären Theorie basieren auf BOYER, R.S., Financial Policies in an Open Economy. Economica, Bd.45 (1978), S.39ff. BOYER, R.S., Commodity markets and bond markets in a small, fixed–exchange–rate economy. Canadian Journal of Economics, Bd.8 (1975), S.1ff.

Um die Vergleichbarkeit mit den bisherigen Ergebnissen zu gewährleisten, söll dazu der bereits erläuterte Modellrahmen so weit wie möglich übernommen werden.

Zumeist wird in außenwirtschaftlichen Zwei–Gütermodellen zwischen Import– und Exportgütern unterschieden, von denen man annimmt, daß sie auf verschiedenen Weltmärkten gehandelt werden und in der Anschauung der Nachfrager als durchaus heterogen, aber dennoch in gewissem Grade substituierbar angesehen werden. Nimmt man nun hingegen an, daß im In– und Ausland homogene Güter hergestellt werden, so wird die Unterscheidung zwischen Im– und Exportgütern hinfällig, und die Märkte für beide Güter verschmelzen zu einem Weltgütermarkt, auf dem ein einheitlicher, aus der Sicht eines kleinen Landes exogener Preis gilt. Die Alternative zu Produktion und Konsumtion dieses homogenen Handelsgutes (T–Gut) kann dann nur in einem nationalen Gut bestehen, das nur innerhalb eines Binnenmarktes, nicht jedoch am Weltmarkt gehandelt wird (NT–Gut). Der zur Bestimmung des Ausgabe– und Produktionsprogramms und zur Ableitung des Leistungsbilanzsaldos relevante relative Preis besteht nunmehr aus dem Verhältnis des Preises des Binnengutes zu dem in Einheiten inländischer Währung ausgedrückten Preis des gehandelten Gutes.[159]

D.2. Portfoliomodell einer offenen Volkswirtschaft mit gehandelten und nicht–gehandelten Gütern

D.2.1 Ausgangsgleichgewichte auf Finanz– und Gütermärkten

In Analogie zu den Abschnitten B und C gelten die Bestandsgleichgewichtsbedingungen für den Finanzbereich in Form der Gleichungen

$$(1)\ M = m(i,i^*,\Pi,P,Y)W,$$

$$(2)\ eF = f(i,i^*,\Pi)W,$$

$$(3)\ W = M + B + eF.$$

Der Preisindex bestimmt sich als das gewogene Mittel aus dem Preis der nichtgehandelten Güter P_{nt} und dem DM–Preis der gehandelten Güter P_t, wobei die Binnengüter mit dem Gewicht β, die gehandelten Güter mit dem

[159]Dieses Preisverhältnis ist nichts anderes als der Kehrwert des realen Wechselkurses (e/P_{nt}), wenn der Preis des Handelsgutes mit eins normiert wird.

Gewicht ($1-\beta$) in den Index eingehen. Setzt man den Auslandspreis des gehandelten Gutes gleich eins, so läßt sich schreiben:

$$(4)\ P = \beta \cdot P_{nt} + (1-\beta) \cdot e.$$

Da die güterwirtschaftliche Sphäre in die getrennten Bereiche der international gehandelten Güter einerseits und der Binnengüter andererseits zerfällt, ist es nun nicht mehr möglich, mittels nur einer einzigen Stromgleichgewichtsbedingung für den Gütermarkt das gleichgewichtige Volkseinkommen zu ermitteln. An ihre Stelle tritt zum einen die Gleichgewichtsbedingung für den Markt der nichtgehandelten Güter. Da dieses Segment des Gütermarktes durch entsprechende Anpassungen der relativen Preise in ein Gleichgewicht gebracht wird bzw., aufgrund der fehlenden Möglichkeit, Ungleichgewichte durch Im– bzw. Exporte zu kompensieren, in ein Gleichgewicht gebracht werden muß, kann man schreiben:

$$(5)\ N_{nt}\left(\frac{P_{nt}}{e}, i, \frac{W}{P}\right) + G_{nt} = 0$$

$$\text{mit } \frac{\delta N_{nt}}{\delta(P_{nt}/e)}, \frac{\delta N_{nt}}{\delta i} < 0;\ \frac{\delta N_{nt}}{\delta(W/P)} > 0$$

Gleichung (5) sagt aus, daß sich der private Nachfrageüberhang nach nichtgehandelten Gütern N_{nt} und die staatlichen Ausgaben für derartige Güter G_{nt} zu null ergänzen müssen, wobei der private Nettonachfrageüberschuß negativ sowohl vom relativen Preis der nichtgehandelten Güter (P_{nt}/e) als auch vom Zins i und positiv vom realen privaten Finanzvermögen (W/P) abhängt.[160]

Zum anderen muß die gesamtwirtschaftliche Produktion über die sektoralen Produktionsfunktionen ermittelt werden. Das Volkseinkommen (Y), ausgedrückt in Einheiten des nichtgehandelten Gutes, ergibt sich als die Summe

[160]Die Tatsache, daß in der Gleichgewichtsbedingung für den Gütermarkt das Einkommen nicht als Argument auftaucht, bedarf der Erläuterung. Die gewählte Formulierung erscheint als Vereinfachung der Analyse sinnvoll, da anderenfalls jeweils unterschieden werden müßte, ob eine Erhöhung des Volkseinkommens durch eine Mehrproduktion im Bereich der nichtgehandelten oder der gehandelten Güter zustande kommt, was jeweils den entgegengesetzten Einfluß auf die Nettonachfrage nach gehandelten bzw. nichtgehandelten Gütern hat. Umgekehrt ändert diese Vereinfachung die relevanten Funktionszusammenhänge qualitativ nicht: Eine isolierte Erhöhung von P_{nt} und die damit verbundene Ausdehnung der NT–Produktion vergrößert für sich genommen das Volkseinkommen; ein einkommensinduzierter Nachfrageanstieg in beiden Gütergruppen – die Aufteilung würde durch die Preisrelation entschieden – würde nichts daran ändern, daß sich per saldo ein Angebotsüberhang im NT–Bereich einstellen wird.

der sektoralen Produktionen beider Gütergruppen, die negativ vom Produzentenreallohn in der jeweiligen Branche abhängen; es läßt sich schreiben

$$(6)\ Y = \phi_{nt}\left[\frac{w}{P_{nt}}\right] + \phi_t\left[\frac{w}{e}\right]\cdot\frac{e}{P_{nt}}.$$

Mittels der Gleichungen (1) bis (6) ist nun das System wiederum vollständig beschrieben. Die Abhängigkeit der Nettonachfrage nach nichtgehandelten (und damit auch gleichzeitig nach gehandelten Gütern) vom Relativpreis beider Gütergruppen ergibt sich aus entsprechenden Substitutionen auf der Nachfrageseite und entgegengesetzten Anpassungen auf der Angebotsseite. So wird eine Reduktion des Relativpreises der nichtgehandelten Güter zum einen zusätzliche Nachfrage in diesen Bereich lenken und zum anderen die Produktion in diesem Sektor vermindern, so daß sich die Nettonachfrage nach diesen Gütern erhöhen wird.

Das Ausgangsgleichgewicht ist in Abb. D/1 dargestellt.

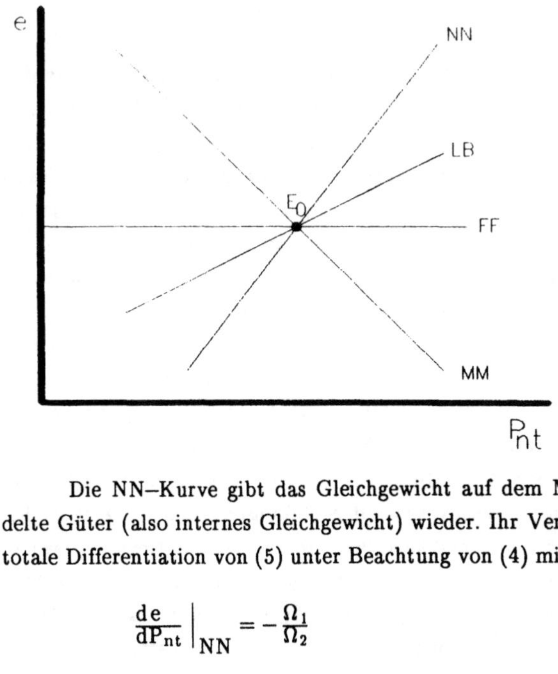

Abb.D/1

Die NN–Kurve gibt das Gleichgewicht auf dem Markt für nichtgehandelte Güter (also internes Gleichgewicht) wieder. Ihr Verlauf ergibt sich durch totale Differentiation von (5) unter Beachtung von (4) mit:

$$\left.\frac{de}{dP_{nt}}\right|_{NN} = -\frac{\Omega_1}{\Omega_2}$$

$$\text{mit}\quad \Omega_1 = \frac{\delta N}{\delta\left[\frac{P_{nt}}{e}\right]}\frac{1}{e} - \frac{\delta N}{\delta\left[\frac{W}{P}\right]}\frac{W}{P^2}\beta < 0$$

$$\Omega_2 = -\frac{\delta N}{\delta\left[\frac{P_{nt}}{e}\right]}\frac{P_n}{e^2} + \frac{\delta N}{\delta\left[\frac{W}{P}\right]}\frac{1}{P}F - \frac{\delta N}{\delta\left[\frac{W}{P}\right]}\frac{W}{P^2}(1-\beta) \gtrless 0.$$

Geht man beispielsweise von einem Anstieg des Preises für Binnengüter aus, so wird sich ceteris paribus die Nettonachfrage nach diesen Gütern verringern, da zum einen der Anstieg des Relativpreises die Nachfrage danach verringern bzw. das Angebot daran erhöhen wird (1. Summand in Ω_1). Der nach Maßgabe des Anteils β stattfindende Anstieg des Preisniveaus reduziert gleichzeitig das reale Finanzvermögen und löst damit einen ebenfalls negativen Vermögenseffekt aus (2. Summand in Ω_1). Der sich hieraus ergebende Angebotsüberhang an nichtgehandelten Gütern läßt sich u.U. durch einen Anstieg des Wechselkurses vermeiden. Zwar resultiert auch hier wieder ein negativer Realvermögenseffekt, der sich aus der abwertungsbedingten Preisniveauerhöhung ergibt (3. Summand in Ω_2); kompensierend steht dem jedoch ein positiver Substitutionseffekt aufgrund der relativen Verteuerung des gehandelten Konkurrenzproduktes gegenüber (1. Summand in Ω_2), der – unterstellt man auch hier ein positives Auslandsvermögen – durch einen ebenfalls positiven Vermögenseffekt unterstützt wird, der sich aus der Höherbewertung der Auslandsforderungen ergibt (2. Summand in Ω_2). Sofern die beiden zuerst genannten Wirkungen überwiegen, verläuft die NN–Kurve mit positivem Steigungsmaß. Dies ist wahrscheinlich, wenn das private Auslandsvermögen positiv bzw. nur schwach negativ ist und wenn der Anteil der gehandelten Güter am Transaktionsvolumen und damit am Preisindex nur gering ist. Je weniger diese Bedingungen erfüllt sind, um so größer ist der erforderliche Wechselkursanstieg, d.h. um so steiler ist der Verlauf der NN–Kurve. Mit der gleichen Argumentation ist somit auch ein senkrechter bzw. negativ geneigter Verlauf denkbar. In jedem Fall bedeuten Punkte rechts (links) dieser Kurve Nettoangebots(–nachfrage)–überschüsse auf dem Markt nichtgehandelter Güter.

Die Gleichgewichtsbedingungen für die Finanzsphäre sind gegenüber den vorangegangenen Abschnitten kaum verändert. Auf dem Geldmarkt bedeutet ein Anstieg von P_{nt} einen Bestandsüberhang, da der resultierende Anstieg des gesamtwirtschaftlichen Preisniveaus den Wunsch nach zusätzlicher (nomineller) Kassenhaltung entstehen läßt. Dieses Bestandsungleichgewicht kann durch eine Aufwertung, also einen Rückgang des nominellen Wechselkurses von e kompensiert werden. Zum einen läßt die Aufwertung der Inlandswährung bei einer gegebenen langfristigen Wechselkurserwartung eine Abwertungserwartung entstehen, die die Geldnachfrage dämpft. Zum anderen reduziert eine Wechselkurssenkung den DM–Wert der privaten Auslands–

position, so daß sich bei positivem Auslandsvermögen ein negativer Vermögenseffekt auf die Kassenhaltungswünsche ergibt. Hinzu kommt der deflationäre Effekt der Aufwertung, der die geplante nominelle Kassenhaltung vermindert. Die MM–Kurve, die dieses Geldmarktgleichgewicht abbildet, verläuft demnach auf jeden Fall mit negativem Steigungsmaß, solange ein positives Nettoauslandsvermögen vorhanden ist; eine ausgeglichene Nettoauslandsposition erfordert einen steiler negativ geneigten Verlauf, bei hohen Nettoauslandsschulden ist auch ein ansteigender Verlauf der MM–Kurve denkbar. Die FF–Kurve, die auch hier wieder das Bestandsgleichgewicht auf dem Markt für Auslandsforderungen zeigt, verläuft weiterhin horizontal, da ein Anstieg von P_{nt} und der resultierende Effekt auf das Preisniveau annahmegemäß nicht auf die Determinanten des Gleichgewichtes einwirken.

Zur Verdeutlichung der Einkommenswirkung, die sich bei dem Übergang von einem Gleichgewicht zu einem anderen einstellen wird, sei zusätzlich die Kurve VV konstruiert, die die Kombinationen von nominellem Wechselkurs und dem Preis nichtgehandelter Güter markiert, denen ein unverändertes Volkseinkommen Y_0 entspricht. Die VV–Linie ergibt sich durch totale Differentiation von Gleichung (6) und für $dY = 0$ mit

$$\left.\frac{de}{dP_{nt}}\right|_{VV} = -\frac{\Omega_5}{\Omega_6}$$

$$\text{mit} \quad \Omega_5 = -\left[\phi'_{nt}\frac{w}{P_{nt}^2} + \phi_t\left[\frac{w}{e}\right]\frac{e}{P_{nt}^2}\right] \gtreqless 0$$

$$\Omega_6 = -\left[\phi'_t\frac{w}{e}\frac{1}{P_{nt}} - \phi_t\frac{1}{P_{nt}}\right] > 0.$$

Ein Anstieg von P_{nt} läßt beispielsweise den Produzentenreallohn in der NT–Branche zurückgehen und läßt damit den Einsatz zusätzlicher Arbeitskräfte rentabel erscheinen. Diese zusätzlich eingesetzte Arbeit erzeugt ein positives Grenzprodukt an NT–Gütern, welches das Sozialprodukt erhöhen müßte (1. Summand in Ω_5), aber auch gleichzeitig die T–Güterproduktion, ausgedrückt in NT–Einheiten, sinken läßt (2. Summand in Ω_5). Geht man davon aus, daß der zuerst genannte Teileffekt überwiegt, ergibt sich eine Einkommensexpansion, die jedoch verhindert werden kann, wenn kompensierend der nominelle Wechselkurs sinkt, da dies zum einen den Produzentenreallohn in der T–Branche erhöht (1. Summand in Ω_6), und zum anderen die T–Güterproduktion, ausgedrückt in Einheiten NT, sinken läßt (2. Summand in Ω_6). Die VV–Kurve eines unveränderten Volkseinkommens wird somit einen fallenden

Verlauf aufweisen. Punkte rechts und oberhalb dieser Linie weisen auf ein gegenüber dem Ausgangsniveau erhöhtes Sozialprodukt hin.

Nicht Teil des Ausgangsgleichgewichtes, aber dennoch für die Fragestellung von Interesse, ist die Kurve für eine ausgeglichene Leistungsbilanz (LB). Ganz allgemein läßt sich der Saldo der Leistungsbilanz[161] schreiben als

$$(6)\ LB = -N_t - G_t.$$

Gleichung (6) besagt, daß ein Handelsbilanzdefizit immer dann besteht, wenn die öffentliche Hand Ausgaben für gehandelte Güter tätigt, die nicht durch einen entsprechenden Nettoangebotsüberschuß ($-N_t$) des privaten Sektors zur Verfügung gestellt werden. Fügt man die bereits für den Bereich der nichtgehandelten Güter verwendeten funktionalen Abhängigkeiten in Gleichung (6) ein, so ergibt sich der geplante Leistungsbilanzsaldo als

$$(6a)\ LB = -N_t(\frac{P_{nt}}{e}, i, \frac{W}{P}) - G_t$$

$$\text{mit } \frac{\delta N_t}{\delta(P_{nt}/e)}, \frac{\delta N_t}{\delta(W/P)} > 0, \frac{\delta N_t}{\delta i} < 0.$$

Der Verlauf der LB–Kurve des Leistungsbilanzgleichgewichtes im P_{nt}/e–Diagramm ergibt sich aus (6a) mit

$$\frac{de}{dP_{nt}}\bigg|_{LB} = \frac{\Omega_7}{\Omega_8}$$

$$\text{mit } \Omega_7 = \left[\frac{\delta N_t}{\delta\left[\frac{P_{nt}}{e}\right]}\frac{1}{e} - \frac{\delta N_t}{\delta\left[\frac{W}{P}\right]}\frac{W}{P^2}\beta\right] \gtreqless 0$$

$$\Omega_8 = \left[\frac{\delta N_t}{\delta\left[\frac{P_{nt}}{e}\right]}\frac{P_{nt}}{e^2} + \frac{\delta N_t}{\delta\left[\frac{W}{P}\right]}\frac{W}{P^2}(1-\beta) - \frac{\delta N_t}{\delta\left[\frac{W}{P}\right]}\frac{1}{P}F\right] \gtreqless 0.$$

Ein Anstieg des Preises der nichtgehandelten Güter erhöht deren Relativpreis und trägt somit zu einer Erhöhung der Nettonachfrage nach gehandelten Gütern bei (1. Summand in Ω_7), wobei diese Entwicklung durch den

[161]Zunächst soll die Dienstleistungsbilanz vernachlässigt werden, was sich durch die Annahme einer ausgeglichenen Nettoauslandsposition rechtfertigen läßt.

preisniveauinduzierten Realvermögensrückgang gedämpft wird (2. Summand in Ω_7); nimmt man an, daß der Substitutionseffekt dominiert, kommt es per saldo zu einer Verschlechterung der Leistungsbilanz. Ein Ausgleich hierfür ist mittels einer Wechselkurserhöhung zu erreichen, die die anfängliche Veränderung des Relativpreises umkehrt und gleichzeitig weitere Realwertverluste am Vermögen auslöst (1. und 2. Summand in Ω_8); beides trägt zur Verminderung des Nachfrageüberschusses nach T–Gütern und somit zu einer Beseitigung des Leistungsbilanzdefizites bei, so daß die LB–Kurve einen ansteigenden Verlauf aufweisen muß. Würden nur die durch die Veränderung der Relativpreise ausgelösten Substitionseffekte wirken, so hätte in Abb. D/1 die LB–Kurve das gleiche Steigungsmaß wie die NN–Kurve. Dies ist plausibel, weil bei gegebenem Sozialprodukt (und gegebener gesamtwirtschaftlicher Absorption) eine Reduktion der Nettonachfrage nach nichtgehandelten Gütern eine entsprechend entgegengesetzte Veränderung der Nettonachfrage bei den gehandelten Gütern und damit eine Verschlechterung der Leistungsbilanz voraussetzt.[162] So aber wirken zusätzlich die ausgelösten Effekte auf das Realvermögen, und zwar in entgegengesetzten Richtungen: Auf dem Markt für nichtgehandelte Güter wird der Preisniveauanstieg die Entstehung eines Angebotsüberhangs begünstigen, auf dem Markt für gehandelte Güter wird der gleiche P–Anstieg dem sich einstellenden Nachfrageüberhang entgegenwirken. Die zur Wiederherstellung der Gleichgewichte auf beiden Märkten notwendige Abwertung wirkt ebenfalls mit entgegengesetzten Sekundäreffekten, da der ausgelöste inflationäre Impuls den Abbau des Nachfrageüberhangs im T–Sektor begünstigt, die Rückführung der Angebotsüberhänge im NT–Bereich hingegen verzögert. Die beschriebenen Asymmetrien führen dazu, daß es zur Beseitigung des Ungleichgewichtes im T–Güterbereich nur einer vergleichsweise geringeren Wechselkurserhöhung bedarf, die LB–Kurve also flacher ansteigend als die NN–Kurve verläuft. Dies gilt um so mehr, wenn man ein positives Nettoauslandsvermögen unterstellt und damit die Dienstleistungsbilanz in die Betrachtung einbezieht. Eine Abwertung wird dann den Überschuß der Dienstleistungsbilanz, gemessen in inländischer Währung, erhöhen und zum Ausgleich der Leistungsbilanz beitragen, so daß die LB–Kurve auch aus diesem Grunde flacher als die NN–Kurve verlaufen muß.[163] Umgekehrt wird ein negatives Auslandsvermögen

[162]Vgl. DORNBUSCH, R., a.a.O., S. 102.

[163]Zusätzlich muß angenommen werden, daß der positive Vermögenseffekt, der aus der Höherbewertung des nun positiv angenommenen Auslandsvermögens resultiert, sich weniger stark auf die T–Güternachfrage (und damit auf die Leistungsbilanz) auswirkt als der Umbewertungseffekt, der über die Dienstleistungsbilanz wirkt.

einen vergleichsweise steileren bzw. auch einen ins Negative gekehrten Verlauf bewirken. Solange die LB–Kurve ansteigend verläuft, bedeuten Punkte rechts von bzw. unter ihr Situationen von Leistungsbilanzdefiziten.

D.2.2 Erhöhung der Staatsausgaben für gehandelte Güter

Nimmt man an, daß der Staat das Budgetdefizit dadurch verursacht, daß er seine Ausgaben für gehandelte Güter um dG_t erhöht, so ist die Ableitung der Leistungsbilanzreaktion in dem hier gewählten Modellrahmen vergleichsweise einfach. Wie die Betrachtung der Gleichungen (1), (2) und (5) unter Beachtung von (3) und (4) zeigt, sind die durch diese Gleichungen bestimmten Gleichgewichtswerte von Zins, Wechselkurs und Preisniveau von der fiskalischen Maßnahme unberührt; die Kurven NN, MM und FF in Abb. D/2 behalten ihre Lage bei.

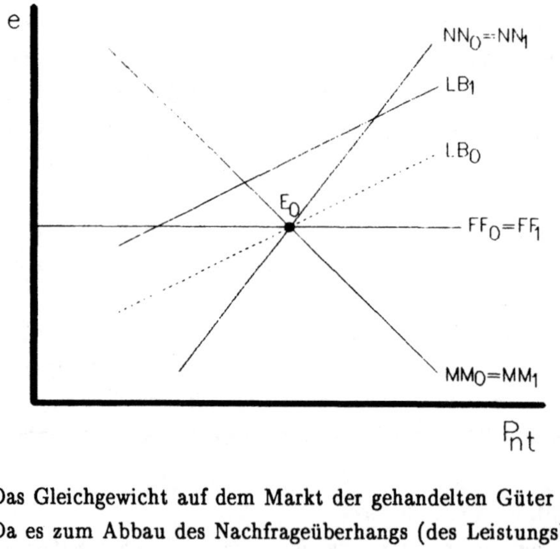

Abb.D/2

Das Gleichgewicht auf dem Markt der gehandelten Güter ist hingegen gestört. Da es zum Abbau des Nachfrageüberhangs (des Leistungsbilanzdefizites) einer relativen Verteuerung des T–Gutes bedarf, muß sich die LB–Kurve nach oben verlagern. Gleichung (6a) liefert das triviale Ergebnis, daß sich die Leistungsbilanz genau um den Betrag der Ausgabenerhöhung verschlechtern muß; weitere Anpassungen finden nicht statt.

D.2.3 Erhöhung der Staatsausgaben für nichtgehandelte Güter

Die Alternative zu der unter 2.2. beschriebenen Maßnahme besteht in der Ausdehnung der staatlichen Käufe von nichtgehandelten Gütern im Umfang dG_{nt}. Das analytische Ergebnis dieser Datenänderung ergibt sich, indem man die Gleichungen (1), (2), (5) und (6) unter Verwendung von (3) und (4) total differenziert und das so erhaltene Gleichungssystem mittels der Cramer'schen Regel löst mit den Ergebnissen

$$\frac{di}{dG_{nt}} = \frac{1}{\Delta}\left[-(1-f)F + \frac{\delta f}{\delta \Pi}\frac{\delta \Pi}{\delta e}W\right]\left[\Omega_3 + \Omega_5\frac{\delta m}{\delta Y}W\right] > 0$$

$$\frac{de}{dG_{nt}} = -\frac{1}{\Delta}\frac{\delta f}{\delta i}W\left[\Omega_3 + \Omega_5\frac{\delta m}{\delta Y}W\right] > 0$$

$$\frac{dP_{nt}}{dG_{nt}} = -\frac{1}{\Delta}\frac{\delta m}{\delta i}W\left[-(1-f)F + \frac{\delta f}{\delta \Pi}\frac{\delta \Pi}{\delta e}W\right] + \frac{1}{\Delta}\frac{\delta f}{\delta i}W\left[\Omega_4 + \Omega_6\frac{\delta m}{\delta Y}W\right] > 0$$

$$\frac{dY}{dG_{nt}} = -\frac{1}{\Delta}\left[\frac{\delta m}{\delta i}W\,\Omega_5\left[-(1-f)F + \frac{\delta f}{\delta \Pi}\frac{\delta \Pi}{\delta e}W\right] + \frac{\delta f}{\delta i}W\,(\Omega_3\,\Omega_6 - \Omega_5\,\Omega_4)\right] \gtreqless 0$$

$$\text{mit}\quad \Delta = -\Omega_5\frac{\delta N}{\delta i}\left[-(1-f)F\frac{\delta f}{\delta \Pi}\frac{\delta \Pi}{\delta e}W\right]\frac{\delta m}{\delta Y}W + \frac{\delta f}{\delta i}W\,\Omega_2\frac{\delta m}{\delta Y}W$$

$$-\Omega_6\frac{\delta f}{\delta i}W\,\Omega_1\frac{\delta m}{\delta Y}W - \frac{\delta N}{\delta i}\Omega_3\left[-(1-f)F + \frac{\delta f}{\delta \Pi}\frac{\delta \Pi}{\delta e}W\right]$$

$$+\frac{\delta m}{\delta i}W\,\Omega_1\left[-(1-f)F + \frac{\delta f}{\delta \Pi}\frac{\delta \Pi}{\delta e}W\right] - \frac{\delta f}{\delta i}W\,(\Omega_1\,\Omega_4 - \Omega_3\,\Omega_2) < 0$$

$$\Omega_1 = \frac{\delta N}{\delta\left[\frac{P_{nt}}{e}\right]}\frac{1}{e} - \frac{\delta N}{\delta\left[\frac{W}{P}\right]}\frac{W}{P^2}\beta < 0$$

$$\Omega_2 = -\frac{\delta N}{\delta\left[\frac{P_{nt}}{e}\right]}\frac{P_{nt}}{e^2} + \frac{\delta N}{\delta\left[\frac{W}{P}\right]}\frac{1}{P}F - \frac{\delta N}{\delta\left[\frac{W}{P}\right]}\frac{W}{P^2}(1-\beta) \gtreqless 0$$

$$\Omega_3 = \frac{\delta m}{\delta P} W\beta > 0$$

$$\Omega_4 = \frac{\delta m}{\delta \Pi}\frac{\delta \Pi}{\delta e} w + \frac{\delta m}{\delta P} W(1-\beta) + m F > 0$$

$$\Omega_5 = -\left[\phi'_{nt}\frac{w}{P_{nt}^2} + \phi_t\left[\frac{w}{e}\right]\frac{e}{P_{nt}^2}\right] \gtreqless 0$$

$$\Omega_6 = -\left[\phi'_t\frac{w}{e}\frac{1}{P_{nt}} - \phi_t\frac{1}{P_{nt}}\right] > 0.$$

Die Ergebnisse lassen sich mit Hilfe der Abb. D/3 illustrieren. Am Markt der nichtgehandelten Güter entsteht durch die zusätzliche Nachfrage der öffentlichen Hand ein Nachfrageüberschuß, der vermieden werden kann, wenn der Preis dieser Güter ansteigt und auf diese Weise ein Substitutions– und ein Realvermögenseffekt ausgelöst werden, welche beide die private Nettonachfrage nach dieser Gütergruppe reduzieren; die NN–Kurve wird sich demnach nach rechts zu NN_1 verlagern. Der Anstieg von P_{nt} wirkt für sich genommen auf einen Anstieg des Preisniveaus hin, was durch die resultierende Verknappung des Geldmarktes zu Zinsteigerungen und damit zu einer Verlagerung der MM–Kurve nach rechts in die Position MM_1 führen wird. Diese Zinsteigerung wird auf dem Markt für ausländische Vermögenstitel zu einem Bestandsangebotsüberhang führen, der sich wieder in einer Abwärtsverschiebung der FF–Kurve ($FF_0 \rightarrow FF_1$) und im Ergebnis in einer Aufwertung des Inlandswährung äußern wird. Zwar hat diese Wechselkursenkung einen dämpfenden Effekt auf das Preisniveau und löst somit einen entgegengesetzten Sekundäreffekt auf die Entwicklung von Inlandszins und Wechselkurs aus, der aber nicht in der Lage sein kann, die primäre Wirkungsrichtung umzukehren.

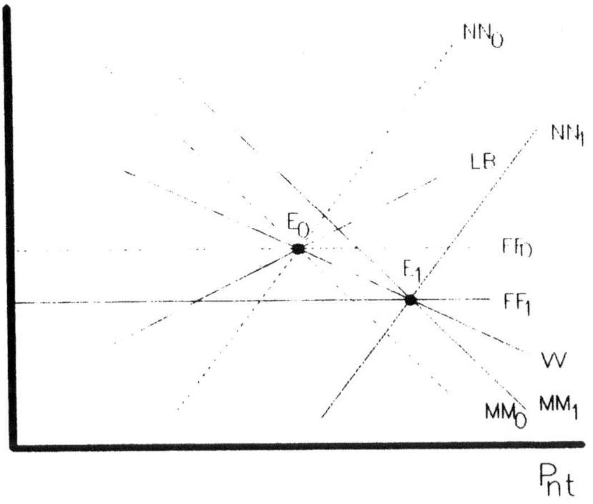

Abb.D/3

In der Abb. D/3 liegt das neue Gleichgewicht E_1 nun erneut auf der unveränderten VV–Linie, was anzeigt, daß durch die Reaktionen auf Güter– und Finanzmärkten das in Einheiten NT–Gütern gemessene Sozialprodukt zufällig keiner Veränderung unterworfen war, so daß weitere, nun einkommensinduzierte Sekundäreffekte nicht zu berücksichtigen sind. Es ist natürlich ohne weiteres denkbar, daß E_1 bspw. rechts der VV–Linie liegt, was einem gegenüber der Ausgangssituation erhöhten Sozialprodukt entspricht. Es wäre dann noch zusätzlich zu berücksichtigen, daß der Einkommensanstieg eine Verengung des Geldmarktes zur Folge hätte, die sich graphisch in einer erneuten Verschiebung der MM–Kurve, dieses Mal nach links/unten ausdrücken würde. Der gleichzeitig ausgelöste erneute Zinsanstieg müßte in einer weiteren Abwärtsverschiebung der FF–Linie und somit zu einer weiteren Aufwertung der Inlandswährung führen; ebenso müßte sich die NN–Kurve aufgrund der neuerlichen Zinsteigerung nach links/oben verschieben. Auf diese Weise ergibt sich demnach eine, diesmal endgültige Gleichgewichtslage.[164] Es läßt sich nur

[164]Die Lage dieses Gleichgewichtspunktes geht bereits aus den vorgestellten Ausrechnungen hervor, da das Gleichungssystem die Bestimmungsgleichung für das Sozialprodukt enthält und die Einkommensreaktion gewissermaßen "mitbestimmt" wird. Die im Text als "endgültig" bezeichnete Ruhelage verdient diese Bezeichung natürlich nur für die in diesem Abschnitt ausschließlich betrachtete kurze Frist; mittelfristig zwangsläufige Änderungen in den finanziellen Bestandsgrößen berühren auch diese Gleichgewichtslage, was aber hier nicht weiter verfolgt werden soll.

spekulieren, inwieweit sich im Endergebnis ein gestiegenes Sozialprodukt als Reaktion auf die staatliche Ausgabenerhöhung für nichtgehandelte Güter einstellt. Wie die Betrachtung der Ausrechnung für dY/dG_{nt} zeigt, ist eine positive Einkommensentwicklung um so wahrscheinlicher,

- je größer Ω_5 ist, d.h., je elastischer das NT–Angebot auf Erhöhungen von P_{nt} reagiert,
- je größer Ω_4 ist, d.h., je stärker eine Wechselkurssenkung die Geldnachfrage über die verschiedenen Wirkungskanäle reduziert und somit Zinssenkungen ermöglicht,
- je kleiner Ω_6 ist, d.h., je weniger elastisch das T–Angebot auf Wechselkurssenkungen mit Produktionseinschränkungen reagiert,
- je kleiner Ω_3 ist, d.h., je geringer eine P_{nt}–Erhöhung über das Preisniveau auf eine Verengung des Geldmarktes und tendenzielle Zinssteigerungen hinwirkt.

Das neue Gleichgewicht E_1 liegt zwangsläufig unterhalb der (hier normal, d.h. ansteigend verlaufenden) LB–Linie und bedeutet somit wie im vorangegangenen Fall eine Situation einer defizitären Leistungsbilanz. Dennoch unterscheidet sich dieses Ergebnis quantitativ und qualitativ von dem des vorangegangenen Abschnittes.

D.3. Portfoliomodell einer offenen Volkswirtschaft mit gehandelten und nichtgehandelten Gütern bei Reallohnrigidität

D.3.1 Vorbemerkungen

Den bisherigen Ausführungen lag die Annahme zugrunde, daß Variationen der Güterpreise die sektoralen Produktionsmengen und das Sozialprodukt insgesamt dadurch beeinflussen, daß die Preisvariationen einen eindeutigen Einfluß auf den jeweiligen Produzentenreallohn ausüben. Dabei wird implizit unterstellt, daß der Nominallohn exogen vorgegeben ist und die Arbeitnehmer Veränderungen des Konsumentenreallohns, die sich aus möglichen Variationen des Preisniveaus ergeben, nicht beachten. Auf dieser Grundlage sind Veränderungen der Preisrelation zwischen gehandelten Gütern und Binnengütern geeignet, das interne Gleichgewicht, also den Ausgleich des Marktes der nichtgehandelten Güter wiederherzustellen, da hierdurch sowohl auf der Nachfrage– wie auch auf der Angebotsseite Substitutionen in Richtung auf den Marktausgleich ausgelöst werden. Nimmt man nun alternativ dazu an, daß die Arbeitnehmer Veränderungen des Preisniveaus in gleichgerichtete Variationen ihrer Nominallohnforderungen umsetzen und auf diesem Weg das aktuelle Niveau der Konsumentenreallöhne verteidigen, dürfte sich der Anpassungsprozeß in mindestens zwei Punkten modifizieren:

Zum einen wird die Veränderung der Nominallöhne die sektoralen Produzentenreallöhne in unterschiedlicher Weise beeinflussen, so daß die Betrachtung des Preisverhältnisses zwischen beiden Gütergruppen für sich genommen nichts über die Verschiebungen der Angebotsstrukur aussagen kann.

Zum anderen wird die Veränderung der Nominallöhne die Entwicklung des Sozialproduktes insgesamt beeinflussen, woraus sich wiederum Rückwirkungen auf die Finanz– und Gütermärkte ergeben müssen.

D.3.2 Reallohnrigidität und Sozialprodukt: Modifikation des Ausgangssystems

Der Effekt, der von der Nominallohnanpassung ausgeht, läßt sich in dem vorgestellten monetären Modell relativ leicht dadurch erfassen, daß man statt der Information dw = 0 nun einen Ausdruck der Form dw = dP berücksichtigt. In Analogie zu dem bereits beschrieben Vorgehen erhält man auf diese Weise eine modifizierte VV–Kurve, die erneut diejenigen e/P_{nt}–Kombinationen angibt, für die sich – bei nun allerdings unterstellter Reallohnrigidität – ein konstantes Sozialprodukt ergibt. Der Verlauf dieser Linie ergibt sich als

$$\left.\frac{de}{dP_{nt}}\right|_{VV} = -\frac{\Omega_9}{\Omega_{10}}$$

mit $$\Omega_9 = \phi'_{nt}\frac{1}{P_{nt}}\cdot\beta - \phi'_{nt}\frac{w}{P_{nt}^2} + \phi'_t\frac{1}{P_{nt}}\cdot\beta - \phi_t\left[\frac{w}{e}\right]\cdot\frac{e}{P_{nt}^2} \gtreqless 0$$

$$\Omega_{10} = \phi'_{nt}\frac{1}{P_{nt}}\cdot(1-\beta) + \phi'_t\frac{1}{P_{nt}}(1-\beta) - \phi'_t\frac{w}{e^2} + \phi_t\left[\frac{w}{e}\right]\frac{1}{P_{nt}} \gtreqless 0.$$

Hier läßt sich nun in Analogie zu dem vorher geschilderten Fall der Nominallohnstarrheit argumentieren: Geht man von einem Anstieg des Preises der Binnengüter aus, so wirken auf das Sozialprodukt auch hier wieder die gegensätzlichen Teileffekte eines Einsatzes zusätzlicher Arbeitskräfte im

NT–Bereich und der Umbewertung der Produktion gehandelter Güter (2. und 4. Summand in Ω_9); zusätzlich ist bei starren Reallöhnen zu beachten, daß der Anstieg des Binnengüterpreises nach Maßgabe des Anteils β auf das Preisniveau durchschlägt und die so induzierte Nominallohnanpassung im Sektor der Binnengüter einen Teil der eben angeführten Reallohnsenkung rückgängig macht und im Bereich der gehandelten Güter einen Reallohnanstieg induziert, was zu sekundären Produktionseinschränkungen in beiden Produktionsbereichen führen muß (1. und 3. Summand in Ω_9). Während nun im Sektor der Binnengüter eine, je nach Umfang der kompensierenden Nominallohnerhöhung mehr oder weniger ausgeprägte Verminderung des Produzentenreallohnes und damit eine Ausdehnung der NT–Produktion stattgefunden hat, ist in der Industrie der gehandelten Güter ein Anstieg der Produzentenreallöhne zu verzeichnen.

Es ist nun – im Gegensatz zu der entsprechenden Argumentation bei flexiblen Reallöhnen – offen, ob das Sozialprodukt insgesamt infolge eines isolierten P_{nt}–Anstieges steigt oder fällt. Ein Anstieg des Volkseinkommens ist um so wahrscheinlicher, je geschlossener die betrachtete Volkswirtschaft ist, d.h., je geringer der Anteil der Produktion von gehandelten Gütern am gesamten Faktoreinsatz ist.[165] Es sei für die weiteren Ausführungen definiert, daß eine "offene" Volkswirtschaft immer dann vorliegt, wenn ein isolierter Anstieg des Preises der Binnengüter das Sozialprodukt reduziert ($\Omega_9 < 0$) und umgekehrt soll von einer "relativ geschlossenen" Volkswirtschaft geredet werden, wenn sich wie im vorhin beschriebenen Fall der Nominallohnrigidität rechts der VV–Kurve ein Anstieg des Sozialproduktes ergibt($\Omega_9 > 0$). Liegt nun also ein derartiger Fall einer relativ geschlossenen Wirtschaft vor, so ist der ausgelöste Anstieg des Sozialproduktes, umgekehrt zum Fall der rigiden Nominallöhne, durch einen Anstieg des Wechselkurses vermeidbar, da hierdurch zum einen eine Reduktion der Produzentenreallöhne im Bereich der T–Güter bewirkt wird und zum anderen die inflationstreibende Wirkung der Abwertung zu erhöhten Nominallohnforderungen in beiden Branchen führt; während dies im Sektor der gehandelten Güter mit einer nur partiellen Kompensation der Reallohnsenkung endet, kommt es im Bereich der Binnengüter infolge der Abwertung zu einer Erhöhung des Reallohns. Die hieraus resultierende Minderproduktion ist annahmegemäß ausreichend, die gegensätzliche Reaktion im Bereich der gehandelten Güter zu überkompensieren, so daß die Wechelkurs-

---

[165]Dieser hier nicht weiter definierte Anteil der Handelsgüterproduktion an der gesamten Produktion ist streng zu trennen von dem Gewicht $(1-\beta)$, den die gehandelten Güter am privaten Verbrauch haben.

erhöhung in der Tat in der Lage ist, das Sozialprodukt auf den Ausgangswert zurückzuführen ($\Omega_{10} < 0$) . Die VV–Kurve hat in diesem Fall bei rigiden Reallöhnen einen ansteigenden Verlauf. Im alternativen Fall einer "relativ offenen" Volkswirtschaft hat der isolierte Anstieg von P_{nt} aus den beschriebenen Gründen zunächst einen Rückgang des Sozialproduktes zur Folge ($\Omega_9 < 0$), zu dessen Vermeidung nun paradoxerweise ebenfalls ein Anstieg des Wechselkurses erforderlich ist. Dies vermindert, auch nach Berücksichtigung der induzierten Nominallohnanpassungen, den Produzentenreallohn im NT–Bereich. Aufgrund der hier getroffenen Annahme der relativen Offenheit der Wirtschaft wird der Produktionsanstieg im Sektor der gehandelten Güter nicht durch die nominallohninduzierte Produktionseinschränkung im NT–Sektor überkompensiert ($\Omega_{10} > 0$). Die VV–Kurve wird also bei "relativ offener" Wirtschaft ebenfalls einen ansteigenden Verlauf aufweisen, jedoch bedeuten Punkte rechts von ihr nun ein gegenüber Punkten auf der Kurve vermindertes Sozialprodukt.

D.3.3 Erhöhung der Realausgaben für nichtgehandelte Güter

D.3.3.1 Graphische Darstellung

Es ist nun zu fragen, inwieweit die Anpassung auf den Güter– und Finanzmärkten durch die alternative Lohnhypothese berührt wird und insbesondere wie sich die Reaktion der Leistungsbilanz unter diesen Annahmen darstellt. Die Beantwortung dieser Frage soll anhand der Abb. D/4 erfolgen. Es sei wieder angenommen, daß eine staatliche Erhöhung der Ausgaben für nichtgehandelte Güter zunächst zu den bereits im vorangegangenen Abschnitt beschriebenen Kurvenverlagerungen führen, wobei zunächst von dem Fall einer relativ geschlossenen Wirtschaft, im Sinne der hier verwendeten Terminologie, ausgegegangen werden soll (Es gilt die Isoeinkommensgerade VV_r). Nimmt man auch hier wieder an, daß der neue Gleichgewichtspunkt auf der für flexible Reallöhne abgeleiteten VV–Linie (VV_l) läge, d.h. also, daß bei Flexibilität der Reallöhne das Volkseinkommen unverändert wäre, so ist nun ein gegenüber der Ausgangssituation erhöhtes Sozialprodukt zu verzeichnen. Wie bereits in anderem Zusammenhang beschrieben, kommt es nun zu einkommensindu zierten Sekundäreffekten, die das Gleichgewicht erneut modifizieren. So wird die sekundäre Einkommenserhöhung den Geldmarkt verengen. Der hieraus resultierende Geldnachfrageüberhang äußert sich in einer Verlagerung der MM–Kurve nach links unten in die Position MM_2, wobei das zur Wiederherstellung des Gleichgewichtes nötige Ausmaß der Verschiebung durch die gleichzeitig stattfindende (relative) Zinserhöhung gemindert wird. Desweiteren wird die Zinserhöhung am Markt für ausländische Vermögenstitel zu einem Angebotsüberhang führen, der sich in einer Abwärtsverschiebung der FF–Linie ($FF_1 \rightarrow FF_2$) und im Ergebnis in einer zusätzlichen Aufwertung äußert. Am Markt für nichtgehandelte Güter macht sich die Zinserhöhung in einem Rückgang der Nettonachfrage bemerkbar, zu dessen Abbau jeweils niedrigere Werte für P_{nt} und höhere Wechselkurse notwendig sind; die NN–Kurve verschiebt sich somit in die Position NN_2. Auf diese Weise führt also die Starrheit der Konsumentenreallöhne für sich genommen zu einer verstärkten Aufwertung und zu einem geringeren Anstieg des Preises der Binnengüter.

Umgekehrt dürfte sich bei Vorliegen einer "relativ offenen" Wirtschaft eine Einkommensreduktion bzw. ein gegenüber dem Fall flexibler Reallöhne geringerer Anstieg des Volkseinkommens ergeben. Die sekundären Auswirkungen auf das Gleichgewicht ergeben sich umgekehrt analog zu den soeben angestellten Überlegungen und bedürfen damit keiner weiteren Erläuterung.

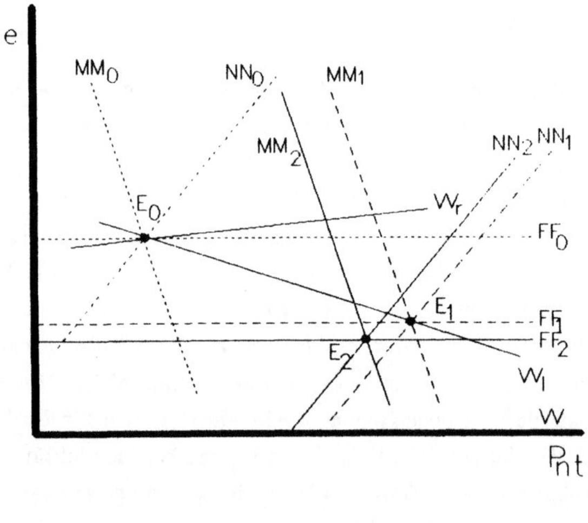

Abb. D/4

D.3.3.2 Analytische Darstellung

Die Einflüsse der sekundären Einkommenseffekte zeigen sich auch analytisch, wenn man dem bereits verwendeten Gleichungssystem die Information $dw = dP$ hinzufügt und auf gewohnte Weise erhält:

$$\frac{di}{dG_{nt}} = \frac{1}{\Delta}\left[-(1-f)F + \frac{\delta f}{\delta \Pi}\frac{\delta \Pi}{\delta e} W\right]\left[\Omega_3 + \Omega_9 \frac{\delta m}{\delta Y} W\right] \gtreqless 0$$

$$\frac{de}{dG_{nt}} = -\frac{1}{\Delta}\frac{\delta f}{\delta i} W \left[\Omega_3 + \Omega_9 \frac{\delta m}{\delta Y} W\right] \gtreqless 0$$

$$\frac{dP_{nt}}{dG_{nt}} = \frac{1}{\Delta}\left[\frac{\delta f}{\delta i} W \left[\Omega_4 + \Omega_{10}\frac{\delta m}{\delta Y} W\right] - \frac{\delta m}{\delta i} W \left[-(1-f)F + \frac{\delta f}{\delta \Pi}\frac{\delta \Pi}{\delta e} W\right]\right] \gtreqless 0$$

$$\frac{dY}{dG_{nt}} = -\frac{1}{\Delta}\left[\frac{\delta m}{\delta i} W\, \Omega_9\left[-(1-f)F + \frac{\delta f}{\delta \Pi}\frac{\delta \Pi}{\delta e} W\right] + \frac{\delta f}{\delta i} W\, (\Omega_3\,\Omega_{10} - \Omega_9\,\Omega_4)\right] \gtreqless 0$$

$$\text{mit } \Delta = -\Omega_9 \frac{\delta N}{\delta i}\left[-(1-f)F + \frac{\delta f}{\delta \Pi}\frac{\delta \Pi}{\delta e} W\right]\frac{\delta m}{\delta Y} W + \frac{\delta f}{\delta i} W\, \Omega_2 \frac{\delta m}{\delta Y} W$$

$$-\Omega_{10}\frac{\delta f}{\delta i} W\, \Omega_1 \frac{\delta m}{\delta Y} W - \frac{\delta N}{\delta i}\Omega_3\left[-(1-f)F + \frac{\delta f}{\delta \Pi}\frac{\delta \Pi}{\delta e} W\right]$$

$$+\frac{\delta m}{\delta i} W\, \Omega_1\left[-(1-f)F + \frac{\delta f}{\delta \Pi}\frac{\delta \Pi}{\delta e} W\right] - \frac{\delta f}{\delta i} W\, (\Omega_1\,\Omega_4 - \Omega_3\,\Omega_2).$$

Die Betrachtung der Ausrechnung für di/dG_{nt} zeigt, daß hier der Zinseffekt im Vorzeichen unbestimmt ist. Solange der Fall einer "relativ geschlossenen" Wirtschaft vorliegt ($\Omega_9 > 0$, $\Omega_{10} < 0$), ergibt sich ein positiver Gesamtzinseffekt, da sich – wie in der graphischen Analyse gezeigt – ein ebenfalls positiver Sekundäreffekt auf den Zins einstellen wird, der aus dem induzierten (absoluten oder relativen) Einkommensanstieg herrührt. Im umgekehrten Fall einer "relativ offenen" Wirtschaft ($\Omega_9 < 0$) ist hingegen der Gesamteffekt auf den Zins unbestimmt, da, wie gezeigt, ein negativer Sekundäreffekt auf den Zins, der aus der Einkommensreduktion herrührt, zu berücksichtigen ist. Die gleichen Anmerkungen sind bezüglich der endgültigen Wechselkursentwicklung zu machen, die unter den im Modell getroffenen Annahmen nur von der Zinsentwicklung abhängig ist. Auch hier ist also im Fall einer "relativ geschlossenen" Wirtschaft immer eine Aufwertung zu verzeichnen, während anderenfalls auch mit einer Abwertung der heimischen Währung gerechnet werden muß.

Die Ausrechnungen für dP_{nt}/dG_{nt} zeigen, daß im Fall der offenen Wirtschaft, d.h., wenn gilt $\Omega_{10} > 0$, ein Anstieg des Preises der Binnengüter unvermeidlich eintreten wird. Im alternativen Fall einer geschlossenen Wirtschaft hingegen ist, zumindest theoretisch, auch eine Reduktion von P_{nt} denkbar. Dieses Ergebnis kann sich einstellen, wenn bei negativen Werten für Ω_{10} der erste Term der obigen Ausrechnung ein negatives Vorzeichen annimmt, wenn also gilt $\Omega_4 < -\Omega_{10}\cdot(\delta m/\delta Y)\cdot W$. Bei dieser Parameterkonstellation hat die stattfindende Aufwertung per saldo einen geldmarktbelastenden Effekt, da die (negativen) Finanzmarkteffekte einer Wechselkursreduktion auf die Geldnachfrage von den (positiven) Gütermarkteffekten dominiert werden. Die Zinsteigerung und folglich die Aufwertung werden deshalb besonders umfangreich ausfallen, was eine starke wechselkursbedingte Verbilligung der T–Güter bedeutet. Die auf diesem Weg induzierte, besonders starke Verlagerung der Nachfrage weg von den NT–Gütern wirkt dem fiskalisch ausgelösten Anstieg von P_{nt} entgegen und macht eine endgültige Erhöhung des Preises der Binnengüter weniger wahrscheinlich.

Für die gesamte Wirkung auf das Volkseinkommen ergibt sich schließlich, daß sich in einer "relativ geschlossenen" Wirtschaft ($\Omega_9 > 0$, $\Omega_{10} < 0$) auf jeden Fall eine Einkommensexpansion, im umgekehrten Fall der "offenen" Wirtschaft eine Einkommenskontraktion ergeben wird, was die eher spekulativen Ergebnisse der graphischen Analyse bestätigt.

Abschließend bleibt zu fragen, in welcher Weise die Rigidität der Reallöhne die Leistungsbilanzimplikationen der fiskalischen Maßnahme berührt. Wie gezeigt wurde, führt die von den Arbeitnehmern erzwungene Starrheit der Konsumentenreallöhne im Fall der "relativ geschlossenen" Wirtschaft zu einem Anstieg der Inlandszinsen und einer Reduktion des Preises der nichtgehandelten Güter und des nominalen Wechselkurses, immer relativ zu den jeweiligen Ergebnissen bei Reallohnflexibilität gesehen. Es läßt sich nun ohne Kenntnis der Parameterwerte nicht ermitteln, ob die Reduktion des Wechselkurses den Rückgang des Preises der Binnengüter übersteigt oder dahinter zurückbleibt, ob also der reale Wechselkurs e/P_{nt} relativ gesunken oder gestiegen ist. Wie die Betrachtung der Ausrechnungen für de/dG_{nt} und dP_{nt}/dG_{nt} zeigt, erfahren die durch die fiskalische Maßnahme ausgelösten Veränderungen der endogenen Größen e und P_{nt} infolge der Reallohnstarrheit eine Variation von

$$d\left[\frac{de}{dG_{nt}}\right] = \frac{\delta f}{\delta i} W \frac{\delta m}{\delta Y} W \left[\phi'_{nt} \frac{1}{P_{nt}} \beta + \phi'_{t} \frac{1}{P_{nt}} \beta\right] \cdot \frac{1}{\Delta} < 0$$

$$d\left[\frac{dP_{nt}}{dG_{nt}}\right] = \frac{\delta f}{\delta i} W \frac{\delta m}{\delta Y} W \left[\phi'_{nt} \frac{1}{P_{nt}} (1-\beta) + \phi'_{t} \frac{1}{P_{nt}} (1-\beta)\right] \cdot \frac{1}{\Delta} < 0.$$ [166]

Offensichtlich wird die Wechselkurssenkung (betrachtet wird der Fall der "relativ geschlossenen" Wirtschaft) dann von der Reallohnrigidität stärker betroffen als die Preissenkung der gehandelten Güter, wenn der Anteil der Binnengüter an den Gesamtausgaben den der gehandelten Güter übersteigt, d.h., wenn gilt $\beta > 1-\beta$.[167] In diesem Fall ($\beta > 1-\beta$) wird also die sekundär induzierte Aufwertung die sekundäre Verbilligung der nichtgehandelten Güter übersteigen, so daß die Inflexibilität der Reallöhne für sich genommen eine stärkere Gesamtverschlechterung der Leistungsbilanz bewirken wird. Andere

---

[166]Da die Systemdeterminante zwar von der geänderten Lohnhypothese ebenfalls betroffen ist, aber in beide Ausdrücke gleichermaßen eingeht, kann sie bei diesen Überlegungen unberücksichtigt bleiben.

[167]Diese Aussage wird verständlich, wenn man sich den folgenden Zusammenhang erneut vor Augen führt: Eine gegebene Aufwertung der Inlandswährung und die hieraus resultierende (absolute oder relative) Senkung des Preisniveaus wird zu einer ebensolchen Senkung des Nominallohns führen, die, zusammen mit der primären Wechselkursveränderung, den Produzentenreallohn im T–Güterbereich steigen läßt und im Bereich der nichtgehandelten Güter den Produzentenreallohn reduziert. Unter der Annahme einer "relativ geschlossenen" Volkswirtschaft wird diese Reallohnvariation insgesamt zu einem (absoluten oder relativen) Anstieg des Sozialproduktes führen, was wiederum Zinssteigerungen und erneute, sekundäre Aufwertungen hervorrufen wird. Gleichzeitig wird die Senkung des Produzentenreallohns in der NT–Branche einen Mehranstieg der Produktion nichtgehandelter Güter und aufgrund der sekundär induzierten Zins– und Wechselkursreaktionen ein verstärktes Crowding–Out privater Nachfrage nach diesen Gütern bewirken, so daß dem Anstieg von P_{nt} entgegengewirkt wird. Ist nun der Importanteil im Preisniveau $(1 - \beta)$ groß, so wird eine gegebene, nominale Aufwertung auf dem beschriebenen Weg zu besonders großen P_{nt}–Senkungen bzw. besonders geringen P_{nt}–Erhöhungen führen, so daß das Vorliegen der Reallohnstarrheit für sich genommen auf eine reale Abwertung hinwirkt.

Konstellationen sind auf der Basis der bisherigen Ausführungen leicht zu konstruieren. Für die endgültige Reaktion der Leistungsbilanz ist ebenfalls der Einfluß der relativen Zinsvariationen auf die Nachfrage nach gehandelten Gütern zu berücksichtigen; dieser Effekt wurde in den bisherigen Überlegungen noch nicht berücksichtigt. Legt man den Fall der "relativ geschlossenen" Wirtschaft zugrunde, so wird der sekundäre Zinsanstieg auch die Nettonachfrage nach gehandelten Gütern vermindern, so daß hieraus eine tendenzielle Verbesserung der Leistungsbilanz resultieren wird, die sich graphisch in einer Verschiebung der LB–Kurve nach unten/rechts ausdrückt. Es ist natürlich völlig offen, ob dieser Zinseffekt den möglicherweise vorliegenden Effekt auf den realen Wechselkurs, wie er im vorherigen Abschnitt abgeleitet wurde, überwiegt.

Zusammengenommen ist damit ungeklärt, welchen Einfluß die alternative Hypothese der Reallohnrigidität auf die Leistungsbilanzwirkungen einer Ausgabenerhöhung haben wird, solange die Argumentation allgemein bleibt und nicht auf die quantitative Kenntnis der Parameter zurückgreifen kann.

D.4. Fiskalpolitik und nichtgehandelte Güter – eine realwirtschaftliche Darstellung

Wie der vorangegangene Abschnitt gezeigt hat, wird der Zusammenhang zwischen der Leistungsbilanzentwicklung und dem Budgetdefizit – soweit nichtgehandelte Güter betroffen sind – durch Veränderungen des Relativpreises zwischen gehandelten und nichtgehandelten Gütern hergestellt. Um die Einflüsse der Finanzsphäre auf diese Relativpreisverschiebung auszuschalten, bzw. um die Einflüsse von Güter– und Finanzsphäre trennen zu können, soll im folgenden die gleiche Fragestellung im Rahmen einer realwirtschaftlichen Darstellung noch einmal untersucht werden, wobei sich, das sei vorweggenommen, eine weitgehende Bestätigung der Ergebnisse der monetären Analyse ergibt.

D.4.1 Ausgangsgleichgewicht

Nimmt man zunächst die Vollbeschäftigung aller Produktionsfaktoren an, so läßt sich der geometrische Ort aller effizienten Produktionsmöglichkeiten durch eine zum Ursprung konkave Transformationskurve abbilden; die Abb. D/5 zeigt dieses bekannte SALTER'sche T/NT Diagramm.[168]

Wie die Abbildung zeigt, führt unter diesen Bedingungen ein Anstieg des Relativpreises des nichtgehandelten Gutes (Übergang von Preisgerade I nach II) sowohl zu einem Angebotsüberhang im NT–Bereich in Höhe von AB als auch zu einem Nachfrageüberhang im Bereich der gehandelten Güter in Höhe von CD; die Elastizitäten der sektoralen Angebots– und Nachfragefunktionen entsprechen damit denen der monetären Analyse des vorangegangenen Abschnittes.

---

[168] Vgl. SALTER, W. E. G., a.a.O., S. 227. Die mit dem Verlauf der Transformationskurve ausgedrückten steigenden Grenzkosten sollen hier bei identischen sektoralen Faktoreinsatzverhältnissen und konstanten Niveaugrenzprodukten durch die Annahme sektorspezifisch gebundenen Kapitals erklärt werden; eine Ausdehnung der sektoralen Ausbringung ist nur durch einen Mehreinsatz an Arbeit, allerdings zu sinkenden Grenzerträgen möglich. Da die Beschaffung dieses Produktionsfaktors aber – bei identischen sektoralen Faktorintensitäten – unveränderte Faktorentgelte erfordert, ist die Ausdehnung der Produktion in einem Sektor nur bei einem kompensierenden Anstieg des relativen Preises dieser Gütergruppe möglich. Vgl. JONES, R. W., A three–factor model in theory, trade, and history. In: BHAGWATI, J.N./ JONES, R.W. et al. (Hrsg.), Trade, Balance of Payments, and Growth. Amsterdam 1971, S. 10. Zu einer vergleichbaren Argumentation im Rahmen der monetären Theorie vgl. DORNBUSCH, R., a.a.O., S. 97ff.

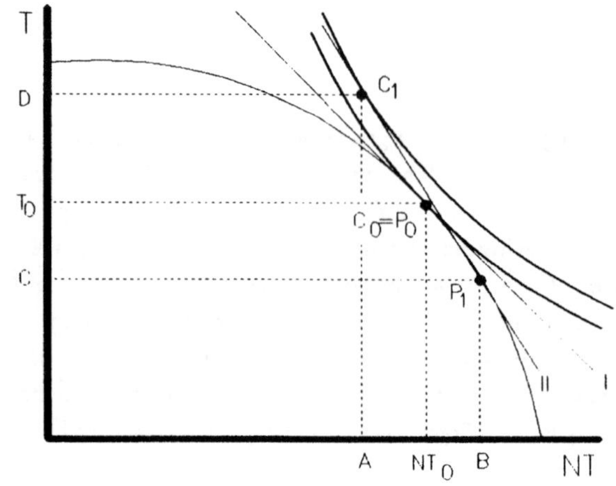

Abb. D/5

Die hier zugrundeliegenden sozialen Indifferenzkurven spiegeln jedoch nur die Reaktion der privaten Ausgaben auf Einkommens- und Preisänderungen wider. Die öffentlichen Ausgaben für beide Güterarten sollen auch hier wieder als exogen angesehen werden und gehen damit als Lageparameter in das eingezeichnete, abgeleitete Indifferenzkurvensystem ein. In Analogie zu den entsprechenden Ausführungen zur monetären Theorie muß der Markt der nichtgehandelten Güter durch entsprechende Variationen des Relativpreises ständig zum Ausgleich gebracht werden. Differenzen in Produktion und Konsum gehandelter Güter werden hingegen durch entsprechende Leistungsbilanzsalden ermöglicht.

D.4.2 Wirkungen einer Ausgabenerhöhung für gehandelte Güter

Die Auswirkung einer öffentlichen Ausgabenerhöhung, die sich auf gehandelte Güter richtet, soll anhand von Abb. D/6 erfolgen. Ausgehend von einem internen und externen Gleichgewicht im Produktions- und Konsumpunkt P_0 (C_0) äußert sich die staatliche Ausgabenerhöhung in einer Parallelverlagerung des Indifferenzkurvensystems um die Strecke dG_t, d. h. die Summe der zusätzlichen Staatsausgaben, nach oben.[169]

[169]Die Verlagerung des Indifferenzkurvensystems ergibt sich unmittelbar, wenn man bedenkt, daß auch nach der fiskalischen Maßnahme die Privaten bei einem gegebenen Preisverhältnis eine unveränderte Güterkombination nachfragen, die gesamtwirtschaftliche Nachfrage nach gehandelten Gütern aber im Umfang der zusätzlichen Staatsausgaben ansteigt.

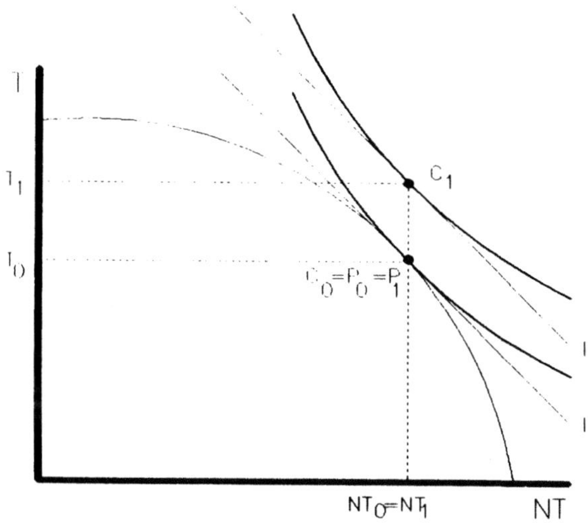

Abb. D/6

Da das Gleichgewicht des Marktes nichtgehandelter Güter hiervon nicht direkt betroffen ist, kann das interne Gleichgewicht ohne Veränderung des Relativpreises aufrechterhalten werden. Damit ergibt sich ein neuer Konsumpunkt C_1, in dem weiterhin die gleiche Menge nichtgehandelter Güter konsumiert wird ($NT_0 = NT_1$), die Nachfrage nach T–Gütern ist hingegen im neuen Gleichgewicht um T_0 T_1 (= dG_t) angestiegen. Der primäre fiskalische Nachfrageimpuls hat zu einem gleichgroßen Leistungsbilanzdefizit geführt. Die realwirtschaftliche Darstellung bestätigt also völlig das Ergebnis der monetären Analyse.

D.4.3 Wirkungen einer Ausgabenerhöhung für nichtgehandelte Güter

Im direkten Vergleich zum vorhergegangenen Abschnitt zeigt Abb. D/7 die güterwirtschaftlichen Auswirkungen einer Ausgabenerhöhung für nichtgehandelte Güter. Ausgehend von der gleichen Situation wie in Abb. D/6 verlagert die fiskalische Maßnahme das Indifferenzkurvensystem um den Betrag dG_{nt} nach rechts.[170] Der Nachfrageüberhang auf dem Markt für Binnengüter wird zu einem Anstieg von P_{nt} und damit zu einer steileren Preisgerade II führen. Diese Veränderung des Preisverhältnisses beseitigt das

---

[170]Damit beide Maßnahmen quantitativ vergleichbar sind, muß gelten $dG_{nt} = (P_t/P_{nt}) \cdot dG_t$.

Ungleichgewicht im NT–Bereich durch die Induktion eines sekundären Nachfragerückgangs und einer Produktionsausdehnung in diesem Bereich. Die private Nachfrageverlagerung hin zu den gehandelten Gütern und die Minderproduktion in diesem Bereich führen auch hier wieder zu einer Überschußnachfrage nach gehandelten Gütern, die sich in einem Leistungsbilanzdefizit in Höhe P_1 C_1 niederschlägt. Es läßt sich nicht ohne weiteres ausmachen, wie groß der Leistungsbilanzfehlbetrag in diesem zweiten Fall, verglichen mit dem zuerst geschilderten Fall, sein wird. Wie die Betrachtung der Abb. D/7 zeigt, wird die Verschlechterung der Leistungsbilanz um so geringer sein, je weniger elastisch die Nachfrager (Anbieter) auf die relative Verteuerung der NT–Güter mit einer Erhöhung der Nachfrage nach (Reduktion des Angebotes an) gehandelten Gütern reagieren, oder graphisch ausgedrückt, je stärker die Indifferenzkurven und die Transformationskurve gekrümmt sind.

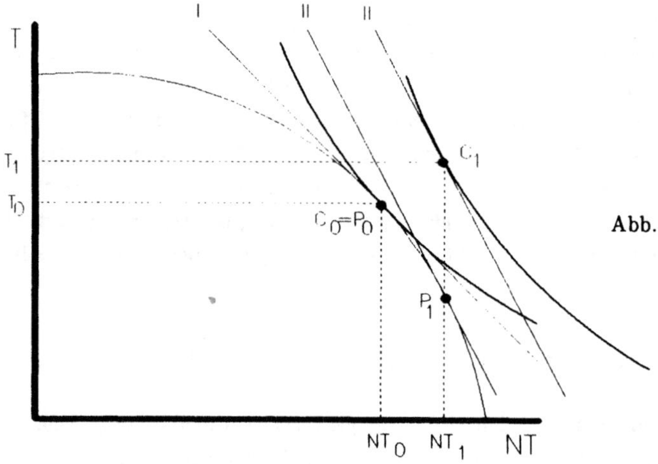

Abb. D/7

Liegt eine derartige Konstellation geringer Preiselastizitäten vor, ist das entstehende Leistungsbilanzdefizit geringer als nach einer staatlichen Nachfrageausdehnung für gehandelte Güter.

Nur zu Zwecken der Verdeutlichung dieses Gedankens sei kurz angenommen, daß auf der Produktionsseite keinerlei Reaktion auf die Veränderung des Relativpreises erfolgt und die Transformationskurve gewissermaßen

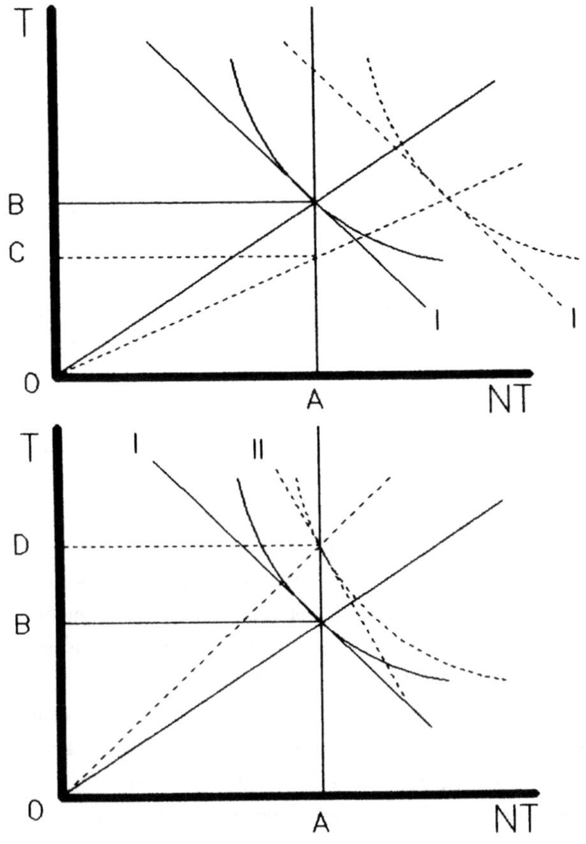

Abb. D/8

zusammenschrumpft zum aktuellen Produktionspunkt. Der untere Quadrant von Abb. D/8 zeigt, wie eine Erhöhung des Relativpreises des Binnengutes (Preisgerade I → II) bei unveränderter T–Güterproduktion (NT–Güterproduktion) in Höhe von OB (OA) für sich genommen, d.h. im unveränderten Indifferenzkurvensystem, zu einer Verschlechterung der Leistungsbilanz im Umfang BD führt; man könnte hier von einem Substitutionsseffekt sprechen. Im oberen Quadranten wird hingegen unterstellt, daß die Ausdehnung der Staatsausgaben für Binnengüter das System der Indifferenzkurven wie gehabt nach rechts verlagert, jedoch ohne daß sich das Preisverhältnis ändert. Der nun flachere Expansionspfad zeigt an, daß, wählt man einen Konsumpunkt innerhalb der Möglichkeiten, d.h. also bei Ausgleich des Marktes nichtgehandelter Güter, ein Rückgang der Nachfrage nach gehandelten Gütern um BC und eine ebensogroße Verbesserung der Leistungsbilanz stattfinden wird. Dieser Effekt beruht auf der Tatsache, daß der Staat mit seiner fiskalischen Maßnahme die gesamtwirtschaftliche Ausgabenstruktur von den international gehandelten Gütern wegverlagert. Schließt man die Möglichkeit einer kompensierenden Relativpreisanpassung aus, muß dies bei gegebenem Niveau und gegebener Struktur des Sozialproduktes zu einem Angebotsüberschuß an diesen Gütern und einer Leistungsbilanzverbesserung führen. Dieser Effekt könnte als Struktureffekt bezeichnet werden. Die tatsächliche Leistungsbilanzreaktion ergibt sich nun aus dem Zusammenwirken von Substitutionseffekt, Struktureffekt und den (in Abb. D/8 ausgeschlossenen) Angebotseffekten.

Es läßt sich damit absehen, daß bei geringen Substitutionselastizitäten in Angebot und Nachfrage der Struktureffekt überwiegen bzw. stark kompensierend wirken kann und die Verschlechterung der Leistungsbilanz geringer ausfällt oder ausbleibt. Dieser Effekt bestätigt die Ergebnisse der monetären Theorie. Wie man leicht zeigen kann,[171] hat dort die LB–Kurve auch bei geringem Substitutionseffekt einen ansteigenden Verlauf, jedoch bedeuten Punkte unterhalb dieser Kurve nun Angebotsüberhänge an T–Gütern, also Leistungsbilanzüberschüsse. Analog stattfindende Kurvenverschiebungen führen dann zu einer Verbesserung der Leistungsbilanz. Gegenüber der realwirtschaftlichen Darstellung in diesem Abschnitt kommt die monetäre Analyse des Abschnittes D.2 in zweierlei Hinsicht zu abweichenden Ergebnissen. Zum einen ist dort eine Einkommensvariation mit den beschriebenen Sekundäreffekten möglich, während das hier verwendete güterwirtschaftliche Modell von der Annahme laufender Vollbeschäftigung ausgeht. Wie an anderer Stelle gezeigt, ist die Richtung, in der die Möglichkeit einer Einkommensvariation auf die Leistungsbilanz einwirkt, nicht a priori auszumachen.

Zum anderen ist zu beachten, daß die Veränderung des Relativpreises nicht nur von den Gütermarktgegebenheiten abhängig ist. Wie im Grundmodell des Abschnittes B ist die finanzmarktdeterminierte Wechselkursänderung u. U. die dominierende Einflußgröße auf das gleichgewichtige Preisverhältnis. Dieser Einfluß ist jedoch in der hier vorgestellten realwirtschaftlichen Darstellung nicht berücksichtigt. Da sich, wie gezeigt, eine Wechselkursreduktion einstellt, wird die relative Verbilligung des gehandelten Gutes besonders umfangreich ausfallen. Die Vernachlässigung der Finanzsphäre überzeichnet daher die Chancen dafür, daß eine Staatsausgabenerhöhung für nichtgehandelte Güter eine günstigere Leistungsbilanzentwicklung ermöglicht als eine Ausgabenerhöhung, die sich auf gehandelte Güter richtet.

---

[171]Vgl. dazu S. 154f. dieser Arbeit.

D.4.4 Fiskalpolitik, Leistungsbilanz und starre Reallöhne

D.4.4.1 Vorbemerkungen

Bis zu diesem Punkt wurde dem Gleichgewicht der Faktormärkte oder, was das gleiche bedeutet, der Vollbeschäftigung der Produktionsfaktoren nur sehr kursorisch Beachtung geschenkt. Es läßt sich aber zeigen, daß sich aus der Forderung nach einem permanenten Einsatz aller verfügbaren Produktionsfaktoren bestimmte zusätzliche Bedingungen ableiten lassen.[172]

Wie bereits erläutert, lag der Ableitung der Angebotsseite die Annahme zugrunde, daß die Kapitalbestände in den beiden Sektoren fixiert sind und Verlagerungen der Produktionsstruktur ausschließlich durch die intersektorale Wanderung des Faktors "Arbeit" zustande kommen; zusätzlich wurde implizit angenommen, daß der Nominallohn, der in beiden Sektoren in gleicher Höhe gezahlt wird, durch exogene Einflüsse fixiert ist. Veränderungen des Preisverhältnisses beider Güter führen somit zu eindeutigen Veränderungen der jeweiligen Produzentenreallöhne und Produktionsmengen.

Das Arbeitsangebot A ist aufgrund des unveränderten Nominallohns und der Annahme der Geldillusion seitens der Arbeitnehmer konstant; es teilt sich vollständig auf beide Sektoren auf. Der sektorspezifische Arbeits– bzw. Kapitaleinsatz A_i bzw. K_i und der sektorale Output Q_i sind durch die entsprechenden Faktorintensitäten verknüpft; es gilt:

$$(6) \quad a_t \cdot Q_t + a_{nt} \cdot Q_{nt} = A$$

$$(7) \quad k_t \cdot Q_t = K_t$$

$$(8) \quad k_{nt} \cdot Q_{nt} = K_{nt},$$

wobei a_i (k_i) den durchschnittlichen Arbeitskoeffizienten (Kapitalkoeffizienten) im Sektor i bezeichnet. Unter der Annahme einer linear–homogenen Produktionstechnik in beiden Sektoren verteilt sich das bewertete Produktionsergebnis vollständig auf die beiden Produktionsfaktoren, wobei r_i die nominale Realkapitalverzinsung im Sektor i bezeichnet; beachtet man, daß aufgrund der intersektoralen Mobilität der Arbeit der gleiche Nominallohn w in beiden Industrien gilt, läßt sich schreiben

$$(9) \quad K_t \cdot r_t + A_t \cdot w = Q_t \cdot P_t$$

$$(10) \quad K_{nt} \cdot r_{nt} + A_{nt} \cdot w = Q_{nt} \cdot P_{nt}.$$

---

[172]Vgl. JONES, R. W./ CORDEN, W. M., Devaluation, non–flexible prices, and the trade balance for a small country. The Canadian Journal of Economics, Bd.9 (1976), S. 150ff sowie JONES, R. W., a.a.O., S. 4ff.

Unter Verwendung von (2) und (3) lassen sich (1), (9) und (10) schreiben als

(9a) $k_t \cdot r_t + a_t \cdot w = P_t$

(10a) $k_{nt} \cdot r_{nt} + a_{nt} \cdot w = P_{nt}$

(1a) $\frac{a_t}{k_t} \cdot K_t + \frac{a_{nt}}{k_{nt}} \cdot K_{nt} = A.$

Betrachtet man die obigen Gleichungen (6), (7) und (8) als ex ante–Bedingungen für das Gleichgewicht der Faktormärkte, müssen die Faktorkoeffizienten a_i und k_i von der jeweiligen sektoralen Faktorpreisrelation abhängig gemacht werden. Es ist unmittelbar einzusehen, daß der gewünschte Arbeitskoeffizient (Kapitalkoeffizient) negativ (positiv) vom Verhältnis aus Nominallohn und Kapitalverzinsung abhängt. Geht man beispielsweise von einem Anstieg des Preises der nichtgehandelten Güter aus, so werden die zunächst entstehenden Gewinne in diesem Sektor eine Produktionsausdehnung induzieren, indem zum unveränderten Nominallohn zusätzliche Arbeitskräfte eingesetzt werden, die aus dem Sektor der gehandelten Güter abgezogen werden. Wie die Betrachtung der Gleichung (10a) zeigt, stellt die steigende Arbeitsintensität und der aufgrund gesunkener Durchschnittsproduktivität der Arbeit steigende Arbeitskoeffizient den anfänglichen gewinnlosen Zustand wieder her.[173] Im Sektor der gehandelten Güter geschieht das Umgekehrte: Der Abzug der Arbeitskräfte und die kapitalintensivere Produktionsweise muß die Durchschnittsproduktivität der Arbeit steigen, den Arbeitskoeffizienten sinken lassen; die Gleichung (9a) zeigt, daß die gewinnlose Situation aufgrund der unveränderten Nominallöhne nur bei einer kompensierenden Reduktion des Preises der gehandelten Güter, also bei einem niedrigen Wert für P_t möglich ist.[174]

---

[173] Man mag zunächst einwenden, daß auch der Kapitalkoeffizient bei veränderten Faktorpreisrelationen nicht konstant ist, sondern sich kompensierend verändern wird. So wird bei steigendem Realkapitalzins der Kapitalkoeffizient abnehmen, d.h. die Durchschnittsproduktivität des sektoralen Kapitalstocks zunehmen. Es läßt sich aber leicht zeigen, daß bei Vorliegen einer Produktionsfunktion vom COBB–DOUGLAS–Typ die Variation der sektoralen Kapitalintensität das Grenzprodukt des Kapitals (also den Realkapitalzins) in relativ dem gleichen Maß wie die Durchschnittsproduktivität (und damit den Kapitalkoeffizienten) verändert, so daß das Produkt $k_i r_i$ konstant bleibt; $k_i r_i$ entspricht der partiellen Produktionselastizität $K_i/Q_i \cdot (\delta Q_i/\delta K_i)$, die bekanntermaßen bei CD–Produktionsfunktionen konstant ist. Die Variation der sektoralen Kapitalintensität vermag also von dieser Seite aus nichts an der Gewinnsituation in der betreffenden Branche zu ändern.

[174] Vgl. die Argumentation in CAVES, W.M./JONES, R. W., World Trade and Payments. An Introduction. Boston 1973, S. 158f.

D.4.4.2 Wirkungen einer Ausgabenerhöhung für nichtgehandelte Güter bei Reallohnstarrheit

Nun soll auch in diesem Modellrahmen die implizite Annahme eines starren Nominallohnes durch die Hypothese einer Reallohnrigidität ersetzt werden, wobei von einem Anstieg des gesamtwirtschaftlichen Preisniveaus als Folge der Ausgabenerhöhung ausgegangen werden soll.[175,176]

Zum Zwecke einer transparenten Darstellung wird auch hier wieder die gesamte Anpassung gedanklich in zwei Teilschritte zerlegt. Dazu wird angenommen, daß in einer ersten Phase der Anpassung die Mengen und relativen Preise in der im Abschnitt D.4.3. beschriebenen Art reagieren; in einer zweiten Phase soll die Reaktion der Nominallöhne erfolgen. Wie die Gleichungen (9a) und (10a) zeigen, führt der Anstieg der Löhne nach der zwischenzeitlichen Wiederherstellung des gewinnlosen Konkurrenzgleichgewichtes zu Verlusten in beiden Sektoren. Die Anbieter beider Branchen werden bestrebt sein, durch die Freisetzung von Arbeit zu einer kapitalintensiveren Technik überzuwechseln.[177] Dies kann in der Tat die Verluste beider Sektoren beseitigen, da eine erhöhte Kapitalintensität die Durchschnittsproduktivität des Faktors "Arbeit" erhöhen wird und der Arbeitskoeffizient a_i aufgrund der definitorischen Verknüpfung sinken wird. Gleichzeitig wird eine erhöhte Kapitalintensität zwar auch den Kapitalkoeffizienten erhöhen, aber auch hier ist wieder zu beachten, daß im Zuge der Änderung des Faktoreinsatzverhältnisses die Grenzproduktivität beider sektoraler Kapitalstöcke relativ gesehen ebenso schnell sinken wie der Kapitalkoeffizient steigen wird, so daß von dieser Seite keine Veränderung der Gewinnsituation zu erwarten ist.

Die Einschränkung des Arbeitseinsatzes in beiden Branchen führt zur Unterbeschäftigung des Faktors "Arbeit" mit der Folge, daß das Sozialprodukt angesichts brachliegender Ressourcen schrumpft. Aufgrund der Annahme eines sektorspezifischen Kapitalstocks und der damit möglicherweise verbundenen

---

[175]Zu einem derartigen Ansatz im Rahmen der reinen Außenwirtschaftstheorie und für die Annahme intersektoraler Kapitalmobilität vgl. BRECHER, R. A., Minimum Wage Rates and the Pure Theory of International Trade. Quarterly Journal of Economics, Bd. 88 (1974), S. 98ff. Vgl. hier auch den Überblick über die einschlägige Literatur. Ähnliche Annahmen wie in diesem Abschnitt trifft HELPMAN, E., Nontraded Goods and Macroeconomic Policy under a Fixed Exchange Rate. Quarterly Journal of Economics, Bd. 91 (1977), S. 469ff.

[176]Dieser Anstieg des Preisniveaus wird sich ergeben, wenn der Anteil der nichtgehandelten Güter an den Ausgaben der Privaten den der gehandelten Güter übersteigt.

[177]D.h., aufgrund der Verschiebung der Faktorpreisrelationen ist in beiden Branchen der gewünschte Arbeitskoeffizient größer als der tatsächliche.

ungleichen Faktorpreisverhältnisse in den beiden Branchen läßt sich, trotz der Annahme identischer Faktorintensitäten in beiden Industrien, nicht mit Bestimmtheit sagen, ob bzw. wie sich die Faktoreinsatzverhältnisse in beiden Sektoren unterscheiden. Nimmt man an, daß die Einsatzverhältnisse in beiden Branchen näherungsweise gleich sind, hat dies zur Folge, daß die sektoralen Ausbringungsmengen in etwa gleichem relativen Umfang reduziert werden müssen; graphisch drückt sich dies in einer "parallelen" Verlagerung der Transformationskurve nach unten aus, wie es die Abb. D/9a zeigt. Die Reduktion des Einkommens führt gleichzeitig zu einer Reduktion der privaten Komponente der Nachfrage. Dies kommt in einer erneuten Verlagerung des Indifferenzkurvensystems, diesmal entlang einer Ursprungsgeraden durch den temporären Konsumpunkt C_1, zum Ausdruck.[178]

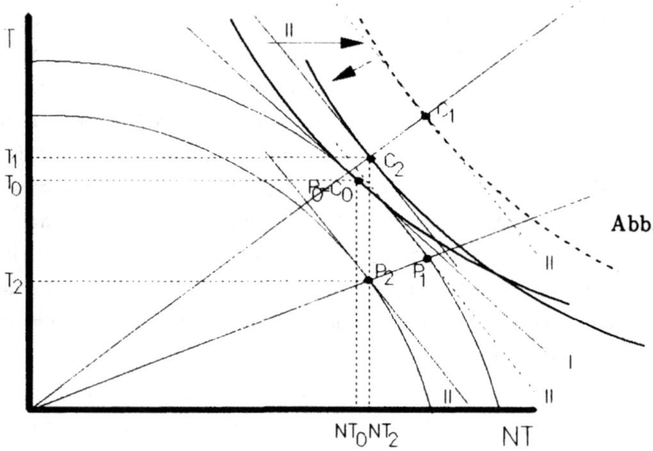

Abb. D/9a

Da die Reduktion von Angebots– und Nachfragemengen unter den hier getroffenen Annahmen gleich groß ausfällt, wird diese nominallohnbedingte Anpassung kein Ungleichgewicht auf dem Markt nichtgehandelter Güter bewirken, so daß eine erneute Anpassung des Relativpreises ausbleibt; die Preisgerade II gilt auch im endgültigen Gleichgewicht, das durch den Konsumpunkt (Produktionspunkt) C_2 (P_2) charakterisiert ist. Aufgrund der

[178]Dies impliziert, daß die Nachfrage beider Güter Einkommenselastizitäten von eins aufweist oder, was dasselbe bedeutet, daß das Indifferenzkurvensystem linear homogen in bezug auf das Einkommen ist.

proportionalen Reduktion aller Mengen verkleinert sich das Leistungsbilanzdefizit absolut gesehen und entspricht schließlich der Strecke T_1T_2.

Ebenso ist es auch denkbar, daß die Reduktion des Arbeitseinsatzes in erster Linie zu Lasten des arbeitsintensiver produzierten Gutes geht; Abb. D/9b geht davon aus, daß dies das nichtgehandelte Gut ist. Da annahmegemäß die Nachfragereduktion beide Gütergruppen gleichermaßen betrifft, entsteht somit auf dem Markt der Binnengüter ein sekundärer Nachfrageüberhang, der zu einem weiteren Anstieg des Relativpreises dieser Güter führt. Das endgültige Gleichgewicht in diesem Fall (C_2 und P_2) ist durch das neue Preisverhältnis III gekennzeichnet. Während Konsum und Produktion des nichtgehandelten Gutes bspw. auf den Ausgangswert NT_1 (= NT_0) zurückgeführt werden, liegt auch hier wieder ein Leistungsbilanzdefizit in Höhe von T_1T_2 vor. Die Reallohnrigidität hat hierauf zwei gegenläufige Teileffekte: Zum einen wird sich eine tendenzielle Verbesserung einstellen, weil die Reduktion der T–Güterproduktion relativ geringer als der Nachfragerückgang ist. Zum anderen wird sich eine Verschlechterungstendenz aufgrund der relativen Verbilligung dieser Güter ergeben.

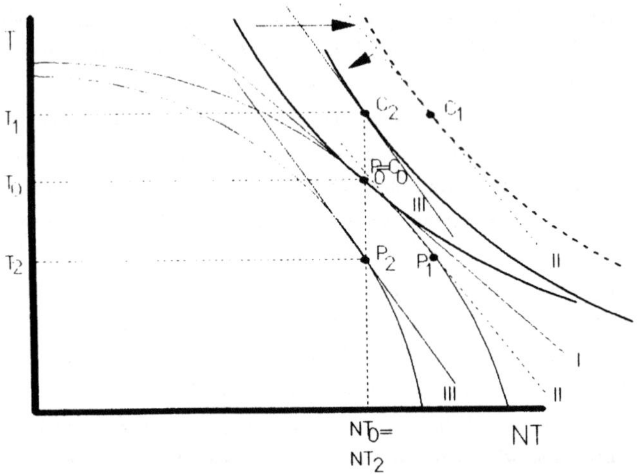

Abb. D/9b

Auch hier ist zunächst offen, ob die Rigidität der Reallöhne für sich genommen das Defizit der Leistungsbilanz vergrößert oder verkleinert. Bei einer geringen Preiselastizität von Nachfrage und Angebot, d. h. bei stark gekrümmten Transformations– bzw. Indifferenzkurven erfordert die Wiederherstellung des Gleichgewichtes auf dem Markt nichtgehandelter Güter einen starken Anstieg des Relativpreises, so daß in diesem Fall der letztgenannte Teileffekt überwiegen wird.

Insgesamt kommt die realwirtschaftliche Betrachtung ebenso wie das zuvor präsentierte monetäre Modell zu dem Ergebnis, daß das Vorliegen starrer Reallöhne einen ungewissen Einfluß auf den Saldo der Leistungsbilanz hat. Das monetäre Modell kann aufgrund der Einbeziehung der Finanzsphäre nicht allgemeingültig klären, ob die Reaktion der Nominallöhne für sich genommen eine reale Auf– oder Abwertung bewirkt. Der güterwirtschaftliche Ansatz läßt aufgrund der unbestimmten angebotsseitigen Wirkungen der Nominallohnanpassung die Richtung der sekundären Relativpreisänderung und insbesondere deren Wirkung auf die Leistungsbilanz ungeklärt.

D. 5. Zusammenfassung

In diesem Abschnitt wurde untersucht, welche Effekte von alternativen Ausgabenstrukturen auf die Leistungsbilanz ausgehen. Sicherlich unmittelbar einsichtig ist, daß die Erhöhung der öffentlichen Ausgaben für international gehandelte Güter ganz direkt und in vollem Umfang zu einer Verschlechterung der Leistungsbilanz führt. Es ließ sich weiterhin zeigen, daß auch eine Ausdehnung der öffentlichen Ausgaben für international nichtgehandelte Güter schon in der kurzen Frist leistungsbilanzrelevant ist. Als Wirkungskanal ist hier die Veränderung des Preisverhältnisses zwischen gehandelten und nichtgehandelten Gütern zu nennen, die sich zum einen direkt aus der zusätzlichen öffentlichen Nachfrage nach den Binnengütern ableiten läßt. Obwohl der Weltmarktpreis des gehandelten Gutes für das kleine Land exogen gegeben ist, kann sich das Preisverhältnis zwischen Handelsgütern und Binnengütern durch Variationen des absoluten Preises der nichtgehandelten Güter verändern. Diese Verlagerungen im Preisverhältnis bewirken Anpassungen in der Angebots– und Nachfragestruktur und wirken damit auch auf das externe Gleichgewicht ein. Zum anderen ist in einem monetären Rahmen die Reaktion der Finanzsphäre zu berücksichtigen, die über Zinsvariationen und Änderungen des nominellen Wechselkurses ebenfalls Einfluß auf die relativen Preise und damit auf die Leistungsbilanzentwicklung nimmt.

Im Rahmen eines Unterbeschäftigungsansatzes schließlich sind die möglichen Reaktionen des Einkommens von Bedeutung, die aber wiederum sensibel auf alternative Lohnhypothesen und unterschiedliche Grade der Offenheit einer Volkswirtschaft reagieren. So löst ein steigendes Sozialprodukt zusätzliche einkommens– und wechselkursbedingte Verschlechterungen der Leistungsbilanz aus.

Diese Ergebnisse werden, soweit möglich, durch die Betrachtung eines rein güterwirtschaftlichen Vollbeschäftigungsansatzes bestätigt. Auch hier ist der Effekt einer alternativen Lohnhypothese nicht allgemeingültig zu bestimmen.

Nimmt man all diese Einflüsse zusammen, so fällt es schwer, auf Basis einer allgemein gehaltenen Modellbetrachtung eine Aussage darüber zu treffen, wie die Reaktion der Leistungsbilanz eines Landes auf alternative Strukturen der öffentlichen Ausgaben ausfallen wird. Die Vermutung, daß die Verschlechterung der Leistungsbilanzsituation durch eine Ausdehnung der Ausgaben für nichtgehandelte Güter weniger deutlich ausfallen wird als nach einer vergleichbaren Erhöhung der Käufe international gehandelter Güter, ist damit nicht aufrechtzuerhalten.

Abschnitt E

E.1. Zur Rechtfertigung eines langfristigen Realmodells

Die Ausführungen der vorangegangenen Abschnitte dieser Arbeit untersuchen den Zusammenhang zwischen Budgetdefiziten und außenwirtschaftlichem Ungleichgewicht in erster Linie im Rahmen der monetären Theorie. Dabei hat sich gezeigt, daß die Übertragungsmechanismen, die den fraglichen Kausalzusammenhang herstellen, hauptsächlich in Veränderungen der relativen Preise zu suchen sind, die sich teilweise aus dem Bereich der güterwirtschaftlichen Sphäre, zum Teil aus der Rückwirkung der fiskalischen Maßnahme auf den Finanzbereich ergeben.

Neben diesen Relativpreisverschiebungen ist jedoch auch zu beachten, daß die Ausdehnung der Staatsausgaben bzw. die Reduktion des Steueraufkommens ganz direkt auf die Verwendung des Sozialproduktes Einfluß nimmt. Eine Erhöhung der staatlichen Konsumausgaben stellt ökonomisch eine Ausdehnung der öffentlichen Ansprüche an das Sozialprodukt dar, die bei gegebenem Spar– und Investitionsverhalten des privaten Sektors durch zusätzliche Importe befriedigt werden müssen. Diese Verschlechterung der Leistungsbilanzsituation vollzieht sich unabhängig von den realen Tauschverhältnissen. Auch dies ist in den vorherigen Abschnitten stets berücksichtigt worden.

Diese Ausführungen stellen durchweg auf zeitpunktbezogene Überlegungen ab, bei denen die Implikationen heutigen staatlichen Tuns für die zukünftige Entwicklung keine Rolle spielen.[179] Deswegen erscheint es sinnvoll, die intertemporalen Wirkungen öffentlicher Verschuldung mit einem gesonderten Instrumentarium zu untersuchen, welches gerade die genannten Effekte der Relativpreisverschiebung ausschaltet. Auch wenn hierdurch der bisher verwendete und einige Male leicht modifizierte Modellrahmen endgültig verlassen werden muß, ist der Aufwand einer alternativen Betrachtung doch gerechtfertigt, da dies einige zusätzliche Einblicke in die außenwirtschaftlichen Wirkungen fiskalischer Maßnahmen bietet.

---

[179] Dies gilt auch für die dynamischen Spekulationen der Abschnitte B und C, da die betrachteten Strom–Bestandsinteraktionen sich zwar über die Zeit hinweg entwickeln, aber das mögliche Ergebnis dieser Abläufe nicht antizipieren. Insofern ist auch die dynamische Betrachtung nur eine Abfolge jeweils zeitpunktorientierter Zusammenhänge.

E.2. Zur Einordnung intertemporaler Modellansätze

E.2.1 Allgemeine Eigenschaften

Die unter dem Rubrum "intertemporale Modelle" geführten Ansätze unterscheiden sich ganz generell durch zwei Merkmale von den rein statisch orientierten Ansätzen der vorangegangenen Abschnitte.

a) Optimalitätskalkül

Im Gegensatz zu den ad–hoc getroffenen (deswegen nicht unplausiblen) Verhaltensannahmen, die das verwendete statische Modell aufweist, wird hier das Verhalten der Wirtschaftssubjekte, also der Konsumenten und im weiteren auch der Investoren als Ergebnis eines Optimierungskalküls abgeleitet werden. Konkret heißt das, daß die Wirtschaftseinheiten ihre Ausgabenentscheidungen, also z.B. die Höhe des Periodenkonsums derart wählen, daß innerhalb gegebener Budgetrestriktionen eine Zielfunktion, also z.B. eine konsumabhängige Nutzenfunktion, maximiert werden kann. Die Optimierung kann als intertemporal bezeichnet werden, weil die Auswirkungen aktueller Entscheidungen auf alle zukünftigen Perioden innerhalb des überschaubaren Planungshorizontes berücksichtigt werden; eine intertemporale Verlagerung der kontrollierten Variablen, hier also des Konsums, kann dann den so gefundenen Maximalwert der Zielfunktion nicht mehr erhöhen.

Damit wird die Analyse der öffentlichen Verschuldungsvorgänge nicht nur auf die Periode der Defizitentstehung selbst beschränkt, sondern es ergibt sich die Notwendigkeit, die Effekte zukünftiger Verschuldung ebenfalls zu betrachten. Darüber hinaus ergibt sich aus der expliziten Berücksichtigung von ökonomischen Zeithorizonten die Möglichkeit, die Effekte einer permanenten Verschuldung von denen nur temporärer Defizite zu unterscheiden.

Da die Konsumentscheidungen der Privaten aus einem expliziten Optimierungskalkül abgeleitet werden, und da die Leistungsbilanz im folgenden absorptionstheoretisch erklärt wird, ist somit der Saldo der Leistungsbilanz Ergebnis und implizit auch Gegenstand dieses Optimierungsdenkens. Die zur Diskussion gestellten außenwirtschaftlichen Effekte öffentlicher Verschuldung ergeben sich also immer dann, wenn die fiskalpolitischen Maßnahmen die Rahmendaten, die in das private Kalkül eingehen, ändern.

b) Intertemporale Budgetrestriktionen

Aufgrund der Tatsache, daß die Planungen der Wirtschaftssubjekte zukünftige Perioden umfassen und zukünftig erwartete Datenänderungen berücksichtigen, ist es zwingend, daß auch die Budgetrestriktionen, die als objektive Begrenzung der Möglichkeiten wirken, derart in die Zukunft greifen. Generell formuliert eine derartige Budgetrestriktion die Forderung, daß die Summe aus Anfangsvermögen und Barwert aller gegenwärtigen und zukünftigen Einnahmen einerseits der Summe der abdiskontierten Ausgaben andererseits zu entsprechen habe.

Aus der Sicht der öffentlichen Hand folgt daraus, daß sich die Analyse einer fiskalischen Maßnahme nicht auf die "Momentaufnahme" der Gegenwart beschränken kann. SACHS/WYPLOSZ bemerken vielmehr zu Recht, daß "a single fiscal policy change is itself..., a sequence of actions".[180] Dieser Hinweis wird verständlich, wenn man bedenkt, daß eine in der Gegenwart vorgenommene defizitäre Maßnahme den Schuldenstand und damit die Verpflichtungen zum Schuldendienst erhöht. Wenn man den Fall einer unbegrenzten Verschuldung ausschließt[181], muß sich der Fiskus zu irgendeinem Zeitpunkt zu Steuererhöhungen und/oder Ausgabenkürzungen entschließen.[182]

---

[180]SACHS, J.D./WYPLOSZ, Ch., Real Exchange Rate Effets of Fiscal Policy. NBER Working Paper No. 1255, Cambridge, Mass. 1984, S. 1.

[181]Dafür sprechen politische Argumente ebenso wie die Tatsache, daß ein exzessives Wachstum des Schuldenstandes u.U. die Fähigkeit des Fiskus zum Schuldendienst überfordern kann; die dann drohende Zahlungsverweigerung des öffentlichen Schuldners dürfte einer weiteren Zeichnung von Staatsschuldtiteln entgegenstehen, so daß eine unbegenzte Verschuldung auch ökonomisch nicht denkbar erscheint. Zur Ableitung der "bedienbaren" Schuldenobergrenze vgl. z.B. BLANCHARD, O.J. Current and Anticipated Deficits, Interest Rates and Economic Activity. Harvard Institute for Economic Research, Discussion Paper No. 998, Cambridge, Mass. 1983, S. 6ff.

[182]Diese Bemerkungen gelten natürlich nur für eine stationäre Wirtschaft. In einer wachsenden Wirtschaft wird an die Stelle der Forderung nach einem langfristig konstanten Schuldenstand die Bedingung einer stabilen Relation zwischen öffentlichem Schuldenstand und Sozialprodukt treten. In diesem Fall ist ein wachsender Schuldenstand auch ohne eine Änderung der Einnahme– und Ausgabeparameter des Staates auf Dauer finanzierbar, wenn der wachsenden Schuldendienst gewissermaßen "aus dem Wachstum heraus" geleistet werden kann. Eine fiskalische Maßnahme, die das Wachstum des öffentlichen Schuldenstandes beschleunigt und somit den Schuldenstand relativ zum Sozialprodukt erhöht, kann nur dann zu einer langfristig vertretbaren Entwicklung führen, wenn die öffentliche Hand das Wachstum der Ausgaben reduziert und/oder das der Staatseinnahmen erhöht. Vgl. dazu z.B. BLANCHARD, O./DORNBUSCH, R./ BUITER, W., Public Debt and Fiscal Responsibility. In: BLANCHARD, O./DORNBUSCH, R./LAYARD, R. (Hrsg.), Restoring Europe's Prosperity. Cambridge, Mass. 1986, S. 132ff.

So gesehen haben in der Tat aktuelle fiskalpolitische Maßnahmen zwingend weitere (zukünftige) Maßnahmen zur Folge, statt einer isolierten Maßnahme ist nun ein "Fiskalprogramm" zu untersuchen.

Soweit die Budgetrestriktion der privaten Haushalte betrachtet wird, ergibt sich die Besonderheit, daß auf der Einnahmenseite nicht nur die abdiskontierten zukünftigen Bruttoeinnahmen, sondern auch der Barwert aller innerhalb des Planungszeitraumes anfallenden Steuerzahlungsverpflichtungen der Privaten berücksichtigt werden müssen. Die Maßnahmen des Fiskus sind demnach nicht nur insofern für die Entwicklung der Leistungsbilanz relevant, als sie die private und öffentliche Absorption durch den gegenwärtigen Einsatz der Aktionsparameter tangieren, sondern auch dadurch, daß zukünftige Änderungen der privaten Konsummöglichkeiten schon in der Gegenwart zu Verhaltensänderungen führen. Diese Antizipation zukünftiger Schuldenlast seitens der Haushalte wird gelegentlich als "Tax–discounting" bezeichnet. Aus diesem Verhalten resultiert eine weitere charakteristische Eigenschaft intertemporaler Modellansätze, nämlich die einer mehr oder weniger ausgeprägten Neutralität der öffentlichen Schuld in bezug auf das Verhalten der Privaten ("Staatsschuldenneutralität"): Aufgrund der beschriebenen Steuerantizipation werden sich die Wirtschaftssubjekte durch die Emission staatlicher Schuldtitel nicht oder nur geringfügig bereichert fühlen, da sie diesen Zugang an Bruttovermögen mit dem Barwert der zum zusätzlichen Schuldendienst notwendigen zusätzlichen Steuer saldieren. Das Ausmaß, in dem dieses "Tax–discounting" den Vermögenseffekt staatlicher Wertpapieremission kompensiert, hängt im Einzelfall von den konkreten Erwartungen über die personelle und temporale Inzidenz der zu erwartenden Steuer ab.[183] Im Extremfall heben sich beide Größen gegenseitig auf, dann nämlich, wenn das Wirtschaftssubjekt annimmt, daß die Steueranhebung gänzlich in den eigenen Planungshorizont fällt und wenn das Wirtschaftssubjekt die endgültige, d.h. die sich nach Abschluß aller

[183]Einen Überblick über gängige Argumente vermittelt: BUITER, H.W., TOBIN, J., Debt Neutrality: A Brief Review of Doctrine and Evidence. In: FURSTENBERG, G.M. von (Hrsg.), Social Security versus Private Saving. Cambridge, Mass. 1979, S. 39 ff.

Überwälzungsprozesse ergebende Belastungswirkung der Steuer bei sich selbst vermutet.[184]

Sind diese Bedingungen einer vollständigen Steuerkapitalisierung gegeben, ist die Staatsschuld in dem Sinne neutral, daß bei gegebenen Ausgaben des Staates ein Wechsel zwischen Steuer– und Verschuldungsfinanzierung keinen Einfluß auf den realwirtschaftlichen Sektor ausübt, weil die Verschuldung des Staates letztlich nur die (durchschaubare) Illusion[185] von Vermögen, nicht aber einen effektiven Zugang an Vermögen begründet. Reale Effekte im Sinne der Beeinflussung der Gesamtnachfrage lassen sich somit staatlicherseits nur durch den Umfang und die zeitliche Verteilung der öffentlichen Nachfrage nach Gütern und Diensten bewirken.

Diese These läßt sich bis RICARDO zurückverfolgen, der schon 1821 klarstellt:

"Wenn für die Kosten eines Kriegsjahres 20 Millionen mittels einer Anleihe aufgebracht werden, so entzieht man diese 20 Millionen dem produktiven Kapitale der Nation. Die Million pro Jahr, welche zur Bezahlung der Zinsen dieser Anleihe durch Steuern erhoben wird, geht nur von denen, die sie bezahlen, zu denen über, die sie empfangen, d.h. von dem Steuerzahler zu dem Staatsgläubiger. Die wirkliche Ausgabe bilden die 20 Millionen, und nicht die Zinsen, welche dafür bezahlt werden müssen. Ob die Zinsen nun bezahlt werden oder nicht bezahlt werden, das Land wird darum weder reicher noch ärmer sein."[186]

Obgleich sich RICARDO im weiteren gegen die von ihm selbst formulierte These wandte, hat sich der Gedanke dennoch mit seinem Namen verbunden; die Literatur spricht deswegen bei der Annahme eines vollständigen Tax–discountings einfach von "Ricardianischer Äquivalenz".[187] Wie bereits

---

[184]MUNDELL nennt als weitere Bedingung für eine vollständige Steuerkapitalisierung die Existenz eines vollkommenen Kapitalmarktes; vgl. MUNDELL, R., Monetary Theory–Inflation, Interest and Growth in the World Economy. Pacific Palisades 1971, S. 8ff. vgl. auch die etwas formalere Darstellung von BARRO, R.J., Are Government Bonds Net Wealth? Journal of Political Economy, Bd. 82 (1974), S. 1110ff. Desweiteren muß angenommen werden, daß die alternative Steuer allokativ neutral ist, d.h., daß keine realwirtschaftlichen Effekte von der Steuererhebung ausgehen; dies ist nur bei einer Kopfsteuer in jeder Hinsicht der Fall.

[185]VICKREY, W., The Burden of Public Debt: A Comment. American Economic Review, Bd. 51 (1961), S. 133.

[186]RICARDO, D., Grundsätze der Volkswirtschaft und Besteuerung (dt. Übersetzung), 3. Auflage, Jena 1923, S. 245f.

[187]Vgl. BUCHANAN, J.M., Public Principles of Public Debt. Homewood, Ill., 1958, S.43ff.

erwähnt, geht bei Vorliegen dieser Äquivalenz von einem Wechsel von Steuerfinanzierung zur Verschuldungsfinanzierung eines gegebenen Ausgabevolumens kein Effekt auf den realen Sektor, d.h. die Ausgabeentscheidungen der Privaten, aus.

Vor dem Hintergund des hier zur Diskussion gestellten Zusammenhangs heißt das, daß bei Annahme "Ricardianischer Äquivalenz" von einem Defizit des öffentlichen Haushaltes keinerlei Leistungsbilanzeffekte ausgehen können, wenn dieses angenommene Defizit durch eine Steuersenkung verursacht ist. Dies wird verständlich, wenn man bedenkt, daß der Wechsel der Finanzierungsform unter den getroffenen Annahmen neutral bezüglich der gesamtwirtschaftlichen Absorption ist. Da hier und im folgenden der "absorptions–approach" zur Leistungsbilanzerklärung zugrundegelegt werden soll, folgt unmittelbar Neutralität auch in bezug auf die Leistungsbilanz. Das gleiche Ergebnis stellt sich ein, wenn die Ursache des öffentlichen Defizits eine <u>Transfer</u>ausgabenerhöhung ist; in diesem Fall dürften die Privaten die Erhöhung ihres verfügbaren Einkommens saldieren, so daß sich ihr Ausgabeverhalten nicht ändert.

Soweit jedoch die Ausweitung des Budgetdefizits durch eine Erhöhung der <u>Real</u>ausgaben zustande kommt, ist ein Anstieg der gesamtwirtschaftlichen Absorption und damit, ceteris paribus, eine tendenzielle Verschlechterung der Leistungsbilanzsituation zu erwarten, die auf das veränderte Ausgabeverhalten des Staates, nicht jedoch auf die Finanzierungsmaßnahmen zurückzuführen ist.

Im Rahmen der hier zugrundeliegenden Fragestellung kommt also der Neutralität bzw. Nichtneutralität der öffentlichen Verschuldungsvorgänge eine zentrale Bedeutung zu. Bei der Wahl des zu behandelnden intertemporalen Modellansatzes werden deswegen die jeweiligen Implikationen bezüglich der Schuldenneutralität und deren Realitätsnähe zu einem entscheidenden Kriterium erhoben werden.

E.2.2 Intertemporale Ansätze zur Analyse fiskalpolitischer Maßnahmen in offenen Volkswirtschaften: Ein Überblick

Das Ausmaß, in dem Staatsschulden nichtneutral sind, hängt bei sonst gleichen Modellannahmen vom Planungshorizont der Privaten ab. Grundsätzlich läßt sich sagen, daß das Tax–discounting umso vollkommener die Vermögenseffekte staatlicher Wertpapieremission kompensiert, je länger der Planungshorizont des einzelnen Individuums in die Zukunft reicht, d.h.

also, je vollständiger die zukünftigen Steuererhebungen bereits in der Gegenwart antizipiert werden können.

Die konsequenteste Berücksichtigung zukünftiger Entwicklungen ergibt sich unter der Annahme unbegrenzt lebender Individuen; diese Prämisse findet sich u.a. bei SACHS, OBSTFELD und FRENKEL/RAZIN.[188] Diese Annahme hat den technischen Vorteil, daß alle Wirtschaftssubjekte den gleichen (unbegrenzten) Planungshorizont vor Augen haben und deswegen in ihren Entscheidungen, was die intertemporale Verteilung ihrer Ausgabeströme angeht, identisch sind. Unter einigen vereinfachenden Zusatzannahmen genügt es dann, das Verhalten eines einzigen repräsentativen Agenten abzuleiten und die Analyse durch einfache Aggregation auf eine gesamtwirtschaftliche Ebene zu übertragen. Die analytischen Vorteile dieses Konzeptes ändern jedoch nichts an der Tatsache, daß die Annahme unbegrenzter Planungshorizonte als Grundlage individueller Entscheidungen fragwürdig erscheinen muß.[189]

Einen anderen Weg beschreiten z.B. SVENSSON, RAZIN/SVENSSON, SACHS und DEVEREUX[190], die im Rahmen intertemporaler 2–Periodenmodelle argumentieren. Auch hier ergibt sich wieder Äquivalenz, weil die begrenzte Lebensdauer der Individuen mit der ökonomischen Existenz des Staates übereinstimmt und da die Privaten erwarten können, daß die in der ersten Periode eingegangene Verbindlichkeit der öffentlichen Hand in der

[188]SACHS, J.D., The Current Account in the Macroeconomic Adjustment Process. Scandinavian Journal of Economics, Bd. 84 (1982), S. 147ff. OBSTFELD, M., Macroeconomic Policy, Exchange Rate Dynamics and Optimal Asset Accumulation. Journal of Political Economy, Bd. 89 (1981), S. 1142ff. FRENKEL, J.A./RAZIN, A., Fiscal Expenditures and International Economic Interdependence. In: BUITER, W.H./MARSTON, R.C. (Hrsg.), International Economic Policy Coordination. Cambridge, Mass. 1984. S. 37ff.

[189]BARRO begegnet diesem Einwand mit der alternativen Annahme, daß zwar jedes Individuum nur endlich lange lebt, aber bei seinen Ausgabe– bzw. Sparentscheidungen den Nutzen seiner Erben in das eigene Kalkül einbezieht ("dynastic saving"). BARRO gelangt damit ebenfalls zum Ergebnis völliger Äquivalenz, da immerhin den Haushalten als Institution ein unbegrenztes Dasein beschert ist. vgl. dazu BARRO, R.J.,a.a.O., S. 1098ff.
JUDD betont, daß gerade die Annahme unbegrenzter ökonomischer Horizonte für die Analyse kurz– bis mittelfristiger Anpassungsprozesse als eine geeignete Arbeitshypothese erscheint; vgl. JUDD, K., Short–Run Analysis of Fiscal Policy in a Simple Perfect Foresight Model. Journal of Political Economy, Bd. 93 (1985), S. 304.

[190]SVENSSON, L.E.O., International Fiscal Policy Transmission. Institute for International Economic Studies, Seminar Paper 372, Stockholm 1986. RAZIN, A,/SVENSSON, L.E.O., The Current Account and Optimal Government Debt. Journal of International Money and Finance, Bd. 2 (1983), S. 365ff. SACHS. J.D., The Current Account...in the 1970's. a.a.O., S. 215. DEVEREUX, M., Fiscal Spending, the Terms of Trade and Real Interest Rates. Journal of International Economics, Bd. 22 (1987), S. 219ff.

zweiten Periode getilgt wird.[191] Aufgrund der Beschränkung des Modellrahmens auf nur zwei Perioden folgt zwingend, daß sich dynamische Verschuldungsvorgänge nicht darstellen lassen. Ebenso muß eingewendet werden, daß speziell die zweite Modellperiode aufgrund der dann zwingend stattfindenden Entschuldungsbemühungen des Staates kaum sinnvoll interpretiert werden kann.[192]

Eine interessante Alternative bietet sich hier durch die Annahme, daß die Gesamtzahl der Wirtschaftssubjekte aus einer Reihe von Kohorten unterschiedlichen Alters, also einem Nebeneinander verschiedener Generationen, besteht. Dieser, in der englischsprachigen Literatur als "overlapping generations model" bezeichnete Ansatz wird im allgemeinen SAMUELSON[193] zugeschrieben und wurde von DIAMOND[194] um die Akkumulation von Realkapital erweitert. Eine zentrale Eigenschaft dieser Klasse von Modellen ist, daß hier nur noch ein unvollkommenes Tax–discounting stattfindet. Denn obwohl die Gesamtwirtschaft und damit die öffentliche Hand mit einem unendlichen Planungshorizont ausgestattet ist, agiert jedes Individuum dennoch innerhalb einer nur begrenzten Lebensspanne. Der Wechsel von der Steuerfinanzierung zur Verschuldungsfinanzierung erhöht hier das Vermögen der Privaten, da einige Wirtschaftssubjekte (insbesondere die älteren unter ihnen) erwarten werden, daß die in Zukunft zusätzlich erhobene Steuer nicht von ihnen selbst, sondern von späteren Generationen getragen wird: "(D)ebt does represent net wealth to the extend, that the asset of present generations is offset by a liability of unborn future generations.[195]

In der einfachsten Form ist dieser Ansatz in 2–Perioden–Modellen zu finden. Aus dem Wachstumspfad einer Wirtschaft werden hierbei zwei

---

[191]Von anderen Möglichkeiten der Entschuldung (Inflation, Zahlungsverweigerung, Währungsreform) sei hier abgesehen.

[192]Die Formulierung zweier Perioden darf natürlich nicht überinterpretiert werden. So wird im allgemeinen die erste Periode mit der "nahen Zukunft" assoziiert, während in der zweiten Periode alle darüberhinausgehenden Zeiträume zusammengefaßt werden.

[193]SAMUELSON, P.A., An Exact Consumption–Loan Model of Interest with or without the Social Contrivance of Money. Journal of Political Economy, Bd. 66 (1958), S. 467ff. Vgl dazu auch: MALINVAUD, E., The Overlapping Generations Model in 1947. Journal of Economic Literature, Bd. 25 (1987), S. 103ff. MALINVAUD weist als einziger daraufhin, daß sich die Grundidee bereits 1947 bei ALLAIS findet.

[194]DIAMOND, P.A., National Debt in a Neoclassical Growth Model. American Economic Review, Bd. 55 (1965), S. 1126ff.

[195]POTERBA, J.M./SUMMERS, L.H., Finite Lifetimes and Crowding Out Effects of Government Deficits. National Bureau of Economic Research, Working Paper No. 1955, Cambridge, Mass. 1986.

aufeinanderfolgende Perioden herausgegriffen, in denen gleichzeitig jeweils eine Generation junger und alter Wirtschaftssubjekte lebt, die über eine Gesamtlebenszeit von jeweils 2 Perioden verfügen und innerhalb dieser Zeit ein der Lebenszyklustheorie[196] entsprechendes Spar– bzw. Ausgabeverhalten aufweisen. Eine Analyse außenwirtschaftlicher Effekte fiskalischer Maßnahmen erfolgt in diesem Modellrahmen z.B. bei BUITER, PERSSON, HAMADA und LINDBECK/WEIBULL.[197] Generelle Einwände gegen diese einfachste Version werden von JUDD erhoben, der darauf hinweist, daß bei realistischer Betrachtung jeder dieser Lebenszeiträume etwa 25–30 Jahre umfaßt und deswegen zur (insbesondere qualitativen) Analyse der kurz– und mittelfristigen Effekte fiskalpolitischer Maßnahmen kaum geeignet erscheint.[198] BUITER [199] weist darauf hin, daß Lebenszyklusmodelle, die für jedes Individuum eine mehr als 2 Perioden umfassende Lebensspanne (und damit kürzere Einzelperioden) vorsehen, analytisch nur noch mit großem Aufwand handhabbar sind. Hier ist es in erster Linie die Aggregation, die Probleme bereitet, denn solange sich die Ausgabe– und Sparentscheidungen der Individuen streng nach der Theorie des Lebenszyklus richten, sind die marginalen Ausgabenneigungen bei jeder Alterskohorte unterschiedlich. Die Betrachtung eines, für alle anderen Agenten repräsentativen Wirtschaftssubjektes genügt in diesem Falle also nicht, um Aussagen über gesamtwirtschaftliche Ausgabeströme zu gewinnen.

Analytisch wesentlich unkomplizierter ist der Umgang einer anderen Variante des "Generationenmodells", bei der für die Mitglieder jeder Alterskohorte Unsicherheit bezüglich der tatsächlichen Lebensspanne besteht.

---

[196]Zum Begriff vgl. MODLIGLIANI, F./BRUMBERG, R. E., Utility Analysis and the Consumption Function. In: KURIHARA, K. K. (Hrsg.), Post–Keynesian Economics, New Brunswick 1954 und ANDO, A./MODIGLIANI, F. The "Life Cycle" Hypothesis of Saving: Aggregate Implications and Tests. American Economic Review, Bd. 53 (1963), S. 55ff.

[197]BUITER, W.H., Time Preference and International Lending and Borrowing in an Overlapping–Generations Model. Journal of Political Economy, Bd. 89 (1981), S. 769. PERSSON, T., Deficits and Intergenerational Welfare in Open Economies. Journal of International Economics, Bd. 19 (1985), S.67ff. HAMADA, K., Strategic Aspects of International Fiscal Interdependence. The Economic Studies Quarterly, Bd. 37 (1986), S. 165ff. LINDBECK, A./ WEIBULL, J.W., Debt Financed Transfers,Public Consumption and Public Investment in an Open Economy. Institute for International Economic Studies Seminar Paper 330, Stockholm 1985.

[198]Vgl. JUDD, K., a.a.O., S. 303. Der gleichen Meinung sind POTERBA, J.M./SUMMERS, L.H., a.a.O., S. 2. BUITER, W., Fiscal Policies in Open, Interdependent Economies. In: RAZIN, A./SADKA, E. (Hrsg), Economic Policy in Theory and Practice. Houndmills usw. 1987, S. 102.

[199]Ebenda

An die Stelle des Sparens nach dem Muster der Lebenszyklustheorie tritt nun eine Art "Vorsichtssparen", da aus der Sicht des Einzelnen ein völliger Abbau seines Vermögens aufgrund der Ungewißheit bezüglich der Zukunft zu keinem Zeitpunkt sinnvoll erscheint:"...(U)ncertainty as to how long one will live leads to the possibility that better occasions for giving will be available in the future. (...) Actual tables of life expentancy are of little use to any one individual, who wants to be sure that he will not find himself short of funds at some time before death."[200] In diesem Punkt unterscheiden sich die Angehörigen verschiedener Alterskohorten unter den hier getroffenen Annahmen nicht, weswegen der Aggregationsvorgang vergleichsweise einfach gelingt.

Bedeutendere Argumente für die Abkehr von einem der Lebenszyklustheorie entspechenden Ausgabeverhalten liefern jüngere empirische Untersuchungen. KOTLIKOFF/SUMMERS beispielsweise zeigen für die USA, daß 1974 nur 19% des gesamtwirtschaftlichen Vermögensbestandes durch die Lebenszyklustheorie erklärt werden können.[201] OULTON untersucht den Zeitraum von Mitte 1964 bis Ende 1968 und kommt für Großbritannien zu einer Ablehnung der Lebenszyklustheorie.[202] Zu dem gleichen Ergebnis kommt MIRER, der für die Jahre 1967 und 1968 das Sparverhalten der U.S.-amerikanischen Bevölkerung im Alter über 65 analysiert.[203] Insofern gewinnt die Analyse fiskalischer Eingriffe u.U. an Realitätsnähe, wenn, wie hier unterstellt, die strenge Annahme des Sparens gemäß der Theorie vom Lebenszyklus aufgegeben wird.

Der bis hierhin in Grundzügen beschriebene "uncertain lifetime approach" geht zurück auf Arbeiten von YAARI und wurde auf die in der vorliegenden Arbeit untersuchten Fragestellungen offener Volkswirtschaften von BLANCHARD, FRENKEL/RAZIN, BUITER und MATSUYAMA

---

[200]SHOUP, C.S., Federal Estate and Gift Taxes. Washington D.C. 1966, S. 21.

[201]Vgl. KOTTLIKOFF, L.J./SUMMERS, L.H., The Role of Intergenerational Transfers in Aggregate Capital Accumulation. Journal of Political Economy, Bd. 89 (1981), S. 722.

[202]Vgl. OULTON, N., Inheritance and the Distribution of Wealth. Oxford Economic Papers. N.S. 28 (1976), S. 97.

[203]Vgl. MIRER, T.W., The Wealth-Age Relation among the Aged. American Economic Review, Bd. 69 (1979), S. 441. Vgl. dazu auch DAVIES, J.B., Uncertain Lifetime, Comsumption, and Dissaving in Retirement. Journal of Political Economy, Bd. 89 (1981), S. 561ff.

angewendet.[204] Aufgrund der dargestellten Überlegungen scheint es sinnvoll, diese letzte Variante intertemporaler Modellansätze zur Grundlage der weiteren Analyse zu machen. Im folgenden soll ein einfaches intertemporales Optimierungsmodell einer offenen Volkswirtschaft beschrieben werden, das sich in dieser Form bei BLANCHARD[205] findet.

E.3. "Uncertain Lifetime Approach" einer offenen Volkswirtschaft: Das Grundmodell von YAARI/BLANCHARD

E.3.1 Population, begrenzte Horizonte und Zins

Es sei angenommen, daß die Population der untersuchten Volkswirtschaft aus einer Vielzahl von Wirtschaftssubjekten besteht, die sich, unabhängig von ihrem jeweiligen Alter, einer konstanten Sterbewahrscheinlichkeit von γ gegenübersehen. Die Größe γ gibt damit im Zeitpunkt v die Wahrscheinlichkeit an, den Zeitpunkt v+1 nicht zu erleben.[206] Die Wahrscheinlichkeit, daß ein im Zeitpunkt s geborenes Individuum im Zeitpunkt v stirbt, beträgt demzufolge bei stetiger Zeit $\gamma e^{-\gamma(v-s)}$, wobei $e^{-\gamma(v-s)}$ die Wahrscheinlichkeit angibt, den Zeitpunkt v zu erleben, γ die Wahrscheinlichkeit des Ablebens genau in diesem Zeitpunkt bemißt. Die erwartete (Rest–) Lebensdauer für jedes Individuum läßt sich demnach mit

$$\int_s^{\infty} (v-s)\gamma e^{-\gamma(v-s)}\, dv = \frac{1}{\gamma}$$

[204]YAARI, M., On the Consumer's Lifetime Allocation Process. International Economic Review, Bd. 5 (1964), S. 304ff. YAARI, M., Uncertain Lifetime, Life Insurance and the Theory of the Consumer. Review of Economic Studies, Bd. 32 (1965), S. 137ff. BLANCHARD, O.J., Debt Deficits and Finite Horizons. Journal of Political Economy, Bd. 93 (1985), S. 223ff. FRENKEL, J.A./ RAZIN, A., Fiscal Policies in the World Economy. Journal of Political Economy, Bd. 94 (1986), S. 564ff. BUITER, W.H., Fiscal Policies..., S. 101ff. MATSUYAMA, K., Current Account Dynamics in a Finite Horizon Model. Journal of International Economies, Bd. 23 (1987), S. 299ff.

[205]BLANCHARD, O.J., a.a.O., S. 223ff.

[206]Diese Interpretation des Parameters γ ist zwar anschaulich, paßt aber eher zu einer Modellformulierung in diskreter Zeit. Ein Grenzübergang zu tatsächlich stetiger Zeit würde eine derart interpretierte Größe γ gegen Null gehen lassen. Die "Sterbewahrscheinlichkeit" läßt sich dann nur noch als Dichtefunktion eines poissonverteilten Ereignisses verstehen. Vgl. YAMANE, T., Statistics. An Introductory Analysis, 3. Aufl. New York 1973, S. 742 ff.

angeben, wobei dieser Ausdruck die verschiedenen Ausprägungen "Lebensalter", gewichtet mit den jeweiligen Wahrscheinlichkeiten, aufsummiert.

Da annahmegemäß die Sterbewahrscheinlichkeit γ für Individuen jeden Alters gleich sein soll, ist mit γ^{-1} auch die erwartete Restlebensdauer eines Individuums jeglichen Alters im Zeitpunkt t beschrieben:

$$\int_t^\infty (v-t)\gamma e^{-\gamma(v-t)}\, dv = \frac{1}{\gamma}.$$

Die Größe γ läßt sich also als Parameter für die Ausdehnung des Planungszeitraumes deuten und eine Sterbewahrscheinlichkeit von Null überführt das vorzustellende Modell in den Spezialfall unbegrenzter Horizonte. Nimmt man weiter vereinfachend an, daß die zu jedem Zeitpunkt jeweils neugeborenen Kohorten ebenfalls die konstane Größe γ aufweisen, ergibt sich im Zeitpunkt v der Umfang einer im Zeitpunkt s geborenen Generation (l_s^v):

$$l_s^v = \gamma e^{-\gamma(v-s)}.$$ [207]

Die Zusammenfassung der einzelnen Kohortenstärken über alle Altersgruppen hinweg ergibt den Umfang der gesamten Bevölkerung im Zeitpunkt v L_v:

$$(1) \qquad L_v = \int_{-\infty}^{v} l_s^v\, ds = \int_{-\infty}^{v} \gamma e^{-\gamma(v-s)}\, ds = 1.$$ [208]

Die Annahme eines konstanten generativen Verhaltens in Verbindung mit einer unveränderlichen Mortalitätsrate führt also zu einer konstanten Gesamtbevölkerung; dieses Resultat und die damit verbundene Konstanz der Alterstruktur der Bevölkerung wird in Abb. E/1 graphisch dargestellt:
Die Abbildung zeigt die zahlenmäßige Stärke einzelner Alterskohorten in Abhängigkeit von der Zeit. Im Zeitpunkt s_1 beispielsweise tritt eine neue

---

[207]Der Ausdruck für l_s^v wird leicht verständlich, wenn man die Stärke der im Zeitpunkt s geborenen Kohorte als eine fallende Exponentialfunktion mit einer Wachstumsrate von $-\gamma$ begreift und als Startwert dieser Entwicklung die ursprüngliche Kohortenstärke γ einsetzt.

[208]Dieses unnormierte Ergebnis ist nur zu interpretieren, wenn es mit einer Einheit (z.B. Mio. Personen) versehen wird; dann ist damit auch die Größe der jeweils neugeborenen Kohorte (γ Mio. Personen) festgelegt.

Generation l_{s1} hinzu, die, ausgehend von der annahmegemäßen Anfangsstärke γ, den gezeigten degressiven Verlauf nimmt; analog lassen sich alle weiteren Kohorten herausgreifen, so daß sich die Gesamtbevölkerungsstärke L_v als die Summe der jeweiligen Ordinatenabschnitte ergibt.

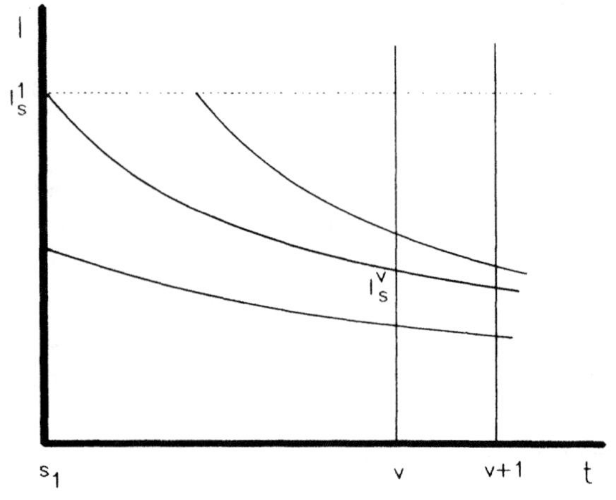

Abb.E/1

Es ist sicherlich schon intuitiv greifbar, daß der Übergang vom Zeitpunkt v zum Zeitpunkt v+1 weder an L_v, noch an der zahlenmäßigen Verteilung der einzelnen Alterskohorten etwas ändert.

Angesichts der risikobehafteten Lebenserwartung ergibt sich für das Individuum das Problem, die Vermögensakkumulation so zu steuern, daß einerseits keine Erbschaften an nachfolgende Generationen erfolgen (d.h., daß am Lebensende kein positives Restvermögen vorliegt), aber andererseits ebenso zu vermeiden, daß ein unerwartet langes Leben und Konsumieren zu einem negativen Restvermögen (d.h. dem Hinterlassen von Schulden) führt.[209] Einem Vorschlag von YAARI[210] folgend, läßt sich dieses Problem durch die Fiktion eines Marktes für Lebensversicherungen oder, ökonomisch mit dem gleichen Ergebnis, durch die Einführung einer spezifischen Anlageform, der sog. "acturial bonds" lösen.[211] Bei diesem Wertpapier handelt es sich um Schuldtitel,

---

[209]Es sei angenommen, daß die Wirtschaftssubjekte den Nutzen nachfolgender Generationen nicht in das Planungskalkül einbeziehen; unter dieser Annahme sind intergenerationelle Transfers (d.h. Erbschaften und Schenkungen) ökonomisch nicht rational.

[210]Vgl. YAARI, M., Uncertain Lifetime.... a.a.O., S. 140ff.

[211]Ebenda.

die eine ewige Rente erbringen, die jedoch, und das ist das Charakteristikum, beim Tode von Gläubiger bzw. Schuldner in den Besitz des Vertragspartners übergehen. Ein Gläubiger, der ein derartiges, von einem Finanzmittler emittiertes Papier zeichnet, erhält das Recht auf eine lebenslange Annuitätenzahlung und versichert sich somit gegen das Risiko, ein eventuell unerwartet langes Leben mit negativem Vermögen abzuschließen. Er wird jedoch einen Zins fordern, der über dem vergleichbaren Zinssatz für konventionelle Schuldtitel liegt, da im Fall seines unerwartet frühen Ablebens auch das eingesetzte Kapital vorzeitig verlorengeht.

Der Kreditmittler ist in der Lage, diesen Aufschlag zu zahlen, da zu jedem Zeitpunkt ein Anteil γ seiner Verbindlichkeiten durch den Tod einiger Gläubiger zu seinen Gunsten verfällt; insofern liegt hier ein Transfer zwischen Gläubigern mit unterschiedlicher Lebensdauer vor.

Umgekehrt wird ein Schuldner bereit sein, einen höheren als den vergleichbaren Zins zu zahlen, wenn er weiß, daß im Fall seines vorzeitigen Todes auch der sonst fällige Schuldendienst erlassen wird. Da der Kreditmittler diese zusätzlichen Zinszahlungen aufwenden muß, um verstorbenen Schuldnern Schuldenerlaß zu gewähren, liegt auch hier im Endeffekt eine Umverteilung zugunsten von Kreditnehmern mit unterdurchschnittlicher Lebensdauer vor. Man kann zeigen, daß, solange der zwischengeschaltete Kreditmittler kostenfrei arbeitet, der jeweilige Aufschlag auf den vergleichbaren Zins r näherungsweise die Größe γ annimmt.[212] Der effektive Zins aus der Sicht des Individuums beträgt somit $(r+\gamma)$. Obgleich die Annahme eines derartigen Wertpapiermarktes ungewohnt und vielleicht konstruiert erscheint, sollte man dennoch zwei Aspekte nicht aus dem Auge verlieren:

Erstens ist die Konstruktion von YAARI der Versuch, die bei Vorliegen von Unsicherheit notwendige Möglichkeit zur Versicherung zu modellieren. Dies ist insofern bedeutsam, als es die Berücksichtigung begrenzter Horizonte der Privaten erlaubt.

Zweitens ist in der Realität bereits in hohem Maße eine derartig abgesicherte Altersversorgung gegeben, wenn man bedenkt, daß die gesetzliche Rentenversicherung genau diese versicherungsimmanente Umverteilung von den Wirtschaftssubjekten mit nur unterdurchschnittlicher Lebensspanne hin zu den besonders lange Lebenden bewirkt.[213]

---

[212]Vgl. YAARI, M., Uncertain Lifetime.... a.a.O., S. 144.

[213]Vgl. ANDEL, N., Finanzwissenschaft. Tübingen 1983, S. 431f.

E.3.2 Individuelles Konsumverhalten und gesamtwirtschaftliche Konsumtion

Wie bereits im Abschnitt 2.1 angedeutet, soll im folgenden das Verhalten der privaten Wirtschaftssubjekte explizit auf der Grundlage eines vorausschauenden Optimierungskalküls abgeleitet werden. Ein Indiuviduum wird sich demzufolge so verhalten, daß über die erwartete restliche Lebensdauer insgesamt der Erwartungswert des Konsumnutzens maximiert wird.

$$(2) \qquad E_t(U) = \int_t^{\infty} U_v \left[E(c_{s,v})\right] e^{-\rho(v-t)} dv$$

Der Erwartungswert des Konsumnutzens U ergibt sich gemäß der Gleichung (2) als das Integral der abdiskontierten Nutzenbeiträge U_t der erwarteten Periodenkonsumströme $E(c_{s,v})$.[214] Der erwartete Periodenkonsum ergibt sich wiederum als Produkt der Konsummenge $c_{s,v}$ mit der Wahrscheinlichkeit, mit der das Individuum die entsprechende Periode erlebt:

$$E(c_{s,v}) = c_{s,v}\, e^{-\gamma(v-t)}$$

Nimmt man weiterhin an, daß der Konsumnutzen logarithmisch von der Konsummenge abhängt,[215] ergibt sich die explizite Zielfunktion

$$U_t = \int_t^{\infty} \ln c_{s,v}\, e^{-\gamma(v-t)}\, e^{-\rho(v-t)} dv$$

bzw.

$$(2a) \qquad U_t = \int_t^{\infty} \ln c_{s,v}\, e^{-(\rho+\gamma)(v-t)} dv \quad \text{mit } c_{s,v} \geq 0.$$

Wie üblich erfolgt die Abdiskontierung der Periodennutzen mit einer konstanten, positiven Zeitpräferenzrate ρ. Im Unterschied zum Fall sicherer Lebenserwartung bietet es sich bei risikobehafteter Lebenserwartung an, die Gegenwart zusätzlich auch deswegen zu präferieren, weil ein in die Zukunft verlagerter Konsumnutzen von dem Wirtschaftssubjekt unter Umständen nicht erlebt wird. In der Formulierung von (2a) kommt diese Überlegung in der

---

[214] Die Notation $X_{s,v}$ symbolisiert hier und im folgenden die Variable X, die zum Zeitpunkt v für ein im Zeitunkt s geborenes Wirtschaftssubjekt relevant ist.

[215] Diese Annahme vereinfacht das Ergebnis erheblich und stellt sicher, daß die Zielfunktionen die üblichen Zusatzeigenschaften (U' > 0, U'' < 0) aufweist.

zusätzlichen Abdiskontierung mit der Rate γ zum Ausdruck.[216] Offensichtlich ist, daß der Abdiskontierung infolge echter Zeitpräferenz einerseits und infolge von Planungsunsicherheiten andererseits ökonomisch die gleiche Wirkung zukommt; deutlich wird auch, daß bei unbegrenzten Horizonten ($\gamma = 0$) der hier gewählte Ansatz in die bei intertemporaler Fragestellung gebräuchlichere Formulierung übergeht. Der spezielle Fall unbegrenzter Horizonte ist hier also mitenthalten.

Die Maximierung der beschriebenen Zielfunktion muß unter Beachtung einer intertemporalen Budgetrestriktion erfolgen, die sich aus der Differentialgleichung (3) gewinnen läßt:

$$\text{(3)} \qquad \dot{w}_v = (r+\gamma)\, w_{s,v} + y_{s,v} - c_{s,v} - t_{s,v}.$$

Gleichung (3) beschreibt die Veränderung des individuellen Finanzvermögens zum Zeitpunkt v ($\dot{w}_v$) als die Differenz von Zinseinkommen $(r+\gamma)w_{s,v}$ und Arbeitseinkommen ($y_{s,v}$) einerseits und Periodenkonsum($c_{s,v}$) und den zum Zeitpunkt v fälligen Steuerzahlungen ($t_{s,v}$) andererseits.

Unter der Annahme einer ergänzenden Zusatzbedingung der Form

$$\text{(4)} \qquad \lim_{v \to \infty} e^{-(r+\gamma)v}\, w_{s,v} = 0$$

sowie unter Beachtung der Tatsache, daß der Zins r dem kleinen Land bei unendlicher Kapitalmobilität und als konstant erwarteten Terms of Trade fest vorgegeben ist, läßt sich (3) integrieren zu

$$\text{(3a)} \qquad \int_s^{\infty} c_{s,v}\, e^{-(r+\gamma)(v-s)}\, dv = w_{s,s} + \int_s^{\infty} y_{s,v}\, e^{-(r+\gamma)(v-s)}\, dv - \int_s^{\infty} t_{s,v}\, e^{-(r+\gamma)(v-s)}\, dv.$$ [217]

Im Gegensatz zu Gleichung (3) läßt sich (3a) sofort als lebensumfassende Budgetrestriktion begreifen, denn (3a) sagt aus, daß der Barwert der gesamten Konsumausgaben des betrachteten Individuums (links vom Gleichheitszeichen) seinem Gesamtvermögen entspechen muß. Dieses wiederum

---

[216] Vgl. auch: KAMIEN, M.J./SCHWARTZ, N.L., Dynamic Optimization. New York u.a. 1981, S. 59.

[217] Zur Lösung von (3) vgl. CHIANG, A.C., Fundamental Methods of Mathematical Economics. 3. Aufl., Singapur 1984, S. 480f.

setzt sich aus dem Finanzvermögen im Ausgangszeitpunkt ($w_{s,s}$) und dem Nettohumanvermögen, d.h. dem Überschuß der abdiskontierten Bruttoarbeitseinkommen über den Barwert der gesamten Steuerschuld hinaus, zusammen. Die Budgetrestriktion (3a) geht jedoch nur dann aus (3) hervor, wenn die Gleichung (4) erfüllt wird, was genau dann der Fall ist, wenn das Vermögen $w_{s,v}$ im Zeitablauf gegen einen festen Wert konvergiert.

Ökonomisch formuliert die Gleichung (4) die Forderung, daß sich das betrachtete Wirtschaftssubjekt weder dauerhaft verschulden kann (dann würde gelten $\dot{w} < 0$ für alle v), noch daß, aufgrund der fehlenden Vererbungsabsicht, ein beliebig großer Finanzvermögensbestand sinnvoll erscheint ($\dot{w} > 0$ für alle v).[218] Es liegt auf der Hand, daß die intertemporale Budgetrestriktion (3a) nur unter diesen einschränkenden Annahmen einen ökonomischen Sinn macht.

Die bis hierhin beschriebene Aufgabenstellung muß als Problem der dynamischen Optimierungsrechnung aufgefaßt werden. Grundsätzliches Ziel ist dabei, für eine oder mehrere sog. Kontrollvariablen (hier der Periodenkonsum $c_{s,v}$) einen Zeitpfad zu wählen und damit die Zustandsvariable(n) des Systems (d.h. hier das Finanzvermögen $w_{s,v}$) derart zu beeinflussen, daß das Zielfunktional (d.h. konkret: der Konsumnutzen U) einen Extremwert annimmt.[219] Die Problemstellung lautet also

$$\text{(2a)} \qquad U = \int_s^{\infty} \ln c_{s,v}\, e^{-(\rho+\gamma)(v-s)}\, dv = \text{Max!}$$

unter Beachtung der Restriktion

$$\text{(3a)} \qquad \int_s^{\infty} c_{s,v}\, e^{-(r+\gamma)(v-s)}\, dv$$

$$= w_{s,s} + \int_s^{\infty} y_{s,v}\, e^{-(r+\gamma)(v-s)} - \int_s^{\infty} t_{s,v}\, e^{-(r+\gamma)(v-s)}\, dv.$$

---

[218] In der Terminologie der dynamischen Optimierungsrechnung handelt es sich bei Gleichung (4) um eine sog. Transversalitätsbedingung. Zur Lösung eines dynamischen Optimierungsproblems ist es an sich notwendig, den Anfangs– und Endpunkt des betrachteten Zeitraumes und die Anfangs– und Endwerte der restringierenden Variablen vorzugeben. Stattdessen ist es auch möglich, die Nebenbedingung in Form einer derartigen Transversalitätsbedingung zu fassen, wenn z.B., wie im obigen Fall, der Endzeitpunkt und der Endwert der restringierenden Größe "Finanzvermögen" unbestimmt sind.

[219] Einen Überblick über die Verfahren der dynamischen Optimierung vermitteln: TU, P.N.V., Introductory Optimization Dynamics. Berlin et al. 1984. KAMIEN, M.J./SCHWARTZ, N.L., a.a.O., ROSKI, R., Das Maximumprinzip von Pontrjagin. WiSt, 13. Jg. (1984), S. 515ff. DORFMAN, R., An Economic Interpretation of Optimal Control Theory. American Economic Review, Bd. 59 (1969).S. 817ff.

Einen Lösungsansatz liefert das PONTRJAGIN'sche Maximumprinzip, welches das Problem der Wahl eines optimalen Zeitpfades durch eine Vielzahl statischer, d.h. rein periodenbezogener Optimierungsaufgaben ersetzt.[220] Dieses Problem wird durch die Lösung einer geeigneten sog. HAMILTON–Funktion bewältigt, die im hier vorliegenden Fall die folgende Form aufweist:

$$H = \ln c_{s,v}\, e^{-(\rho+\gamma)(v-s)} + \lambda_v \cdot \dot{x}_v \;.^{221}$$

Dieser Ausdruck enthält im ersten Summanden den abdiskontierten Nutzenbeitrag des jeweiligen Konsums der Periode v; die Kozustandsvariable λ_v im zweiten Summanden läßt sich (in gewisser Parallele zu den bekannten Lagrange–Multiplikatoren) als Beitrag einer infinitesimalen Lockerung der Budgetrestriktion zum Zielfunktional interpretieren.[222] Um auch den zweiten Summanden der obigen Hamiltonfunktion explizit schreiben zu können, ist es zuvor notwendig, die mit Gleichung (3a) gegebene isoperimetrische Budgetrestriktion in geeigneter Weise umzuformen:[223] Die Variable x_t sei eine Hilfsgröße, die angibt, in welchem Umfang das insgesamt disponible Budget zum Zeitpunkt t noch nicht verausgabt ist; aus Gleichung (3a) ergibt sich unmittelbar:

$$x_{s,t} = w_{s,s} + \int_s^{\infty} y_{s,v}\, e^{-(r+\gamma)(v-s)}\, dv - \int_s^{\infty} t_{s,v}\, e^{-(r+\gamma)(v-s)} - \int_s^{t} c_{s,v}\, e^{-(r+\gamma)(v-s)}\, dv.$$

Das "Restbudget" x_t ist damit definiert als die Differenz zwischen Gesamtvermögen im Ausgangszeitpunkt und dem Barwert der zwischenzeitlich getätigten Konsumausgaben; es entspricht im Ausgangszeitpunkt dem

---

220 Vgl. TOUSSAINT, S., Notwendige Optimalitätsbedingungen in der Kontrolltheorie. In: SIEBERT, H. (Hrsg.) Intertemporale Allokation. Frankfurt/M. 1984, S. 654.

221 Vgl. TU, P.N.V., a.a.O., S. 145. KAMIEN, M.I./SCHWARTZ, N.L., a.a.O., S. 116 in Verbindung mit S. 213 f. TOUSSAINT, S., a.a.O., S.662.

222 Vgl. TU, P.N.V., a.a.O., S.119. DORFMAN, R., a.a.O., S.828. KAMIEN, M.I./SCHWARTZ, N.L., a.a.O., S. 125ff.

223 Zu Begriff und Behandlung der isoperimetrischen Restringierung vgl. TU, P.N.V., a.a.O., S. 144f. sowie FEICHTINGER, G./HARTL, R.F., a.a.O., S. 122f. und TOUSSAINT, S., a.a.O., S.659ff. Eine ähnliche Darstellung findet sich bei KAMIEN, M.J./SCHWARTZ, N.L., a.a.O., S. 213f.

Gesamtvermögen und nimmt über die Zeit kontinuierlich ab. Es gilt also weiterhin

$$x_{s,s} = w_{s,s} + \int_s^\infty y_{s,v}\, e^{-(r+\gamma)(v-s)}\, dv - \int_s^\infty t_{s,v}\, e^{-(r+\gamma)(v-s)}\, dv$$

$$x_{s,\infty} = 0$$

$$x_{s,v} > 0 \qquad \text{für } s < v < \infty$$

sowie

(3b) $\dot{x} = -\, c_{s,v}\, e^{-(r+\gamma)(v-s)}$

Mit Hilfe von (3b) läßt sich die in diesem Fall relevante Hamilton–Funktion nun also schreiben als

(7) $$H = \ln c_{s,v}\, e^{-(\rho+\gamma)(v-s)}\, dv - \lambda_v\, c_{s,v}\, e^{-(r+\gamma)(v-s)}$$

Die notwendigen Hamilton–Bedingungen für die Maximierung der Hamilton–Funktion (7) werden durch die Gleichungen (8a) und (8b) formuliert, die auf jedem Punkt des Zeitpfades erfüllt sein müssen:

(8a) $$\frac{\delta H}{\delta c_{s,v}} = 0$$

(8b) $$\frac{\delta H}{\delta x_v} = -\,\dot{\lambda}.$$

Da die Hamiltonfunktion (7) zwar von der Veränderung des "Restbudgets" $\dot{x}$, nicht aber vom absoluten Niveau des Restbudgets x abhängig ist, folgt unmittelbar, daß $\dot{\lambda}$ $(= -\,\delta H/\delta x_v)$ gleich Null sein muß.[224] Ausgehend von (7) und mit (8a) folgt

$$\frac{\delta H}{\delta c_{s,v}} = \frac{1}{c_{s,v}}\, e^{-(\rho+\gamma)(v-s)} - \lambda_v\, e^{-(r+\gamma)(v-s)} = 0 \Rightarrow$$

(9) $$\lambda_v = \frac{1}{c_{s,v}}\, e^{(r-\rho)(v-s)}.$$

[224]Vollständigerweise müßte neben (8a) und (8b) noch eine Nichtnegativitätsbedingung für die Kontrollgröße "Periodenkonsum" aufgeführt werden; die Spezifikation der Nutzenfunktion ist jedoch derart, daß eine rationale Konsumwahl immer einen positiven, von Null verschiedenen Periodenkonsum nahelegt.

Differenzieren von (9) nach der Zeit und Beachtung von $\dot{\lambda} = 0$ ergibt

(10) $$\dot{\lambda} = -\frac{1}{c_{s,v}^{2}} \dot{c}\, e^{(r-\rho)(v-s)} + \frac{r-\rho}{c_{s,v}} e^{(r-\rho)(v-s)} = 0$$

bzw.

(10a) $$\dot{c}_{s,v} = (r-\rho)\, c_{s,v}.$$

Die Differentialgleichung (10a) läßt sich lösen zu

(10b) $$c_{s,v} = c_{s,s}\, e^{(r-\rho)(v-s)}.$$

Gleichung (10b) beschreibt den optimalen Konsumpfad $c_{s,v}$ derart, daß, ausgehend von einem noch zu bestimmenden Ausgangswert $c_{s,s}$, der Periodenkonsum über die Zeit ansteigt, wenn die reine Zeitpräferenzrate des Konsumenten relativ klein ist, d.h. also, wenn gilt $r > \rho$; umgekehrt wird ein besonders gegenwartsorientierter Konsument (für den gilt $r < \rho$) einen fallenden Konsumverlauf bevorzugen. Unabhängig von der tatsächlichen Parameterkonstellation sichert der gemäß (10b) gewählte Konsumpfad nach Gleichung (10) die Konstanz der Kozustandsvariablen λ_v. Genau hierin kommt die Eigenschaft des gewählten Konsumpfades, ein Nutzenmaximum zu gewährleisten, zum Ausdruck.

Dies wird verständlich, wenn man, wie angedeutet, die Kozustandsvariable λ_v als marginalen Beitrag einer in der Periode v zusätzlich konsumierbaren Gütereinheit zum Nutzenintegral (2a) interpretiert. Die Konstanz von λ_v für alle Zeitpunkte $s < v < \infty$ stellt sicher, daß der "Grenznutzen" des Konsums in allen Perioden gleich ist und somit eine intertemporale Reallokation der Konsumströme das Nutzenintegral nicht erhöhen kann. Zusätzlich macht diese Überlegung deutlich, daß das Maximumprinzip tatsächlich das dynamische Optimierungsproblem durch eine Vielzahl statischer Marginalbedingungen zu lösen vermag.

Zu einer vollständigen Beschreibung des Konsumprogramms fehlt nun noch der Ausgangswert $c_{s,s}$. Dieser läßt sich unter Rückgriff auf die Budgetrestriktion (3a) und durch Einsetzen von (10b) ermitteln, denn es gilt:

$$\int_s^{\infty} c_{s,s}\, e^{(r-\rho)(v-s)}\, e^{-(r+\gamma)(v-s)}\, dv = w_{s,s} + \int_s^{\infty} y_{s,v}\, e^{-(r+\gamma)(v-s)}\, dv - \int_s^{\infty} t_{s,v}\, e^{-(r+\gamma)(v-s)}\, dv$$

bzw.

$$\text{(3b)} \quad \int_s^{\infty} c_{s,s}\, e^{-(\gamma+\rho)(v-s)}\, dv = w_{s,s} + \int_s^{\infty} y_{s,v}\, e^{-(r+\gamma)(v-s)}\, dv - \int_s^{\infty} t_{s,v}\, e^{-(r+\gamma)(v-s)}\, dv.$$

Die linke Seite von (3b) läßt sich integrieren, so daß sich ergibt

$$\frac{c_{s,s}}{\gamma+\rho} = w_{s,s} + \int_s^{\infty} y_{s,v}\, e^{-(r+\gamma)(v-s)}\, dv - \int_s^{\infty} t_{s,v}\, e^{-(r+\gamma)(v-s)}\, dv$$

bzw.

$$\text{(11)} \quad c_{s,s} = (\gamma+\rho)\left[w_{s,s} + \int_s^{\infty} y_{s,v}\, e^{-(r+\gamma)(v-s)}\, dv - \int_s^{\infty} t_{s,v}\, e^{-(r+\gamma)(v-s)}\, dv\right]$$

bzw. allgemeiner formuliert

$$\text{(11a)} \quad c_{s,t} = (\gamma+\rho)\left[w_{s,t} + h_{s,t}\right]$$

$$\text{mit } h_{s,t} = \int_t^{\infty} y_{s,v}\, e^{-(r+\gamma)(v-t)}\, dv - \int_t^{\infty} t_{s,v}\, e^{-(r+\gamma)(v-t)}\, dv.$$

Gleichung (11a) sagt also aus, daß das betrachtete Wirtschaftssubjekt aus seinem Optimalitätskalkül heraus zu jedem Zeitpunkt t einen Periodenkonsum $c_{s,t}$ wählt, der einem konstanten Anteil $(\gamma+\rho)$ am Gesamtvermögen zum Zeitpunkt t entspricht, wobei sich das Gesamtvermögen aus dem Finanzvermögen $w_{s,t}$ und dem Nettohumanvermögen $h_{s,t}$ zusammensetzt.[225]

[225]Dieses Ergebnis gibt im Prinzip die permanente Einkommenshypothese des Konsums wieder. Vgl. z.B. FRIEDMAN, M., A Theory of The Consumption Function. New York 1957.

Das durch (11a) beschriebene einzelwirtschaftliche Konsumverhalten führt zu ökonomisch durchaus plausiblen Reaktionen: Einerseits erhöhen sich bei steigender Zeitpräferenz bzw. bei sich verkürzenden Horizonten (γ steigt an) die Konsumausgaben aus einem gegebenen Vermögen heraus, andererseits führt ein steigender Zins bei gegebenen Steuer– und Einkommenspfaden wegen des erhöhten Abdiskontierungsfaktors zu sinkendem Nettohumanvermögen und damit zu reduziertem Konsum.

Ausgehend von diesem Individualverhalten gelangt man zur gesamtwirtschaftlichen Konsumtion, indem man über alle zur Zeit lebenden Generationen hinweg aggregiert. Diese Aggregation führt zu dem Ergebnis, daß eine makroökonomische Variable Z_t (gesamtwirtschaftliche Größen in Großschreibweise) zu ihren mikroökonomischen Bestandteilen $z_{s,t}$ folgende allgemeine Beziehung hat:

$$(12) \qquad Z_t = \int_{-\infty}^{t} z_{s,t} \, \gamma \, e^{\gamma(s-t)} \, ds.$$

Die Komponente $\gamma e^{\gamma(s-t)}$ gibt dabei die Stärke derjenigen Kohorte an, die im Zeitpunkt s geboren ist, so daß sich z_t als die Summation der kohortenspezifischen Individualwerte, gewichtet mit der jeweiligen Kohortenstärke, ergibt.

Das gesamtwirtschaftliche Bruttoarbeitseinkommen bzw. die gesamtwirtschaftliche Steuerlast ist unter Berücksichtigung der allgemeinen Beziehung (12) definiert als

$$(13a) \qquad Y_t = \int_{-\infty}^{t} y_{s,t} \, \gamma \, e^{\gamma(s-t)} \, ds \quad \text{und}$$

$$(13b) \qquad T_t = \int_{-\infty}^{t} t_{s,t} \, \gamma \, e^{\gamma(s-t)} \, ds.$$ [226]

Nimmt man vereinfachend an, daß sowohl die Arbeitseinkommen als auch die Steuerzahlungen (Kopfsteuer) inter– und intragenerationell gleichverteilt sind, vereinfachen sich (13a) und (13b) zu

---

[226]Die Ausdrücke sind leicht plausibel zu machen, da der jeweils erste Term das Periodeneinkommen bzw. die Steuerzahlung eines im Zeitpunkt s geborenen Individuums im Zeitpunkt t angibt, der zweite Term die Stärke der jeweiligen Kohorte bezeichnet.

(14a) $Y_t = L_t\, y_t$

(14b) $T_t = L_t\, t_t$,

was bedeutet, daß sich die aggregierte Größe durch einfache Multiplikation der (für alle Wirtschaftssubjekte repräsentativen) einzelwirtschaftlichen Größe mit der Bevölkerungszahl ergibt.

Diese Vereinfachung erlaubt es, das makroökonomische Humanvermögen H_t zu definieren als

(15) $$H_t = \int_t^\infty Y_v\, e^{-(r+\gamma)(v-t)}\, dv - \int_t^\infty T_v\, e^{-(r+\gamma)(v-t)}\, dv$$

bzw.

(15b) $$\dot{H} = (r+\gamma)\, H_t - (Y_t - T_t),$$

wobei (15b) zu (15a) integrierbar ist, wenn eine Bedingung der Form

$$\lim_{v\to\infty} H_v\, e^{-(r+\gamma)v} = 0$$ erfüllt wird.[227]

Das gesamtwirtschaftliche Finanzvermögen W_t ergibt sich unter Verwendung von (12) als

(16) $$W_t = \int_{-\infty}^t w_{s,t}\, \gamma\, e^{\gamma(s-t)}\, ds$$

bzw.

(16b) $$\dot{W} = w_{t,t} - \gamma\, W_t + \int_{-\infty}^t \dot{w}_{s,t}\, \gamma\, e^{\gamma(s-t)}\, ds.$$

Gleichung (16b) beschreibt die Entwicklung des gesamtwirtschaftlichen Finanzvermögens, die sich aus drei Komponenten zusammensetzt: mit jedem infinitesimalen Fortschreiten der Zeit tritt eine Generation neugeborener Wirtschaftssubjekte hinzu, deren Finanzvermögen $w_{t,t}$ jedoch gemäß unserer Annahmen gleich Null sein soll; gleichzeitig scheidet zu jedem Zeitpunkt ein Anteil γ der Vermögenshalter aus dem Leben, so daß im Umfang $\gamma \cdot W_t$ Vermögen zugunsten des Kreditmittlers verfällt. Die dritte Komponente der

[227]Die Interpretation dieser Zusatzbedingung erfolgt analog zur Interpretation von Gleichung (4).

gesamtwirtschaftlichen Vermögensänderung ist die Akkumulation aller im Zeitpunkt t lebenden Wirtschaftssubjekte. Mit Gleichung (3) und unter Beachtung von $w_{t,t} = 0$ ergibt sich

(3b) $$\dot{W} = rW_t + Y_t - T_t - C_t.$$

Gleichung (3b) ist die makroökonomische Variante von (3); im Unterschied hierzu erfolgt die Verzinsung des Finanzvermögens nur mit der Rate r, da das Zinsäquivalent γ aus gesamtwirtschaftlicher Perspektive eine reine Vermögensumverteilung zu Lasten der Wirtschaftssubjekte mit unterdurchschnittlicher Lebensdauer darstellt. Vereinfachend sei unterstellt, daß das Volkseinkommen, also Y_t, konstant sei

In Analogie zu Gleichung (11a) ergibt sich die gesamtwirtschaftliche Konsumtion als

(11b) $$C_t = (\gamma+\rho)\,(H_t+W_t)$$

Damit ist der gesamtwirtschaftliche Konsum bestimmt, der sich in völliger Entsprechung zum einzelwirtschaftlichen Konsumverhalten interpretieren läßt.

E.3.3 Staatseinahmen, Staatsausgaben und öffentliche Verschuldung

Der öffentliche Sektor in der zu betrachtenden Volkswirtschaft habe zwei Ausgabekategorien, nämlich Zinszahlungen auf den aktuellen Schuldenstand in Höhe von rD_t und Ausgaben für Güter und Dienstleistungen (ausgenommen Kapitalüberlassung) G_t.[228] Bezüglich der Realausgaben sei angenommen, daß sie rein konsumtiver Natur seien und darüberhinaus nicht in die Nutzenerwägungen der Privaten eingehen.[229] Die Einnahmenseite sieht Kopfsteuern in einer Gesamthöhe von T_t vor, so daß die Veränderung des Schuldenstandes angegeben werden kann mit

(17) $$\dot{D} = rD_t + G_t - T_t.$$

Unter Beachtung einer Transversalitätsbedingung der Form

(18) $$\lim_{v \to \infty} D_v e^{-rv} = 0$$

läßt sich (17) integrieren zu (17a)

(17a) $$D_t + \int_t^{\infty} G_v e^{-r(v-t)} dv = \int_t^{\infty} T_v e^{-r(v-t)} dv.$$

Gleichung (17a) stellt die intertemporale Budgetrestriktion der öffentlichen Hand dar, die sich in völliger Analogie zur privaten Budgetrestriktion (3a) interpretieren läßt. Auch (17a) beschreibt die ökonomische Zwangsläufigkeit, daß die Summe aus (negativem) Anfangsvermögen und Barwert der Gesamtausgaben (linke Seite von (17a)) dem Barwert der Gesamteinnahmen entsprechen muß (rechte Seite von (17a)). Diese Aussage ist jedoch nur dann zwingend, wenn eine unendlich ausufernde Verschuldung der öffentlichen Hand ausgeschlossen wird, was, mit der gleichen

---

[228]Die Tatsache, daß Staatsschuldtitel nur mit der regulären Rate r verzinst werden, zeigt, daß es sich hierbei nicht um "acturial bonds "handeln kann, und daß mithin die Zeichnung dieser Titel nur durch den bereits erwähnten Kreditmittler bzw. das Ausland erfolgen kann.

[229]Zu einigen Möglichkeiten, den Nutzen öffentlichen Konsums in die Ausgabeentscheidung der Privaten zu integrieren vgl. z.B. HODRICK, R.J., Dynamic Effects of Government Policies in an Open Economy. Journal of Monetary Economics, Bd. 6 (1980), S. 313ff. und BARRO, R.J., Output Effects of Government Purchases. Journal of Political Economy, Bd. 89 (1981), S. 1090f.

Argumentation wie bei den privaten Haushalten, durch die Erfüllung der Bedingung (18) sichergestellt wird.

Im Unterschied zum Kalkül der Privaten berücksichtigt die öffentliche Hand bei der Abdiskontierung zukünftiger Ausgabe– und Einnahmeströme den Horizontparameter γ nicht bzw. setzt ihn gleich Null. Darin kommt zum Ausdruck, daß der Staatssektor grundsätzlich sein Verhalten auf unbegrenzte Horizonte hin anlegt. Diese Divergenz zwischen begrenzten privaten Horizonten und unbegrenztem öffentlichen Planungshorizont wird einer der Hauptwirkungskanäle fiskalischer Maßnahmen sein.

E.3.4 Leistungsbilanz und Auslandsposition

Im folgenden soll der bis hierhin allgemein gehaltene Modellrahmen auf den Fall einer offenen Volkswirtschaft angewendet werden. Dabei soll angenommen werden, daß nur ein homogener, international gehandelter Vermögenstitel existiere. Private und öffentliche Akkumulation bzw. Dekumulation werden also in Einheiten dieses Vermögenstitels ausgedrückt, wobei die Denominierungswährung dieses internationalen Assets für die Vermögensmessung unerheblich ist, weil das Austauschverhältnis zwischen In– und Auslandswährung als unveränderlich angenommen werden soll.

Die gesamtwirtschaftliche Nettoauslandsposition F_t setzt sich damit zusammen aus dem privatwirtschaftlichen Bestand an Auslandsforderungen F_{pt} abzüglich des öffentlichen Schuldenstandes D_t, um den die gesamtwirtschaftliche Auslandsposition von der privaten abweicht. Es gilt also

(19) $$F_t = F_{Pt} - D_t,$$

wobei F_{pt} an die Stelle der bisher in allgemeingültiger Notation verwendeten Bezeichnung für das Finanzvermögen W_t tritt.

Aus (19) folgt, daß die Veränderung der Nettoauslandsposition $\dot{F}$ definiert sein muß durch

(20) $$\dot{F} = \dot{F}_P - \dot{D}.$$

Unter Verwendung von (17) und der sinngemäß übernommenen Gleichung (3b) folgt

(20a) $\dot{F} = rF_t + Y_t - C_t - G_t.$

Gleichung (20a) beschreibt die Akkumulation von Auslandsvermögen als den Überschuß des Sozialproduktes in Inländerabgrenzung (rF_t+Y_t) über die inländische private und staatliche Absorption (C_t+G_t). Damit ist gleichzeitig der Saldo der Leistungsbilanz definiert, der hier offensichtlich absorptionstheoretisch bestimmt wird. Wie üblich ist die Akkumulation von Auslandsvermögen ($\dot{F} > 0$) das Ergebnis eines Leistungsbilanzüberschusses, d.h. einer positiven Differenz zwischen Einkommen und Absorption.

Zum weiteren Vorgehen sei hier eingefügt, daß im zunächst folgenden Abschnitt der Ausgangszustand beschrieben werden soll, den das System bei einem gegebenen fiskalpolitischen Programm, d.h. für gegebene Zeitpfade der Staatsausgaben und der Steuereinnahmen, einnimmt. Diese Anfangskonstellation sei durch eine Konstanz der endogenen Variablen C, F_P und D, mithin also auch durch unveränderte Auslandsposition F, charakterisiert. Es wird dann im weiteren zu zeigen sein, auf welche Weise eine Variation des fiskalischen Programms diesen stationary–state verändert; die Anpassungsdynamik hin in Richtung auf dieses neue Gleichgewicht soll schießlich im Rahmen einer graphisch–qualitativen Darstellung illustriert werden.

E.3.5 Stationäres Ausgangsgleichgewicht

E.3.5.1 Analytische Ableitung

Die Gleichungen, die das bisher beschriebene Modell abbilden, seien hier des besseren Überblicks wegen noch einmal aufgeführt, wobei der Zeitindex zur Vereinfachung der Notation entfallen kann:

(11b) $C = (\gamma+\rho)\,(H+F_P)$

(3b) $\dot{F}_P = rF_p + Y - T - C$

(15b) $\dot{H} = (r+\gamma)\, H - Y + T$ [230]

(17) $\dot{D} = rD + G - T$

(19) $F = F_P - D$

Ausgehend von (11b) ergibt eine Differentiation nach der Zeit

(11c) $\dot{C} = (\gamma+\rho)\,(\dot{H}+\dot{F}_P).$

Durch Einsetzen von (15b), (3b) und unter Verwendung der nach H umgestellten Gleichung (11b) ergibt sich

(11d) $\dot{C} = (r-\rho)\, C - \gamma\,(\gamma+\rho)\, F_P.$

Zusammen mit (3b) liegt damit ein Subsystem zweier simultaner Differentialgleichungen vor, das sich in Matrixschreibweise notieren läßt als:

(S1) $$\begin{bmatrix} \dot{C} \\ \dot{F}_P \end{bmatrix} + \begin{bmatrix} -(r-\rho) & (\gamma+\rho)\gamma \\ 1 & -r \end{bmatrix} \begin{bmatrix} C \\ F_P \end{bmatrix} = \begin{bmatrix} 0 \\ Y-T \end{bmatrix}$$

Die charakteristischen Wurzeln für das System lauten

$$R_1 = r + \gamma > 0$$
$$R_2 = r - (\gamma+\rho) \gtreqless 0 \quad \Leftrightarrow \quad r \gtreqless \gamma + \rho,$$

wobei die Tatsache, daß die Wurzeln reelle und voneinander verschiedene Zahlen sind, eine stetige, d.h. nichtzyklische Entwicklung des Systems anzeigt. In diesem Fall ist eine konvergente, d.h. eine über die Zeit einem Gleichgewichtswert zustrebende Entwicklung nur dann möglich, wenn mindestens eine der charakteristischen Wurzeln negativ ist. Diese

---

[230]Der Ausdruck für $\dot{H}$ ist möglicherweise nicht ohne einige Erläuterungen verständlich. Das Humanvermögen erhöht sich zum einen um $(r+\gamma)H$, da mit dem Voranschreiten der Zeit die Abzinsung der in der Zukunft liegenden Einkommensteile geringer wird, die Wirtschaftssubjekte damit gewissermaßen "näher" an den Genuß ihres Humanvermögens herankommen. Zum anderen reduziert sich das Humanvermögen um das aktuelle Nettoperiodeneinkommen (Y–T), da dieser Teil des Lebenseinkommens auf diese Weise dem Humanvermögen "entnommen" wird.

Stabilitätsbedingung ist erfüllt, wenn $r < \gamma+\rho$ und damit $R_2 < 0$ ist, was dem System (S1) sattelinstabile Eigenschaften verleiht.

Soweit sich das System konvergent verhält, ergibt sich der Endpunkt der Entwicklung, indem man in (S1) $\dot{D}$ und $\dot{F}_P$ gleich Null setzt und ermittelt:[231]

$$F_P^* = \frac{r - \rho}{(\gamma+\rho)\gamma - (r-\rho)r}\left[Y - T^*\right] \tag{21a}$$

$$C^* = \frac{1}{1 - \frac{(r-\rho)r}{(\gamma+\rho)\gamma}}\left[Y - T^*\right] \tag{21b}$$

Offensichtlich ist, daß im langfristigen Gleichgewicht ein Vermögen realisiert wird, das betragsmäßig in positivem Zusammenhang zum verfügbaren Periodeneinkommen steht. Desweiteren geht aus (21a) hervor, daß bei einem gegebenen Periodennettoeinkommen die private Finanzvermögensposition von der Differenz zwischen Zins und Zeitpräferenzrate abhängt. Sofern gilt $r < \rho$, bevorzugen die Privaten eine Schuldnerposition, d.h. das Finanzvermögen wird negativ. Umgekehrt ist das Sparverhalten im Fall $r > \rho$ derart, daß ein positives Finanzvermögen akkumuliert wird. Der Grenzfall liegt vor, wenn sich Zins und Zeitpräferenzrate gerade die Waage halten; in diesem Fall wird sowohl die Gläubiger– als auch die Schuldnerposition vermieden und nur aus dem laufenden Einkommen heraus konsumiert. Zusätzlich ist der (positive oder negative) Finanzvermögensbestand vom ökonomischen Planungshorizont der Wirtschaftssubjekte abhängig. Generell kann man sagen, daß die Dekumulation ($\rho > r$) bzw. Akkumulation ($r > \rho$) umso größer sein wird, je länger der Horizont der Privaten gesteckt ist, d.h., je kleiner der Horizontparameter γ ist. Dahinter steckt das Bestreben der Privaten, die jeweilige Vermögensposition innerhalb der erwarteten Lebensdauer "glattzustellen".[232]

Ebenso wie die Finanzvermögensposition ist auch der Konsum im langfristigen Gleichgewicht positiv vom verfügbaren Periodeneinkommen abhängig. Die Ausdehnung des Planungshorizontes hingegen hat keinen eindeutigen Einfluß auf den privaten Konsum. Für den Fall, daß gilt $r < \rho$, wenn also die Privaten eine Nettoschuldnerposition anstreben, führt die Verkürzung der Horizonte (d.h. ein größerer Wert für γ) zu einem erhöhten Periodenkonsum. Dies ist verständlich, wenn man bedenkt, daß bei dieser

---

[231]Mit einem Asterisk seien alle Werte gekennzeichnet, die aus einem langfristigen Gleichgewicht abgeleitet sind.

[232]Zur Ratio dieses Verhaltens vgl. S. 194.

Parameterkonstellation die Verkürzung der Horizonte zu einer Verringerung der privaten Verschuldung und damit im langfristigen Gleichgewicht zu einem vergrößerten Bestand an positivem privatem Gesamtvermögen führt.

Sollte hingegen der Fall $r > \rho$ vorliegen, so wird eine Verkürzung des erwarteten Lebenszeitraumes (d.h. ein Anstieg von γ) den Konsum im langfristigen Gleichgewicht reduzieren. Auch dies wird durch den Rückgriff auf die zugehörige Vermögensposition plausibel, denn in diesem Fall führt ein verkürzter Planungshorizont zum Aufbau einer nur geringeren positiven Finanzvermögensposition. Das private Gesamtvermögen insgesamt und damit der Konsum fallen damit ceteris paribus geringer aus.

Die Steuerbelastung, die das verfügbare Periodeneinkommen und damit sowohl den Konsum als auch die Vermögensposition determiniert, ergibt sich aus den Erfordernissen der Budgetrestriktion der öffentlichen Hand. Fordert man, daß in einem langfristigen stationären Gleichgewicht auch der Schuldenstand des Staates unverändert bleiben soll, sind mit den aktuellen Sach– und Zinsausgaben des Staates auch die zur Deckung dieser Ausgaben erforderlichen Steuereinnahmen T^* festgelegt. Dies ergibt sich aus Gleichung (17), wenn man die Veränderung der öffentlichen Schuld ($\dot{D}$) gleich Null setzt und damit die Bedingung erhält:

$$D^* = \frac{1}{r}(T^* - G^*) \tag{23}$$

Da der langfristige Schuldenstand durch den Einsatz der fiskalischen Aktionsparameter in vorangegangenen Perioden und damit durch frühere Verschuldungsvorgänge determiniert ist, ist mit (23) der zur Bedienung dieses Schuldenstandes notwendige, langfristige Überschuß ($T^*–G^*$) und damit für gegebenes G^*, auch T^* festgelegt.

Da in diesem Zusammenhang nur das Ausgangsgleichgewicht beschrieben werden soll, können die Ausgaben und Einnahmen des Staates und damit auch der Schuldenstand D^* als konstante Parameter aufgefaßt werden.

Durch diesen Umstand ist es auch möglich, die langfristige Auslandsposition der betrachteten Volkswirtschaft zu ermitteln. Mit Rückgriff auf (19) ergibt sich

$$F^* = F_P^* - D^*,$$

was aussagt, daß die gesamtwirtschaftliche Vermögensposition die Differenz zwischen dem privaten Vermögen F_p^* und dem öffentlichen Schuldenstand D^* darstellt.

E.3.5.2 Graphische Darstellung

Die dynamische Entwicklung, die möglicherweise in Richtung hin auf die beschriebenen langfristigen Gleichgewichtswerte führt, läßt sich wieder in Form einer graphisch–qualitativen Analyse darstellen, die anhand von Abb. E/2 erfolgen soll. Aus der Gleichung (3b) läßt sich durch Setzen von $\dot{F}_p = 0$ leicht ermitteln:

$$C\Big|_{\dot{F}_p=0} = rF_p + Y - T$$

Die ($\dot{F}_p$=0)–Linie, die alle Kombinationen von Konsum und privatem Finanzvermögen verbindet, die einen unveränderten Bestand privaten Finanzvermögens ermöglichen, ist im C/F_p–Diagramm eine ansteigende Gerade mit der Steigung r. Liegt bspw. eine ausgeglichene Vermögensposition vor (d.h. F_p=0), so muß der Periodenkonsum dem Periodennettoeinkommen entsprechen, wenn Akkumulation bzw. Dekumulation vermieden werden soll. Eine Erhöhung der Vermögens um ΔF_p erhöht das Periodeneinkommen um $r\Delta F_p$, so daß der Konsum um diesen Betrag steigen muß, wenn das Vermögen unverändert bleiben soll. Punkte rechts dieser Kurve bedeuten einen, gemessen am Periodeneinkommen, zu geringen Konsum und damit einen Anstieg des Finanzvermögens der Privaten.

Aus der Gleichung (11d) läßt sich für $\dot{C} = 0$ ermitteln

$$C\Big|_{\dot{C}=0} = \frac{\gamma(\gamma+\rho)}{r-\rho} \cdot F_p.$$

Die ($\dot{C}$=0)–Linie ist offensichtlich eine Ursprungsgerade, die wie in Abb. E/2 im ersten Quadranten des C/F_p–Diagramms verläuft, wenn gilt $r>\rho$, d.h., wenn die Privaten eine Nettogläubigerposition wählen. Gemäß der Beziehung (11c) erfordert ein unverändertes Konsumniveau ein unverändertes Gesamtvermögen, so daß in jedem Zeitpunkt Änderungen von Human– und Finanzvermögen einander kompensieren müssen. Ausgehend von einem Punkt auf der Kurve muß ein höheres Finanzvermögen mit einem höheren Konsum verbunden sein, wenn vermieden werden soll, daß die andernfalls stattfindende Vermögensakkumulation den Konsum ansteigen läßt ($\dot{C} \overset{!}{=} 0$). Punkte oberhalb der ($\dot{C}=0$)–Kurve sind bei gegebenen Werten für F_P nur bei einem höheren Humanvermögen möglich. Wie die Gleichung (15b) zeigt, ist aber ein höheres Humanvermögen ceteris paribus mit einem weiteren Anstieg von H verbunden, so daß bei unverändertem Finanzvermögen auch unweigerlich ein Anstieg des Konsums folgen muß. Die eingezeichneten senkrechten Dynamikpfeile zeigen diese Tendenzen.

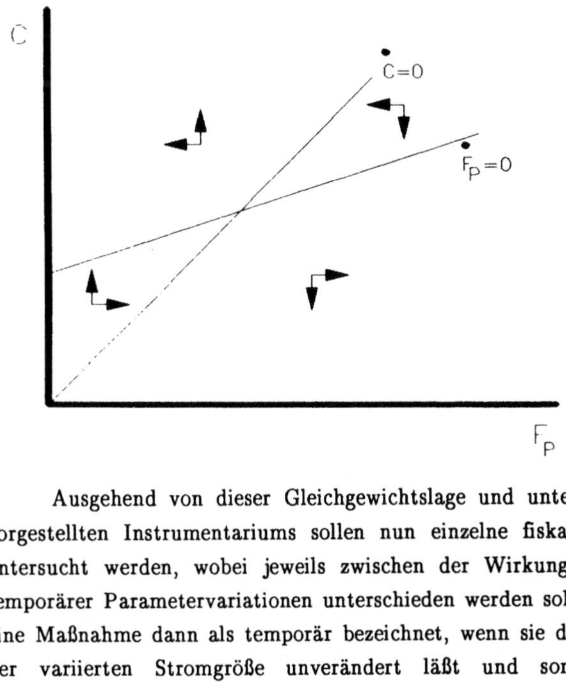

Abb. E/2

Ausgehend von dieser Gleichgewichtslage und unter Verwendung des vorgestellten Instrumentariums sollen nun einzelne fiskalische Maßnahmen untersucht werden, wobei jeweils zwischen der Wirkung permanenter und temporärer Parametervariationen unterschieden werden soll. Mit BARRO sei eine Maßnahme dann als temporär bezeichnet, wenn sie den Gegenwartswert der variierten Stromgröße unverändert läßt und somit lediglich eine intertemporale Reallokation des fiskalischen Parametereinsatzes bewirkt.[233]

Die Art und Weise, in der die öffentliche Hand die zeitliche Verteilung von Ausgaben und Einnahmen gestaltet bzw. umgestaltet, könnte

---

[233]Vgl. BARRO, R.J., Output Effects... a.a.O., S. 1095. Diese spezielle Definition erfordert es, daß beispielsweise nach einer anfänglichen Steuererhöhung die Steuerbelastung nicht nur auf den Ausgangswert, sondern sogar unter diesen sinken muß, wenn bei gegebenen, konstanten Realausgaben die Budgetrestriktion erfüllt werden soll.

grundsätzlich Gegenstand einer normativen Analyse sein; dazu ist es denkbar, im Rahmen z.B. kontrolltheoretischer Ansätze zu fragen, auf welchen Pfad die Staatsausgaben nach einer anfänglich notwendig gewordenen Realausgabenerhöhung zurückgeführt werden sollten, um den Budgetausgleich und gleichzeitig ein gesellschaftliches Nutzenmaximum zu erzielen.[234]

Stattdessen sollen hier nur plausible ad–hoc–Verhaltensregeln eingeführt werden, die der Budgetrestriktion des Staates genügen; die vorliegende Analyse bleibt damit auf eine rein positive Betrachtungsweise beschränkt.

E.3.6 Haushaltsdefizit durch temporäre Ausgabenerhöhungen

E.3.6.1 Langfristige Wirkungen

Als erste fiskalische Variante sei der Fall betrachtet, in dem die zu untersuchenden Haushaltsdefizite durch eine vorübergehende Erhöhung der öffentlichen Realausgaben bei unveränderten Steuereinnahmen auftreten. Für die Steuereinnahmen gilt also

$$T = \overline{T}, \qquad (27a)$$

während der Pfad der Realausgaben beschrieben sei durch:

$$G = G_0 - \delta D + X \quad \text{mit } \delta, X > 0. \qquad (28a)$$

Gemäß Gleichung (28a) ergibt sich der Umfang der Realausgaben einmal aus der Basiskomponente G_0, der die Rolle eines Niveauparameters zukommt. Daneben ist das Ausgabevolumen vom Politikparameter X abhängig. Die Größe X gibt den Umfang der im Zeitpunkt t_0 vorgenommenen Ausgabenerhöhung an und ist damit ein Maß für den unterstellten diskretionären Politikeingriff.[235]

Diese exogene Ausgabenerhöhung X ist bei konstanten Einnahmen T mit der intertemporalen Budgetrestriktion der öffentlichen Hand nur dann vereinbar, wenn in späteren Perioden entsprechende Kürzungen der Ausgaben

---

[234]Vgl. den Vorschlag von BUITER, W., a.a.O., S. 110.

[235]Für die Ausgangslage vor der Durchführung der fiskalpolitischen Maßnahme gelte X = 0, d.h. also auch dX = X.

erfolgen. Die Gleichung (28a) sieht demzufolge eine Anpassungskomponente δD vor, nach deren Maßnahme die Ausgaben mit steigendem Schuldenstand reduziert werden. Diese ad–hoc–Verhaltensannahme ist zumindest plausibel, wenn man bedenkt, daß in der Realität weniger die aktuelle Nettoverschuldung, sondern eher der Anstieg des Schuldenstandes und damit die Erhöhung der Zinslastenquote zu einer Konsolidierung der Defizite zwingt.

Es ist leicht zu verstehen, daß vor der Durchführung der expansiven Maßnahme die Steuereinnahmen die Realausgaben übersteigen müssen, wobei die Differenz als Zinsausgaben zur Bedienung des als positiv angenommenen und bis dahin konstanten Schuldenstandes aufgewendet werden muß. Damit ist auch verständlich, warum die Realausgaben langfristig unter ihren anfänglichen Stand sinken müssen, denn infolge der zwischenzeitlichen Verschuldungsvorgänge sind auch die Zinszahlungen der öffentlichen Hand gestiegen. Bei konstanten Einnahmen erfordert der langfristige Haushaltsausgleich dann eine kompensierende Reduktion der Realausgaben.

Durch Einsetzen der Verhaltensgleichungen (27a) und (28a) in (17) erhält man

$$\text{(17a)} \qquad \dot{D} = (r-\delta)\, D - \overline{T} + G_0 + X,$$

bzw. deren Lösung

$$\text{(29a)} \qquad D = \frac{T\text{-}G\text{-}X}{r-\delta} + \left[D_0 - \frac{T\text{-}G\text{-}X}{r-\delta}\right] e^{(r-\delta)t}.$$

Die Betrachtung von (29a) zeigt, daß mit einem konvergenten Verlauf und mit der Einhaltung der öffentlichen Budgetrestriktion nur gerechnet werden kann, wenn die Konstellation $r < \delta$ vorliegt. Die ökonomische Bedeutung dieser Stabilitätsbedingung ist einfach die, daß im Zuge eines ansteigenden Schuldenstandes die Rückführung der Realausgaben den zwangsläufigen Anstieg der Zinsausgaben überkompensieren muß, wenn die Neuverschuldung zum Stillstand kommen soll.

Unter Verwendung der Gleichungen (11b), (17a), (20), (20a), (27a) und (28a) ergibt sich nun ein Differentialgleichungssystem der folgenden Form:

$$(S2)\quad \begin{bmatrix} \dot{C} \\ \dot{F}_P^* \\ \dot{F} \end{bmatrix} + \begin{bmatrix} -(r-\rho) & (\gamma+\rho)\gamma & 0 \\ 1 & -r & 0 \\ 1 & -\delta & -(r-\delta) \end{bmatrix} \begin{bmatrix} C \\ F_P \\ F \end{bmatrix} = \begin{bmatrix} 0 \\ Y-T \\ Y-G_0-X \end{bmatrix}$$

Die charakteristischen Wurzeln für (S2) lauten:

$$R_1 = r-\rho-\gamma \gtreqless 0$$

$$R_2 = r+\gamma > 0$$

$$R_3 = r-\delta \gtreqless 0,$$

wobei die Wurzeln R_1 und R_3 negativ sind, wenn wir unsere bereits getroffenen Annahmen $r < \rho+\gamma$ bzw. $r < \delta$ aufrechterhalten. Das System hat damit sattelinstabile Eigenschaften.

Die langfristig gültigen Werte für das stationäre Gleichgewicht ergeben sich, in Analogie zur Behandlung des Systems (S1), mit

$$C^* = -\frac{(\gamma+\rho)\gamma}{r(r-\rho) - (\gamma+\rho)\gamma}(Y-T) > 0$$

$$F_P^* = -\frac{(r-\rho)}{r(r-\rho)-(\gamma+\rho)\gamma}(Y-T) \gtreqless 0 \quad \Leftrightarrow \quad r \gtreqless \rho$$

Die langfristigen Werte entsprechen denen, die bereits mit dem als Subsystem hier ebenfalls vorhandenen System (S1) gewonnen wurden.
Die Ableitungen dC^*/dX und dF_P^*/dX sind offensichtlich gleich Null, so daß die langfristigen Werte für privaten Konsum und privates Vermögen durch die betrachtete Fiskalmaßnahme nicht tangiert werden.

Die Erklärung hierfür ist, daß aufgrund der unveränderten Besteuerung keine Änderung des Nettohumanvermögens und damit des Konsum– und Sparverhaltens der Privaten eingetreten ist. Dies gilt hingegen nicht für das gesamtwirtschaftliche Vermögen F, das durch die Verschuldungsvorgänge des öffentlichen Sektors beeinflußt wird. Der neue stationäre Wert für F ergibt sich aus (S2):

$$F^* = \frac{1}{\Omega}\left[((\gamma+\rho)\gamma - (r-\rho)\delta)(Y-T) + (r(r-\rho) - \gamma(\gamma+\rho)(Y-G_0-X)\right] \gtreqless 0$$

$$\text{mit } \Omega = -(r-\delta)\left[r(r-\rho) - (\gamma+\rho)\gamma\right] \text{ und}$$

$$\frac{dF^*}{dX} = \frac{1}{r-\delta} < 0.$$

Damit ist sichergestellt, daß, unabhängig von der Nettoauslandsposition in der Ausgangslage, ein Haushaltsdefizit durch eine temporär vorgenommene Ausgabenerhöhung die Auslandsposition verschlechtert. Dieser Abbau des Nettoauslandsvermögens findet durch zwischenzeitliche Leistungsbilanzdefizite statt.

E.3.6.2 Kurz– und mittelfristige Anpassung

Die unmittelbare Wirkung der öffentlichen Verschuldung auf die Leistungsbilanz ergibt sich aus Gleichung (20a) unter Verwendung von (28a) mit

$$\dot{F} = rF + Y - C - G_0 + \delta D - X.$$

War die Leistungsbilanz im Ausgangszustand ausgeglichen, so tritt im Zeitpunkt der Ausgabenerhöhung um den Betrag X eine gleichgroße Verschlechterung der Leistungsbilanz ein. Dieser Passivsaldo wird dann über die Zeit in dem Maße zurückgeführt, wie auch die Staatsausgaben und die Nettoneuverschuldung zurückgeführt werden. Im neuen stationären Gleichgewicht ist die Leistungsbilanz wiederum ausgeglichen. Dieses Ergebnis läßt sich mit Abb. E/3 illustrieren, die die Zeitpfade des Konsums (C), der Realausgaben (G), der Steuern (T), des gesamtwirtschaftlichen Nettoauslandsvermögens (F) und des Leistungsbilanzsaldos ($\dot{F}$) abbildet. In diesem Fall geht der Verlust an Nettoauslandsvermögen gänzlich zu Lasten der öffentlichen Schuldposition gegenüber dem Ausland, wohingegen der private Vermögensbestand, wie bereits gezeigt, von der fiskalischen Maßnahme völlig unberührt bleibt. In der Tat zeigt Gleichung (17b), daß sich der neue langfristige Schuldenstand mit

$$D^* = \frac{T-G-X}{r-\delta}$$

angeben läßt.

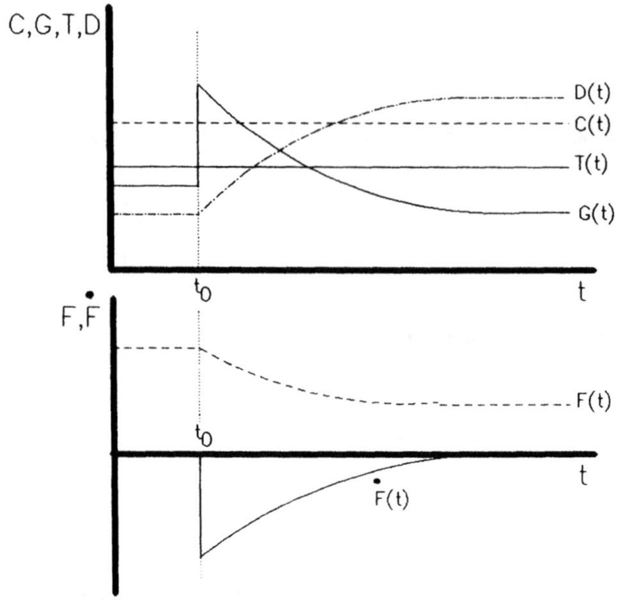

Abb. E/3

Damit folgt unmittelbar, daß sich der langfristige Schuldenstand infolge einer Ausgabenerhöhung um $-(1/(r-\delta))\cdot X$ erhöht. Dies entspricht exakt dem Verlust an gesamtwirtschaftlichem Nettoauslandsvermögen. Während für das Defizit der Leistungsbilanz in der 1. Periode also nur der Umfang der Ausgabenexpansion von Bedeutung ist, kommt es für die Salden in den folgenden Perioden zusätzlich darauf an, wie groß der Anpassungsparameter δ ist, d.h., wie schnell die Haushaltskonsolidierung nach dem anfänglichen Budgetdefizit Platz greift. Je schneller die Ausgaben zurückgeführt werden, d.h. je größer δ ist, umso geringer werden die Leistungsbilanzdefizite in den Folgeperioden und damit der Verlust an Nettoauslandsvermögen insgesamt sein.

E.3.7 Haushaltsdefizit durch permanente Ausgabenerhöhung

Die Ergebnisse des vorangegangenen Abschnittes illustrieren die Leistungsbilanzwirkungen von zeitlich begrenzten Ausgabenerhöhungen. Die Resultate, die abgeleitet werden konnten, sind von zwingender Eindeutigkeit. Dies ist darauf zurückzuführen, daß die fiskalische Maßnahme nur zu einer (wenn auch zeitlich begrenzten) Mehrabsorption des Staates führt, jedoch das Verhalten der Privaten in keiner Weise tangiert.

Im folgenden Abschnitt ist zu zeigen, daß eine dauerhafte Expansion der Staatsausgaben gleicher Höhe zu quantitativ und qualitativ anderen Ergebnissen führt, da die Reaktion des privaten Sektors die Wirkung der fiskalischen Maßnahme z.T. verstärken, z.T. aber auch konterkarieren kann.

Eine dauerhafte Ausgabenerhöhung läßt sich beschreiben mit dem Ausdruck

$$(28b) \qquad G = G_0 + X.$$

Gleichung (28b) zeigt, daß im Zeitpunkt des Politikeinsatzes die Realausgaben, ausgehend von dem Niveau G_0, wiederum um den Betrag X ausgedehnt werden. Im Gegensatz zur Formulierung des vorangegangenen Abschnittes erfolgt hier offensichtlich keine Anpassung der Ausgaben an den steigenden Schuldenstand, so daß die intertemporale Budgetrestriktion der öffentlichen Hand nur erfüllt werden kann, wenn die anfänglichen Haushaltsdefizite ersatzweise über die Einnahmenseite konsolidiert werden. Eine geeignete ad hoc–Verhaltensannahme bietet sich mit Gleichung (27b) an, die aussagt, daß die Steuereinnahmen bei steigendem Schuldenstand nach Maßgabe eines Anpassungsparameters β ebenfalls steigen:

$$(27b) \qquad T = T_0 + \beta D; \quad \beta > 0.$$

Die Berücksichtigung von (27b) und (28b) in (17) führt zu

$$(17b) \qquad \dot{D} = (r-\beta)\, D + G_0 - T_0 + X,$$

was sich lösen läßt zu

$$(29b) \qquad D = \frac{T_0 - G_0 - X}{r-\beta} + \left[D_0 - \frac{T_0 - G_0 - X}{r-\beta}\right] e^{(r-\beta)t}.$$

Wie im vorangegangenen Abschnitt läßt sich aus der Gleichung (29b) unmittelbar ablesen, daß der öffentliche Schuldenstand nur dann einem festen Wert zustrebt, wenn die Parameterkonstellation $r < \beta$ vorliegt, d.h. also, daß im Zuge einer zunehmenden Verschuldung der Anstieg der Steuereinahmen die Zunahme der Zinszahlungsverpflichtungen überkompensiert.

Auch hier läßt sich die Dynamik des Systems beschreiben, in dem man mit den Gleichungen (11b), (17b), (20a) und jetzt (27b) und (28b) das folgende Differentialgleichungssystem aufstellt:

$$\text{(S3)} \quad \begin{bmatrix} \dot{C} \\ \dot{F}_P \\ \dot{F} \end{bmatrix} + \begin{bmatrix} -(r-\rho) & (\gamma+\rho)\gamma & 0 \\ 1 & -(r-\beta) & -\beta \\ 1 & 0 & -r \end{bmatrix} \begin{bmatrix} C \\ F_P \\ F \end{bmatrix} = \begin{bmatrix} 0 \\ Y-T_0 \\ Y-G_0-X \end{bmatrix}$$

mit den charakteristischen Wurzeln

$$R_1 = r-\rho-\gamma \gtreqless 0$$
$$R_2 = r+\gamma > 0$$
$$R_3 = r-\beta \gtreqless 0,$$

wobei unter den getroffenen Annahmen die Stabilitätseigenschaften die gleichen wie die des vorangegangenen Systems (S2) sind.

E.3.7.1 Langfristige Wirkungen

Als langfristiger Wert des Konsums läßt sich aus (S3) ermitteln:

$$C^* = \frac{1}{\Omega_1}\left[\gamma(\gamma+\rho)r(Y-T_0) - \beta(\gamma+\rho)\gamma(Y-G_0-X)\right]$$
$$\text{mit } \Omega_1 = (r-\beta)\left[(\gamma+\rho)\gamma - (r-\rho)r\right] < 0$$

Da es keinen ökonomischen Sinn macht, negative Werte für den Konsum zuzulassen, führt die Forderung $C \geq 0$ mit der obigen Gleichung zu dem maximal zulässigen Wert für die Ausgabenerhöhung; es muß also gelten:

$$X \leq -\left[\frac{r}{\beta} - 1\right] Y + \frac{r}{\beta} T_0 - G_0.$$

Staatsausgabenerhöhungen, die in ihrem Umfang die obige Grenze überschreiten, würden bei gegebenem Anpassungsparameter und damit vorgegebenem Gesamtanstieg des Schuldenstandes für den stationären Gleichgewichtszustand derart extreme Steuererhöhungen erfordern, daß langfristig die Steuern die Höhe des Inlandsproduktes Y übersteigen müßten und damit (zumindest theoretisch) einen negativen Konsum erzwingen würden. Solange jedoch die Ausgabenexpansion das genannte Maß unterschreitet, ist eine sinnvolle Interpretation möglich.

Ebenso läßt sich der langfristige Wert für das private Finanzvermögen aus (S3) ermitteln mit

$$F_P^* = \frac{1}{\Omega_1}\left[(r-\rho)r(Y-T_0) - (r-\rho)\beta(Y-G_0-X)\right].$$

Für den Fall, daß die Ausgabenexpansion X ihren maximal zulässigen Wert annimmt und der private Konsum im langfristigen Gleichgewicht damit gleich Null ist, ist auch das private Finanzvermögen langfristig, unabhängig von sonstigen Parameterkonstellationen, gleich Null.[236] Im folgenden sei jedoch der interessantere Fall unterstellt, daß der (theoretisch vorhandene) finanzpolitische Spielraum nur unvollkommen ausgenutzt wird. In diesem Fall ergibt sich die bereits abgeleitete Abhängigkeit der privaten Vermögensposition von der Relation zwischen dem Zins r und der Zeitpräferenz ρ. Gilt beispielsweise die Konstellation $r > \rho$, so wird der Klammerausdruck in der obigen Gleichung negativ und das private Finanzvermögen damit positiv, wie dies von der Charakterisierung des langfristigen Ausgangsgleichgewichtes her schon bekannt ist.

Für diesen Fall läßt sich auch ableiten

$$\frac{dF_P^*}{dX} = \frac{(r-\rho)\beta}{\Omega_1} < 0 \quad \Leftrightarrow \quad r > \rho.$$

Liegt hingegen der Fall $r < \rho$ vor, ergibt sich ein negatives privates Finanzvermögen, d.h. also eine Verschuldungsposition der Privaten. Eine permanente Ausgabenerhöhung im Umfang X verändert die private Finanzposition um

[236]Wenn die Staatsausgabenerhöhung den abgeleiteten Maximalwert annimmt, steigt der staatliche Schuldendienst derartig an, daß der Schuldendienst zusammen mit den Güterkäufen (G) des Staates Steuern in Höhe des gesamten Volkseinkommens erfordert und der private Konsum auf Null sinken muß. Im Ergebnis nimmt damit die öffentliche Hand das gesamte Sozialprodukt für sich in Anspruch. Im Umkehrschluß erfordert dies aber auch ein privates Finanzvermögen von Null, da ein positiver Bestand an privatem Vermögen es den Privaten ermöglichen würde, aus den Zinseinnahmen dennoch zu konsumieren, eine private Schuld gegenüber dem Ausland ein privates Entsparen zu Zwecken des Schuldendienstes erfordern würde.

$$\frac{dF_P^*}{dX} = \frac{(r-\rho)\beta}{\Omega_1} > 0 \quad \Leftrightarrow \quad r < \rho.$$

Das fiskalische Maßnahmenbündel, bestehend aus einer permanenten Ausgabenerhöhung und akkommodierenden Steuererhöhungen, hat damit offensichtlich einen, je nach Ausgangslage, unterschiedlichen Einfluß auf das private Finanzvermögen: Ein anfangs vorhandenes positives Vermögen wird reduziert, was sich für die gesamtwirtschaftliche Vermögensposition als Verschlechterung auswirkt; eine anfängliche private Schuldposition wird zurückgeführt, was das gesamtwirtschaftliche Auslandsvermögen tendenziell erhöht.

Im Gegensatz zu den bereits im vorherigen Abschnitt untersuchten temporären Ausgabenerhöhungen berührt die hier zusätzlich vorgenommene Steuererhöhung das Nettohumanvermögen der Privaten und damit auch deren Ausgabe– und Akkumulationsverhalten. Die Leistungsbilanzreaktion infolge der beschriebenen Politik ist damit ebenfalls zusätzlich von dem Verhalten der Privaten abhängig. Es ergibt sich

$$F^* = \frac{1}{\Omega_1}\left[(\gamma+\rho)\gamma(Y-T_0) + ((r-\rho)(r-\beta)-(\gamma+\rho)\gamma)(Y-G_0-X)\right] \gtreqless 0$$

$$\frac{dF^*}{dX} = -\frac{(r-\rho)(r-\beta) - (\gamma+\rho)\gamma}{\Omega_1}.$$

Im Fall, daß die Privaten strukturelle Gläubiger sind, d.h. wenn die Konstellation $r > \rho$ gilt, ist der obige Ausdruck für dF^*/dX auf jeden Fall kleiner als Null. Der Abbau von Nettoauslandsvermögen, der das langfristige Ergebnis der fiskalischen Maßnahme ist, entsteht nicht nur durch die zusätzliche Verschuldung des öffentlichen Sektors, sondern auch durch die Verschlechterung der privaten Vermögensposition, die im vorangegangenen Abschnitt abgeleitet wurde. Nicht eindeutig ist das langfristige Ergebnis hingegen, wenn die Situation $r < \rho$ vorgegeben ist. In diesem Fall ist der Ausdruck für dF^*/dX größer (kleiner) als Null, wenn der Term $(r-\rho)\cdot(r-\beta)$ größer (kleiner) als $(\gamma+\rho)\gamma$ ist. Die ökonomische Begründung für dieses unbestimmte Ergebnis liegt in den widerstrebenden Effekten, die die Ausgabenerhöhung auf die private und die öffentliche Vermögensposition ausübt. Eindeutig negativ auf das gesamtwirtschaftliche Auslandsvermögen wirkt die Erhöhung der öffentlichen Schuld; eine nähere Betrachtung der

Gleichung (29b) zeigt, daß nach einer permanenten Ausgabenerhöhung um X, der öffentliche Schuldenstand langfristig gegenüber der Ausgangslage um $-\frac{1}{r-\beta}\cdot X$ bzw. $\frac{(r-\rho)r-(\gamma+\rho)\gamma}{\Omega_1}\cdot X$ ansteigt.

Eindeutig positiv hingegen wird die gesamtwirtschaftliche Auslandsposition durch die Rückführung der privaten Schuldposition beeinflußt, die, wie bereits gezeigt, um den Betrag $((r-\rho)\beta/\Omega_1)$ X zurückgeht.[237] Für die Frage, wie sich die gesamtwirtschaftliche Auslandsposition verändert, ist nun entscheidend, welcher der beiden Teileffekte überwiegt, da immer noch gilt

(19) $F^* = F_P^* - D^*$ bzw.

(19a) $dF^* = dF_P^* - dD^*$.

Setzt man die obengenannten Ausdrücke für dD^* und dF_P^* in (19a) ein, erhält man

$$dF^* = \frac{(r-\rho)\beta - ((r-\rho)r-(\gamma+\rho)\gamma)}{\Omega_1}\cdot X$$

bzw. wegen X = dX

$$\frac{dF^*}{dX} = -\frac{(r-\rho)(r-\beta) - (\gamma+\rho)\gamma}{\Omega_1}.$$

Dieser Ausdruck für die langfristige Veränderung des Nettoauslandsvermögens ist identisch mit der Ausrechnung, die direkt aus (S3) gewonnen wurde. Es ist damit offensichtlich, daß eine langfristige Verschlechterung der gesamtwirtschaftlichen Auslandsposition tatsächlich als eine Dominanz der öffentlichen Verschuldung über die private Entschuldung interpretiert werden kann.

Neben dem Umfang der permanenten Ausgabenerhöhung und der Relation zwischen Zins und Zeitpräferenzrate ist die Richtung und das Ausmaß der langfristigen Veränderung des Nettoauslandsvermögens auch von dem fiskalischen Anpassungsparameter β und dem Horizontparameter γ abhängig.

Es liegt auf der Hand, daß der Anstieg des öffentlichen Schuldenstandes und damit die Verringerung des gesamtwirtschaftlichen Nettoausland–vermögens umso drastischer ausfällt, je kleiner β ist, d.h., je verzögerter die konsolidierende Steuererhöhung vorgenommmen wird; dieses Ergebnis ist im Prinzip mit dem des vorangegangenen Abschnittes identisch. Zusätzlich hat in

---

[237]Bei dieser Wendung ist die Vorzeichenarithmetik zu beachten, denn in absoluten Werten vergrößert sich das (negative) Privatvermögen.

diesem Fall die Größe β auch Einfluß auf die Veränderung der privaten Finanzposition. Nimmt man beispielsweise die Konstellation $r > \rho$ an, so reduziert sich eine anfänglich positive private Vermögensposition im Zuge der Anpassung an das neue langfristige Gleichgewicht. Die Aufgabe von Auslandsvermögen wird um so größer sein, je verzögerter die Konsolidierung des Haushaltdefizites einsetzt, d.h., je größer die langfristige Steuererhöhung ist. Für den Fall $r > \rho$ ist also die eindeutige Aussage möglich, daß die Verschlechterung der gesamtwirtschaftlichen Nettoauslandsposition für eine gegebene Ausgabenerhöhung um so umfangreicher sein wird, je länger die Phase der vorübergehenden Defizite andauert, d.h., je kleiner also der Parameter β ist, da dann sowohl die öffentliche Verschuldung als auch der Verlust an privatem (positivem) Vermögen besonders groß ausfallen werden.

Nicht eindeutig hingegen ist der Einfluß des Anpassungsparameters β, wenn die Konstellation $r < \rho$ vorliegt, wenn also im Ausgangsgleichgewicht eine private Schuldposition gegenüber dem Ausland vorliegt, die unter dem Eindruck der fiskalischen Maßnahme zurückgeführt wird und sich also die öffentliche und die private Nettovermögensänderung entgegengesetzt gegenüberstehen. Während für die öffentliche Verschuldung nach wie vor der oben bereits erwähnte Zusammenhang gültig ist, wird die Rückführung der privaten Schuldposition dann besonders groß ausfallen, wenn im langfristigen Gleichgewicht besonders umfangreiche Steuererhöhungen notwendig sind, was wiederum der Fall ist, wenn β relativ klein ist. Es ist damit intuitiv einsichtig, daß im Falle $r < \rho$ der Einfluß alternativer Anpassungsgeschwindigkeiten auf die endgültige Änderung der Auslandsposition unbestimmt ist.

Leitet man den gewonnenen Ausdruck für (dF^*/dX) nach β ab, ergibt sich in der Tat

$$\frac{d\left[\frac{dF^*}{dX}\right]}{d\beta} = \frac{(r-\rho)\Omega + (r-\rho)\beta(\gamma(\gamma+\rho) - r(r-\rho))}{\Omega_1{}^2} + \frac{1}{(r-\beta)^2} \gtreqless 0.$$

Wie bereits erwähnt, ist im Falle $r > \rho$ die Erhöhung der Staatsausgaben mit einer Rückführung des privaten Schuldenstandes verbunden $(dF_p^*/dX > 0)$.

Die Tatsache, daß diese private Entschuldung bei geringen Werten für β besonders groß ist, spiegelt sich in dem negativen 1. Summanden im obigen Ausdruck wieder. Die Reaktion der öffentlichen Schuldenexpansion auf alternative Anpassungsparameter wird durch den positiven 2. Summanden ausgedrückt. Die Frage, ob eine Verbesserung der gesamtwirtschaftlichen Vermögensposition durch eine höhere Anpassungsgeschwindigkeit wahrscheinlicher wird, läßt sich damit nur dann bejahen, wenn der 2. Summand betraglich den 1. Summanden überwiegt, d.h. also, wenn der (positive) Einfluß einer geringeren Verschuldung die verminderte Rückführung der privaten Auslandsverbindlichkeiten überkompensiert.

Ebensowenig eindeutig ist der Einfluß, der von der Ausdehnung der privaten Horizonte auf die langfristige Entwicklung der Auslandsposition ausgeht. Mit Hilfe des bereits bekannten Ausdrucks

$$\frac{dF_P^*}{dX} = \frac{(r-\rho)\beta}{(r-\beta)((\gamma+\rho)\gamma - (r-\rho)r)}$$

läßt sich ermitteln:

$$\frac{d\left[\frac{dF_P}{dx}\right]}{d\gamma} = -(r-\rho)\beta(r-\beta)^{-1}\left[(\gamma^2+\rho\gamma) - (r-\rho)r\right]^{-2}(2\gamma+\rho) \gtreqless 0 \Leftrightarrow r \gtreqless \rho$$

Der Einfluß des Horizontparameters γ auf die Veränderung der privaten Vermögensposition und damit des gesamtwirtschaftlichen Auslandsvermögens ist offenbar ebenfalls abhängig von der relativen Größe von Zins und Zeitpräferenzrate: Für den Fall, daß die Konstellation $r < \rho$ ($r > \rho$) vorliegt und die Privaten damit strukturell zur Schuldner– (Gäubiger–) Position tendieren, wird der negative (positive) Vermögensbestand ceteris paribus um so größer sein, je weiter der ökonomische Horizont der Privaten gesteckt, d.h., je kleiner γ ist.[238] Demzufolge ist es plausibel anzunehmen, daß auch infolge einer gegebenen langfristigen Steuererhöhung die Veränderung des privaten Vermögens ceteris paribus umso umfangreicher sein wird, je kleiner der Horizontparameter γ ist. Handelt es sich bei dieser Vermögensanpassung um die Reduktion positiven Vermögens (es gilt dann $r > \rho$), so ist der Verlust an gesamtwirtschaftlichem Nettoauslandsvermögen besonders ausgeprägt. Folgt der fiskalpolitischen Maßnahme hingegen der Abbau privater Auslandsverbindlichkeiten, so ist gerade bei kleinen Werten für γ eine langfristige Verbesserung der Auslandsposition wahrscheinlich.

Für die theoretische Frage, ob die so charakterisierten langfristigen Gleichgewichtszustände erreicht werden und für die Fragen der praktischen Politik ist zusätzlich notwendig, die sofortigen Leistungsbilanzeffekte der geschilderten fiskalpolitischen Maßnahmen zu untersuchen.

---

[238]Dieser Zusammenhang fand bereits auf S. 210 Erläuterung.

E.3.7.2 Kurz– und mittelfristige Anpassung

a) Analytische Darstellung

Hierbei ist nun, im Gegensatz zu den Ausführungen des vorangegangenen Abschnittes, nicht nur die Veränderung der öffentlichen Absorption, sondern auch die Variation der privaten Konsumneigung zu beachten. Wie die Betrachtung der Gleichung (11b) zeigt, hängt diese bei zunächst unverändertem privatem Finanzvermögen von dem Einfluß der vorgesehenen Steuererhöhungen auf das Humanvermögen ab. Ausgehend von der Gleichung (29b), die den Pfad des öffentlichen Schuldenstandes über die Zeit nach der fiskalischen Maßnahme beschreibt, läßt sich der zugehörige Pfad der Steuern unter Verwendung von (27b) angeben mit

$$T = T_0 + \beta\left[\frac{1}{r-\beta}\left[T_0-G_0-X\right] + \left[D_0 - \frac{1}{r-\beta}\left[T_0-G_0-X\right]e^{(r-\beta)t}\right]\right].$$

Der Barwert dieses Steuerverlaufes ergibt sich durch Integration der abdiskontierten Periodenwerte als

$$\overline{T} = \int_0^{\infty} T_v e^{-(r+\gamma)(v-t)}\, dv$$

$$= \frac{1}{r+\gamma} T_0 + \frac{\beta}{(r+\gamma)(r-\beta)}\left[G_0+X-T_0\right] + \frac{\beta}{\beta+\gamma} D_0 - \frac{\beta}{(r-\beta)(\beta+\gamma)}\left[G_0+X-T_0\right].$$

Wie aus der Definition des Nettohumanvermögens unmittelbar hervorgeht, verringert sich dieses durch den variierten Steuerpfad um $-\,d\overline{T}/dX$ bzw.

$$\frac{dH}{dX} = -\frac{\beta}{(r+\gamma)(\gamma+\beta)} < 0.$$

Damit ergibt sich mit (11b), daß der Periodenkonsum aufgrund des geänderten Steuerpfades und des damit verminderten Humanvermögens sinkt um

$$\frac{dC}{dX} = -(\rho+\gamma)\left[\frac{\beta}{(r+\gamma)(\gamma+\beta)}\right] < 0.$$

Um die Leistungsbilanzreaktion in der ersten Periode zu ermitteln, ist diese private Minderabsorption mit den öffentlichen Mehrausgaben zu saldieren, so daß sich schreiben läßt:

$$\dot{F} = rF + Y - C - G \qquad \text{bzw.}$$

$$\frac{d\dot{F}}{dX} = -\left[\frac{dC}{dX} + \frac{dG}{dX}\right] \qquad \text{bzw.}$$

$$\frac{d\dot{F}}{dX} = (\rho+\gamma)\left[\frac{\beta}{(r+\gamma)(\gamma+\beta)}\right] - 1$$

Eine primäre Leistungsbilanzverschlechterung ($d\dot{F}/dX < 0$) liegt demnach vor, wenn im obigen Ausdruck der 1. Summand kleiner 1 ist, d.h., wenn der Rückgang der privaten Absorption durch die öffentlichen Mehransprüche an das Sozialprodukt überkompensiert wird.

Dieses anfängliche Leistungsbilanzdefizit ist bei einem gegebenen Umfang der öffentlichen Mehrausgaben umso wahrscheinlicher,

- je kleiner die Zeitpräferenzrate ρ ist, da dann gegebene Gesamtvermögensänderungen besonders geringe Konsumänderungen auslösen;[239]
- je größer γ, d.h., je kürzer die Horizonte der Privaten gesteckt sind; relativ kurze ökonomische Horizonte haben, wie bereits gezeigt, einen vergleichsweise großen Abdiskontierungsfaktor zur Folge, was ausdrückt, daß die Wirtschaftssubjekte dann zukünftigen Steuererhöhungen nur geringe Bedeutung beimessen. Die tendenziell leistungsbilanzverbessernde Konsumeinschränkung fällt dementsprechend gering aus, so daß u.U. der negative Einfluß der Staatsausgabenerhöhung überwiegt;
- je geringer der Anpassungsparameter β ist, d.h., je verzögerter die Konsolidierung des Staatshaushaltes erfolgt; geringe Werte für β haben zur Folge, daß die angesichts der dauerhaften Ausgabenexpansion allfälligen Steuerhöhungen stärker in die Zukunft verlagert werden. Obwohl diese intertemporale Verlagerung der Steuereinnahmen aus der Sicht des Staates den Barwert der alten Steuereinnahmen unverändert läßt, empfinden die Steuerzahler diese zeitliche Reallokation als eine Minderung der Steuerlast, sofern ihre ökonomischen Horizonte begrenzt sind und ihr Abdiskontierungsfaktor deswegen betragsmäßig größer als der des Staates ist. Eine verminderte Reduktion des Humanvermögens verkleinert ceteris paribus auch die tendenziell leistungsbilanzverbessernde Konsumeinschränkung und macht damit ein anfängliches Leistungsbilanzdefizit besonders wahrscheinlich. Daß dieser Effekt tatsächlich an die Begrenztheit der Horizonte gebunden ist, läßt sich einfach zeigen: Im Extremfall unbegrenzter Horizonte (es gilt dann $\gamma = 0$) vereinfacht sich der Audruck für die Sofortreaktion des Konsums

[239]Vgl. dazu die Ausführungen auf S. 202f.

$dC/dX = -\rho/r$, worauf die Konsolidierungsgeschwindigkeit β offensichtlich keinen Einfluß ausübt.

b) Graphische Darstellung

Die dynamischen Zusammenhänge zwischen der Ausgabenerhöhung, dem privaten Konsum und dem privaten Finanzvermögen lassen sich mittels des bereits in Abb. E/2 vorgestellten Instrumentariums graphisch darstellen.

Die Reduktion des Humanvermögens führt dazu, daß sich gemäß Gleichung (11d) eine Tendenz zur weiteren Verminderung des Humanvermögens einstellen wird. Ein konstanter Konsum ($\dot{C} = 0$) kann nur dann realisiert werden, wenn sich eine kompensierende Tendenz zu einer Erhöhung des privaten Finanzvermögens einstellt.

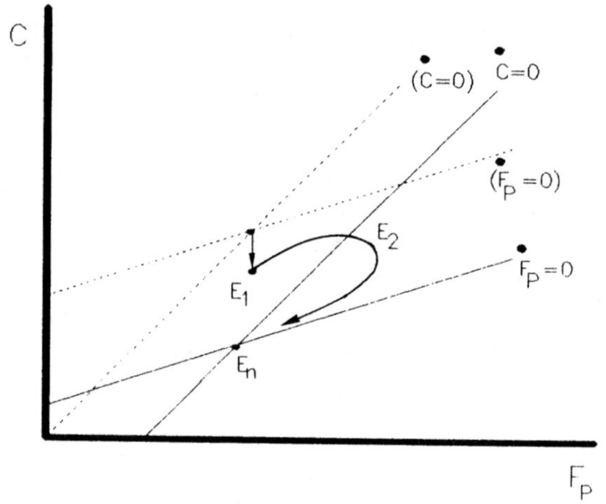

Abb. E/4

Dies erfordert für jeweils gegebene Werte von F_P eine Reduktion des Periodenkonsums, was in Abb. E/4 die ($\dot{C}$=0)–Kurve nach unten verlagert. Die ($\dot{F}_P$=0)–Kurve ist zunächst unverändert, da sich am Periodennettoeinkommen in dem Moment, in dem die Maßnahme ergriffen wird, noch nichts ändert. Die Reduktion des Humanvermögens läßt nun den Konsum sprungartig auf einen niedrigeren Wert sinken, wobei dieser Konsumpunkt zunächst auf dem stabilen Arm desjenigen Gleichgewichtes zu liegen kommt, das von der neuen ($\dot{C}$=0)–Kurve und der noch unveränderten ($\dot{F}_P$=0)–Kurve gebildet wird (Punkt E_1). Von dort aus wird sich zunächst eine Tendenz zu einem Ansteigen des Finanzvermögens einstellen, da die momentane Konsumeinschränkung sicherlich größer sein wird als die in der Zeit kurz nach der Ausgabenerhöhung nur geringe Einschränkung des Periodennettoeinkommens. Die resultierende Ersparnis erhöht nicht nur das Finanzvermögen, sondern trägt auf diesem Weg auch zu einem Wiederansteigen des Konsums bei.

Im Zuge zunehmender Verschuldung des Staates wird im weiteren die Steuer erhöht werden, was nun sukzessive die $(\dot{F}_P=0)$–Kurve nach unten verlagern wird, da nun ein laufend verringertes Periodennettoeinkommen das private Finanzvermögen nur dann unverändert läßt, wenn der Periodenkonsum entsprechend eingeschränkt wird.[240] Zu einem bestimmten Zeitpunkt $(t = t_2)$ wird die Steuererhöhung jedoch einen derartigen Umfang erreicht haben, daß die Reduktion des Periodennettoeinkommens die (zwischenzeitlich teilweise noch zurückgeführte) Konsumeinschränkung übersteigt. Dies ist im Punkt E_2 der Fall. Ab hier sinken das Finanzvermögen und infolgedessen auch der Konsum, bis im Punkt E_n die im vorangegangenen Abschnitt erläuterten langfristigen Werte erreicht sind.

Auf diese Weise ergeben sich die in Abb. E/5 dargestellten Zeitpfade:

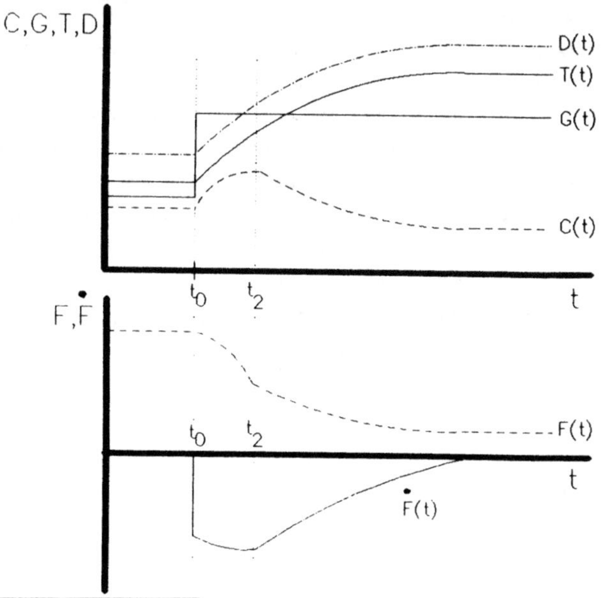

Abb. E/5

[240]Da sich der Konsum entlang des stabilen Arms des Sattelpfades bewegt und da sich für jedes neue (temporäre) Gleichgewicht ein anderer Sattelpfad ergibt, folgt die Entwicklung des Konsums einem gekrümmten Pfad, wie er in Abb. E/4 angedeutet ist.

Auch bei dieser Darstellungsweise zeigt sich recht plastisch, daß es trotz der Parameterkonstellation $r > \rho$ – hier kommt es, wie gezeigt, auf jeden Fall zu einem Verlust gesamtwirtschaftlichen Auslandsvermögens – temporäre Phasen von Leistungsbilanzüberschüssen geben kann. Ein solcher Fall wird sich einstellen, wenn die induzierte Konsumeinschränkung zunächst größer als die Staatsausgabenerhöhung ist. Diese alternative Entwicklung wird in Abb. E/5 der Übersichtlichkeit wegen nicht dargestellt.

E.3.8 Haushaltsdefizit durch temporäre Steuersenkung

Eine andere Maßnahme, die zu öffentlichen Defiziten führen kann, ist die zeitlich mehr oder weniger ausgedehnte Senkung der öffentlichen Einnahmen. Es liegt auf der Hand, daß in diesem Fall eine Reaktion der Leistungsbilanz ausschließlich über den Wirkungskanal eines veränderten privaten Ausgabeverhaltens, nicht jedoch über eine Variation der staatlichen Absorption erfolgen kann.

Die hier zunächst untersuchte temporäre Steuersenkung läßt sich folgendermaßen beschreiben:

Die Realausgaben seien auf ihrem Ausgangsniveau absolut festgeschrieben. Die Steuereinnahmen werden im Zeitpunkt $t = 0$ um den Betrag Z gesenkt, wobei dieser Steuerschnitt von den Privaten, weil unvorhergesehen, nicht antizipiert werden kann. Zur Erfüllung der intertemporalen Budgetrestriktion des Staates muß die Steuersenkung im Laufe der Zeit rückgängig gemacht werden. Anstelle einer expliziten Ableitung eines wohlfahrtsoptimalen Konsolidierungsverhaltens sei auch hier wieder angenommen, daß die ursprüngliche Steuersenkung im Zuge des Anstiegs des Schuldenstandes nach Maßgabe eines Anpassungsparameters β zurückgenommen wird. Es läßt sich also wiederum schreiben:

(28c) $$G = G_0$$

(27c) $$T = T_0 - Z + \beta D \quad \text{mit } \beta, Z > 0.$$

E.3.8.1 Langfristige Wirkungen

Die Berücksichtigung von (27c) und (28c) in (17) führt zu

$$\dot{D} = (r-\beta)\, D + G_0 + Z - T_0, \tag{17c}$$

wobei diese Gleichung große Ähnlichkeit zum korrespondierenden Ausdruck (17b) aufweist, der für den Fall einer permanenten Ausgabenerhöhung abgeleitet wurde. Es läßt sich in gleicher Weise auch hier zeigen, daß eine konvergente Entwicklung der öffentlichen Verschuldung die Parameterkonstellation $\beta > r$ voraussetzt.

Die Verwendung der Gleichungen (11b), (17c), (20), (20a) sowie (27c) und (28c) führt zu dem System

$$\begin{bmatrix} \dot{C} \\ \dot{F}_P \\ \dot{F} \end{bmatrix} + \begin{bmatrix} -(r-\rho) & (\gamma+\rho)\gamma & 0 \\ 1 & -(r-\beta) & -\beta \\ 1 & 0 & -r \end{bmatrix} \begin{bmatrix} C \\ F_P \\ F \end{bmatrix} = \begin{bmatrix} 0 \\ Y+Z-T_0 \\ Y-G \end{bmatrix} \tag{S4}$$

Das System weist die gleiche Koeffizientenmatrix wie (S3) auf, das im Falle einer permanenten Ausgabenerhöhung Gültigkeit hatte. Demzufolge sind auch die charakteristischen Wurzeln und die Stabilitätseigenschaften im vorliegenden Fall die gleichen wie im vorangegangenen Abschnitt.
Als langfristiger Wert für den Konsum ergibt sich aus (S4)

$$C^* = \frac{1}{\Omega_1}\left[\gamma(\gamma+\rho)r(Y+Z-T_0) - \beta(\gamma+\rho)\gamma(Y-G)\right]$$

mit $\Omega_1 = (r-\beta)\left[(\gamma+\rho)\gamma - (r-\rho)r\right] < 0.$

Auch in diesem Fall läßt sich zeigen, daß der Konsum im langfristigen Gleichgewicht nur dann nicht-negativ wird, wenn der primäre Steuerschnitt die Obergrenze Z^{max} beachtet; es muß hiernach gelten:

$$Z \leq T_0 - \frac{\beta}{r} G - \frac{r-\beta}{r} Y.$$

Sofern die anfängliche Steuersenkung diesen Wert überschreitet, ergibt sich bei vorgegebenen Größen für die restlichen Parameter ein Anstieg des öffentlichen Schuldenstandes, dessen Bedienung langfristig ein Steueraufkommen erfordert, das das gesamte Inlandsprodukt übersteigt und deshalb – zumindest theoretisch – einen negativen Konsum erfordert. Wie bereits im vorangegangenen Abschnitt ist diese Obergrenze für das primäre Haushaltsdefizit um so niedriger, je höher der Zins und je verzögerter die Konsolidierung, d.h., je kleiner β ist.
Als langfristiger Wert für das private Finanzvermögen ergibt sich aus (S4):

$$F_P^* = \frac{1}{\Omega_1}\left[(r-\rho)\, r(Y+Z-T_o) - (r-\rho)\, \beta(Y-G)\right].$$

Das private Finanzvermögen ist nur von Null verschieden, wenn die Steuersenkung ihren oben abgeleiteten Maximalwert unterschreitet. Ist dies der Fall, so ist auch hier der private Sektor in der Gläubiger– (Schuldner–) Position, wenn der Zins die Zeitpräferenzrate übersteigt (unterschreitet). Dies ist ebenso eine direkte Parallele zum Fall permanenter Ausgabenerhöhungen wie die Reaktion des privaten Finanzvermögens auf die fiskalische Maßnahme:

$$\frac{dF_P^*}{dZ} = \frac{(r-\rho)r}{\Omega_1} \gtreqless 0 \quad \Leftrightarrow \quad r \lesseqgtr \rho.$$

Auch bei einer temporären Steuersenkung gilt offenbar, daß sich infolge der fiskalischen Maßnahme eine anfängliche positive Vermögensposition im langfristigen Gleichgewicht verschlechtern, ein anfänglich negatives Privatvermögen hingegen ansteigen wird.

Das langfristig gleichgewichtige gesamtwirtschaftliche Vermögen ergibt sich aus (S4) mit

$$F^* = \frac{1}{\Omega_1}\left[(\gamma+\rho)\, \gamma(Y+Z) + ((r-\rho)(r-\beta) - (\gamma+\rho)\gamma)(Y-G)\right]$$

$$\text{mit } \frac{dF^*}{dZ} = \frac{(\gamma+\rho)\gamma}{\Omega_1} < 0.$$

Damit ist gezeigt, daß die temporäre Steuersenkung, unabhängig davon, ob der private Sektor in der Ausgangslage positives Auslandsvermögen ($r > \rho$) oder Auslandsschulden ($r < \rho$) akkumuliert hat, eine langfristige Verschlechterung der Nettoauslandsposition bewirkt.[241]

Ebenso wie im vorangegangenen Abschnitt ist diese Verschlechterung bei langen ökonomischen Horizonten, d.h., bei kleinen Werten für γ besonders umfangreich (gering), wenn in der Ausgangslage die Parameterkonstellation $r > \rho$ ($r < \rho$) vorliegt. Es gilt demnach:

$$\frac{d\left[\frac{dF^*}{dZ}\right]}{d\gamma} = -\frac{(r-\rho)r}{r-\beta}(2\gamma+\rho) \gtreqless 0 \quad \Leftrightarrow \quad r \gtreqless \rho.$$

Eindeutig ist hingegen der Einfluß, den der Anpassungsparameter β auf die langfristig zu erwartende Veränderung der Nettoauslandsposition ausübt. Allgemein gilt:

$$\frac{d\left[\frac{dF^*}{dZ}\right]}{d\beta} = \frac{(\gamma+\rho)\gamma}{(\gamma+\rho)\gamma - (r-\rho)r} \cdot \frac{1}{(r-\beta)^2} > 0.$$

Der obige Ausdruck besagt, daß die Verschlechterung der Auslandsposition immer um so geringer ausfallen wird, je größer die Anpassungsgeschwindigkeit β ist. Dies paßt zur oben getroffenen Aussage, daß die gesamtwirtschaftliche Vermögensänderung dominierend durch die öffentlichen Verschuldungsvorgänge bestimmt ist. Findet also eine Entschuldung des privaten Sektors statt ($r < \rho$), so wird der die Auslandsposition tendenziell verschlechternde Einfluß großer Werte für β durch die dann verringerte Verschuldung der öffentlichen Hand überkompensiert.

241Gerade weil die in diesem Abschnitt behandelte fiskalische Maßnahme so weitreichende Parallelitäten zum Fall der permanenten Ausgabenerhöhung aufweist, mag diese Eindeutigkeit im Ergebnis überraschen. Während der Anstieg des öffentlichen Schuldenstandes bei beiden Maßnahmen gleich ist, bestehen Unterschiede in der Veränderung des privaten Vermögens: Bei einer permanenten Ausgabenerhöhung muß der Barwert der Steuereinnahmen aus der Sicht des Staates steigen. Die hiermit verbundene Steuererhöhung ist demnach umfangreich genug, bei einem Abbau einer eventuellen privaten Schuldposition den öffentlichen Verschuldungsvorgang zu überkompensieren. Im Falle einer temporären Steuersenkung bleibt der Barwert der Steuereinnahmen aus der Sicht des Staates hingegen unverändert, so daß die notwendigen Steuererhöhungen geringer ausfallen werden; in diesem Fall wird die öffentliche Verschuldung eine u.U. denkbare private Entschuldung immer dominieren.

Auch wenn die private Vermögensänderung durch einen Abbau positiven Vermögens gekennzeichnet ist ($r > \rho$), gilt die obige Beziehung, da in diesem Fall die aufgrund beschleunigter Konsolidierung reduzierte öffentliche Verschuldung durch eine nur geringe Aufgabe privaten Vermögens unterstützt wird.

E.3.8.2 Kurz- und mittelfristige Anpassung

a) Analytische Darstellung

Für die Sofortreaktion der Leistungsbilanz ist auch hier die gleiche Vorgehensweise wie im vorangegangenen Abschnitt anwendbar. Zunächst gilt es demnach, die Veränderung des Humanvermögens abzuleiten. Aus (17c) läßt sich der Zeitpfad der öffentlichen Schuld gewinnen, der unter Berücksichtigung von (27c) zu dem Pfad der Steuereinnahmen führt.

$$T = T_o + \beta \left[\frac{T_o - G - Z}{r - \beta} + \left[D_o - \frac{T_o - G - Z}{r - \beta} \right] e^{(r-\beta)t} \right] - Z$$

Für den Barwert der Steuerlast aus der Sicht der Steuerpflichtigen folgt damit:

$$\overline{T} = \int_o^\infty T_v e^{-(r+\gamma)(v-t)} dv \quad \text{bzw.}$$

$$\overline{T} = \frac{1}{r+\gamma} T_o + \frac{\beta}{r+\gamma} \frac{T_o - G - Z}{r - \beta} + \frac{\beta}{\gamma + \beta} D_o - \frac{\beta}{\gamma + \beta} \frac{T_o - G - Z}{r - \beta} - \frac{1}{r+\gamma} Z.$$

Damit ergibt sich die Veränderung des Humanvermögens infolge der fiskalischen Maßnahme mit

$$\frac{dH}{dZ} = -\frac{d\overline{T}}{dZ} = \frac{\gamma}{(r+\gamma)(\gamma+\beta)} > 0,$$

sowie die Veränderung des privaten Konsums mit

$$\frac{dC}{dZ} = (\rho + \gamma) \frac{\gamma}{(r+\gamma)(\gamma+\beta)} > 0.$$

Offensichtlich ist die sofort nach Durchführung der fiskalischen Maßnahme eintretende Leistungsbilanzreaktion auf jeden Fall eine Verschlechterung, da dem Anstieg der privaten Absorption in Form erhöhter Konsumausgaben unveränderte staatliche Ausgaben gegenüberstehen.

Das Ausmaß der primären Leistungsbilanzverschlechterung hängt, in Analogie zu den Überlegungen des vorangegangenen Abschnittes, bei gegebenem Ausgangsdefizit im öffentlichen Haushalt, einerseits von der Konsolidierungsgeschwindigkeit β ab: Je weiter die fälligen Steuererhöhungen in die Zukunft verlagert werden, d.h. also, je geringer der Wert für β, um so stärker werden die Privaten die intertemporale Umverteilung der Steuerlast als Erhöhung ihres Humanvermögens und als Anlaß zu einer leistungsbilanz-verschlechternden Konsumausdehnung empfinden. Andererseits ist die Konsumausdehnung ceteris paribus um so geringer, je länger die Horizonte in die Zukunft reichen, d.h., je vollständiger die gesamte zukünftige Steuererhöhung mit der aktuellen Steuersenkung verrechnet wird. Ein Grenzfall liegt vor, wenn die Horizonte unbegrenzt sind ($\gamma = 0$), denn hier folgt unmittelbar $dC/dZ = 0$. Bei dieser Parameterkonstellation ist die Ricardianische Proposition gültig, die aussagt, daß ein Wechsel von der Steuer- zur Verschuldungsfinanzierung eines gegebenen Ausgabenprogramms auf das Ausgabeverhalten der Privaten neutral wirken muß. Der Grund für diese "Ricardianische Äquivalenz" beider Finanzierungsformen liegt in der Tatsache, daß die Privaten bei unbegrenzten Horizonten die Periodenwerte zukünftiger Steuerbelastungen nur mit dem Zins r auf die Gegenwart abdiskontieren und so, wie auch die öffentliche Hand, den Barwert des gesamten Steuerpfades durch die temporäre Steuersenkung als unverändert empfinden, woraus sich ein zunächst ebenfalls unveränderter Periodenkonsum ergibt. Die private Mehrersparnis, die sich aus dem Zusammentreffen von erhöhtem Periodennettoeinkommen und unverändertem Konsum ergibt, ist bei Vorliegen Ricardianischer Äquivalenz gerade ausreichend, um die entstehenden Staatsschuldtitel zu absorbieren, so daß die gesamtwirtschaftliche Vermögensposition von der fiskalischen Maßnahme unberührt bleiben wird.

Fällt hingegen der ökonomische Horizont der Privaten kürzer aus als der des Staates, so erwarten die gegenwärtig lebenden Generationen, daß Teile der richtig vorausgesehenen Steuererhöhungen nicht sie selbst, sondern zukünftige Generationen treffen werden, so daß per saldo ihre eigene Steuerlast gemindert ist. Die hieraus resultierenden Konsumerhöhungen reduzieren bei gegebenem Einkommen die steuerinduzierte Mehrersparnis, so daß die Emission der Staatsschuldtitel nicht gänzlich vom inländischen Anlegerpublikum übernommen werden wird. Die Restgröße nicht vom Inland gezeichneter Titel stellt die Verschlechterung der Auslandsposition, d.h. das Leistungsbilanzdefizit in dieser Periode dar.

b) Graphische Darstellung

Die mittelfristige Veränderung des privaten Konsums und des Finanzvermögens soll wieder kurz graphisch illustriert werden, was mittels der Abb. E/6 geschieht. Auch hier wird wieder exemplarisch ein positives privates Finanzvermögen unterstellt.

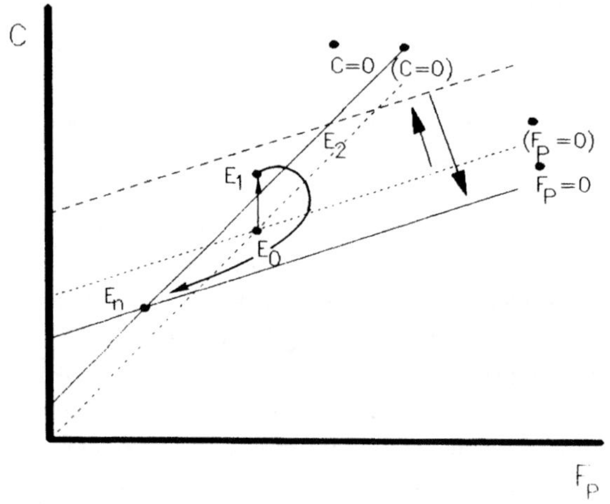

Abb. E/6

Die bereits beschriebene Erhöhung des Humanvermögens verlagert im Moment der Durchführung der Maßnahme die ($\dot{C}$=0)–Kurve nach oben, wo sie während des gesamten mittelfristigen Anpassungsprozesses verharrt. Da die hier anzustellenden Überlegungen sich in Analogie zu den Ausführungen des vorangegangenen Abschnittes ergeben, kann auf eine weitere Begründung der Kurvenverschiebung verzichtet werden.

Die Senkung der Steuerlast und die damit verbundene Erhöhung des Periodennettoeinkommens muß die ($\dot{F}_P$=0)–Linie ebenfalls nach oben verschieben, da ein konstantes Finanzvermögen nun nur mit einem jeweils höheren Konsum zu vereinbaren ist. Ausgehend von der alten Ruhelage in E_0, wird der Konsum aufgrund des gestiegenen Humanvermögens auf einen höheren Wert springen, was zu einer unmittelbaren Verschlechterung der

Leistungbilanz führt (Punkt E_1). Da der Anstieg der privaten Ausgaben geringer als der Anstieg des verfügbaren Periodeneinkommens sein wird, resultiert hieraus eine Tendenz zu einer Vermögensakkumulation, zu einem weiterem Anstieg des Konsums und einer erneuten Verschlechterung der Leistungsbilanz. Im weiteren Verlauf wird die sukzessive Steuererhöhung die ($\dot{F}_P$=0)–Kurve wieder nach unten zurückverlagern, wobei zu einem nicht weiter zu bestimmenden Zeitpunkt t_2 das verfügbare Einkommen die Konsumausgaben wieder unterschreiten wird, so daß sich das Sparen der Privaten in ein Entsparen verkehrt. Ab diesem Punkt (Vgl. E_2 in Abb. E/7) wird der Konsum aufgrund des sinkenden Vermögens sich wieder verringern und wird, wegen der zwischenzeitlich gestiegenen Schuldenlast des Staates, seinen Ausgangswert unterschreiten. Die Leistungbilanz erfährt entsprechend eine laufende Verbesserung, die im langfristigen Gleichgewicht (Punkt E_n) in einen erneuten Ausgleich mündet.

Die Zeitpfade der interessierenden Variablen sind damit hinreichend erläutert und werden in der Abb. E/7 noch einmal im Zusammenhang gezeigt:

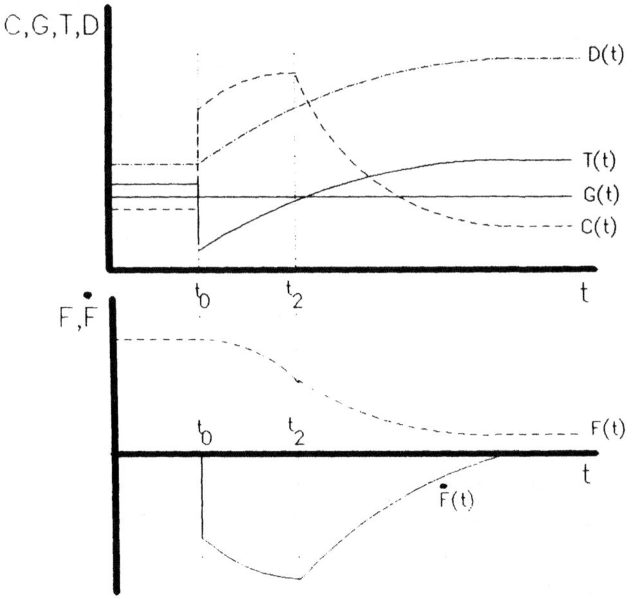

Abb. E/7

E.3.9 Haushaltsdefizit durch permanente Steuersenkung

E.3.9.1 Langfristige Wirkungen

Als letzte Variante innerhalb der hier gewählten Systematik bleibt die Wirkung einer auf Dauer angelegten Steuersenkung zu untersuchen.

Diese Maßnahme, die z.B. das Ergebnis einer wachstumspolitischen Debatte sein könnte, besteht einerseits aus einer um Zeitpunkt $t = 0$ vorgenommenen Steuersenkung im Ausmaß Z. Die zwingend notwendige Haushaltskonsolidierung werde dann durch eine entsprechende Ausgabenkürzung bewerkstelligt, die auch hier wiederum in Abhängigkeit vom Schuldenstand vorgenommen werden soll. Formal gilt damit

$$(27d) \qquad T = T_0 - Z$$

$$(28d) \qquad G = G_0 - \delta D \quad \text{mit } Z, \delta > 0.$$

In gewohnter Weise führt die Verwendung der Gleichungen (27d) und (28d) zur Bewegungsgleichung für den öffentlichen Schuldenstand

$$(17d) \qquad \dot{D} = (r-\delta)\, D + G_0 + Z - T_0,$$

sowie unter Berücksichtigung von (11b), (20), (20a) und (27d) zum System

$$(S5) \quad \begin{bmatrix} \dot{C} \\ \dot{F}_P \\ \dot{F} \end{bmatrix} + \begin{bmatrix} -(r-\rho) & (\gamma+\rho)\gamma & 0 \\ 1 & -r & 0 \\ 1 & -\delta & -(r-\delta) \end{bmatrix} \begin{bmatrix} C \\ F_P \\ F \end{bmatrix} = \begin{bmatrix} 0 \\ Y-T_0+Z \\ Y-G_0 \end{bmatrix}$$

Die Koeffizientenmatrix von (S5) ist identisch mit der von (S2), das für den Fall temporärer Ausgabenerhöhungen ermittelt worden ist; zur Frage der Stabilitätseigenschaften sei deswegen auf diesen Abschnitt verwiesen.

Durch geeignete Umformungen läßt sich aus (S5) wiederum der langfristige Gleichgewichtswert für das private Finanzvermögen mit

$$F_P^* = \frac{1}{\Omega}(r-\rho)(r-\delta)(Y-T_0+Z)$$
$$\text{mit } \Omega = -(r-\delta)\left[(r-\rho)r - (\gamma+\rho)\gamma\right] < 0$$

ermitteln, wobei auch hier gilt, daß F_P^* größer als Null (kleiner als Null) ist, wenn gilt $r > \rho$ ($r < \rho$). Die Reaktion auf die fiskalische Maßnahme ergibt sich als

$$\frac{dF_P^*}{dZ} = -\frac{(r-\rho)}{((r-\rho)r - (\gamma+\rho)\gamma)} \gtreqless 0 \quad \Leftrightarrow \quad r \gtreqless \rho.$$

Offenbar ist die langfristige Reaktion des privaten Finanzvermögens auf eine dauerhafte Steuersenkung derart, daß die anfänglich bestehende (positive oder negative) Vermögensposition noch weiter ausgebaut wird. Dies steht im Gegensatz zu dem Ergebnis beispielsweise einer nur temporären Steuersenkung, die langfristig auf einen betragsmäßigen Abbau der jeweils vorhandenen Vermögensposition hinwirkt. Die unterschiedliche Reaktion wird verständlich, wenn man bedenkt, daß eine permanente Steuersenkung auch langfristigen Bestand hat, während ein temporärer Steuerschnitt langfristig zu einer erhöhten Steuerbelastung führen wird und demzufolge langfristig den entgegengesetzten Effekt auf das private Finanzvermögen haben muß.

Da die langfristige Entwicklung des privaten Finanzvermögens auf eine Verbesserung oder eine Verschlechterung der privaten Vermögensposition hinauslaufen kann, die öffentliche Vermögensposition durch die Defizitperioden hingegen in jedem Fall verschlechtert wird, ist die langfristige Entwicklung des gesamtwirtschaftlichen Vermögens ungewiß. In der Tat läßt sich ermitteln:

$$\frac{dF^*}{dZ} = -\frac{1}{\Omega}\left((r-\rho)\delta + (\gamma+\rho)\gamma\right) \quad \text{bzw.}$$

$$= \frac{dF_P^*}{dZ} - \frac{dD}{dZ}$$

$$= -\frac{r-\rho}{(r-\rho)r - (\gamma+\rho)\gamma} - \left[-\frac{1}{r-\delta}\right] \quad \begin{matrix} < 0 & \Leftrightarrow & r < \rho \\ \gtreqless 0 & \Leftrightarrow & r > \rho. \end{matrix}$$

Liegt demnach im Ausgangspunkt eine negative private Vermögensposition vor ($r < \rho$), die infolge der Steuersenkung noch ausgedehnt wird, so erfolgt, zusammen mit der öffentlichen Verschuldung, eine unweigerliche Verschlechterung der gesamtwirtschaftlichen Vermögensposition.

Im Falle eines anfänglich positiven Privatvermögens ($r > \rho$) steht der stattfindende private Vermögensaufbau (1. Summand, > 0) der öffentlichen

Verschuldung (2. Summand, < 0) entgegen. Ein langfristiger Abbau an Nettoauslandsvermögen ist dabei um so wahrscheinlicher, je größer γ ist, da bei kurzen ökonomischen Horizonten geringe Vermögenspositionen aufgebaut bzw. zusätzlich aufgebaut werden. Ebenso wird eine verzögerte Konsolidierung, d.h. geringe Werte für δ, auf eine langfristige Verringerung von F hinwirken, unabhängig davon, ob ein negatives oder positives privates Finanzvermögen vorliegt. Der Grund für diese Eindeutigkeit im Einfluß liegt darin, daß zwar eine verzögerte Konsolidierung eine besonders umfangreiche öffentliche Verschuldung zur Folge hat, dies dennoch auf das Verhalten des privaten Vermögens keine Wirkung ausübt, da ja annahmegemäß der Umfang der aktuellen und zukünftigen Steuersenkung nicht von der Entwicklung des Schuldenstandes abhängt.

E.3.9.2 Kurz– und mittelfristige Anpassung

a) Analytische Darstellung

In der kurzen Frist ergibt sich die Reaktion der Leistungsbilanz aus der Veränderung des privaten Konsums, da die staatlichen Ausgaben zunächst unverändert bleiben. Aus (27d) läßt sich der Barwert der Steuerlast $\overline{T}$ gewinnen als

$$\overline{T} = \frac{1}{r+\gamma}\left[T_o - Z\right] \quad \text{bzw.} \quad \frac{d\overline{T}}{dZ} = -\frac{1}{r+\gamma}.$$

Eine dauerhafte Steuersenkung vermindert die Steuerlast bzw. erhöht das Nettohumanvermögen um das $1/(r+\gamma)$ – fache des anfänglichen Defizits, so daß sich die spontane Konsumausdehnung mit (11b) angeben läßt als

$$\frac{dC}{dZ} = \frac{\rho+\gamma}{r+\gamma} > 0.$$

Diese Konsumausdehnung führt zu einer Leistungsbilanz–verschlechterung in gleicher Höhe, die sich erst zurückbildet, wenn die öffentlichen Ausgaben zum Zwecke der Haushaltskonsolidierung zurückgeführt werden. Der Umfang dieses unvermeidlichen Leistungsbilanzdefizits wird dabei vom Horizontparameter γ in zweifacher Weise mitbestimmt: Einerseits bedeuten kurze Horizonte, also große Werte für γ, daß die weiter in der Zukunft liegenden Steuersenkungen nur vergleichsweise gering in die Ausgabeentscheidung einfließen, daß also die Konsumausdehnung und die Leistungsbilanzverschlechterung nur gering ausfallen werden. Dieser Einfluß findet sich im Nenner des obigen Ausdrucks für dC/dZ wieder. Andererseits bedeuten kurze Horizonte, daß aus einem gegebenen Vermögen (bei gegebenen Vermögensänderungen) besonders hohe Konsumausgaben (besonders große Konsumänderungen) vorgenommen werden, was also im vorliegenden Fall eine besonders umfangreiche primäre Leistungsbilanz–verschlechterung bedeuten würde. Dieser Effekt wirkt über den Zähler des genannten Ausdrucks. Welchen Einfluß eine Variation der Horizontausdehnung letztlich ausübt, hängt demnach von der relativen Größe der Teileffekte ab. Eine Verkürzung der Horizonte wird zu einer Vergrößerung (Verringerung) des Leistungsbilanzdefizits führen, wenn der Zins die Zeitpräferenzrate übersteigt (unterschreitet).

b) Graphische Darstellung

Die qualitative–dynamische Darstellung dieses letzten Unterfalles ist auf Grund der weitgehenden Parallelitäten zu dem vorangegangenen Fall mit wenigen Erläuterungen zu bewerkstelligen (Vgl. Abb. E/8). Auch hier wird die Erhöhung des Humanvermögens die ($\dot{C}$=0)–Kurve nach oben verschieben. Ebenso wird der sofort wirksame Anstieg des verfügbaren Periodeneinkommens die ($\dot{F}_P$=0)–Kurve nach oben verlagern, so daß sich qualitativ zunächst die

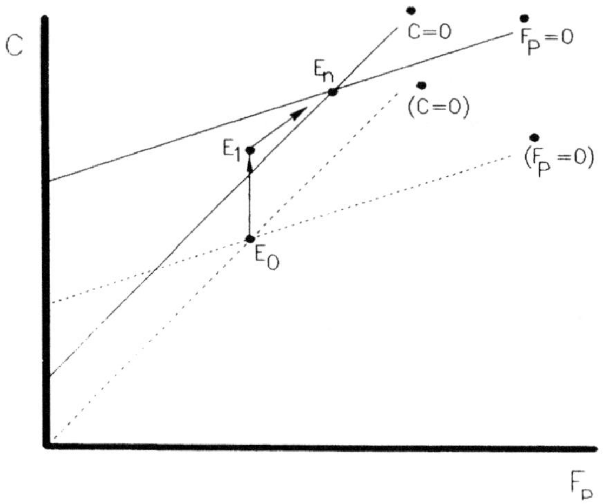

Abb. E/8

gleiche Situation wie im Fall der temporären Steuersenkung ergibt. Gleichzeitig wird der Konsum, motiviert durch die Ausdehnung der permanenten Konsummöglichkeiten, auf einen höheren Wert springen, wobei die Determinanten des Umfangs dieser Konsumausdehnung im vorangegangenen Abschnitt erläutert wurden. Im Unterschied zur temporären Steuersenkung erfolgt im weiteren Verlauf der Anpassung keine weitere Veränderung des Periodennettoeinkommens, weswegen die ($\dot{F}_p$=0)–Kurve ihre Lage beibehält. Der sprungartige Anstieg des Konsums führt also auf den stabilen Arm des Sattelpunktes, der vom Punkt E_1 in das neue langfristige Gleichgewicht E_n weist. Ökonomisch bedeutet dies, daß die Tendenz zur Vermögensakkumulation und sekundären Konsumausdehnung nicht revidiert wird und bis zum Erreichen des langfristigen Gleichgewichts anhält. Der Ausgleich des sich zunächst einstellenden Leistungsbilanzdefizits muß demnach gänzlich von der Reduktion der staatlichen Absorption erbracht werden, weshalb die Leistungsbilanz– verschlechterung wohl umfangreicher und dauerhafter sein wird als im Vergleichsfall einer nur temporären Steuersenkung. Abschließend zeigt die Abb. E/9 die Pfade der relevanten Größen:

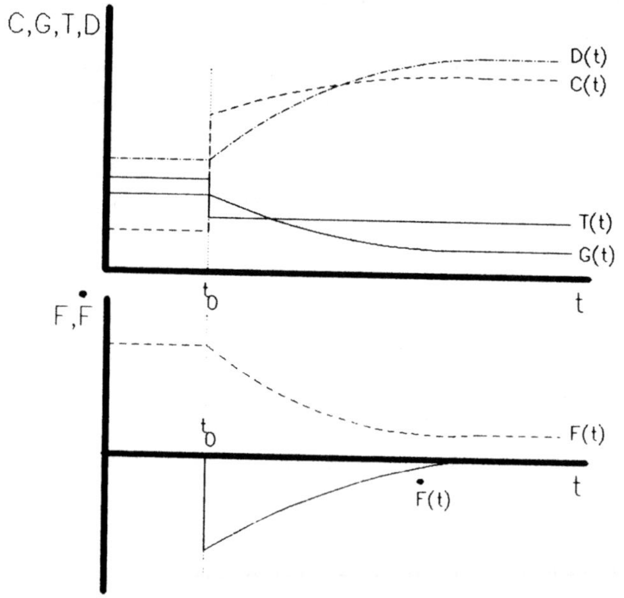

Abb. E/9

E.4. Zusammenfassung

Die vier in den vorangegangenen Abschnitten präsentierten Konstellationen sollten exemplarisch mögliche Politikvarianten und die zugehörigen privaten Reaktionen aufzeigen und vergleichbar machen. Bei der Interpretation dieser Resultate ist sicherlich zu beachten, daß der Modellrahmen, aus dem heraus die Ergebnisse abgeleitet wurden, eine Vielzahl von radikalen Vereinfachungen getroffen hat. Dennoch ist es zulässig, die gefundenen Zusammenhänge in Form allgemein gehaltener und plakativ formulierter Thesen zusammenzufassen.

1. Je deutlicher die Privaten die effektiv stattfindende Änderung der staatlichen Ansprüche an das Sozialprodukt erkennen, desto eher werden sie Gegenreaktionen zeigen, die die ursprüngliche Leistungsbilanzwirkung der fiskalischen Maßnahme konterkarieren.

So hat sich z.B. gezeigt, daß eine nur temporäre Mehrausgabe, die über die Zeit gesehen den Barwert der öffentlichen Ansprüche des Staates an das Sozialprodukt unverändert läßt, zu einem umfangreicheren primären Leistungsbilanzdefizit führt als eine permanente Ausgabenexpansion, die von der Erwartung steigender Steuerlast begleitet wird. Ebenso ist eine temporäre Steuersenkung zumindest aus der Sicht des Staates nicht als eine Absichtserklärung der öffentlichen Hand zu verstehen, die Verfügungsgewalt über Teile des Sozialproduktes aufzugeben, demzufolge ist die leistungsbilanzverschlechternde Konsumausdehnung in diesem Fall geringer (u.U. gleich Null) als nach Durchführung einer als dauerhaft eingeschätzten Steuersenkung.

Für die Realität kann man sich kaum vorstellen, daß es den Privaten gelingt, den zukünftigen Verlauf der fiskalischen Parameter richtig vorauszusehen. Die Beurteilung aktueller Maßnahmen wird deswegen in vermutlich entscheidendem Maße von öffentlichen Ankündigungen und Absichtserklärungen beeinflußt, die die Bekanntgabe der Maßnahme begleiten. Dies läßt sich anhand der U.S.– amerikanischen Erfahrungen nachvollziehen: Die fiskalischen Pläne, mit denen die Reagan– Administration angetreten war, sahen tiefgreifende Kürzungen in der Personen– und Körperschaftsbesteuerung vor und waren eingebunden in ein angebotspolitisches Konzept, in dem Hoffnung zum Ausdruck kam, daß die zunächst entstehenden Haushaltsdefizite relativ schnell durch die entfachten Wachstumskräfte konsolidiert würden. Die

Konsumenten und Investoren akzeptierten diese Steuersenkung als dauerhaft und reagierten entsprechend expansiv in ihrem Ausgabeverhalten, was für sich genommen und ohne die Berücksichtigung von Effekten auf den realen Außenwert des Dollar schon eine (Teil–)Erklärung für die Rekorddefizite der US–Leistungsbilanz liefert. Diese Reaktion der Privaten wäre vermutlich bescheidener ausgefallen, wenn die gleichzeitig stattgefundene Expansion im Bereich der Realausgaben und die damit verbundene Vergrößerung der Haushaltsdefizite vorhergesehen worden wäre und den Glauben an die steuerpolitische Wende erschüttert hätte.

2. Die im Vergleich zum staatlichen Handeln begrenzten privaten Horizonte geben den aktuellen fiskalischen Maßnahmen eine größere Bedeutung für das Verhalten der Privaten als zukünftige Maßnahmen. Die völlige Antizipation und damit die außenwirtschaftliche Neutralität steuerpolitischer Maßnahmen kann deshalb nicht angenommen werden. Diese Verhaltensannahme ist auch und gerade in Verbindung mit rational handelnden Agenten sinnvoll.

Besonders deutlich zeigt sich die Bedeutung dieses Ergebnisses am Beispiel einer temporären Steuersenkung: Die zeitliche Umverteilung der Steuerlast, die aus der Sicht des Staates den Gesamt(bar–)wert der Steuereinnahmen nicht ändert, bedeutet aus der Perspektive der Privaten teilweise eine Umverteilung zu Lasten ungeborener, zukünftig lebender Generationen und wirkt sich damit nachfragestimulierend und leistungsbilanzverschlechternd aus. Wie die vorangegangene Analyse gezeigt hat, ist auch bei anders gearteten fiskalischen Maßnahmen die Begrenztheit der privaten Horizonte ergebnisrelevant und läßt sich zumindest in Form von Tendenzaussagen fassen.[242]

Diese Konzentration auf aktuelle fiskalische Maßnahmen steht natürlich in gewissem Widerspruch zu der 1. These, daß grundsätzlich fiskalpolitische Maßnahmen in ihrer Wirkung auch von den implizierten "Langzeiteffekten" abhängen. Es ist ein interessantes Nebenergebnis des hier verfolgten "uncertain lifetime–approach", daß sich auch bei völliger Voraussicht und rationalem Verhalten die Planung der Privaten nur auf eine begrenzte Zeitspanne angelegt und daß gerade diese Eigenschaft Ausdruck der Rationalität ist.

Das Spannungsfeld zwischen intertemporalen Überlegungen einerseits und dennoch begrenzten Horizonten andererseits bewirkt eine gewisse

---

[242]Eine Ausnahme liegt dort vor, wo Defizitentstehung und –konsolidierung durch Ausgabevariationen vonstatten gehen.

Unsicherheit bezüglich der tatsächlichen Effekte einer fiskalischen Maßnahme auf die Gesamtnachfrage. Am Beispiel einer auf Dauer vorgenommenen Ausgabenerhöhung ist gezeigt worden, daß die Beantwortung der Frage, ob im Moment der Ergreifung der Maßnahme ein leistungsbilanzverschlechternder Gesamtnachfrageanstieg oder eine leistungsbilanzverbessernde Nachfragereduktion zustandekommt, entscheidend von der Ausdehnung der privaten Horizonte abhängt. Da dieser Parameter in der Praxis natürlich unbekannt ist, bleibt in dieser konkreten Situation das Ergebnis einer derartigen Maßnahme völlig offen.

3. Gerade durch die Begrenztheit der Horizonte ist die Geschwindigkeit, mit der die Defizite konsolidiert werden, von Einfluß auf die privaten Ausgabeentscheidungen.

Es hat sich gezeigt, daß für gegebene endliche Horizonte ($\gamma > 0$) die sofortige Reaktion der privaten Ausgaben nach einer öffentlichen Ausgabenerhöhung um so heftiger erfolgt, je schneller die (einnahmeseitige) Konsolidierung des Haushaltsdefizits stattfindet. Die Begründung hierfür liegt wiederum in der durch eine verzögerte (beschleunigte) Konsolidierung möglichen intergenerationellen Steuerverschiebung, die das Ausgabeverhalten der gegenwärtigen Generationen positiv (negativ) beeinflußt.

4. Die Remanenz der Defizite ist auch langfristig von Bedeutung; allgemein gilt, daß die langfristig bewirkte Anpassung von Konsum und Vermögen um so größer ist, je länger die Phase der Haushaltsdefizite andauert.

Die Begründung fün diesen langfristigen Effekt aktueller Defizite liegt in dem Zusammenhang zwischen aktueller Entwicklung des Schuldenstandes und dem zur Bedienung dieser Schuld langfristig notwendigen Steueraufkommen, welches wiederum die langfristigen Werte für den Konsum und das private Finanzvermögen determiniert.

Aus den Bemerkungen 3 und 4 ergibt sich, daß die Geschwindigkeit, mit der die einnahmeseitige Konsolidierung vorgenommen wird, im Ergebnis über einen Trade–off zwischen kurz– und langfristiger Konsumeinschränkung entscheidet. Ebenso legt die Konsolidierungsgeschwindigkeit bei einer ausgabenseitigen Wiederherstellung des Budgetsausgleichs (also nach einer permanenten Steuersenkung bzw. nach einer temporären Ausgabenerhöhung) die zeitliche Verteilung der Staatsausgaben und damit der Konsummöglichkeiten öffentlicher Güter seitens der Privaten fest.

5. Die Berücksichtigung intertemporaler Überlegungen in Verbindung mit der Annahme vollkommener Voraussicht führt zwangsläufig dazu, daß schon die reine Ankündigung bestimmter fiskalischer Maßnahmen Effekte auf die privaten Ausgaben und damit auf die Leistungsbilanz haben muß.

Obwohl in diesem Abschnitt nicht weiter ausgeführt, ist es unmittelbar einsichtig, daß schon die Ankündigung einer Steuersenkung zu einem Anstieg des Humanvermögens, einer Ausdehung der Konsumausgaben und einer Verschlechterung der Leistungsbilanz führen wird. Umgekehrt wird das Bekanntwerden einer zukünftigen (permanenten) Ausgabenerhöhung zu einer Verringerung der privaten Ausgaben und einer Verbesserung der Leistungsbilanz führen, die – wie gezeigt – im Zeitpunkt der eigentlichen Durchführung der Maßnahme z.T. rückgängig gemacht wird bzw. in ihr Gegenteil verkehrt werden wird.

Abschnitt F

Abschließende Bemerkungen

Die vorliegende Arbeit hat sich zum Ziel gesetzt, kausale Verbindungen zwischen dem Entstehen von öffentlichen Budgetdefiziten und dem Auftreten von Leistungsbilanzdefiziten theoretisch herauszuarbeiten. Dabei wurde zunächst auf die saldenmechanische ex post–Relation zwischen beiden Größen abgestellt. Es zeigte sich dabei, daß auf dieser Grundlage keinerlei Erkenntnis zu gewinnen ist, da hier zum einen keine Aussage über die kausale Wirkungsrichtung abzuleiten ist und da zum anderen eine sinnvolle Interpretation dieser Identität nur möglich ist, wenn alle leistungsbilanzrelevanten Kreislaufgrößen im Zusammenhang erklärt werden können. Die Aufgabe, die sich hieraus ergab, bestand in der Formulierung plausibler Modellzusammenhänge, die die Abhängigkeit der Leistungsbilanzentwicklung von Umfang, Entstehungsgrund und Finanzierung der Budgetfehlbeträge darstellen können.

Im Abschnitt B dieser Arbeit wird ein Fixpreismodell einer unterbeschäftigten offenen Volkswirtschaft entwickelt und deren Währungsaußenwert im Rahmen eines Portfolioansatzes zur Wechselkursbestimmung abgeleitet wird. Hier zeigt sich, daß schon in der kürzeren Frist, d.h., ohne die Effekte der Budgetfinanzierung, ein positiver Zusammenhang zwischen Budget– und Leistungsbilanzdefiziten zu erwarten ist, wobei hier bereits gleichgerichtete Einkommenswirkungen und Finanzmarkteffekte zu beobachten sind. Obgleich gezeigt werden kann, daß dieses Ergebnis für extreme Auslandsschuldpositionen zu relativieren ist, ist dennoch eine Verschlechterung der Leistungsbilanz infolge des Budgetdefizites wahrscheinlich. In der mittleren Frist ist die Finanzierung des Budgetfehlbetrages von Bedeutung, wobei hier die Rückwirkungen im Mittelpunkt stehen, die sich aus der Veränderung der finanziellen Bestandsgrößen auf Zins, Einkommen und Wechselkurs ergeben. Es wird gezeigt, daß eine Finanzierung durch Geldschöpfung die höchste Wahrscheinlichkeit für einen mittelfristigen Ausgleich von Budget und Leistungsbilanz aufweist. Geringer sind hingegen die Chancen für eine derartige endogene Tendenz zum Ausgleich von Budget und Leistungsbilanz bei einer Finanzierung der Haushaltslücke durch Verschuldung in inländischer Währung gegenüber Inländern, da hierbei eine, verglichen mit der zuerst genannten Alternative nur geringere Einkommensexpansion zu erwarten und eine mittelfristige Abwertung der heimischen Währung weniger wahrscheinlich ist. Keine Möglichkeit einer mittelfristig stabilen Entwicklung bietet die Verschuldung in Auslandswährung. Hier muß in jedem der betrachteten Unterfälle eine instabile Entwicklung abgeleitet werden. Es muß hier offen bleiben, inwieweit dieses Ergebnis durch die spezifische Modellstruktur geprägt ist und wie sensibel die Resultate auf alternative Modellannahmen reagieren würden.

Der Abschnitt C endogenisiert das Preisniveau und integriert die Güterangebotsseite in die bestehende Modellstruktur. Diese Modellvariante kommt im kürzeren Analysezeitraum zu dem gleichen Ergebnis wie das Fixpreismodell aus Abschnitt B. In der mittleren Frist hingegen werden in Abschnitt C die Ergebnisse der Fixpreisvariante insofern relativiert, als die Stabilitätseigenschaften der verschiedenen Finanzierungsalternativen weniger ausgeprägte Unterschiede aufweisen. So ist der relative Vorteil, den die Geldschöpfungsvariante für einen mittelfristigen Budgetausgleich bietet, nun nach Berücksichtigung eines variablen Preisniveaus nicht mehr klar auszumachen: So wird gezeigt, daß von den Preisniveausteigerungen ein konsolidierender Einfluß auf das Budget ausgehen kann, wenn das Einnahmensystem eine ausreichende Elastizität in bezug auf Preisniveauveränderungen aufweist. Gleichzeitig muß aber eine gegenüber dem Fall konstanten Preisniveaus verringerte Einkommensexpansion konstatiert werden, so daß insgesamt die Chancen auf einen mittelfristigen Ausgleich der öffentlichen Haushalte steigen oder fallen können, wenn man mögliche Veränderungen des Preisniveaus in Betracht zieht. Darüberhinaus kann gezeigt werden, daß bei einer hohen Abhängigkeit des Staates von importierten Gütern die Geldschöpfungsvariante aufgrund der ausgelösten Wechselkursreaktionen eine gegenüber der Bondsfinanzierung ungünstigere Budgetentwicklung zur Folge haben kann, was das diesbezügliche Zwischenergebnis aus Abschnitt B in sein Gegenteil verkehrt.

Ebenso geht möglicherweise bei Berücksichtigung eines variablen Preisniveaus der relative Vorteil der Geldmengenfinanzierung für einen mittelfristigen Ausgleich der Leistungsbilanz verloren. Hier macht sich der beschleunigte Verlust der Geldwertstabilität bemerkbar, der in bezug auf die Leistungsbilanz die stabilisierenden Wirkungen der nominellen Wechselkurserhöhung konterkariert. Unter bestimmten restriktiven Zusatzannahmen ist bei einer Finanzierung der Budgetdefizite durch Geldschöpfung die Wahrscheinlichkeit eines Leistungsbilanzausgleichs sogar geringer als bei einer Finanzierung durch Bondsemission.

Im Abschnitt D erfährt die Modellstruktur eine Modifikation durch eine alternative Struktur der Güterangebotsseite. Es kann abgeleitet werden, daß eine Ausgabenerhöhung des Staates die Leistungsbilanz in der kürzeren Frist auch dann verschlechtern kann, wenn sich die öffentlichen Ausgaben auf international nichtgehandelte Güter richten. Die Verbindung zwischen der staatlichen Zusatznachfrage nach Binnengütern und dem Anstieg der gesamtwirtschaftlichen Nettonachfrage nach gehandelten Gütern besteht in einem Anstieg des relativen Preises der Binnengüter. Es läßt sich nachweisen, daß dieser Relativpreisanstieg zum einen aus der Gütersphäre heraus, d.h., durch den Nachfrageüberhang am Markt der nichtgehandelten Güter erklärbar ist. Zusätzlich hierzu sind es erneut die Einflüsse der Finanzmärkte, die durch eine nominelle Aufwertung der heimischen Währung die Verschiebung der relativen Preise und damit die Verschlechterung der Leistungsbilanz bewirken. Ausmaß und Richtung dieser Finanzmarkteffekte auf Zins und Wechselkurs hängen von der ausgelösten Reaktion auf das Einkommen ab. Wie gezeigt, ist diese Einkommensreaktion nicht a priori bestimmt und von der konkreten Parameterkonstellation abhängig. Nimmt man starre Reallöhne an, so ist zusätzlich der Öffnungsgrad der betrachteten Volkswirtschaft von Bedeutung.

In Abschnitt E wird ein einfaches intertemporales Realmodell der staatlichen Verschuldung entwickelt, das seitens der privaten Nachfrager rationale Erwartungen innerhalb begrenzter Horizonte aufweist. Im Gegensatz zur monetären Analyse der vorangegangenen Abschnitte wird hier von den Einflüssen der Finanzsphäre abstrahiert und die Leistungsbilanz rein absorptionstheoretisch erklärt. In diesem Modellzusammenhang können einige grundlegende Zusammenhänge zwischen der staatlichen Verschuldung und der privaten Nachfrage herausgearbeitet werden. So ist hier der Enstehungsgrund der Budgetdefizite (Ausgabenerhöhung vs. Steuersenkung), ihre Persistenz, abhängig von der Konsolidierungsgeschwindigkeit, und die Ausdehnung der privaten Horizonte in unterschiedlicher Kombination von Bedeutung. Es kann insbesondere gezeigt werden, daß unter Nichtbeachtung der monetären Auswirkungen des öffentlichen Finanzierungsbedarfes und unter Berücksichtigung der intertemporalen Implikationen fiskalischer Maßnahmen aktuelle Budgetdefizite nicht zwangsläufig zu sofortigen Leistungsbilanzdefiziten führen müssen. Es wird weiterhin deutlich, daß die langfristige Entwicklung der gesamtwirtschaftlichen Nettoauslandsposition, d.h. also, die kumulierte Wirkung der Leistungsbilanzsalden entscheidend von der privaten Auslandsposition abhängig ist. Geht man, wie in Abschnitt E angenommen, von einem positiven Auslandsvermögen aus, so ist, trotz der Möglichkeit temporärer Phasen von überschüssiger Leistungsbilanz, insgesamt ein Verlust an gesamtwirtschaftlichem Auslandsvermögen wahrscheinlich.

Wie immer bei theoretisch angelegten Untersuchungen, sind auch hier die abgeleiteten Ergebnisse stark durch die Annahmen des Modells bestimmt und in gewisser Weise auch durch sie beschränkt. Überdenkt man das verwendete Instrumentarium, ergeben sich einige Punkte, die einer Erweiterung und damit einer vertieften Betrachtung bedürfen. So sind die Kreislaufwirkungen der öffentlichen Budgetdefizite in allen Abschnitten auf der Nachfrageseite angesiedelt. Die Möglichkeit, daß von den fiskalischen Maßnahmen Wirkungen auf das Angebot ausgehen, wurde hingegen in den formalen Teilen der Arbeit ausgeklammert. Diese Angebotseffekte könnten sich z.B. einstellen, wenn die fiskalische Maßnahme die Allokation zwischen Arbeit und Freizeit berührt oder wenn öffentliche Leistungen als unentgeltliche Vorleistungen in die private Produktion eingehen. Es wäre in diesem Zusammenhang sicherlich auch lohnend, den intertemporalen Ansatz des Abschnittes E in eine wachstumstheoretische Betrachtung zu überführen. In einem derartigen Modellrahmen ließe sich zwischen konsumtiven und investiven Staatsausgaben unterscheiden, wobei die unterschiedlichen Effekte auf die gesamtwirtschaftliche Kapazität vermutlich Implikationen für die mittel– und langfristige Leistungsbilanzentwicklung haben würden.

Eine andere Einschränkung besteht in den Determinanten der internationalen Kapitalverlagerungen, denen – wie gezeigt – eine zentrale Bedeutung für die Entwicklung der Leistungbilanz zukommt. Wie die jüngsten Erfahrungen mit flexiblen Wechselkursen gezeigt haben, sind die Kapitalbewegungen u.U. stärker von den Zins–, Inflations– und Wechselkurserwartungen der Anleger als von aktuellen Zinsdifferenzen bestimmt. Es wäre somit sicherlich lohnend, die komplizierte Erwartungsbildung zu untersuchen, die sich bei den Privaten aufgrund der Beobachtung der Budgetdefizite vollzieht. Gelänge es, bei der Formulierung der Erwartungshypothese auch die langfristigen Aspekte der fiskalischen Maßnahmen zu berücksichtigen, wäre damit der Brückenschlag zwischen den zeitpunktorientierten Modellen einerseits und den intertemporalen Ansätzen andererseits, die sich in der vorliegenden Arbeit nur scheinbar konkurrierend gegenüberstehen, gelungen.

Literaturverzeichnis

AGHEVLI, Bijan B./ KHAN, Moshin S., Inflationary Finance and the Dynamics of Inflation: Indonesia 1951–72. American Economic Review, Bd. 67 (1977), S. 390ff.

AGHEVLI, Bijan B./ KHAN, Moshin S./ TANZI, Vito, Inflation, Real Tax Revenue and the Case for Inflationary Finance: Theory with an Application for Argentina. International Monetary Fund Staff Papers, Bd. 25 (1978), S. 423ff.

ALEXANDER, Sidney S., Effects of an Devaluation on a Trade Balance. International Monetary Fund Staff Papers, Bd. 2 (1952), S. 263ff.

_______________, Effects of a Devaluation: A Simplified Synthesis of Elasticities and Absorption Approaches. American Economic Review, Bd. 49 (1959), S. 22ff.

ALLEN, Polly R./ KENEN, Peter B., Asset Markets, Exchange Rates, and Economic Integration. A Synthesis. Cambridge 1980.

ALLEN, Stuart D./ SMITH, Michael D., Government Borrowing and Monetary Accommodation. Journal of Monetary Economics, Bd. 12 (1983), S. 605ff.

ANDEL, Norbert, Finanzwissenschaft. Tübingen 1983.

ANDO, Albert/ MODIGLIANI, Franco, The "Life Cycle" Hypothesis of Saving: Aggregate Implications and Tests. American Economic Review, Bd. 53 (1963), S. 55ff.

AUERNHEIMER, Leonardo, The Honest Government's Guide to Inflationary Finance. Journal of Political Economy, Bd. 82 (1974), S. 598ff.

BAILEY, Martin J., The Welfare Cost of Inflationary Finance. Journal of Political Economy, Bd. 64 (1956), S. 93ff.

BARNHART, Scott W./ DARRAT, Ali F., Budget Deficits, Money Growth and Causality: Further OECD Evidence. Journal of International Money and Finance, Bd. 7 (1988), S. 231ff.

BARRO, Robert J., Comment from an Unreconstructed Ricardian. Journal of Monetary Economics, Bd. 4 (1978), S. 569ff.

_______________, Are Government Bonds Net Wealth? Journal of Political Economy, Bd. 82 (1974), S. 1095ff.

_______________, Output Effects of Government Purchases. Journal of Political Economy, Bd. 89 (1981), S. 1086ff.

BENDER, Dieter, Finanzmarkttheorie des Wechselkurses. In: Handwörterbuch der Wirtschaftswissenschaften, Bd. 9, Stuttgart et al. 1982, S. 748ff.

BEVERIDGE, W.A./ KELLY, Margaret R., Fiscal Content of Financial Programs Supported by Stand–By Arrangements in the Upper Credit Tranches 1969–78. International Monetary Fund Staff Papers, Bd. 27 (1980), S. 205ff.

BLACK, Stanley W., International Money Markets and Flexible Exchange Rates. Princeton Studies in International Finance No. 32, Princeton 1973.

BLANCHARD, Olivier J., Current and Anticipated Defícts, Interest Rates and Economic Activity. Harvard Institute for Economic Research, Discussion Paper No. 998, Cambridge, Mass. 1983

_______________, Debt, Deficits and Finite Horizons. Journal of Political Economy, Bd. 93 (1985), S. 223ff.

BLANCHARD, Olivier J./ DORNBUSCH, Rudiger, U.S. Deficits, the Dollar and Europe. Banca Nazionale Del Lavoro, Quarterly Review, Bd. 37 (1984), S. 89ff.

BLANCHARD, Olivier J./ DORNBUSCH, Rudiger/ BUITER, Willem, Public Debt and Fiscal Responsibility. In: BLANCHARD, Olivier J./ DORNBUSCH, Rudiger/ LAYARD, Richard (Hrsg.), Restoring Europe's Prosperity. Macroecomomic Papers from the Centre for European Policy Studies, Cambridge, Mass. 1986.

BLANCHARD, Olivier J./ SUMMERS, Lawrence H., Perspectives on High World Real Interest Rates. Brookings Papers on Economic Activity, Bd. 15 (1984), S. 273ff.

BLINDER, Allan S., What's "New" and What's "Keynesian" in the "New Cambridge" Keynesianism? In: BRUNNER, Karl/MELTZER, Allan H. (Hrsg.), Public Policies in Open Economies. Carnegie–Rochester Conference Series on Public Policy, Bd. 9, Amsterdam 1978, S. 70ff.

BLINDER, Alan S./ SOLOW, Robert M., Does Fiscal Policy Matter? Journal of Public Economics, Bd. 2 (1973), S. 319ff.

BOWLES, Paul, Foreign Aid and Domestic Savings in Less Developed Countries: Some Tests of Causality. World Development, Bd. 15 (1987), S. 789ff.

BOYER, Russel S., Financial Policies in an Open Economy. Economica, Bd. 45 (1978), S. 39ff.

_______________, Commodity Markets and Bond Markets in a Small, Fixed–Exchange–Rate Economy. Canadian Journal of Economics, Bd. 8 (1975), S. 1ff.

BRANSON, William H., Asset Markets and Relative Prices in Exchange Rate Determination. Institute for International Economic Studies, Stockholm 1976.

______________, Causes of Appreciation and Volatility of the Dollar (with Comment by Jacob Frenkel). National Bureau for Economic Research Working Paper Series, Working Paper No. 1777, Cambridge, Mass. 1985.

BRANSON, William H./ BUITER, Willem H., Monetary and Fiscal Policy with Flexible Exchange Rates. In: BHANDARI, Jagdeep S./PUTNAM, Bluford H. (Hrsg.), Economic Interdependence and Flexible Exchange Rates. Cambridge, Mass. 1983, S. 251ff.

BRECHER, Richard A., Minimum Wage Rates and the Pure Theory of International Trade. Quarterly Journal of Economics, Bd. 88 (1974), S. 89ff.

BUCHANAN, James M., Public Principles of Public Debt. Homewood, Ill. 1958

BUCHANAN, James M./ WAGNER, Richard E., Democracy in Deficit. The Political Legacy of Lord Keynes. New York 1977.

BÜSCHGEN, Hans E., Der US–Dollar – Szenario einer Weltwährung. Wirtschaftsdienst, 67. Jg. (1987), S. 17ff.

BUITER, Willem, Fiscal Policy in Open, Interdependent Economies. In: RAZIN, Assaf/SADKA, Efraim (Hrsg.), Economic Policy in Theory and Practice. Basingstoke, Hampshire 1987.

______________, Crowding–Out" and the Effectiveness of Fiscal Policy. Journal of Public Economics, Bd. 7 (1977), S. 309ff.

______________, Time Preference and International Lending and Borrowing in an Overlapping–Generations Model. Journal of Political Economy, Bd. 89 (1981), S. 769ff.

BUITER, Willem H./ TOBIN, James, Debt Neutrality: A Brief Review of Doctrine and Evidence. In: FURSTENBERG, George M. von (Hrsg.), Social Security versus Private Saving. Cambridge, Mass. 1979.

CAESAR, Rolf, Der Handlungsspielraum von Notenbanken – Theoretische Analyse und internationaler Vergleich. Baden–Baden 1981.

______________, Staatsverschuldung und Geldmengenziele. In: HANSMEYER, Karl–Heinrich (Hrsg.), Staatsfinanzierung im Wandel. Schriften des Vereins für Socialpolitik, Neue Folge Bd. 134, Berlin 1982, S. 333ff.

CAGAN, Phillip, The Monetary Dynamics of Hyper–Inflation. In: FRIEDMAN, Milton (Hrsg.), Studies in the Quantity Theory of Money. Chicago 1956.

CALVO, Guillermo A., On the Time–Consistency of Optimal Policy in a Monetary Economy. Econometrica, Bd. 46 (1978), S. 1411ff.

CAMBRIDGE ECONOMIC POLICY GROUP, A Formal Model of Fiscal Policy. Cambridge Economic Policy Review, Bd. 7 (1981), S. 6f.

CAPRIO, Gerard/ HOWARD, David H., Domestic Saving, Current Accounts, and International Capital Mobility. International Finance Discussion Papers No. 244, Washington, D.C. 1984.

CAVES, Richard E./ JONES, Ronald W., World Trade and Payments. An Introduction. Boston 1973.

CHIANG, Alpha C., Fundamental Methods of Mathematical Economics. 3. Auflage, Singapur et al. 1984.

CLARIDA, Richard H./ FRIEDMAN, Benjamin M., The Behavior of U.S. Short–Term Interest Rates since October 1979. The Journal of Finance, Bd. 39 (1984), S. 671ff.

CLARK, Colin, Public Finance and Changes in the Value of Money. Economic Journal, Bd. 55 (1945), S. 371ff.

CORDEN, Max W., The Geometric Representation of Policies to Attain Internal and External Balance. Review of Economic Studies, Bd. 28 (1960), S. 1ff.

CRIPPS, Francis/ GODLEY, Wynne, A Formal Analysis of the Cambridge Economic Policy Group Model. Economica, Bd. 43 (1976), S. 335.

DAVIES, James B., Uncertain Lifetime, Consumption, and Dissaving in Retirement. Journal of Political Economy, Bd. 89 (1981), S. 561ff.

DeGRAUWE, Paul, Macroeconomic Theory for the Open Economy. Aldershot, Hampshire 1983.

DEVEREUX, Michael, Fiscal Spending, the Terms of Trade, and Real Interest Rates. Journal of International Economics, Bd. 22 (1987), S. 219ff.

DIAMOND, Peter A., National Debt in a Neoclassical Growth Model. American Economic Review, Bd. 55 (1965), S. 1126ff.

DIXON, Robert, On the New Cambridge School. Journal of Post Keynesian Economics, Bd. 5 (1982/83), S. 289ff.

DOOLEY, Michael P./ ISARD, Peter, The Portfolio–Balance Model of Exchange Rates and Some Strutural Estimates of the Risk Premium. International Monetary Fund Staff Papers, Bd. 30 (1983), S. 683ff.

DORFMAN, Robert, An Economic Interpretation of Optimal Control Theory. American Economic Review, Bd. 59 (1969), S. 817ff

DORNBUSCH, Rudiger, Dollars, Debts, and Deficits. Cambridge, Mass. 1986.

______________, Real and Monetary Aspects of the Effects of Exchange Rate Changes. In: ALIBER, Robert Z. (Hrsg.), National Monetary Policies and the International Financial System. Chicago 1974, S. 64ff.

______________, Open Economy Macroeconomics. New York 1980.

DWYER, Gerald P.Jr., Are Expectations of Inflation Rational? Or, is Variation of the Expected Real Rate Unpredictable? Journal of Monetary Economics, Bd. 8 (1981), S. 59ff.

______________, Inflation and Government Deficits. Economic Inquiry, Bd. 20 (1982), S. 315ff.

EVANS, Paul, Do Large Deficits Produce High Interest Rates? American Economic Review, Bd. 75 (1985), S. 68ff.

______________, Interest Rates and Expected Future Budget Deficits in the United States. Journal of Political Economy, Bd. 95 (1987), S. 34ff.

FAIR, Don, The Independence of Central Banks. The Banker, October 1979, S. 31ff.

FAMA, Eugene F., Short–Term Interest Rates as Predictors of Inflation. American Economic Review, Bd. 65 (1975), S. 269ff.

FEICHTINGER, Gustav/ HARTL, Richard F., Kontrolle ökonomischer Prozesse, Anwendungen des Maximumsprinzips in den Wirtschaftswissenschaften. Berlin et al. 1986.

FELDSTEIN, Martin, Domestic Saving and International Capital Movements in the Long Run and the Short Run. European Economic Review, Bd. 21 (1983), S. 129ff.

FELDSTEIN, Martin/ HORIOKA, Charles, Domestic Saving and International Capital Flows. Economic Journal, Bd. 90 (1980), S. 314ff.

FETHERSTON, Martin J./ GODLEY, Wynne A., "New Cambridge" Macroeconomics and Global Monetarism: Some Issues in the Conduct of U.K. Economic Policy. In: BRUNNER, Karl/ MELTZER, Allan H. (Hrsg.), Public Policies in Open Economies. Carnegie–Rochester Conference Series on Public Policy, Bd. 9, Amsterdam 1978, S. 33ff.

FISHER, Irving, The Theory of Interest as Determined by Impatience to Spend Income And Opportunity to Invest it. New York 1930.

FLAIG, Gebhard, Staatsausgaben, Staatsverschuldung und die makroökonomische Konsumfunktion. Zeitschrift für Wirtschafts– und Sozialwissenschaften, Jg. 107 (1987), S. 337ff.

FLEMING, Marcus J., Domestic Financial Policies Under Fixed and Under Floating Exchange Rates. International Monetary Fund Staff Papers, Bd. 9 (1962), S. 369ff.

FRENKEL, Jacob A./ RAZIN, Assaf, Fiscal Expenditures and International Economic Interdependence. In: BUITER, Willem H./ MARSTON, Richard C. (Hrsg.), International Economic Policy Coordination. Cambridge, Mass. 1984, S. 37ff.

______________, Fiscal Policies in the World Economy. Journal of Political Economy, Bd. 94 (1986), S. 564ff.

______________, Fiscal Policies and the World Economy. An Intertemporal Approach. Cambridge, Mass. 1987

FRIEDMAN, Benjamin M., Crowding–Out or Crowding–In? Economic Consequences of Financing Government Deficits. Brookings Papers on Economic Activity, Bd. 3 (1978), S. 593ff.

FRIEDMAN, Milton, Discussion of the Inflationary Gap. In: Derselbe, Essays in Positive Economics. Chicago 1953, S. 251ff.

______________, The Theory of the Consumption Function. New York 1957.

______________, Government Revenue from Inflation. Journal of Political Economy, Bd. 79 (1971), S. 846ff.

FUCHS, Herbert, Die Geldmarktabhängigkeit des Kapitalmarktes. Hamburg 1989.

FURSTENBERG, Georg M. von, Domestic Determinants of the Current Account Balance of the United States. The Quarterly Journal of Economics, Bd. 98 (1983), S. 401ff.

GODLEY, Wynne/ CRIPPS, Francis, £ 1.000 M Payments Deficits this Year if Economy Grows at 5 Percent. The Times, 8. Februar 1973.

______________, Need for Unconventional Methods. The Times, 9. Februar 1973.

______________, Why Britain Needs a Fresh Set of Principles to Manage Economy. The Times, 22. Februar 1974.

______________, Payments Deficit: The Strategic Options. The Times, 23. Februar 1974.

GOLUB, Stephen S., Foreign–Currency Government Debt, Assets Markets, and the Balance of Payments. Journal of International Money and Finance, Bd. 8 (1989), S. 285ff.

GORDON, Robert J., The Demand for and the Supply of Inflation. Journal of Law and Economics, Bd. 18 (1975), S. 807ff.

______________, U.S. Fiscal Deficits and the World Imbalance of Payments. Hitotsubashi Journal of Economics, Bd. 27 Special Issue (1986), S. 7ff.

______________, World Inflation and the Sources of Monetary Accommodation: A Study of Eight Countries. Brookings Papers on Economic Activity, 1977, S. 409ff.

GRANGER, C.W.J., Investigating Causal Relationships by Econometric Models and Cross–Spectral Methods. Econometrica, Bd. 37 (1969), S. 424ff.

GUGER, Alois/ WÖRGÖTTER, Andreas, Budgetdefizit und Leistungs–bilanzsaldo – Ein Kommentar zu den absorptionstheoretischen Überlegungen von Professor G. Tichy. Empirica 1979, S. 111ff.

GUPTA, Kanhaya L., Budget Deficits and Interest Rates in the United States. Public Choice, Bd. 60 (1989), S. 87ff.

GYLFASON, Thorvaldur/ HELLIWELL, John F., A Synthesis of Keynesian, Monetary and Portfolio Approaches to Flexible Exchange Rates. The Economic Journal, Bd. 93 (1983), S. 820ff.

DE HAAN, Jakob/ZELHORST, Dick, Financial–Market Effects of Federal Government Budget Deficits: Comment. Weltwirtschaftliches Archiv, Bd. 126 (1990), S. 388ff.

HÄUSER, Karl, Die Geldmarktabhängigkeit des deutschen Kapitalmarktes. In: EHRLICHER, Werner/SIMMERT, Diethart B. (Hrsg.), Geld– und Währungspolitik in der Bundesrepublik Deuschland. Beihefte zu Kredit und Kapital, Heft 7, Berlin 1982.

HAMADA, Koichi, Strategic Aspects of International Fiscal Interdependence. The Economic Studies Quarterly, Bd. 37 (1986), S. 165ff.

HAMBURGER, Michael J./ ZWICK, Burton, Deficits, Money and Inflation. Journal of Monetary Economics, Bd. 7 (1981), S. 141ff.

______________, Deficits, Money and Inflation: Reply. Journal of Monetary Economics, Bd. 10 (1982), S. 279ff.

HARTUNG, Joachim, Statistik, 3. Auflage, München et al. 1985.

HAUSMAN, Jerry A., Labor Supply. In: AARON, Henry J./PECHMAN, Joseph A., How Taxes Affect Economic Behavior. Washington, D.C. 1981.

HEIN, Scott E., Deficits and Inflation. Federal Reserve Bank of St. Louis, Monthly Review, Jg. 63, März 1981, S. 3ff.

HELLER, Peter S., Impact of Inflation on Fiscal Policy in Developing Countries. International Monetary Fund Staff Papers, Bd. 27 (1980), S. 712ff.

HELPMAN, Elhanan, Nontraded Goods and Macroeconomic Policy under A Fixed Exchange Rate. Quarterly Journal of Economics, Bd. 91 (1977), S. 469ff.

HENDERSHOTT, Patric H., Expectations, Surprises and Treasury Bill Rates: 1960–82. The Journal of Finance, Bd. 39 (1984), S. 685ff.

HODGMAN, Donald R., National Monetary Policies and International Monetary Cooperation. Boston 1974.

HODRICK, Robert J., Dynamic Effects of Government Policies in an Open Economy. Journal of Monetary Economics, Bd. 6 (1980), S. 213ff.

HOELSCHER, Gregory, New Evidence on Deficits and Interest Rates. Journal of Money, Credit and Banking, Bd. 18 (1986), S. 1ff.

HOOPER, Peter, International Repercussions of the U.S. Budget Deficit. Außenwirtschaft, Jg. 40 (1985), S. 117ff.

INFANTE, Ettore F./ STEIN, Jerome L., Money–Financed Fiscal Policy in a Growing Economy. Journal of Political Economy, Bd. 88 (1980), S. 259ff.

INTERNATIONAL MONETARY FUND, Theoretical Aspects of the Design of Fund–Supported Adjustment Programs. (Occ. Paper No. 55), Washington, D. C. 1987.

_______________, Economic Outlook (Occ. Paper No. 21), Washington, D.C. 1983.

_______________, World Economic Outlook 1984 (Occ. Paper No. 24), Washington, D.C. 1984.

_______________, Survey, fortlaufender Jahrgang 1988.

ISARD, Peter, Exchange–Rate Determination: A Survey of Popular Views and Recent Models. Princeton Studies in International Finance No. 42, Princeton 1978.

JOHNSON, Harry G., Some Aspects of the Theory of Economic Policy in a World of Capital Mobility. In: JOHNSON, Harry G. (Hrsg.), Further Essays in Monetary Economics. London 1972.

JOHNSON, Robert A., Anticipated Fiscal Contraction: The Economic Consequences of the Announcement of Gramm–Rudman–Hollings. International Finance Discussion Papers No. 291, Washington 1986.

JOINES, Douglas H., Deficits and Money Growth in the Unites States 1872–1983. Journal of Monetary Economics, Bd. 16 (1985), S. 329ff.

JONES, Ronald W.,A three–factor model in theory, trade, and history. In: BHAGHWATI, Jagdish N. /JONES, Ronald W. et al. (Hrsg.), Trade, balance of payments and growth. Amsterdam 1971, S.3ff.

JONES, Ronald W./ CORDEN, Max W., Devaluation, non–flexible prices and the trade balance for a small country. The Canadian Journal of Economics, Bd. 9 (1976), S. 150ff.

JUDD, Kenneth L., Short–Run Analysis of Fiscal Policy in a Simple Perfect Foresight Model. Journal of Political Economy, Bd. 93 (1985), S. 298ff.

KALDOR, Nicholas, What ist Wrong with Economic Theory? Quarterly Journal of Economics, Bd. 89 (1975), S. 347ff.

KAMIEN, M.J./ SCHWARTZ, N.L., Dynamic Optimization – The Calculus of Variation and Optimal Control in Economics and Management. New York 1981.

KANE, Edward J., External Pressure and the Operations of the Fed. In: LOMBRA, Raymond E./ WITTE, Willard E. (Hrsg.), Political Economy of International and Domestic Monetary Relations. Ames, Iowa 1982.

________________, Politics and Fed Policymaking – The More Things Change the More they Remain the Same. Journal of Monetary Economics, Bd. 6 (1980), S. 199ff.

KELLY, Margaret R., Fiscal Adjustment and Fund–Supported Programs, 1971–80. International Monetary Fund Staff Papers, Bd. 29 (1982), S. 561ff.

KERN, Helmut, Monetäre Wirkungen der Staatsverschuldung – Konsequenzen für das Debt Management. Berlin 1981.

KEYNES John M., A Tract on Monetary Reform. London 1924.

KHAN, Moshin S./ KNIGHT, Malcolm D., Determinants of Current Account Balances of Non–Oil Developing Countries in the 1970's. International Monetary Fund Staff Papers, Bd. 30 (1983), S. 819ff.

KHAN, Richard/ POSNER, Michael, Cambridge Economics and the Balance of Payments. The Times, 17. und 18. April 1974.

KING, Banaian/ LANEY, Leroy/ WILLETT, Thomas D., Central Bank Independence: An International Comparison. Federal Reserve Bank of Dallas, Economic Review, March 1983, S. 1ff.

KING, Robert G./ PLOSSER, Charles I., Money, Deficits, and Inflation. Carnegie–Rochester Conference Series on Public Policy, Bd. 22 (1985), S. 147ff.

KNAEBEL, Wilfried H.–K., Der New Cambridge Approach – Zur Analyse von Bestandsanpassungsprozessen in keynesianischen Modellen einer offenen Volkswirtschaft. Frankfurt/M. 1987.

KOTLIKOFF, Laurence J., Taxation and Savings: A Neoclassical Perspective. Journal of Economic Literature, Bd. 22 (1984), S. 1576ff.

KOTLIKOFF, Laurence J./ SUMMERS, Lawrence H., The Role of Intergenerational Transfers in Aggregate Capital Accumulation. Journal of Political Economy, Bd. 89 (1981), S. 706ff.

KOURI, Pentti J.K., Exchange Rate and the Balance of Payments in the Short Run and the Long Run. Scandinavian Journal of Economics, Bd. 78 (1976), S. 280ff.

KRUEGER, Anne O., Balance–of–Payments Theory. Journal of Economic Literature, Bd. 7 (1969), S. 21ff.

LANDMANN, Oliver, The U.S. Economy under the Influence of the Reagan Experiment. Intereconomics 1984, S. 207ff.

LANEY, Leroy O., The Strong Dollar, the Current Account and Federal Deficits: Cause and Effect. Federal Reserve Bank of Dallas, Economic Review, Januar 1984, S. 1ff.

LANEY, Leroy O./ WILLETT, Thomas D., Presidential Politics, Budget Deficits, and Monetary Policy in the United States; 1960–1976. Public Choice, Bd. 40 (1983), S. 53ff.

LERDO, Franz–Josef, Zur Finanzmarkttheorie des Wechselkurses: Monetäre Ansätze versus Portfolio(gleichgewichts)–Ansätze. Krefeld 1983.

LEVY, Mickey D., Factors Affecting Monetary Policy in an Era of Inflation. Journal of Monetary Economics, Bd. 8 (1981), S. 351ff.

LINDBECK, Assar/ WEIBULL, Jörgen W., Debt–Financed Transfers, Public Consumption and Public Investment in an Open Economy. Institute for International Economic Studies, Seminar Paper 330, Stockholm 1985.

MALINVAUD, Edmond, The Overlapping Generations Model in 1947. Journal of Economic Literature, Bd. 25 (1987), S. 103ff.

MATSUYAMA, Kiminori, Current Account Dynamics in an Finite Horizon Model. Journal of International Economics, Bd. 23 (1987), S. 299ff.

McCALLUM, Bennett T., Are Bond–Financed Deficits Inflationary? Journal of Political Economy, Bd. 92 (1984), S. 123ff.

McCALLUM, John/ VINES, David, Cambridge and Chicago on the Balance of Payments. The Economic Journal, Bd. 91 (1981), S. 439ff.

McMILLIN, W. Douglas, A Dynamic Analysis of the Impact of Fiscal Policy on the Money Supply. Journal of Money, Credit and Banking, Bd. 13 (1981), S. 221ff.

McMILLIN, W. Douglas/ BEARD, Thomas R., Deficits, Money and Inflation. Comment. Journal of Monetary Economics, Bd. 10 (1982), S. 273ff.

McKINNON, Ronald I., Hilfe vom Dollarsturz? Diskussionsbeitrag, Wirtschaftswoche, 41 Jg. (1987).

MILLER, Preston J., Examining the Proposition that Federal Budget Deficits Matter. In: MEYER, Laurence H. (Hrsg.), The Economic Consequences of Goverment Deficits. Boston 1983.

MILNE, Elisabeth, The Fiscal Approach to the Balance of Payments. Economic Notes by Monte Dei Paschi Di Siena, Bd. 1 (1977), S. 89ff.

MIRER, Thad W., The Wealth–Age Relation among the Aged. American Economic Review, Bd. 69 (1979), S. 435ff.

MODGLIANI, Franco/ BRUMBERG, Richard E., Utility Analysis and the Consumption Function: An Interpretation of Cross–Section Data. In: KURIHARA, K.K. (Hrsg.), Post–Keynesian Economics. New Brunswick 1954.

MUNDELL, Robert A., Capital Mobility and Stabilization Policy under Fixed and Flexible Exchange Rates. Canadian Journal of Economics, Bd. 29 (1963), S. 475ff.

________________, International Economics. New York, London 1968.

________________, Monetary Theory – Inflation, Interest and Growth in the World Economy. Pacific Palisades 1971.

NISKANEN, William A., Deficits, Government Spending and Inflation: What is the Evidence? Journal of Monetary Economics, Bd. 4 (1978), S. 591ff.

OATES, Wallace E., Budget Balance and Equilibrium Income: A Comment on the Efficacy of Fiscal and Monetary Policy in an Open Economy. Journal of Finance, Jg. 21 (1966), S. 489ff.

OBSTFELD, Maurice, Macroeconomic Policy, Exchange Rate Dynamics, and Optimal Asset Accumulation. Journal of Political Economy, Bd. 89 (1981), S. 1142ff.

OECD, Budget Financing and Monetary Control. OECD Monetary Studies Series, Paris 1982.

OULTON, Nicholas, Inheritance and the Distribution of Wealth. Oxford Economic Papers, N.S. 28 (1976), S. 86ff.

PARKIN, Michael, Domestic Monetary Institutions and Deficits. In: BUCHANAN, James M./ ROWLEY, Charles K./ TOLLISON, Robert D. (Hrsg.), Deficits. Oxford, New York 1986.

______________, In Search of a Monetary Constitution for the European Communities. In: FRATIANNI, Michele/ PEETERS, Theo (Hrsg.), One Money for Europe. New York 1978.

PENATI, Alessandro., Expansionary Fiscal Policy and the Exchange Rate – A Review. IMF Staff Papers, Bd. 30 (1983), S. 542ff.

PERSSON, Torsten, Deficits and Intergenerational Welfare in Open Economies. Journal of International Economics, Bd. 19 (1985), S. 67ff.

PLOSSER, Charles I., Government Financing Decisions and Asset Returns. Journal of Monetary Economics, Bd. 9 (1982), S. 325ff.

POTERBA, James M./ SUMMERS, Lawrence H., Finite Lifetimes and the Crowding–Out Effects of Government Deficits. National Bureau of Economic Research, Working Paper No. 1955, Cambridge, Mass. 1986.

PROTOPAPADAKIS, Aris A./ SIEGEL, Jeremy J., Are Money Growth and Inflation Related to Government Deficits? Evidence from Ten Industrialized Economies. Journal of International Money and Finance, Bd. 6 (1987), S. 31ff.

RAZIN, Assaf, Capital Movement, Intersectoral Resource Shifts and the Trade Balance. European Economic Review, Bd. 26 (1984), S. 135ff.

RAZIN, Assaf/ SVENSSON, Lars E.O., The Current Account and Optimal Government Debt. Journal of International Money and Finance, Bd. 2 (1983), S. 365ff.

REICHMANN, Thomas M./ STILLSON, Robert T., Experience with Programs of Balance of Payments Adjustment. Stand–By Arrangements in the Higher Tranches 1963–72. International Monetary Fund Staff Papers, Bd. 25 (1978), S. 293ff.

REISEN, Helmut, The Interaction Between the Exchange Rate and the Public Budget in Major Developing Debtor Countries. Unveröffentliches Diskussionspapier, vorgestellt auf dem 44. Kongreß des International Institute of Public Finance, abgehalten am 22. – 25. August 1988 in Istanbul, Türkei.

ECONOMIC REPORT OF THE PRESIDENT, February 1985, Washington, D.C. 1985.

______________, February 1987, Washington, D.C. 1987.

RICARDO, David, Grundsätze der Volkswirtschaft und Besteuerung (dt. Übersetzung), 3. Auflage, Jena 1923.

ROSE, Klaus, Theorie der Außenwirtschaft, 10. Auflage, München 1989.

ROSKI, Reinhold, Das Maximumprinzip von Pontrjagin. WiSt, 13. Jg. (1984), S. 515ff.

RÜBEL, Gerhard, Staatsausgabenstrukturänderung, internationale Faktormobilität und Leistungsbilanzsaldo. Institut für Volkswirtschaftslehre und Statistik der Universität Mannheim, Discussion Paper 381/88, Mannheim 1988.

SACHS, Jeffrey D., The Current Account in the Macroeconomic Adjustment Process. Scandinavian Journal of Economics, Bd. 84 (1982), S. 147ff.

SACHS, Jeffrey D./ WYPLOSZ, Charles, Real Exchange Rate Effects of Fiscal Policy. National Bureau of Economic Research, Working Paper No. 1255, Cambridge, Mass. 1984.

SACHVERSTÄNDIGENRAT ZUR BEGUTACHTUNG DER GESAMTWIRTSCHAFTLICHEN ENTWICKLUNG, Jahresgutachten 1986/87, Mainz, Stuttgart 1986.

SALTER, W.E.G. Internal and External Balance: The Role of Price and Expenditure Effects. Economic Record, Bd. 35 (1959), S. 226ff.

SAMUELSON, Paul A., An Exact Consumption–Loan Model of Interest. Journal of Political Economy, Bd. 66 (1958), S. 467ff.

SARGENT, Thomas J./ WALLACE, Neil, Some Unpleasant Monetarist Arithmetic. Federal Reserve Bank of Minneapolis, Quarterly Review, 1981, S. 1ff.

SAUERNHEIMER, Karlhans, Internationale Kapitalbewegungen, flexible Wechselkurse und gesamtwirtschaftliches Gleichgewicht. Hamburg 1980.

_______________, Die außenwirtschaftlichen Implikationen des "New Cambridge Approach". Konjunkturpolitik, 29. Jg. (1983), S. 348ff.

SCHMIDBERGER, W.–D., Fiskalpolitik in kleinen offenen Volkswirtschaften – Eine Strom–Bestandsanalyse. Hamburg 1983.

SCHRÖDER, Jürgen, Haushaltsdefizit und Wechselkurs in einem Güter–Finanzmarkt–Modell. Jahrbuch für Sozialwissenschaft, Bd. 39 (1988), S. 182ff.

_______________, Negative Net Foreign Position and Exchange Rate. Jahrbuch für Nationalökonomie und Statistik, Bd. 205 (1988), S. 197ff.

SHOUP, Carl S., Federal Estate and Gift Taxes. (Studies of Government Finance, The Brookings Institution), Washington, D.C. 1966.

SOHMEN, Egon, Flexible Exchange Rates. 2. Auflage, Chicago 1969.

SOMENSATTO, Eduardo, Budget Deficits, Exchange Rates, International Capital Flows, and Trade. In: CAGAN, Phillip (Hrsg.), The Ecomomy in Deficit (Essays in Contemporary Economic Problems). Washington, D.C. 1985.

SPRAOS, John, New Cambridge Macroeconomics, Assignment Rules and Interdependence. In: ALIBER, Robert Z. (Hrsg.), The Political Economy of Monetary Reform. London 1977.

SUMMERS, Lawrence, The Non–Adjustment of Nominal Interest Rates. In: Essays in Honor of A. Okun, Washington, D.C. 1983.

SVENSSON, Lars E.O., International Fiscal Policy Transmission. Institute for International Economic Studies, Seminar Paper 372, Stockholm 1986.

SWAN, T.W., Economic Control in a Dependent Economy. The Economic Record, Bd. 36 (1960), S. 51ff.

TANZI, Vito, Inflation, Lags in Collection, and the Real Value of Tax Revenue. IMF Staff Papers, Bd. 24 (1977), S. 154ff.

TANZI, Vito/ BLEJER, Mario J., Fiscal Deficits and Balance of Payments Disequilibrium in International Monetary Fund Adjustment Programs. International Monetary Fund, Fiscal Affairs Department, Departmental Memoranda Series (DM), DM/83/44, Washington, D.C. 1983.

TICHY, Gunter, Einige absoptionstheoretische Überlegungen zum österreichischen Leistungsbilanzdefizit. Empirica 1977, S. 208ff.

TONIOLO, Gianni (Hrsg.), Central Banks' Independence in Historical Perspective. Berlin, New York 1988.

TOUSSAINT, Sabine, Notwendige Optimalitätsbedingungen in der Kontrolltheorie. In: SIEBERT, Horst (Hrsg.), Intertemporale Allokation. Frankfurt/M. 1984, S. 651ff.

TU, Pierre N.V., Introductory Optimization Dynamics. Berlin et al. 1984.

VICKREY, William, The Burden of Public Debt: A Comment. American Economic Review, Bd. 51 (1961), S. 133ff.

VINES, David, Economic Policy for an Open Economy: Resolution of the New School's Elegant Paradoxes. Australian Economic Paper 1976, S. 207ff.

WAKEFIELD, Joseph C./ ZIEMER, Richard C., Federal Fiscal Programs. U.S. Department of Commerce, Survey of Current Business, February 1984, S. 9ff.

WEISS, Franz X., Gesammelte Werke von Eugen von Böhm–Bawerk. Wien 1924, wiederabgedruckt Frankfurt/M. 1968.

WILLETT, Thomas D./ LANEY, Leroy O., Monetarism, Budget Deficits and Wage Push Inflation: The Cases of Italy and the U.K. Banca Nazionale del Lavoro, Quarterly Review, Bd. 31 (1978), S. 315ff.

WILLMS, Manfred, Inflationsursachen. In: WOLL, Artur (Hrsg.), Inflation: Definitionen, Ursachen, Wirkungen und Bekämpfungsmöglichkeiten. München 1979.

YAARI, Menahem E., On the Consumer's Lifetime Allocation Process. International Economic Review, Bd. 5 (1964), S. 304ff.

_______________, Uncertain Lifetime, Life Insurance and the Theory of the Consumer. Review of Economic Studies, Bd. 32 (1965), S. 137ff.

YAMANE, Taro, Statistics. An Introductory Analysis. 3. Aufl., New York 1973.

ZAIDI, Iqbal Mehdi, Saving, Investment, Budget Deficits, and the External Indebtedness of Developing Countries. International Monetary Fund, Research Department, Departmental Memoranda Series (DM) DM/84/2, Washington, D.C. 1984.

GPSR Compliance

The European Union's (EU) General Product Safety Regulation (GPSR) is a set of rules that requires consumer products to be safe and our obligations to ensure this.

If you have any concerns about our products, you can contact us on ProductSafety@springernature.com

In case Publisher is established outside the EU, the EU authorized representative is:

Springer Nature Customer Service Center GmbH
Europaplatz 3
69115 Heidelberg, Germany

Batch number: 10815974

Printed by Printforce, the Netherlands